国家社科基金成果文库
SELECTED WORKS OF THE CHINA
NATIONAL FUND FOR SOCIAL SCIENCES

明代国家宗教管理制度与政策研究

赵轶峰 著

中国社会科学出版社

赵轶峰 　内蒙古开鲁县人，1953年出生。东北师大历史系学士、硕士，加拿大埃尔伯塔大学历史学博士。先后任教于东北师范大学、布兰登大学、埃尔伯塔大学、华南师范大学、暨南大学。现为东北师范大学历史文化学院教授、博士研究生导师、亚洲文明研究院院长、东北师范大学出版社学术委员会主任。主要研究明清史、史学理论、中国传统政治文化，兼及美国政治文化、世界文明史。主要著作有《学史丛录》、《克林顿弹劾案与美国政治文化》、《千秋功罪：君主与中国政治》；主编《中国古代史》、《李洵先生纪念文集》、《中国与印度：两个文明的对话》、《当代文明的困惑与追求：解读〈人类责任宪章〉》；主译《全球文明史》；在国内外学术刊物发表论文约60篇。现承担"世界文明模式理论研究"、"《人类责任宪章》研究"等国内和国际合作项目。

《国家社科基金成果文库》

出 版 说 明

　　国家社科基金研究项目优秀成果代表国家社科研究的最高水平。为集中展示这些优秀成果，全国哲学社会科学规划领导小组决定编辑出版《国家社科基金成果文库》。《文库》将按照"高质量的成果、高水平的编辑、高标准的印刷"和"统一标识、统一版式、统一封面设计"的总体要求陆续出版。

全国哲学社会科学规划领导小组办公室

2005 年 6 月

目　　录

导言：研究的概念、方法与框架 …………………………………………（1）

第一章　明代国家、宗教、社会的一般状况 ……………………………（13）

　　一　明代在中国历史上的地位 ………………………………………（13）

　　二　明代国家体系的基本结构与特点 ………………………………（19）

　　三　宗教在明代社会生活中的地位 …………………………………（22）

第二章　明代国家宗教管理的基本观念 …………………………………（28）

　　一　明太祖的宗教管理思想 …………………………………………（28）

　　二　后世诸帝的宗教倾向 ……………………………………………（49）

　　三　士大夫宗教政策思想之基本倾向及分野 ………………………（66）

第三章　国家宗教活动的基本内容和宗教管理机构设置 ………………（82）

　　一　礼、天象、堪舆 …………………………………………………（82）

　　二　中央的常规祭祀和典礼 …………………………………………（86）

　　三　不时而举的宗教性举动 …………………………………………（118）

　　四　宗教管理机构 ……………………………………………………（122）

　　五　宗教官员的任免和僧道"传奉官" ………………………………（131）

第四章　诸教政策分说一：汉地佛教 ……………………………………（145）

第五章　诸教政策分说二：藏传佛教 ……………………………………（165）

第六章　诸教政策分说三：道教 …………………………………………（195）

第七章　诸教政策分说四：伊斯兰教、天主教 …………………………（224）

　　一　伊斯兰教···(224)

　　二　天主教···(230)

第八章　萨满教、民间宗教性习俗政策 ·····················(238)

第九章　皇室及太监宗教活动的影响·····················(253)

第十章　度牒制度及僧道人口控制问题·················(265)

第十一章　寺院经济及其与国家、社会的关系 ·············(306)

第十二章　职业宗教人士社会行为与国家的关系·············(313)

第十三章　与宗教相关的社会动荡和秘密社会问题·········(329)

第十四章　宗教政策与女性·································(347)

结论···(353)

　　一　明代国家宗教制度与政策的一般特征···············(353)

　　二　明代中国宗教生活面貌的历史沉积因素···········(357)

　　三　儒家古典人本主义世俗政治对宗教生活的制约·········(358)

　　四　君主政治与精英政治·······························(359)

　　五　宗教、民俗、秘密宗教与社会治理·····················(360)

参考文献···(364)

后记···(371)

Content

Introduction: Concepts, Approaches, and Framework ······················ (1)

Chapter 1   General Situation of the State, Religions, and Society
of the Ming Dynasty ··· (13)

Chapter 2   Fundamental Ideas of the Ming Rulers about the
Administration of Religious affairs ····························· (28)

Chapter 3   Royal and Governmental Religious Activities and the
Governmental Branches Handling Religious Affairs ········· (82)

Chapter 4   Policies to Religion Ⅰ:Buddhism ····························· (145)

Chapter 5   Policies to Religion Ⅱ:Tibetan Buddhism ···················· (165)

Chapter 6   Policies to Religion Ⅲ: Taoism ······························· (195)

Chapter 7   Policies to Religion Ⅳ: Islamism and Catholicism ········· (224)

Chapter 8   Policies to Shamanism and Popular Religious Believes ······ (238)

Chapter 9   The Impacts of the Royal Family and the Eunuchs ········· (253)

Chapter 10   Official Certificate System and Buddhist and Taoist
Population ··· (265)

Chapter 11   Monastic Economy and Its Meaning to the State and
Society ·· (306)

Chapter 12 The Social Activities of the Religious Priests and the Responses from the State and Society ·················· (313)

Chapter 13 Social Unrests and Secret Societies Connected with Religions and Religious Believes ···················· (329)

Chapter 14 Policies to Religions and the Situation of Women ········· (347)

Conclusion ··· (353)

List of References ······································ (364)

Postscript ··· (371)

导言：研究的概念、方法与框架

　　宗教作为特定人群的终极关怀影响他们的生活方式。受宗教影响而形成的生活方式具有传习延续的自然倾向，从而成为社会组织方式的要素，影响社会体系的运作。作为信仰体系，宗教深深地植根于一个民族的传统中，体现该民族文化精神的继承性征。制度化的宗教体系是规模和影响力最大的非政府的社会组织，它与世俗国家政权、世俗社会之间有复杂的权力和权利关系。要了解一个社会在某一时期的精神和组织方式特征，必须要对其宗教、国家、社会关系进行考察。

　　"国之大事，惟祀与戎。"宗教事务和宗教管理是贯穿中国国家政治生活和民间精神文化历史的核心问题之一。国家宗教事务有以下基本内容：第一，国家主持的官方的宗教祭祀和礼仪活动。这种活动以制度和象征的方式昭示国家——现实中的公共权力中心——与社会普遍信仰的超自然存在以及超越性价值体系的关联，并把这种关联塑造成为全社会精神统一性的基础。其二，国家对于民间宗教组织和民间宗教活动的管理。这种管理的核心是把全社会多种多样的宗教生活从社会稳定的意义上与国家行政体制以及国家意识形态协调起来。其三，通过宗教政策确定和实现对边缘性文化、社会群体以及外来文化和外部世界的关系格局。

　　中国历史上发生的这种国家宗教事务的要点本身构成中国文明和中国历史的特点，它与世界上其他文明和国家历史上所发生的情况有很大的差异。其最突出处，第一，在于中国世俗的公共权力的集中和强大；第二，在于中国宗教信仰的多元性和世俗取向。这两个相互关联的特点使得国家宗教管理制度和政策对于中国社会状况的影响极其巨大。反过来看，则中国民间社会以及宗教群体也为国家、社会体系的某些重要特征提供了基础。因而，要想对中国文明的要义、中国文化的内涵、中国社会组织的运作机理，乃至中国历史的走向达到深入的了解，就必须对国家关于宗教事务的制度和管理方式进行剖析。尽管现代中国与传统时代已经大大不同，但是国家与社会宗教生活的体制关系还仍然是并且将继续是一个具有直接现实意义的问题。

在展开对明代国家宗教制度和政策的具体叙述和分析之前，我们需要就本书所使用的一些重要概念和一些基本观念做出说明。这些概念和观念在不同的著述中的含义往往有些差别，而从抽象的意义上来辨析这类问题却不是本书的主旨。这里要做的是对本书采用的定义以及这些概念的关联性做出简洁的说明。这些说明本身直接体现本书的思想框架和作为分析基础的前提假定系统。

宗教是包括其个体成员在内的一定社会群体关于其终极意义上的存在方式的信仰和组织体系。这里的要点是：第一，宗教信仰的主体是作为群体的人而不是个人，因而宗教是一种社会化的体现在群体行为和社会体制中的精神现象。个人的宗教信仰可能具有特异成分，但总体上从属于一定群体的信仰体系。就本书所讨论的特殊角度说来，个人信仰倾向的特殊差异不具备值得注意的意义。第二，宗教是关于人生本质的观念体系。充分发展了的宗教信仰体系影响信仰主体的人生观念，影响信仰主体对于人生意义的理解和道德规范意识。但是，宗教和一般意义上的信念和道德意识不同，它具有超越现实人生和个体存在的取向，是人们解释用实证性质的甚至思辨逻辑性质的知识所不能解释的外部世界以及外部世界与自己的关系时构筑的被处理成为真理的假说。这种真理形式的假说使世界对于信仰主体说来成为符合理性的体系，从而为自己在此岸和彼岸世界定位，释放终极关怀层面的紧张，获取与超人力量之间的和谐，甚至获取支配外部世界的权力感，超越自我的局限。第三，宗教作为群体的信仰体系和知识体系不同，个体通常以"接受"的方式将之整体地作为无可置疑的现实世界的一部分，作为现成的生活方式来接受。在这个意义上，宗教信仰不同于一般的"信念"和"知识"，它具有非理性的性质。第四，宗教既是精神层面的信仰，也是社会性的组织体系。在明代中国，制度化的（institutionalized）宗教，主要是佛教（包括藏传佛教）、道教、伊斯兰教，以及新传入的天主教，是充分发达的组织体系，它们在各自发展起来的区域与世俗国家权力形成了某种公开合法的共生关系。白莲教、罗教、黄天教、三一教、闻香教等,是以程度不同的未发达组织形式存在的民间宗教。萨满教和许多民间信仰活动并没有明确的组织形式,是原始形态的宗教习俗,它们都有可能发展到制度化即组织化的程度。在组织性程度上处于三种不同水平的宗教与国家、社会的关系并不相同,前者的政治和社会倾向比较稳定,后者则比较不确定。但是因为它们都涉及人群的超越性的终极关怀,也就具有某些共同的性质。

宗教的最终价值是超越人的局限,超越人生,并从这种终极性的超越出发反观和指导人生。职业僧侣以各种方式的疏远世俗人生、持久的崇拜行为和特殊的修炼过程来超越人生,追求达到彼岸世界,传播宗教通常是他们修炼过程的一部分。大众信徒在现世人生中通过崇拜行为和宗教所规定的行为准则追求宗教权威的肯定和护佑,获取关于现实人生与彼岸世界之间的平衡感,从而解脱生命的一些压力。宗教的超越的、彼岸的性质使之与现实生活保持一种矛盾,因而对现世人生具有程度不同的否定或者脱离的倾向。但宗教是人创造出来的生活世界的一部分,它的生命力总是取决于它在特定文明和社会体系中解决人生问题的能力。明代中国的宗教高度世俗化,在这种意义上说,明代宗教的历史,很大程度上是社会史的组成部分。

崇拜是宗教行为的突出特征。它是人对于某些外在对象的无条件的承认、尊崇和服从行为。人类所有崇拜行为都具有宗教的含义,崇拜的对象可以是自然、人本身的异化形态和各种形态的权威。历史上各个文明最初的宗教崇拜对象都是外在于人的对象,是各种形态的自然,因而自然崇拜是原始宗教的特征。这种崇拜具有强烈的人臣服于自然的特点,崇拜的对象有具体的形态,其对于人自身的体认是初步的和从属性的。"神"是具体的崇拜向抽象的崇拜发展中的产物,是逐渐象征化的被崇拜权威,人自身的属性特征是符号化和象征化的重要概念渊源。崇拜对象的符号形式化把世界简单化,使人与崇拜对象之间不同程度地同化,成为更具有普遍传播能力和诠释潜力的具有文化属性的信仰和知识体系。对绝对实在的崇拜归结为对某种终极意义上超越时空终始的存在的崇拜,是宗教崇拜抽象化的高级表现。这种崇拜既是神本的,也是人本的。在这种体系中,人与崇拜的对象具有更大的统一性。一般地说,崇拜对象的抽象程度是宗教与低级迷信区分的重要尺度。在低级迷信中，人把自己迷失在异己的权威中；在宗教中，人在虚构的世界关系中安顿了自己。原始宗教比充分发展的宗教更接近迷信。但是，所有的宗教都具有迷信的性质；所有的迷信也都具有宗教的性质。

"异端"是某一宗教或者信仰群体对异己的宗教、信仰体系的称谓。不同的宗教对异端的容忍度不同，其中一神教对异端的排斥远较多神教更强。这个语汇在明代官方文献中大量出现，主要指与儒家信条构成严重对抗关系的宗教思想。这类言论是明代官方意识形态具有宗教性质的一个突出表现。正是由于这个原因，虽然我们不能把儒教当作狭义的宗教来看待，但却必须参照儒教信仰系统及其实践状况来考察明代的宗教政策与制度诸问题。本书主要在"意识形态"的意义上使用"儒教"这个概念，指作为官方政治哲学和信仰体系的儒家思想体系，但儒教也具有某些宗教化的特征。汉代以后的大多数时期，儒教是官方意识形态的核心与基础。中国国家、宗教、社会关系的复杂性很大程度上与儒教的双重性质特点有关。儒教提供了一套完整的人生价值体系，而对于儒家社会群体以外的人群说来，价值层面的终极关怀是由宗教提供的。所以，儒教与其他信仰体系会在许多问题上产生矛盾。价值本身可以是世俗的、非宗教性的，甚至是个人化的。但是，历史上实际影响了群体行为的价值体系却大多数受到宗教的影响，甚至以宗教精神为原点。中国价值的复杂性和中国宗教的多元性直接相关，也与儒教密切相关。

习俗是体现在特定人类群体的生活中的普遍化和具有重复性征的行为方式，它的大量内容并不是宗教性的。但是宗教精神常常在习俗中得到强化、认定、传播。所以国家宗教政策的考察常常需要涉及民俗方面的内容。不过，民间习俗中的宗教内容大多相对地淡化了彼岸的取向而具有较强的现世取向，同时又包含大量低级迷信的成分。在中国宗教多元化的社会条件下，宗教习俗是不断养育新形式的民间宗教的主要背景条件之一。

作为意识形态和哲学体系的儒教、各种宗教、民间习俗等都是中国文化的内容。文化是体现在特定人类群体的生活和行为方式及其创造物中的精神表现，是从精神方面来看的社会。宗教是文化体系的一个深层侧面。一般的文化研究主要分析特定群体精神的特殊表现，并且总是渗透着某种文化比较的意识；一般的宗教研究注重特定宗教的教义、组织、人物和发展演变。本书所研究的核心问题是明代国家在关于宗教问题上与社会构成的互动关系。

它主要是一项政治史和社会史结合的研究,其次也是一种关于文化基本特质的研究。各种宗教信仰本身的教义、组织和活动情况、人物等问题只在与前述主题相关的意义上有所涉及,但宗教学意义上的详细分析却不是本书的任务。

全书除导言和结论两部分以外共分为 14 章,其基本要点如下:

第一章,明代国家、宗教、社会的一般状况,主要介绍明代国家宗教管理制度和政策的历史和社会背景。明代是中国历史上发生重大社会、经济、文化变动的时期,但是国家政治体制,包括指导着国家政治制度与生活的政治文化观念基本沿袭着传统的轨道运行。因此,这个时代的国家和社会关系呈现许多非规范性的现象,专制主义的国家体系实际并不能真正实现对社会的强控制,社会生活的许多方面是处于"自然"的状态。在这种关系背景下,社会宗教生活相当活跃,而且呈现出突出的多元性特征。明代国家、宗教、社会关系的各方面情况都必须置于这个总背景下,才能得到清楚的理解。

第二章,明代国家宗教管理的基本观念,对明代国家宗教管理制度和政策的基本思想、观念做概括的说明。明代国家制度主要是明太祖朱元璋奠定的,其宗教管理思想对整个明代的宗教管理政策具有决定性的意义。但是,后世各朝的君主和朝臣虽然不能公然改变朱元璋建立的"祖制",但却常常在实践上做各种变通,其趋势是愈来愈放任自流。这种放任并不等于自觉地实行宗教自由政策,其起因主要在于君主、贵戚、官僚加上其他富有者构成的上流社会自己被社会宗教生活所吸引。所以,朱元璋的宗教管理思想是研究明代宗教制度和政策的一个起点,但并不是一以贯之的通例。明代国家和以前各朝一样,把"礼"看作国家政治生活中的大事和治理国家的根本大法,而礼,尤其是其中的祭祀活动,具有宗教的性质。在这个意义上,明代国家的政治哲学中有一个宗教性的层面,影响到整个国家的宗教制度与政策。礼制和关于礼的学说精微博大,难以详细讨论,本书仅就其一般制度以及与社会性宗教现象相关方面做出一些分析。天文、象数具有宗教、科学、政治三重性质,与国家决策常有关系,但与社会下层宗教生活大致分离,也仅从国家宗教管理观念角度做一般性介绍,略显全貌而已。明代士大夫是既依附于皇权又具有相当程度自我意识的精英群体,其主流的宗教政策思想是以儒家思想原则为指导的。他们与君主、贵族集团，尤其是 15 世纪以后的君主、贵族集团，对于宗教的观念常有重大的分歧。作为一个整体，明代士大夫基本上主张严格坚持儒家传统和朱元璋的祖制，保守而有常。明代的社会宗教生活却一直在变化中。

第三章，国家宗教活动的基本内容和宗教管理机构设置，对明代国家宗教管理机构建制及其活动进行大致的叙述。其机构建置在洪武时期已经定局，只有在嘉靖中期发生过一次庙制改动，但其意义限于皇室宗庙，与社会性宗教政策并无直接关联。国家和社会的宗教活动，依据政治和礼法的原则，有权限等级区分。突破这种权限等级就会构成政策方面的争论甚至政治冲突。明代国家正式宗教活动基本是在儒家礼仪的范围之内。明代国家宗教法规的不变特征与社会宗教生活的多变特征形成鲜明的对比。

第四章至第七章，诸教政策分说，分四章讨论明朝对于各主要宗教的政策，其中包括：汉地佛教、藏传佛教即喇嘛教、道教、伊斯兰教和天主教。讨论各取其与国家、社会关系中实际上最突出的一个方面为主要着眼点，以便从各自不同的特征来分析其存在情况，并用不同的概念来排列各个宗教政策的所有内容。

这些宗教在明代宗教生活中角色各不相同，国家政策也有区别。总体上看，朱元璋在明朝初年制定了对于各制度化宗教"神道设教"、限制利用的基本政策，这项政策作为不可更改的"祖训"保持到明朝末年，但是在实践上，其精神自正统以后愈来愈成为具文。从僧道官员增加的情况看，成化时期是宗教政策实践发生从"神道设教"向放任自流甚至崇尚佛、道转变的关键时期。成化以后再也没有恢复洪武时期那种严格控制宗教组织和宗教人口的局面。同时，皇帝的宗教政策观与主流士大夫的宗教政策观有明显的分歧。前者倾向于放任，后者倾向于控制。放任的原因主要在于皇帝本人或者皇室重要成员崇信某一宗教，因而其自己的宗教活动与明初制定的国家宗教政策矛盾加深。控制的主张则主要由于士大夫的以儒治国，保持儒家思想正统地位的立场。正是由于这种矛盾性，国家宗教政策实践常有阶段性的变动，在新君即位之初反映尤其突出。在这种情况下，虽然国家制度条文并没有改变，但当权者自己的行为和与基本政策原则矛盾的做法却造成类似国家政策改变的社会结果。下层社会将当权者的个人行为看作国家的政策，从而形成实际上的宗教生活大繁荣。由于宗教政策实践与皇帝的个人倾向密切相关，成化以后，在总体上对社会宗教组织和活动实行放任政策之外，每一时期对不同宗教的态度却又有不同。从实践的角度分别考察明朝对各个宗教的政策轨迹，可见其中连续性和波动性都有所表现。大致说来，佛教、道教的存在空间都在总体上趋于扩大的前提下交相得势，藏传佛教政策因与边疆民族政策有密切关系而较对汉地佛教的政策更稳定一些。回教信奉群体稳定，在明代基本是一个民族群体政策问题，而非宗教信仰问题，其政策无大的变化。天主教在明中叶以后宗教政策比较宽松的时期传入，"祖制"并未涉及，大致在有反对呼声的情况下还是取得了生存的空间。此外的民间宗教则在比较自由的政策条件下大为兴盛，有关的政策基本不是从宗教信仰内容着眼，而从社会控制角度着眼，其表现颇为复杂。明朝对各个宗教的政策有共同思路，体现在明太祖的宗教政策思想和明初制定的基本制度与政策之中。在共同的宗教制度思想基础上，各宗教与国家、社会的关系还有不同。

汉地佛教和道教相似，已经成为具有本土性的制度化的宗教。但佛教原来自南亚，虽然深深融入中国从精英到下层民众各阶层之中，其与经典儒家思想的冲突却始终没有平息。在"三教合一"论以及天主教再度传入中国以后，佛教与儒家的矛盾一定程度上重新尖锐起来。寺院兴建问题直观地展示出佛教兴衰与明代国家制度、政策的互动关系，围绕这个问题所发生的政策性争论则反映出佛教兴衰在明代国策制定阶层引起的紧张、调适和思考。

明朝政府对藏传佛教政策与对中原佛教有同有异。从信仰和社会功用的意义上看，明朝对两者的基本态度是一致的。不过，对藏传佛教政策是与对西部边疆政策结合起来的，而且，在一部分士大夫看来，藏传佛教是"番教"，对其认同的程度远不如对中原佛教的认同。明朝的一些皇帝，因为一些喇嘛擅长某些有巫术性质的法术，对"番教"有特殊的兴趣，这导致对皇帝信用喇嘛的大量批评。①

道教起源于本土民间宗教，其本土性使之与儒家的冲突比较和缓。但在明代儒家士大夫重申儒家原旨的言论中，对道教的批评也日趋尖锐。明朝君

① "喇嘛"，藏语指出家男子。《钦定辽金元三史国语解·钦定〈元史〉语解》卷24："喇嘛，番僧也"（影印钦定文渊阁四库全书本第296册，第553页）。至今，喇嘛仍为藏传佛教出家人正式称谓，藏、蒙等族人中亦多有用喇嘛为个人名字者。某些学者认为喇嘛为蔑称，不知所云。

主中信奉道教者多，既影响到国家政治，也影响到明代士大夫与君主的关系和文化冲突。

伊斯兰教在社会生活中相对封闭，在明代政策考虑中大体上是一个民族问题而不是一个宗教问题，它基本作为少数人群体内部的宗教信仰而与国家以及其他社会成分相安无事。基督教聂斯脱利派曾在唐朝传入中国，但后来逐渐湮没。明中期以后天主教再度传入中国时，欧洲已经处在宗教改革和近代化过程中，而中国则处在明王朝走向腐朽和社会变动不居、士大夫寻求改革的时期。明朝政府和士大夫对天主教大致执行了比较宽容的政策。在一定意义上，排斥佛、道的士大夫对于天主教的态度反而更宽和一些。

第八章，萨满教、民间宗教性习俗政策。明代社会宗教生活的多样化背后是中国宗教观念的多元倾向，其突出表现是在同一社会共同体、社区中的宗教多元性和同一个人对不同宗教的兼容并蓄倾向。这种现象中国人自己习之若常，但在世界文明史上却具有独特的意义。明代国家将民间宗教基本看作民俗，对其多元性并无干预。但是这种倾向实际是民间宗教走向秘密社会组织的基础之一。萨满教是以巫术为核心的世界性的民间宗教，在中国各地，从上古一直流传到现代。如果依某些学者的意见，把巫术成分和程度作为制度化的宗教与迷信的分界，则萨满教更接近于迷信性的习俗而与狭义宗教构成很大差别。不过，中国民间宗教习俗大多与萨满教有相似性或者直接相关。明朝对于萨满教的政策与对其他民间宗教性习俗的政策大致接近：不鼓励，有时作为"陋俗"加以排斥，在涉及秘密社会活动时则加以严厉禁止。政府平时并不积极干预民间宗教活动，但士大夫往往采取比较严厉的干预措施。对于有组织的民间秘密宗教活动，明朝则始终执行严厉打击的政策。

第九章，皇室及太监宗教活动的影响，讨论宗教制度与政策变化的来自上层社会的原因。明代国家宗教制度和政策条文本身殊少变化，但是实践中的变化却很明显。明朝初年的基本政策是对各个宗教实行比较严格的限制，但并不禁止。宣德、正统时期以后宗教管理制度与其他许多制度一样逐渐流于具文，到成化时期构成了一大变局。其基本要点是皇室宗教活动活跃、僧道人口失去控制并构成了一种持续的社会宗教活跃现象。嘉靖、万历两朝，皇帝对佛教和道教各有偏好，这种对一种宗教的沉迷实际鼓励了社会宗教活跃现象,但嘉靖皇帝的迷信道教也导致了对佛教的政策性排斥。不过,从嘉靖到万历,社会总体上的宗教活跃倾向仍在继续。通观明代宗教政策变化的总过程,引起变化的主要因素来自皇室、贵族和社会下层的习俗,士大夫阶层的主体大致主张限制各种宗教势力的扩张,但他们自己始终是分裂的,其主张并没有改变宗教活跃的基本演变趋势。

第十章,度牒制度及僧道人口控制问题,讨论宗教政策与社会调节和控制各方面的问题。明代僧道人口增长是一个突出的现象,对于社会生活和经济都产生了重要的影响。明朝国家试图将之规范化的对策始终没有取得预期的效果。其主要原因是明中期以后的皇室、贵族倾向于以不同方式信奉某种宗教,来自士大夫的控制宗教活动的主张受到皇室宗教立场的遏制,同时也由于国家社会控制能力趋于降低。明中期以后,国家开始因为财政需要而出卖度牒,嘉靖后期以后,出卖度牒成为政府财政的一个稳定来源,从而僧道人口更加失去政府控制。总体说来,明朝政府对于僧道人口进行控制的主要出发点在于掌握社会人口、保证赋役收入,以及左右社会风俗。

第十一章,寺院经济及其与国家、社会的关系,研究寺院经济与国家财政的关系,及其社会经济角色。寺院荫蔽劳动人手,但也从社会的层面吸收一些无所依托的流民,起到某种社会平衡作用。

第十二章,职业宗教人士的社会行为与国家的关系,讨论宗教政策中的僧、道、尼、女冠、喇嘛等以宗教为谋生职业手段的人士社会行为问题。职业宗教人士中的很大一部分人的行为往往与宗教教义严重冲突,引起对各自宗教的非议和一定程度的社会问题。此类问题在前代已经有之,然明代宗教之世俗化可能使之更为突出。明朝政府对此类现象加以裁抑,但实效亦不显著。

第十三章,与宗教相关的社会动荡和秘密社会问题。明代社会动荡原因很多,但相当一部分与宗教有一定关系。民间一般日常宗教活动是社会生活的一部分,但宗教性秘密社会中的一部分演变成了反政府势力,在与政府的冲突中造成社会动荡,如唐赛儿"起义"、徐鸿儒的白莲教运动、无为教等。还有一些被明朝官员称为"妖人"的人,他们大多宣称有某些超人的能力,也是一些局部动荡的要素,甚至涉及上层政治领域的矛盾。以往史学界对几乎所有下层反政府行为持肯定态度,对其中采取军事行为的一律称为"起义"。如详加审查，则明朝所发生的这类事件都有一定社会和政治问题为一般背景，但是其运动本身大多缺乏社会改革意义，也缺乏成功的可能性，其结果是加剧社会的不稳定性而并不带来建设性的社会出路。

第十四章，宗教政策与女性。女性作为弱势群体对宗教有更强亲和倾向，同时，宗教活动为女性提供比较合理的社会交流机会，所以女性构成明代宗教活动的主要社会基础。女性的社会性宗教参与引起士大夫关于风俗教化的某种忧虑，个别士大夫在地方采取措施加以控制。

结论章对明代国家宗教管理制度及政策进行综合评价。明代国家宗教制度与政策的总出发点是社会控制和边疆与对外政策，而维系儒教在国家意识形态中的主导地位也在其中占有重要的地位。不过，虽然明朝文献中有大量将儒教与其他宗教并列或者对比的言论，但是儒教虽然具有一定程度的宗教色彩但却并非真正的宗教，与其他宗教的关系本质上是占主导地位的中国传统世俗政治社会哲学与各种宗教的关系，在一定意义上也代表着国家与社会的关系。国家对社会实现一定程度的控制在已知的各种时代和社会体系中都是必要的，但在不同的时代有不同的意义，其合理性的程度也不同。依据中国的历史传统和明代的社会实际，明朝政府的管理制度与政策在主流上说还是适度的。虽然明代国家仍是专制主义的，但是这并不等于其所有制度与政策都只具有专制的性质，而宗教政策的实践实际显示出巨大的弹性。同时，明代国家宗教制度与政策的实行与明朝国家体系的效力是一对函数。明中期以后，明朝宗教政策基本遵依成法，只在直接涉及社会稳定的问题上执行强硬方针，对一般社会宗教活动、行为、信仰都基本放任自流。这样，明代社会的成员在宗教信仰方面其实有相当的自由度，惟不能触犯国家政治控制。宗教生活中的自由反映了明代中国社会存在的自组织机制。明中叶以后，儒家思想在学术领域颇为活跃，但是儒家思想对社会下层的影响与来自社会下层的对知识分子、士大夫阶层、贵族文化的影响同样引人注目，宗教活动的普遍化实际反映了下层文化习俗对上层的影响。宗教的多元性一定意义上反映着社会的开放性。从这个角度看，说明代中国是封闭的是不合适的，过于简单的。明代的中国人，从士大夫到民众，对天主教的态度主要反映出文化的包容性和有限的开放性。明代中国政府的宗教政策与西欧天主教、东欧东正教、中东伊斯兰教时代国家的宗教政策相比都更宽容。此外，明代是一个社会转变的时代，这个时代的宗教问题与社会文化、社会组织、社会形态变动的各个方面都有密切的关系，明代国家对这种深层的变化并没有明确的认识。

结论章将本书前面各章的结论综合起来，放到更为广阔的历史和政治文化视野下做进一步的思考，其关注的中心则依然是中国历史上的宗教、国家、社会关系总格局问题。明代宗教生活的诸特点反映出中国上古原始宗教厚厚的沉积，这种与上古传统的一脉相承在世界历史上充分发展过的主要文明体系中并不是普遍的。这种沉积可以帮助解释明代国家宗教制度、政策中"因俗"而不过分强硬的一面，也是中国宗教生活活跃而不趋于齐一，多包容性的原因之一。此外，原始宗教与巫术关系密切，而巫术缺乏各制度化世界性宗教所包含的超越与伦理化的功能，在宗教生活中是保留更多原始愚昧性的部分，与近代科学理性更难于沟通。在这种基础上形成的宗教组织多缺乏社会建设性。明代中国原始宗教生活成分的大量存在是知识分子与下层社会保持距离的一个因素，也是下层宗教活动往往与国家发生矛盾的原因之一。主要体现在儒家思想体系中的古典人本主义是中国国家体系保持世俗性的主要基础。仅从这一点来看，中国的国家体系比中世纪各种政教合一的国家体系都更富有理性精神。一定意义上正因为如此，中国的君主制政治体系更难于形成自我解体的趋势。对于明代国家宗教制度与政策的研究提醒我们注意，帝制、官僚制度与士大夫群体之间是充满矛盾的组合。君主与士大夫在宗教问题上立场的差异只是其矛盾性的一个侧面。明代作为一个具有宗教多元性的社会体系，其社会问题也有自己的模式。这突出表现在秘密社会的活跃中。明代社会宗教生活具有相当大的自由度，但其最外缘的限制，即国家所允许的极限也是明显的。这构成了一个类似坚硬外壳与弹性内核的社会契约结构。看到这种结构可以帮助我们理解传统中国社会组织的某种运作机理。

第二章至第十四章讨论的各个问题，在很大程度上是分别依照历史演变的时间顺序展开的。这对于一些读者说来，可能显得罗列史料过多。但是，这本书除了要得出关于各个问题的概括性结论，同时还必须在充分证据的基础上尽量重现历史的过程，其间的演变必须在比较严格的时间序列中才能展现出来。如果某些读者主要关注本书的观点，可主要注意导言、结论两章，以及各章的开头和结尾部分。对于明史研究专业的读者说来，则可能需要看到详细的文献证据。

　　这项研究以与宗教相关的国家政策、制度为核心，关注国家与社会关系中与宗教相关的问题，这种视角决定了本书所用的文献主要由两大部分组成。第一是关于明代制度政策的各朝实录、政书、法规、官员疏牍、文书等。这一部分文献相对完整、系统。第二是反映政策制定的背景和实施情况的关于社会宗教生活的文献，其中包括时人笔记、地方志、个人文集、文学作品等，此类文献范围广大，所用仅以说明问题为止，不能穷尽。本书并不以研究各宗教教义为目的，所以明代各宗教经典并未作为主要资料，但这类文献中含有反映与宗教相关的国家社会关系状况的内容，本书亦在可能条件下尽量关注采用。此外有大量说部文献、民间传说，生动具体，但惜其中相当部分在明代基本史料中找不到佐证，谨慎起见，不用为分析问题的根据。今人研究提出的许多看法，对本书的写作有启发意义，但某些资料未经亲见，亦不转述。

第 一 章

明代国家、宗教、社会的一般状况

一　明代在中国历史上的地位

　　明朝建立于 1368 年，到 1644 年，于内外交困中被起义的农民军队所推翻。同年，清朝政府成为统治中国的中央政权。此后，明朝皇室及其支持者在南方坚持了几十年反清复明的抗战，但是南明诸政权已经不再具有影响全国的管理权威，因而南明政权的宗教制度和政策并不包括在本书范围之内。从 1368 年到 1644 年，明朝统治中国 276 年。表面上看，如果把两汉和两宋都分开来计，明朝经历的时段恰好符合中国历史上王朝不超过 300 年的一般规律。它的统治力演变趋势，也和中国历史上多数王朝一样，经历了初年的调整与稳定、稍后的强盛、接下来的守成、社会稳定性的动荡、一定程度的改革、王朝统治危机、被暴力推翻这样的很典型化的过程。但是这个王朝却在中国历史上具有某些重要的特殊性，其中最重要的是世界大局面正在发生根本性的变化。

　　一些西方学者把从 1450 年至 1750 年之间的世界历史称为全球历史中的"早期现代阶段"。他们认为，在这一阶段的大部分时间内，各主要文明之间的平衡关系发生了转变，西欧成为全球范围内最具有活力的力量，各文明之间的交往变得更加紧密。而且，由于航海技术的发展和世界贸易规模的扩大，世界变小了。① 在世界逐渐汇聚成为一个整体的这一时期，中国与欧洲

---

① 参看 Peter Sterns 等著：《全球文明史》第四部分"导言"，赵轶峰等译，中华书局 2006 年版。

其实是运行在不同，甚至相反的轨道上。西方于 15 世纪开始在世界范围内进行探险、传教和殖民活动，同时在印度洋取代阿拉伯人的贸易控制权，成为世界贸易中的主导力量。在这种基础之上，欧洲的财富与实力迅速增长，开始了向近代资本主义逐步发展的过程。这一时期，亚洲的中国、波斯和印度虽然都在大陆性集权君主制度的形式下实现了不同形式和程度的发展，但是都缺乏持续性的世界竞争意识。

　　明朝建立的时候，距离前述世界历史发生整体性变动还有几十年，新建立的国家制度和基本治国思想都是针对当时面临的具体问题的，主要是内部稳定、发展生产、稳定周边关系等问题。这种体制一旦形成，就成了“祖制”、传统和惯性。这样，从回顾的视野下，可以看到明中期以后国家制度、政策与大国际环境存在矛盾。但由于这种国际环境变化从遥远的地方开始，没有构成与中国的爆发式冲突，也就没有引起明朝政府具有明确针对性的反应。不过，明代中国社会却实际受到国际局势变化的严重影响。其中最突出者有三：第一，欧洲人在北美殖民地获得的大量白银通过国际贸易渠道大批流入亚洲，又经过亚洲贸易系统大批流入中国，从而有力地促进了明代中国货币经济的繁荣，并且在中国贵金属货币短缺的情况下改善了货币体系白银化的条件，进而促进了明朝财政体制由实物财政向货币财政的转变。① 这种变化和明代赋役制度改革以及社会生活方式、习惯都有直接的关联。第二，欧洲宗教改革和欧洲与亚洲联系的加强促使耶稣会等天主教教派加强了对中国的传教活动。虽然广义基督教在过去曾经传入到中国，但是这一次实际上却是正在发生现代性转变的欧洲世界性宗教与中国传统的第一次正面接触，它深化了中国内部关于宗教事务的观念冲突，也在中国宗教生活中增加了又一种非同寻常的成分。第三，欧洲人在这个时期通过殖民和自由贸易逐渐控制了南亚大部分地区，其势力的发展正在积累起与中国发生直接利益冲突的

---

　　① 关于明代货币体制的白银化，参看赵轶峰“试论明代货币制度的演变及其历史影响”，《东北师大学报》1985 年第 4 期；关于明代实物财政体制向货币财政体制的变化，参看赵轶峰“试论明末财政危机的历史根源及其时代特征”，《中国史研究》1986 年第 4 期。注意，后来一些学者用“白银货币化”来概括明代货币体制的变化，不称“货币白银化”。两者区别需加注意。白银在宋、金时代就已经成为普遍流通的货币，在更早的时代也有流通。故“白银货币化”远在明朝以前就已经发生了。“货币白银化”指在货币体系中，白银占据主导地位，成为主币，而且其过程成为不可逆转的。后者是明代发生的一个历史性变化。

条件，而明朝上下对此并无清楚认识。于是，明朝政府实际在国际局势发生根本性变化的时代，遵循着古代中国古老的政治传统实行统治，这使得明朝国家政策、制度显得多方面保守和缺乏变动能力。

明代中国社会在主要方面保持着传统的结构特征，同时也发生了一些意义深远的变化。传统结构特征的突出表现在于国家体制方面。明朝国家制度沿袭自秦以来居于主导地位的中央集权的郡县—官僚制度，国家权力从皇帝所在的帝都向全国各地以及社会各个层面辐射开来。郡县体系将全国主要地区划分为行政管理的单位，由中央委派的官僚实行管理。在西北、西南、东北边疆地区，中央政府以"羁縻"的形式实行比较松散的主权管理而并不直接管理其具体行政事务。社会管理体系的直接有效性呈中央辐射格局，边疆地区的社会组织方式以及社会习俗、信仰与内地有很大的差异。国家主要从直接控制区收取劳役、实物、货币形式的赋税作为国家财政的主要来源，其主要项目是土地、劳动人手、商业交通几个方面的税收。农业人口占社会总人口的绝对多数。社会保持具有流动性的分层结构。其上层是比较封闭的世袭的皇室、勋戚贵族和大官僚阶层。主要经由科举制度选拔出来的官僚是社会上规模最大的精英阶层。他们享有赋役部分优免的特权，掌握着政府控制和管理社会的大部分权力，相互交结，并且在地方社会构成拥有实际影响力的实力阶层。明朝初年，拥有小块土地的自耕农占农村人口的大多数，但由于赋役负担压力、灾荒和由上层特权以及商品经济发展造成的土地兼并使自耕农在人口中的比例趋于缩小。农村以自然形成的村庄为基本社区单位，其中有里甲、粮长、老人等官方认可的首领人物实行涉及赋役和地方秩序的管理，并有宗族系统实现有关公共事务的协调管理。城镇接着宋代以来的趋势继续发展。大多数规模较大的城镇是政府机构的驻在地，由政府实行治安管理。城市居民中并没有乡村社会那样发达和稳定的宗族自组织系统，虽然也有政府认可的社区协调体系，但比较乡村社会，单个的家庭之间的关系纽带更为松散一些。所有这些情况，都与唐、宋、元时代差异不大，与更早时代的社会组织体系也一脉相承。

明代中国社会组织结构也发生了一些重大的变动，这些变动使我们可以把明代看作中国历史上一个特殊的发展时期。从变动的角度来看，在明代的前期，社会制度和社会结构基本上是唐宋元制度状况的复合。社会的变化是自 15 世纪开始从社会的底层启动的，其突出的迹象是人身依附关系削弱和社会流动性加强。到 16、17 世纪，中国社会已经发生了重大的变化，其主要特征是商品货币关系发达，城乡关系更加密切，文化世俗化，个人自由精神发展，而同时所有传统的社会关系还依然存在，形成了一种复杂的社会局面。此外，虽然明代中国基本上是一个内向的时代，北部边疆地区和中原地区的融合却有急速的发展。西方文明也开始在亚洲和中国发生直接的影响。明代中国的人口也经历了史无前例的迅速发展。

中国的历史学家曾经试图把明代后期的社会变化归结为资本主义生产关系的萌芽。这种定性的尝试提供了一个理解模式，但是它过分强调了与商品货币关系以及雇佣劳动关系有关的社会现象的新社会属性，对于社会组织运作现象则缺乏解释力。明代中国社会的变化在商品经济发达、个人自由度增强等方面与资本主义体系有一定的相似性，但是其社会权力结构方面的状况，除了商人实际地位的上升之外，却与资本主义没有什么关联，人口膨胀的原因与意义也与资本主义没有直接关系。此外，中国文明体系的核心区与边缘区之间的互动仍然在沿着华夏文明整合的轨迹运动，这也与资本主义发生过程没有直接的关系，在局部意义上甚至有相互矛盾的性质。[1] 所以，明代中国发生着巨大而深刻的变化，而这种变化却不是"资本主义"萌芽所能涵盖得了的。

元朝末年的混乱形成了一个重新设计社会体系的机缘。朱元璋对明朝初年社会的组建工作体现了一种农民的社会理想。这种农民式的社会理想体现在强大的"圣明"君主为以小农为主体的社会成员提供秩序并维系一定程度的社会平等与公正。其形式，或者说是社会为这种秩序所付出的代价，是皇权的极端强大。洪武十三年，朱元璋废除丞相制度，整个官僚体系直接纳于皇帝的管理之下，这是中国权力体系的一个历史性的变动。但是，在通常的情况下，皇权的这种强化并不等于对于社会专制性的同样程度的强化。因为，皇权剥夺的主要是官僚系统的权力，而官僚系统对于社会同样是一种专制性的权力，对于社会下层说来，国家权力作为一种整体性的权力并没有加

---

① 关于华夏文明圈内聚运动的讨论，参考赵轶峰、何宛英《千秋功罪：君主与中国政治》，吉林教育出版社 1989 年版，第 10—17 页；赵毅、赵轶峰：《中国古代史》导言，高等教育出版社 2002 年版。

重，也没有减轻。然而官僚系统权力相对于皇权的削弱使对于皇权的制约更为缺乏，这在皇权处于非常性状态的时候，如在明武宗时期，成为更缺乏常规制约的势力，从而可能表现为对于社会的更为严重的权力滥用。体现农民社会力量的另一表现是建立起准政府组织，形成一种受国家监督和支持的基层社会自治结构。政府机构只设到县级。县以下社会虽然也有皇权的影响，但是日常生活却基本是自治的，由老人等实行部分地方社会管理，政府对基层社会组织和生活的干预并不严重。而且，老人可以直接对皇帝投诉官吏的非法行为，这是在设立一种从社会底层对政府组织的监督，以下制上，体现一种专制皇权下的民主机制。粮长制度也是类似的一种制度，用非政府的或者准政府的社会机构来实现国家财政管理。农民社会理想还体现在对土地所有权的调整。明朝初年允许无田人家耕种原业主抛荒的土地，调整人口与土地的关系，迁徙浙西富户到濠州发展经济。鱼鳞图册制度所体现的就是耕者有其田的小农经济思想。其他如黄册以及相关的诸如不许轻离乡里，不许轻易经商，不许年轻女子为尼，限制僧道数量等，都旨在实现这种小农社会的稳定化。这样，我们看到的是一个在很大程度上反映农民社会理想的社会结构图。明代社会的演变是在这样一个基础上展开的。

　　明朝初年建立起来的国家权力和社会组织体系一直处在变化之中。朱元璋时代的农民的、社区的、以下制上的、多教融合的皇权政治体系不断退化。皇权愈来愈退化成为寄生的剥削性和专制性的权力。贵族为主体的大土地所有者逐渐蚕食甚至大规模吞噬小农经济。商品货币关系重新繁荣起来。由于土地兼并、赋税负担和人口增加而从农业排挤出来的人口大量流动到商品生产和交换过程以及城镇中去。这类变化在中国以往的历史上也曾出现，它们每次出现其实都为社会组织体系的改组提供时机，但实际的结果如何却取决于是否存在新的社会组织形式生长的其他条件。明代出现了这类机缘，即出现了一些不可逆转的体制性或者结构性的变动。明朝初年发行的“宝钞”很快废坏，铜钱价值低廉而且沉重，不足以满足流通的需求，这时与南亚、日本的民间海外贸易，包括海盗进行的贸易，以及国家对特许贸易的税收把大批来自美洲的白银带入中国民间和国家财政系统中，白银逐渐成为主要货币。这个过程使国家失去了对于货币流通的控制，国家财政体制从实物性财政转为货币性财政，这个过程意味着一种最主要的社会权力从政府下降到民间，政府财政行为需要更大程度地依从更难以用政治权力实现控制的市场规律。这增加了国家统治的不稳定性。黄册和鱼鳞图册的废坏本身不过表示国家对土地和人口的控制体系颓坏，在这个意义上说，这是一种史有前例的事情。但是这一次它先是伴随着与货币白银化相联系的市场经济空前活跃，后来又与人口的爆炸性增长结合起来。于是，人口与土地的"自由化"就成了社会结构性变动的重要因素。这个过程把一些原来由国家控制的领域转为由市场和民间活动调节的领域。明朝国家宗教制度和政策也趋于放任自流。这时的中国社会，商品货币关系相当发达，城乡关系更加密切，文化世俗化，个人自由精神发展，学术思想呈现很活跃的争鸣和谋求突破的探索倾向，人口迅速膨胀。同时，所有传统的社会关系还依然存在，形成了一种复杂的多倾向的局面。17世纪前期，耶稣会士进入中国，在中国已经很复杂的社会和宗教文化图景上加入了外来的色彩。

这些变化以及其他方面的状况结合在一起所形成的局面究竟意味着或者是否意味着某种历史性的"趋势"？这是一个无法用实证的方式来回答的问题，因为当这个趋势处于加速发展中的时候，明朝被颠覆了，从而社会的权力结构和组织框架又发生了一次重组，于是所有的因素在结构中的角色地位、所发生的作用也都被重新设置了。其中相当多重要的因素继续存在甚至发展，如人口增加、货币财政体系、商品经济的繁荣等等。同时新的因素又出现了，如国家权力的强化、中央对地方控制的加强、民族关系的改变、自由知识分子的退入书斋等等。这在结构改组的意义上说是出现了一种新的局面。但是在这种新的局面的潜力也没有得出结论的时候，中国就被纳入到近代西方资本主义世界化的过程中去了。对于这样的一个长时段历史演变，我们既不能因为没有实证的结论而否定变化，也不能简单地推论说它"不可避免地"会导致资本主义。我们只能明确地说明变化的存在并分析其潜在的含义与可能性。如果要在多种可能性中选择出一种大致可取的说法来使对以上变动的描述具有更明确的"意义"的话，可以说：明代的中国在发生一种中国特色的结构性转变，但这种转变的前途并不是西方模式的自由资本主义体系。它的"现代性"在于，中国社会正在形成一种具有持续性和结构性的与市场相联系的更为开放的经济、社会体系，并且在参与到区域和国际性的普遍联系中去。逻辑上说，这种倾向如果发展下去，可能形成一种特殊的现代社会体系，但经济和社会性的转变要优先和大于政治组织体系的转变。

　　处于这样一个时代的明代中国的国家和社会关系呈现出许多非规范性的或者自我矛盾的现象。政府体系比以前的时代更为专制，而明中叶以后的国家权力体系对社会下层的实际控制却比以前还要松散。国家法律在落实于经济、政治、社会、文化各个方面的实际生活中时，都只有大致规范的意义，在相当多的情况下可以公然违反而不至于受到惩罚。社会生活的许多方面是处于"自然"的状态。在这种关系背景下，社会宗教生活相当活跃，呈现出突出的多元性特征。

二　明代国家体系的基本结构与特点

　　明朝前期的社会制度和社会结构基本上是唐宋元制度和传统状况的复合。《明律》仿照《唐律》，赋税制度仿照"两税法"，而军制和行省制度则继承了元代的许多特征，货币制度也是仿照宋、元钞法设计的。这个时期的政治和社会弊端虽然也很多，但是国家对于社会的控制是相当有效的，全国的宗教生活局面也处于国家的严格管理之下。以后，随着皇权的和官僚政治的腐败，皇权政治和官僚政治的种种弊端一起发展起来，国家对于社会的控制能力便趋于降低。明朝初年的各种国家制度，包括宗教制度，都不再能够落实。明朝后期的国家体系对于社会许多方面的控制都已经被动地放松到相当松散的程度。

　　明代国家是一个分层的中央集权体系。这种基本性质是从秦以来的历史传统中继承过来的，无需详细讨论。但在这种基本性质前提下，明朝的国家权力体系也有一些特殊方面。这些比较值得注意的特殊方面是：

　　第一，明朝在洪武十三年取消了持续存在了几千年的丞相制度。他最初的设计是想由皇帝直接管理六部和其他行政、军事机关，使中央集权进一步集中于皇帝集权，从而避免来自丞相的权力竞争和篡夺威胁。但是这对皇帝的实际工作能力要求超出了常人能够达到的程度，所以是根本不可能长久、真正地落实的。经过逐渐的演变，形成了内阁制度。内阁是皇帝的顾问机构和皇帝与官僚系统之间的沟通协调机构，不能"专制诸司"。这在体制上还是要求皇帝本人亲自去做大量的行政工作，而皇帝经过承平时代的熏陶，倾向于享受权力而不承担繁重的日常工作。于是，"宰相之权落地而不收"，宦官遂成了皇帝与官僚系统之间沟通的另一个重要渠道，从而攫取了一部分对于国家行政的实际干预权。这样，在制度上说，皇帝的权力比以往时代更加集中了，而在实践的意义上，被皇帝从官僚系统剥夺去的那部分权力却并不能有效运作。所以，明代的中枢政体在更为集中和专制化的名目下实际趋于权力分散和效率低下。在与宗教政策相关的意义上说，废除丞相使官僚系统对于皇帝的制约能力大为降低，于是皇帝以及皇室的宗教行为也就更难于被纳入既定的普遍宗教制度之中。明代皇室宗教活动与国家制度的大量矛盾现象就是在这种体制矛盾中累积起来的。

第二，宦官在永乐时期以后，参与政治渐多。由宦官控制的司礼监通过掌握为皇帝代作批红，即将内阁为皇帝起草的诏令圣旨以红笔抄写为正本，而获得了实际影响中枢决策的权力。由宦官掌管的陆续设立的特务机关，东厂、西厂、内行厂，成为超过常规监察系统之上的特殊警察系统。宦官被派出监督军队、巡视地方，经常成为皇帝的特使。成为明代国家体制中一种高高在上的特殊势力的宦官与由士大夫构成的官僚系统有重大不同，这就是它只服从皇帝个人的意志，既不受其他任何机构的直接制约，也不理会士大夫的天下、道统、经常意识。他们的行为因而更少受制度规范的制约。另外，宦官身体残缺，对于今世的体验与常人不同，对于来世更为关切，因而从总体上说有较强的宗教、迷信倾向。宦官的宗教行为与贵族的宗教行为一样，对明代社会宗教风气以及国家宗教政策流变都发生了很大影响。

第三，明代中期以后，明朝初年制定的许多制度都已经废坏，但名义上却没有废除，关于宗教的大多数制度也是如此。在这种情况下，各地方官员在自己管理的范围之内很可以实行一些有弹性的或者地方化的政策。明朝的一条鞭法实际上就是在这种情况下一步一步地在地方形成，然后被推广到全国去的。明中叶以后，各地宗教政策也因为同样的原因而颇有差异。这实际与明朝初年的中央集权精神已经有了很大的差别。

第四，明代台谏机关特为活跃。洪武时期改前代御史台为都察院，其下设十三道监察御史，复有监督盐法、河道、漕运、学政、地方军务的御史，后来演变为总督、巡抚，有统辖一省、数省一切行政之势，即由监察机构兼并行政机关权力。六科与御史并为言路，而六科无御史经常监督地方的职责，专注于中央机关，而且六部重要文书需经六科查看，所以在中央行政中言论特别活跃。洪武时期设计的国家机关体系，故意使各个机构相互颉颃，以便皇帝从中控制。台谏系统构成对国家行政和皇帝、官僚行为的一种监督制约势力，对朝廷决策发生了重要影响。但是明中后期的台谏与派系斗争纠缠过深，其作用也被扭曲。

　　注意到以上特点之后，结合先前就已经成型的行省、府州县地方行政体系，明朝国家体制大致情况已比较易于说明。大致而言，其基本格局在洪武时期已经形成，在永乐到宣德时期又经历了一些重要的调整，以后虽然也有变化，但其趋向已经确定下来。

　　永乐以后明朝的主要国家权力机关可以大致图示如下：

皇帝

内阁				太监系统	
都察院	六科	吏部	大理寺	五军都督府	锦衣卫
		户部	**光禄寺**		
		礼部	**太常寺**		
			鸿胪寺		
		兵部	太仆寺		
		刑部			
		工部			
总督、巡抚					
	提刑按察使司	承宣布政使司	都指挥使司		
		府	卫		
		州、县、厅	所		
		都			
		图			

　　表中黑体书写的是直接负责宗教事务的高级行政机关。斜体书写的是特殊的，由皇帝直接掌握而不属于官僚系统常规机构体系的机关，它们都属于

前代所说的"内朝",名义上对各级官僚机构都无管理权,但实际上它们凭借与皇帝沟通的亲密关系,通常凌驾于其他国家机关之上。六部是主要日常行政机构,其中包括刑部,体现司法与行政不甚分离的传统特点。礼部负责外交、教育、国家大典以及大部分宗教事务,与本题目关系最为直接。明代既废丞相,六部地位尤重。六科品级虽低于部、院,但责在监督六部行政,并不受六部辖制。都察院为国家主要监察机构,以监督国家机关为主,并因事派出,充当皇帝特使,并且与大理寺、刑部共同充当国家最高司法机关。大理寺主要复审重大刑事案件。太常寺和光禄寺负责祭祀及典礼事务。鸿胪寺掌朝会、宾客、吉凶仪礼之事。五军都督府为军队统辖机构。提刑按察、承宣布政、都指挥三司为行省主要权力机关,分掌司法、行政、军务。总督、巡抚并非正规地方政府机关,是皇帝特派都察院主要官员驻扎地方的监督者,虽然日益向地方常设机构演变,但考其在明代国家机关中的角色,仍为旨在加强中央控制地方政府能力的派出机构。卫、所为地方军队单位,其地多是屯田军籍人员驻在之所,由都指挥史司管辖,与地方事务大致各为系统。府为行省以下行政单位,再下为州、县,偏僻地方设为厅。行省、府、州、县各级地方政府负责全部地方社会管理,其中包括地方宗教事务。都、图则为州县以下社区单位,并无执法权力,但亦履行与政府职能相关的一些职能,如社会治安等。

在以上中央国家机关体系中,与宗教事务直接相关的有礼部、光禄寺、鸿胪寺、太常寺,地方宗教事务仍处于布政使司、府、州、县行政长官监督之下,同时,政府在一些地方指派僧人、道士负责僧录司、道录司,管理僧道人士。这一部分在下文详细讨论。

三　宗教在明代社会生活中的地位

明代中国最主要的宗教仍为佛教和道教。佛教包括藏传佛教,但因藏传佛教核心地区在明朝的羁縻边疆区域,国家对其政策与对内地佛教有所差别,而且内地佛教组织与藏传佛教组织体系也各自分别,所以本书行文中将之单列讨论。大致上佛教和道教主要流传于明代十八布政使司所辖范围,并渗透到边疆地区;藏传佛教在内地各省不活跃,主要流传于青藏高原、四川、西北地区，但在首都及其周边地区却相当活跃，其原因是藏传佛教上层与明朝皇室或政府有密切的关系。

元代"回回遍天下"。但是到了明代，伊斯兰教人口，明朝文献亦通称之为"回回"，主要生活在西北地区。明代伊斯兰教在中国并未谋求大规模传播，其信奉者群体稳定，又有较严格的特殊日常生活规范。所以，回回对于明代国家以及其他社会群体说来，作为一个民族的意义超过作为一个宗教的意义。明朝对伊斯兰教无需制定特殊管理政策，伊斯兰教也不曾与中国境内的其他宗教发生严重冲突。

广义基督教早在唐代就已经进入中国，但后来逐渐消失。元代中国境内也有基督教流行，但元朝灭亡后再度销声匿迹。到 16 世纪，基督教再度传入中国，主要在华北、华南、东南地区传播，到明朝灭亡的时候，发展到有信徒约 50 万人。

佛教以寺院为基本组织单位，各寺院僧人可以交流，但普通寺院之间并无归属关系，对佛教进行全国性管理的是明朝政府。道教情况也是这样。中央礼部对佛教和道教的管理权超过二教自身组织系统之上，集中体现着佛教和道教的全国组织性。在国家的指定和认可下，佛教和道教都有其管理中心地。佛教初在京师大天界寺，道教全真派中心在太和山，即武当山，正一派在龙虎山。明代道教全真派衰微，正一教得朝廷推崇，成为道教的主要势力。

明代民间宗教非常活跃，同时呈现十分突出的多元性特征。这种特征首先在于诸多宗教信仰同时同地并存，而其信仰的要旨之差异并不引起明显的宗教冲突。其次，信仰者们显然已经习惯了兼容多种在认真的考究中相互矛盾的信仰体系，每个人的心中似乎都容纳了许多不同信仰体系的片段而并不发生内心和实际生活中的矛盾。官方倡导的儒教信仰体系，因为其精英主义的和无神论的特征，仅能在伦理的层面影响人们，或者通过制度因素形成一定的社会行为制约力，其对于社会下层的影响力实际远逊于对于精英阶层的影响力，也逊于民间宗教的社会影响力。

知识分子和下层社会的人们分享着某种综合主义的思维取向。知识分子因其儒家正统意识的存在而在兼容其他信仰体系时形成内部分裂。下层社会则大体仅仅把儒家信仰看作诸多信仰构成的精神体系中的一个成分而已。以儒教为信仰核心的国家体系以"神道设教"的实用主义方式对待其他信仰体系，以此实现与下层民间社会的大体协调关系。但是兼容并包的宗教意识和思维取向实际上会不断地产生出次生形态的宗教门派。因此，明代中国的下层社会具有自动产生具有组织功能和集体行为能力的宗教性群体的趋向。这类怀有宗教性信仰的社会群体处于社会下层，感受着多种社会问题的压力，有不同程度的反政府倾向，曾经引起当时的社会震荡和国家与社会的冲突。对抗这种社会和观念体系上的不稳定性的机制，一是来自儒家对于异端的批判，二是来自国家的强力干预，三是来自宗教多元性本身带来的能量消耗。

宗教事务和宗教管理是古代中国国家政治生活的核心问题之一。国家宗教事务的基本内容有：（1）官方的宗教祭祀和礼仪活动。这种活动以带有象征意义的方式昭示国家——现实中的公共权力中心——与该社会普遍信仰的超自然存在的关联，并把这种关联作为全社会精神统一性的基础。（2）国家对于民间宗教机构、组织和民间宗教活动的管理。这种管理的核心是把国家体制与全社会极富多样性的宗教生活协调起来。中国古代世俗国家权力集中、强大，民众宗教信仰具有多元性和现世倾向。在这种情况下，作为世俗国家权力人格代表的皇帝个人关于宗教的思想倾向对国家宗教管理制度和政策以及社会宗教状况的影响极大。

中国政教分离，宗教活动、行为与信仰主要在社会层面展开，国家机关则主要从宗教与国家相关的意义上对之进行管理。这种宗教与国家政治的相对分离是明代宗教、社会、国家关系的一个要点。宗教在明代社会生活中的角色与地位在本书各部分都需论及，这里先从以下方面大致说明其要点。

第一，僧道人口与全国人口结构的变动。明朝初期一度将宗教组织和宗教人口纳于国家严格控制之下。但僧道人口实际以远远高于国家规定的比例迅速增长，使国家有关规定逐渐成为具文。僧道人口增加有多重社会含义。首先，这意味着向国家交纳赋税的人口减少。江南巡抚周忱就曾指出，江南地方人口减少、土地荒芜的原因之一就是农民匿于寺院。明初主要劳役按照成年男子人头计算，以州县为单位摊派，逃亡人口的劳役要分摊到未逃亡人口的头上，称为"摊逃"。所以进入寺院的人口愈是超过政府规定的规模，则社会普通成员的赋税负担就愈要增加。到造成恶性循环的程度时，国家、社会就一起出现不稳定状况。

第二，僧道不婚，僧道人口的增加会延缓人口增长速度。中国传统时代以人口繁衍为社会建设的目标和政治成就的尺度之一，僧道愈多，则人口繁衍的目标愈难以实现。所以明朝不仅把各地僧道人数限定下来，而且特殊规定女子必须到 40 岁以后方可出家。这实际是禁止有生育能力的妇女出家的政策。

第三，僧道不服劳役，寺院田产虽然名义上也要纳税，但多有权贵荫蔽，所以实际上寺院田产增加也与政府财政收入发生矛盾。并且，寺院田产需用农民耕种，租佃给地方农户，或者招流动逃亡人口耕种，故寺院田产愈多，则依附于寺院的社会人口也愈多，这增加了原来社会组织体系的不稳定性。寺院经济是明代土地兼并发展的一个要素。

第四，宗教是一种社会凝聚力量，围绕宗教组织形成各类社会群体，丰富了社会实际的多元局面。佛教、道教、伊斯兰教、基督教等几个主要制度化宗教以外的所谓民间宗教，因为难以获得制度化宗教所取得的那种承认，常常秘密活动，成为秘密社会与宗教组织合二而一的社会单位。民间宗教易于发展成为秘密社会，而秘密社会本身又非借助于民间宗教信仰无以发展。这种演变一方面构成社会生活活跃表象的一个成分，同时使国家对社会的控制能力削弱。有明一代，佛教和道教等充分制度化的宗教都没有整体地构成对社会稳定的威胁。而杂和多种宗教成分的民间宗教组织则引起数度社会动荡。

第五，明代宗教虽然并未真正侵夺世俗政治权力，但是却对从精英到庶民各个阶层的文化精神世界构成了强大的影响。明初国家对宗教控制严格，而且理学也占据主导地位。中叶以后，佛道等宗教已经从各种意义上泛滥开来，而心学又成为主流学派。士大夫多参究佛、道内典，力求贯通"三教"。无论最后结论倾向如何，无不就宗教提出种种说法。明朝人特好为笔记，其中多含有相当数量的关于宗教乃至"怪力乱神"之属的记述和评论。故宗教思想实为明代各阶层思想的主要参照系，乃至重要内容。惟应指出的是，儒家思想家多从思想的角度而不是纯信仰的角度来对待佛、道说教，即将之看作某种思想的对象或者成分；下层民众则多以信仰的方式对待宗教，不信则无关，一旦相信，便囫囵吞枣，不再分辨其中是否包含不可信者。

第六，宗教影响社会风气。明朝初年对宗教实行比较有效控制的时期，整个社会生活都比较淳朴节俭。佛、道等教繁荣起来以后,大量财富从贵族和平民中流向寺院僧侣,更多的财富被用来换取关于死者、关于来世的福祉。佛教和道教的教义都崇尚简单的生活,但是现实生活中的佛教和道教僧侣则大多聚敛财富。各种民间宗教也都引动着社会消费。这也是中国历史上反复出现的现象:宗教繁荣与城镇和都市繁荣以及商业的活跃相辅相成。很多学者注意到明中叶以后的奢侈之风。这种风气的表现之一是在宗教活动中花费大量财富。明代泰山香税,也就是朝觐泰山诸神的香火税是国家税收中可观的一部分,表明宗教崇拜活动在人们的生活中居于相当重要的地位。

第七,民间宗教大多与萨满教有一定关系。萨满也称"巫",以驱邪、治疗疾病、推断吉凶为事。乡村的男巫、女巫常常兼行医生、法师之事。从民间习俗角度来看,此类现象是民间生活中的实际内容,从科学的角度看,则毕竟属于迷信和愚昧。巫的流行,使乡村民众极易受到蛊惑煽动,其实反映了当时民间文化与社会保障落后的状态。

第八,明代中国宗教生活是多元化的。多种宗教"百花齐放",而且个人的精神信仰世界容纳着五花八门的宗教成分。儒、佛、道以及多种民间宗教长期并存,从精英到下层民众皆对多种宗教因素兼容并蓄。这种具有"中国特色"的心理情状,实际反映着一种对于宗教信仰的世俗和实用倾向。在这个意义上说,明代中国民众的宗教生活本身是高度现世主义的。这种情况下,国家宗教政策其实也关照到区分社会上层与下层。上层以儒学为本,在国家体制建置上贯彻儒学作为哲学、伦理、宗教合一的官方意识形态的原则。儒学主要是以知识和政治精英为对象的伦理特征极强的政治哲学体系。这样的体系具有指导国家行政的功能,但却不能充分渗透到在相当程度上文盲的下层民众中去。所以要把对于人生价值和宗教超越的问题留给佛教、道教和其他民间宗教来填充。国家对于下层社会的宗教信仰和实践,实行的是"因俗而治"的相当宽松的管理政策。于是,国家与社会并没有在宗教取向上同一,而只是以某种妥协的方式形成了以社会稳定为目标的平衡。这种具有极大弹性的关系格局本身既是社会稳定的一个重要条件,体现了一种具有宗教宽容性的政治文化精神,同时也为以佛、道、儒三教为概念渊薮的花样层出的宗教组织的形成与发展留出余地。

第九,明中叶以后,佛教和道教都在若干特定时期得到国家上层特殊的倡扬。在整个 16 世纪甚至其后，中国处于对宗教有特殊偏好的皇帝们的统治之下，明武宗朱厚照好佛教，尤其是藏传佛教。明世宗朱厚熜沉迷于道教，排斥佛教。明神宗朱翊钧由于太后的关系，特别关照佛教。那也是民间宗教特别活跃的时期。这样，皇帝作为国家最高统治者实际经常性地破坏国家成文制度。这种矛盾的现象反映明朝国家宗教政策本身的两难处境。

　　综上所述，宗教与明代社会生活有多方面密切的关联，是社会生活内在的组成部分。同时也应该看到，国家与宗教的上述关联性与一神教社会相比，还是比较间接并富有"弹性"的。这使得关于宗教、社会、国家关系的分析增加了复杂性。

第 二 章

明代国家宗教管理的基本观念

明朝国家基本制度既然是一种高度皇权专制的体系，皇帝本人关于宗教的思想就成为国家制度、政策制定与执行方式的重要基础。本章对明代诸帝宗教观念做一大致分析，以便把握明代国家宗教管理基本理念的一个重要侧面。

一 明太祖的宗教管理思想

明太祖宗教思想全以国家政治为着眼点，即从世俗的立场看待宗教问题，以政治的手段驾驭宗教，其思想基础仍以儒家国家政治理论为主。此种思想与纯粹哲学家或者神学家对待宗教的观念从一开始就有不同。其区别在于，明太祖宗教思想出发于政治实用主义而非学术或者宗教情感，故其中有经有权，有诚有诈，故可以说明太祖的宗教思想从属于他的政治思想。由于君主集权主义体制及其强化，明太祖宗教思想为有明一代国家宗教政策奠定了以儒为本，以佛教、道教为用，为制度化的宗教留出一定空间而加以控制，对可能成为社会控制威胁的民间有组织的宗教性活动加以限制，同时对非组织化的民间宗教习俗实行宽容政策的基本方略。这种方略帮助明朝落实了法统汉、唐、宋国家体制的原则，这种原则中，国家专制社会的倾向明显，但并非绝对专制，而是具有一定弹性的专制。在明太祖有生之年，其宗教思想和国家宗教政策以及国家在其他方面的政策大致保持协调，并无明显的思想混乱或者举措矛盾处。通明一代，始终以明太祖时期的国家宗教制度、政策最为自觉，并能大致将之落实于实践。其后诸君，则皆不能。故对于明太祖宗教思想需略多注意。

（一）定礼制、重祀典

明太祖投注巨大心力重建祭祀和礼仪制度。明初开礼、乐二局，广征耆儒，由中书省、翰林院、太常寺考究历代祀典，酌定祭祀典礼。礼官及诸儒臣在洪武元年编成《存心录》。二年诏儒臣修礼书，三年成《大明集礼》。后又反复敕令精通礼学的朝臣和宿儒编修礼书。洪武三十余年间修有《孝慈录》、《洪武礼制》、《礼仪定式》、《诸司职掌》、《稽古定制》、《国朝制作》、《大礼要议》、《皇朝礼制》、《大明礼制》、《洪武礼法》、《礼制集要》、《礼制节文》、《太常集礼》等。① 由于洪武时期已经修成礼制的基本典籍，后来对礼书的修订不多，主要只是嘉靖时期的《明伦大典》、《祀仪成典》、《郊祀考议》。另外，《明会典》中也有涉及礼制的内容。清修《明史》，对明代礼制颇加称道："惟能修明讲贯，以实意行乎其间，则格上下，感鬼神，教化之成即在是矣。安见后世之礼，必不可上追三代哉？"② 这个说法明确指出后世礼制以教化为目的，以治世为核心的特质，同时对明代礼制颇多溢美。

以礼治国是儒家一脉相承的传统。儒家重礼，根本上说是为了治世。礼的设置和操作，以服务于现世的国家政治和民生为目的。礼的内容，包括对天地、神灵、祖先的崇拜，也包括典礼仪式规制和对不同社会人群行为的规定。前者在形式上大致属于狭义宗教崇拜行为。至于后者，则兼有法律、法规、官方伦理价值和行为规范的性质，仅在经强化而达到群体无意识化程度时，以及在象征性形式意义上，具有一定的宗教属性。明太祖对于礼制的注重，实是继承了儒家神道设教的传统。

明代国家祀典的对象是一个由神明、自然、圣人、祖先、功臣，以及厉鬼合成的群体。这个被崇拜的群体的核心是"天"，它兼有神明和自然的属性，人格化的称谓为"上帝"。国家祀典以沟通人与这些对象的关系为核心。其举行过程，主要通过对神明、自然、祖先、先师表达敬畏，实现对于政治

---

① 张廷玉：《明史》卷47，中华书局1974年校点本，第1224页。
② 同上书，第1223页。

权威主体合法性的反复认定，养育国家权力握有者敬警戒惕的心态，并且强化国家权力中心对社会普通成员的心理制约。因其意义重大，明太祖强调在祭祀过程中必须倾注极大的虔诚，其核心概念为"敬天"。洪武元年正月，太祖将祀天于南郊，戒饬百官执事曰："人以一心对越上帝，毫发不诚，怠心必乘其机，瞬息不敬，私欲必投其隙。夫动天地，感鬼神，惟诚与敬耳。人莫不以天之高远、鬼神幽隐而有忽心。然天虽高，所临甚迩；鬼神虽幽，所临则显。能知天人之理不二，则吾心之诚敬自不容于少忽矣。今当大祀，百官执事之人各宜慎之。"① 洪武二年三月，翰林学士朱升等奉敕撰斋戒文，既进览，太祖谓省臣祭祀务必诚敬："朕每祭享天地、百神，惟伸吾感戴之意，祷祈福祉，以佑生民，未尝敢自徼惠也。且斋戒所以致诚，诚之至与不至，神之格与不格，皆系于此。故朕每致斋，不敢有一毫懈怠。今定斋戒之期，大祀以七日，中祀以五日，不无太久。大抵人心久则易怠，怠心一萌，反为不敬。可止于临祭斋戒三日，务致精专，庶几可以感格神明矣。"② 洪武二年五月夏至日，大祀皇地祇于方丘。礼成之后，太祖御便殿，晓谕侍臣诚敬祭祀以保天命："上天之命，朕不敢知。古人有言，'天命不易'。又曰'天命无常'。以难保无常之天命，付骄纵淫佚之庸主，岂有不败？朕尝披览载籍，见前代帝王当祭祀时，诚敬或有未至，必致非常妖孽，天命亦随而改。每念至此，中心惕然。"③

凡此喋喋不休之说，核心在于敬谨事天，与孔子"祭如在，祭神如神在"的说法，实无二致。对天、神的敬畏，表示承认自己的局限，承认世俗权力以超自然存在的认可为条件，同时显示政权与神权的和谐一致。

此外，明太祖祭祀敬天之说并非纯粹出于宗教性的崇拜意识，其另一关注点在于民生。故祭祀当不存私心。洪武元年十一月丙午，太祖谕群臣：国家祭祀耗用生民脂膏，不可在祭祀时为私利祈祷。语曰："凡祭享之礼，载牲致帛，交于神明，费出己帑，神必歆之。如庶人陌纸瓣香，皆可格神，不以菲薄而弗享者，何也？所得之物，皆己力所致也。若国家仓廪府库所积，乃生民脂膏，以此尊醪俎馔，充实神庭，徼求福祉，以私于身，神可欺乎？

① 《明太祖实录》卷25，洪武元年正月甲戌，江苏国学图书馆影印明抄本。
② 《明太祖实录》卷39，洪武二年三月戊戌。
③ 《明太祖实录》卷41，洪武二年五月癸卯。

惟为国为民祷祈，如水旱、疾疫、师旅之类可也。"① 洪武二年十一月冬至日，明太祖大祀昊天上帝于圜丘。既毕，出御奉天门，谕群臣以祭祀宜诚敬以为国家百姓之意："祭祀在乎诚敬，不在乎物之丰薄。物丰矣而诚有未至，神不享焉；物虽薄而诚至，神则享之。所谓东邻杀牛，不如西邻之禴祭。尝闻以德受福，未闻以物徼福者也。昔陈友谅服衮冕，乘玉辂，丰牲币，而行郊祀之礼。彼恣行不道，毒虐生灵，积恶于己，而欲徼福于天，可乎？朕凡致祭，其实为国为民，非有私求之福。苟诚意未至，徒尚礼文，而欲徼福于己，岂不获罪于天耶？"② 洪武四年十一月冬至日，祀昊天上帝于圜丘。礼成，太祖再度晓谕群臣："帝王奉天以君临兆民，当尽事天之道。前代或三岁一祀，或历年不举。今朕岁以冬至祀圜丘，夏至祀方丘，遵古典礼，将以报覆载之德。惟夙夜寅畏，冀精神昭格，庶阴阳和，风雨时，以福斯民。"③ 洪武二十年正月，大祀天地于南郊。礼成，明太祖云："所谓敬天者，不独严而有礼，当有其实。天以子民之任付于君，为君者欲求事天，必先恤民。恤民者，事天之实也。即如国家命人任守令之事，若不能福民，则是弃君之命，不敬孰大焉。"④

在表达对神的敬畏、对民生的关注之外，明太祖亦以祭祀为警戒臣民之法。洪武六年三月，中都城隍神主制成。太祖对宋濂讲敬神所以使人知有所畏惧之道："朕立城隍神，使人知畏。人有所畏，则不敢妄为。朕则上畏天，下畏地，中畏人，自朝达暮，恒兢惕以自持。"⑤ 洪武十年十月，太祖召宋濂至新成之观心亭，语以祭祀斋戒为内省、自律修养方式之意，曰："人心易放，操存为难。朕日酬庶务，罔敢自暇自逸，况有事于天地宗庙社稷，尤用祗惕。是以作为此亭，名曰观心，致斋之日，端居其中。吾身在是，而吾心即在是，却虑凝神，精一不二，庶几无悔。卿为朕记之，传示来裔。"⑥

以上所列，大体反映出明太祖祭祀思想中的以下要点：（1）示敬于天；

①　《明太祖实录》卷32，洪武元年十一月丙午。
②　《明太祖实录》卷47，洪武二年十一月乙巳。
③　《明太祖实录》卷69，洪武四年十一月丙辰。
④　《明太祖实录》卷180，洪武二十年正月甲子。
⑤　《明太祖实录》卷80，洪武六年三月癸卯。
⑥　《明太祖实录》卷115，洪武十年十月壬子。

（2）关注民生；（3）警戒臣民；（4）借之内省。前已说到，其示敬于天的观念原本继承经典儒家"祭如在"的传统，而儒家敬天，全为治世，所以明太祖关于祭祀的思想毕竟以国家治理为关注重心。与此一致，这种祭祀以隆重肃穆的礼仪进行，十分注重形式，注重公开的演示效果，其意义显然在于影响社会。这里的人神关系本质上是统治者与社会的关系，是一种人与人的关系。

（二）不求长生而求术士

明太祖敬天，不否认鬼神，但并不似秦始皇、汉武帝乃至明世宗等皇帝追求长生。洪武元年闰七月，明太祖对侍臣宋濂等讲了一段意味深长的话："自古圣哲之君，知天下之难保也，故远声色，去奢靡，以图天下之安，是以天命眷顾，久而不厌。后世中才之主，当天下无事，侈心纵欲，鲜克有终。至如秦始皇、汉武帝好尚神仙，以求长生。疲精劳神，卒无所得。使移此心以图治天下，安有不理？以朕观之，人君能清心寡欲，勤于政事，不作无益以害有益，使民安田里，足衣食，熙熙皞皞而自不知，此即神仙也。功业垂于简册，声名流于后世，此即长生不死也。夫恍惚之事难凭，幽怪之说易惑，在谨其所好尚耳。朕常夙夜兢业，以图天下之安，岂敢游心于此。"宋濂对曰："陛下斯言，足以祛千古之惑也。"[1]

后来，太祖听说公侯中有好神仙者，把他们召来，晓谕说："神仙之术，以长生为说，又谬为不死之药以欺人。故前代帝王及大臣多好之。然卒无验，且有服药以丧其身者。盖由富贵之极，惟恐一旦身殁，不能久享其乐，是以一心好之。假使其术信然可以长生，何故四海之内千百年间，曾无一人得其术而久住于世者？若谓神仙混物，非凡人所能识，此乃欺世之言，切不可信。人能惩忿窒欲，养以中和，自可延年。有善足称，名垂不朽，虽死犹生。何必枯坐服药，以求不死？况万无此理。当痛绝之。"[2] 洪武二十八年七月，有道士向太祖贡献"道书"，太祖不收，大臣中却有人说不如暂且留下看看，或者还有可取之处。太祖曰："彼所献书，非存神固气之道，即炼

---

① 《明太祖实录》卷33，洪武元年闰七月丁卯。
② 余继登：《典故纪闻》卷2，中华书局1981年排印本，第38页。

丹烧药之说，朕焉用此？朕所用者圣贤之道，所需者治术，将跻天下生民于寿域，岂独一己之长生久视哉！苟一受其献，迂诞怪妄之士必争来矣，故斥之，毋为所惑。"①

人无长生，其理至明。当时朝臣中有人诱惑太祖求长生，原因恐非果真以为修炼可致不死，而是推测太祖与秦皇、汉武一样有天下而望久视，故意迎合。太祖不为所惑，并明白指出此道为君主、苍生之大祸害。表明自己只求以"圣贤"之道令天下生民安享太平，以声名垂诸不朽，不以一己之长生为念。单就这些言论看，明太祖宗教观念中实包含有理性的成分。此点看似平常，却于理解明太祖一生勤政务实，不沉溺于宗教的风格关系甚大。

然明太祖曾明令礼部到民间寻求占卜术士，关于此种做法，其说云："凡兴民之利，除民之害，虽耳聪目明，下愚有所不及，犹谓恐之而且见疑，斯所以圣贤亦不自恃其能。特设无上之诚，幽通鬼神，决兴息以福民。《书》不云乎：'七稽疑，择建立。'斯用卜筮者也，斯所以钦天畏地，意在幽通而默相之。此其所以用天理者也。朕当大位，缺斯卜筮，以决惑疑。尔中书、礼部行诸布政使司，广访多求，至朝验用。"②

占卜是中国上古时代就已经充分发达的人神沟通行为。这种行为在商、周时期已经成为国家管理中的一个重要方式。汉代亦曾极盛。汉代以后，占卜在国家行政中意义衰落，故士大夫多不修此道，其人亦不盛，且流于民间。上古占卜书《易》，是儒、道共同的原典，也是后世民间宗教的概念渊源。但《易》在儒家传统中向哲理化的方向而不是神学的方向发展。明太祖欲以卜筮决惑疑，包含复古的含义，欲使国家政治和绝对意志形成一种关联。明太祖求卜筮之人，一为形式上之法古，一则因"乾纲独断"，常有强大心理压力，借助占卜坚定决心。此外亦有借助鬼神之名使人不疑之意。

（三）儒、释、道三教关系中之体用观

明承元代宗教比较自由之后，民间儒、佛、道三教并行，士大夫中关于三教关系见解纷杂，国家宗教政策乃至立国方针之制定不能不关照此种背

---

① 《明太祖实录》卷239，洪武二十八年七月戊午。

② 朱元璋："命中书礼部访求术士"，见《全明文》卷7，上海古籍出版社1992年版，第83—84页。

景。明太祖于儒、释、道三教关系有独到看法。其说云："假如三教，惟儒者凡有国家不可无。夫子生于周，立纲常而治礼乐，助国家宏休，文庙祀焉。祀而有期，除儒官叩仰，愚民未知所从，夫子之奇，至于如此。释迦与老子虽玄奇过万世，时人未知其的，每所化处，宫室殿阁，与国相齐，人民焚香叩祷，无时不至。二教初显化时，所求必应，飞悟有之。于是乎感动化外蛮夷。及中国假处山薮之愚民，未知国法，先知虑生死之罪，以至于善者多而恶者少，暗理王纲，于国有补无亏，谁能知识？凡国家常则吉，泥则误国甚焉。本非实相，妄求其真，祸生有日矣。惟常至吉。"① "是道流行西土，其愚顽闻之，如流之趋下，渐入中国，阴翊王度，已有年矣。斯道非异圣人之道而同焉。"② "斯二说，名之则也异，行之则也异，若守之于始，行之以终，则利济万物，理亦然也。所以天下无二道，圣人无两心。"③

明太祖以为治理国家当以守"常"为本，不可求"玄奇"。所谓"常"，当指常情、常理、常经，日常生活中可确切把握的知识、经验，稳定务实而不依赖神奇的佑助和幸运。此正与"子不语怪力乱神"如出一辙。故明太祖认为三教之中，只有儒教为治国所"不可无"，是治理国家之根本原则。然儒教为官僚士大夫所信从而不易为"愚民"百姓所理解。若单纯以儒学之纲常礼乐为教化庶民之说，则曲高和寡，民不知所适从。释、道二家说教玄奇，百姓不知其真谛之前，先为其显化超凡之渲染震撼感动，懵懂追随，反较儒家更易在庶民中形成影响。偏远之地，国家礼、法制度松弛，释、道二教以生死轮回、善恶报应、羽化飞升之说使人民有所规矩。民安而国治，所以称其能"暗理王纲"。观此则释、道两教对治理国家之意义，不在其道为"真理"，而在其"用处"不小。至于释、道导民为善之道理，与作为国家意识形态的儒教说法区别极大，不可不知。此种愚民而治的思想，在古典儒、道、法诸家中都可见到。大体古代治民者因其俗，从其性而用之，并不求民智真正的开蒙，诸家论治者不约而同，惟其具体的说法与方式各不相同而已。太祖颇能领悟前人心法，因有见于儒、释、道和政府与社会关系之不

　　① 朱元璋："释道论"，见《全明文》卷10，第144页。明太祖《三教论》亦云"惟常是吉"，文义除前所论外，另有因俗而治，保持稳定之意。参见《全明文》卷10，第146页。
　　② 朱元璋：《明太祖文集》卷10，"宦释论"，影印钦定文渊阁四库全书本第1223册，第115页。
　　③ 同上。

同，故持儒教为本而佐以释、道为用说。此说之实行，保持了国家政治统治之世俗的基础，同时大体成较宽容而有控制的社会宗教政策原则。承释、道盛行之后，明立儒教为体之道，不使释、道夺国家政治中儒教本体之地位而能用之，且无强力摧残民间流行宗教的行为，此与 14 世纪中国社会文化走向关系不小。

明太祖又于《三教论》中力主仙、佛无征，推崇韩愈能以人道用鬼神而得"天地之大机"。其说反映明太祖以实用主义对待鬼神之说的态度。其语云："昔梁武好佛，遇神僧宝公者，其武帝终不遇佛证果。汉武帝、魏武帝、唐明皇皆好神仙，足世而不霞举。以斯之所求，以斯之所不验，则仙佛无矣。致愚者不信。若左慈之幻操，栾巴之噀酒，起贪生者慕。若韩退之匡君表，以躁不以缓，绝鬼神无毫厘，惟王纲属焉，则鬼神知韩愈如是，则又家出仙人。此天地之大机，以为训世。若崇尚者从而有之，则世人皆虚无，非时王之治。若绝弃之而杳然，则世无鬼神，人无畏天，王纲力用焉。"①

明太祖于三教关系反复论说，其大旨同上述，然侧重强调间，亦有不可不略加剖白者。如前引"二教初显化时，所求必应，飞悟有之"之语，不当看为太祖笃信释、道之征，而当看作姑妄言之之语。明太祖于此另有说明："释迦之为道也，惟心善世。其三皇五帝教治于民，不亦善乎！何又释迦而为之？盖世乖俗薄，人从实者少，尚华者众，故瞿昙氏之子异其修，异其教，故天假其灵神之。是说空比假，示有无之训，以导顽恶，斯成道也。"②

此语明言佛教为化导乖薄后世不能信从圣王正道的"顽恶"者之说教，非实朴明智者正道。又如："于斯三教，除仲尼之道祖尧舜，率三王，删《诗》制典，万世永赖，其佛仙之幽灵，暗助王纲，益世无穷，惟常是吉。尝闻天下无二道，圣人无两心。三教之立，虽持身荣俭之不同，其所济给之理一。然于斯世之愚人，于斯三教，有不可缺者。"③

较之前面所引文字，此语似乎略近"三教合一"之意。但细观之，三教惟对于"斯世之愚人"有不可缺者，治国"万世永赖"之道，毕竟在儒教。以儒教为治国者自觉行为之根本，以释、道为因愚治愚之术。儒明而释、道

---

① 朱元璋：《明太祖文集》卷 10，"三教论"，第 108 页。
② 朱元璋："佛教利济说"，见《全明文》卷 13，第 215 页。
③ 朱元璋："三教论"，见《全明文》卷 10，第 146 页。

暗，儒本而释、道用，三教关系仍分明不爽。此处"圣人"，指尧、舜类圣通之王而非指孔子类立言学者。明太祖开国枭雄之主，傲视今古，并孔子亦看作古代一读书人而已，所称名效法者惟尧、舜，此与儒生士大夫之流以孔子之是非为是非自然不同。

概括而言，明太祖十分肯定地坚持以儒家之道作为治理国家的根本原则，可以称为儒教为本。同时，他深知儒家思想长于国家上层政治行为规范，而缺乏深入下层民众、影响民众行为的能力，而且下层民众的行为和观念并不能完全依赖国家制度来规定。对于下层的"愚人"、"愚顽"、"顽恶"，无法以儒教来化育，而佛、道二教能使用"鬼神"之说，使其有所敬畏。因而，佛道不可以成为立国的根本，却可以帮助国家治理"愚民"。所谓"阴翊王度"、"阴赞王纲"都是从这个意义出发的。

这种十分富有心计的思路，比起一味鼓吹儒家圣人的大道理，以为可以包办天地万物的一般士大夫在政治上要明智，比起完全排斥释、道，强行以士大夫文化信仰规范下层的主张宽容和实际。中国本来有很突出的精英文化与大众文化的反差，而且大众文化本身又是多元的，治理这样的社会而欲求天下人都入圣人之一门，其实不现实。明太祖的思路在儒家观念的基础上为下层社会留出足够的自由空间，为明代的宗教政策奠定了思想基础。明代君主集权强化，故明太祖个人宗教思想成为有明一代国家宗教政策之基石。后世诸帝有沉迷于释、道者，惟因太祖所定以儒为本，同时承认佛道社会规范价值，此基本方略成为"祖制"而不可改变，终未至于出现宗教权侵夺世俗政治权的真正危机。《明会典》称："释道二教，自汉唐以来，通于民俗，难以尽废。惟严其禁约，毋使滋蔓。令甲具在，最为详密云。"[1] 此正其写照。

（四）修建寺院、道观之用意

于前述问题基本了解之后，明太祖与佛、道宗教界周旋的种种做法就易于理解了。此类周旋，如修建寺庙、道观，赐予寺观粮米、芦柴地，刻写经书，任用僧、道官员等，主要出于容留、利用之意。

洪武十六年，明太祖在凤阳旧于皇寺附近建大龙兴寺。于皇寺自宋有

---

① 申时行等：《明会典》卷 104，"礼部六十二"，中华书局 1989 年排印本，第 568 页。

之，金废，元复创，元末复废。新建的大龙兴寺离于皇寺旧址十五里，明太祖亲为赐名，并为文记之："佛殿、法堂、僧舍之属，凡三百八十一间，计工二万五千，赏工匠士卒钞二十五万三百有奇。诏僧善杞、文彬主之。赐善杞号曰'显密法师'，文彬号曰'善世法师'。善杞，德祝之弟子，文彬，扬州地藏寺僧。应召至，皆年高有戒行。"[①] 次年五月，明太祖赐给大龙兴寺米三百石。[②] 七月，"建朝天宫。其地即吴冶城，晋西州故址。南宋时始置聪明观。唐建紫极宫。宋真宗大中祥符间改祥符宫，寻改天庆观。元元贞时，改玄妙观。文宗时，又改永寿宫。至是重建，赐名'朝天宫'。设道录司于内"。[③] 洪武十八年，"建鸡鸣寺于鸡鸣山，以祠梁僧宝公，命僧德瑄住持。瑄卒，道本继之。初有西番僧星吉监藏为右觉义，居是山。至是，别为院寺西以居之"。[④] 洪武二十年，"登州奏沙门岛神祠年久圮坏，请令有司修葺。从之"。[⑤] 洪武二十一年，"重建天界善世禅寺于城南。初，元文宗天历元年，始建大龙翔集庆寺，在今都城之龙河。洪武元年春，即本寺开设善世院，以僧慧昙领教事，改赐额，曰：'大天界寺'。御书'天下第一禅林'，傍于外门。四年，改曰'天界善世禅寺'。五年，又改为'善世法门'。十四年，草善世院。十五年设僧录司于内。至是，毁于火。上命徙于京城南定林寺故址，仍旧额曰'天界善世禅寺'。重建能仁寺于城南广福山。初，宋元嘉时，寺建于秦淮之北。是月，毁于火，主僧行果请徙今地。诏从之"。[⑥]《稽古录续》卷二记有设置细节，文长不录。

洪武二十二年八月十七日，僧录司左善世弘道于奉天门钦奉圣旨："天界寺只作善世为额。钦此。授善世禅师诏曰：'佛教肇兴西土，流传遍被华夷。善世□顽，佐王纲而理道。今古崇瞻，由慈心而愿重，是故出三界而脱沉沦，永彰而不灭。尔劳心愿重，特加善世禅师，以神善道，统制天下诸山，绳顽制恶。於戏！佐王纲而理善道，愿力宏深，体斯之行，无往不复。

---

① 《明太祖实录》卷156，洪武十六年九月甲子。

② 《明太祖实录》卷162，洪武十七年五月庚申。

③ 《明太祖实录》卷163，洪武十七年秋七月戊戌。

④ 《明太祖实录》卷176，洪武十八年十二月。

⑤ 《明太祖实录》卷183，洪武二十年秋七月甲午。

⑥ 《明太祖实录》卷188，洪武二十一年二月。

戒哉，戒哉。'"①

这些寺院大体是在宋元旧寺院的基础上维修或者重建，并没有大肆兴建新的寺院。洪武二十四年，"诏天下僧道有创立庵堂寺观非旧额者悉毁之"。②参酌修建寺院与归并寺院两者的用意，修建为个别，归并则普及各府、州、县，故太祖之修建寺院官观当为整理归并政策之一端。

明太祖对寺院并不特别加以祖护。洪武十五年，应天府僧曾经因佃户逃亡要朝廷罪逃亡者。明太祖敕应天府晓谕这些和尚说，当年追随佛祖的人从不逃亡，"今僧佃逃，未审节用而致然耶，抑爱人而有此耶？若非此而有此，则府谓僧云：当自善来，若论以律，恐伤佛性。如敕奉行"。③《释鉴稽古略续集》亦记此文："且佛之为教也善。其大也溥被生死。仲尼有云，西方有大圣人，不言而化，不治而不乱。可谓能仁矣……未尝有诉逋逃于廷，致愆于水火者耶？况昔禅祇树千二百五十人，从逋逃者未闻。仲尼有云，道千乘之国，敬事而信，节用而爱人。今僧佃逃……"④

又明太祖与僧人时有往来唱酬事。此类行经，宋以来大儒亦常为之，明太祖所表达的除对出世脱俗者的景仰，且有谆谆告诫，使不与俗僧同流合污于市井中之意。另外，明太祖封道教正一派首领张正常为真人时，去其旧称天师之号，谓众臣曰："至尊惟天，岂有师也！"赐秩正二品。清人赵翼记述这件事情时指出："按元时所封本号真人，而明祖谓应改其天师之号，盖其时朝廷虽封曰真人，而世尚称为天师。然则天师之称，直自六朝以来不替也。"⑤此举赐道教首领正二品秩，于世人看来，似为推崇，但实际过去"张氏继袭者屡有加号，进秩至一品"。⑥明太祖将其降低一品，并将六朝以来狂妄不经之号摘除，视如世俗朝廷下一个代表道教的官员，显然尊朝廷而降抑宗教为其实质。此外，如洪武初年建法会于蒋山，召见名僧，遣僧人去西域求经，注《道德经》及《玄教仪》、《心经》、《金刚经》、《楞严经》等，

① 释大闻：《释鉴稽古略续集》卷2，《续修四库全书》子部宗教类，第1288册，第27页。
② 《明太祖实录》卷210，洪武二十四年秋七月丙戌。
③ 朱元璋："命应天府谕钟山寺僧敕"，见《全明文》卷7，第98—99页。
④ 释大闻：《释鉴稽古略续集》卷2，第24页。
⑤ 赵翼：《陔余丛考》卷34，上海商务印书馆1957年排印本，第747页。
⑥ 同上。

亦皆出服务于国家政治方面之用意。①

然于明太祖与释、道周旋的做法，当时和后世都有非议。学界注意最多者如《明史》“李仕鲁传”所载：

“帝自践阼后，颇好释氏教，诏征东南戒德僧，数建法会于蒋山，应对称旨者辄赐金襕袈裟衣，召入禁中，赐坐与讲论。吴印、华克勤之属，皆拔擢至大官，时时寄以耳目。由是其徒横甚，谗毁大臣。举朝莫敢言，惟仕鲁与给事中陈汶辉相继争之。汶辉疏言：‘古帝王以来，未闻缙绅缁流，杂居同事，可以相济者也。今勋旧耆德咸思辞禄去位，而缁流憸夫乃益以谗间。如刘基、徐达之见猜，李善长、周德兴之被谤，视萧何、韩信，其危疑相去几何哉？伏望陛下于股肱心膂，悉取德行文章之彦，则太平可立致矣。’帝不听。诸僧怙宠者，遂请为释氏创立职官。于是以先所置善世院为僧录司，设左右善世、左右阐教、左右讲经觉义等官，皆高其品秩。道教亦然。度僧尼道士至［逾］数万。

仕鲁疏言：‘陛下方创业，凡意旨所向，即示子孙万世法程，奈何舍圣学而崇异端乎？’章数十上，亦不听。仕鲁性刚介，由儒术起，方欲推明朱氏学，以辟佛自任。及言不见用，遽请于帝前曰：‘陛下深溺其教，无惑乎臣言之不入也。还陛下笏，乞赐骸骨，归田里。’遂置笏于地。帝大怒，命武士捽搏之，立死阶下。

陈汶辉，字耿光，诏安人。以荐授礼科给事中，累官至大理寺少卿，数言得失，皆切直。最后忤旨，惧罪，投金水桥下死。

仕鲁与汶辉死数岁，帝渐知诸僧所为多不法，有诏清理释道二教云。”②

李仕鲁在洪武十四年入京担任大理寺卿，他和陈汶辉的上疏当是此后不久针对明太祖修建寺院等事。但是《明史》所记载陈汶辉的批评虽然有事实根据，却也明显有危言耸听的味道。比如刘基、徐达、李善长、周德兴之结

---

① 朱国祯：《涌幢小品》卷 28，“蒋山佛会记”，中华书局 1959 年版，第 650 页；钱谦益：《列朝诗集小传》闰集，“全室禅师泐公”，上海古籍出版社 1983 年版，第 666—667 页。

② 张廷玉：《明史》卷 139，第 3988—3989 页。按《明史》暗示陈汶辉之死与谏用僧、道事有关。然黄云眉先生《明史考证》云：“按开国臣传，山东张副使某，不奉敕谕，鞭笞内戚，上欲处以大辟，汶辉力争，封还御旨。上怒，遣御前指挥押赴刑部，行经金水桥，投水死。”参看《明史考证》第 4 册，中华书局 1984 年版，第 1195 页。

局主要都非僧人、道士谗言所导致，而是另有缘由，纠缠含混，明太祖如何心服？李仕鲁的批评也是夸大，迄洪武中期，对僧道的政策远远没有达到"舍圣学而崇异端"的程度。此二人皆正直儒者，坚执儒学，不肯阿谀逢迎，但他们看不到或不愿看到，单一的儒教，或者纯粹的儒教，并不足以治理这个国家。自古以来的帝王都需要杂用各家学说，汉末以后的帝王，更要处理妥当与各种宗教的关系。陈、李多次上疏，明太祖虽没有采纳，但只是"不听"，却未责怪，自然是明知他们有他们的道理，但也有所见不及的地方。其后的决裂，已经不是由于对宗教的观点，而是由于对君主权威的蔑视。综洪武时期，对僧道并没有过分的崇佞，僧人、道士也没有过分地参与到国家政治管理中。《明史》的叙述，毕竟偏于儒者立场，而于明太祖的思想乏于详审。明代最有作为的内阁首辅张居正却通晓太祖的本意："大抵神道设教，用以诱导愚阴，以翊皇度，圣人所不废。智者惟心知其意而无泥其说，则可谓明也已矣。"[1]　于慎行也曾语云："必如本朝以大圣之教主持世法，而兼收二氏以备方家之术，如中原正朔统御万方，而四夷八狄拱伏效顺，上下森列，不相逾越，亦万世无敌之宗哉。"[2]

（五）对僧人、道士之控制

明太祖关于宗教问题的思想观念之另一方面为对僧人、道士、尼姑、女冠等出家人的看法和政策。此中要点之一是，把对于这些现实生活中的男女僧道的政策与对佛、道两教的政策区分开。明太祖晓谕僧纯一敕书云："尔沙门纯一，既弃父母以为僧，当深入危山，结庐以静性，使神游三界，下察幽冥，令生者慕而死者怀，景张佛教，岂不修者之宜？世人因是而互相仿效，虽不独处穷居，人皆在家为善，安得不世之清泰，因尔僧之所及也？尔不能如是，上干朝堂，欲气力以扶持，意在鼎新佛寺，集多财以肥己。孰不知财宝既集，淫欲并生。况释迦非大厦而居六载，大悟心通。方今梵像巍巍，楼阁峥嵘，金碧荧煌，华夷处处有之，此释迦之所感若是欤？集财而建造欤？尔僧无知，不能修内而修外，故不答，特役之。今脱尔行，令有司资

---

① 张萱：《西园闻见录》卷106，"鬼神"，全国图书馆文献缩微复制中心，1996年《中国文献珍本丛书》本，第1958—1959页。

② 张萱：《西园闻见录》卷105，"二氏后"，第1939页。

路费，往寻名山，悟善己道以善人，他日道光必烛寰宇，可不比佛之为道哉！"①

这是一通惩教和尚的训斥：佛教本是有益于世的，但你们这些和尚却要钻营于朝廷权势中，以求仗势而谋财，哪里是出自佛心？所以给你路费，送你到没有钱财的地方去做内外兼修的功夫，以后或者可以变成一个真和尚，不来扰乱民生，独有益于佛法之昌明。从这些话和这个处置的例子来看，明太祖虽给予佛教以一定的尊重，但他早已洞悉假佛门说教求世俗利益的俗流和尚心术。为发挥佛道两教劝化人心，整齐风俗的作用，太祖鼓励僧人远离俗世去修行，特为诗曰："独翁任清净，愚俗多险危。奸猾不善死，到处冢累累。尔心鉴此患，弃家永不回。年年常作客，如蓬被风吹。哀悯自天佑，仁深久必为。切记无住相，与佛莫相违。"②

洪武二十七年，太祖还曾榜示："凡僧有妻室者，许诸人捶辱之，更索取钞五十锭，如无，听从打死勿论……僧人敢有将手券并白册称为题疏，所在强求人为之者，拿获谋首处斩，余刺充军……令出之后，有能忍辱不居市廛，不混时俗，深入崇山，刀耕火种，侣影侍灯，甘苦空门寂寞于林泉之下，意在以英灵出三界者听。"③ 明末人录此以见明太祖"深明佛乘大旨"，警告"俗秃辈不得籍口"。④ 太祖与一些高僧有很好的关系，但却归并寺院而不使之泛滥，通过度牒制度、《周知册》等方法对僧道加以管制，这都和他深知世俗僧道的招摇撞骗，欺世盗名行为相关。

明太祖注意到僧道之中有能治世的人才，力劝他们还俗从政。此种做法与明中后期滥用僧、道为官也本不同。明太祖曾云："其佛道之初立也，穷居独处，特忘其乐之乐，去其忧之忧，无求豪贵，无藐寒微。及其成也，至神至灵，游乎天外，察乎黄泉，利生脱苦，善便无穷，所以当时之愚顽，耳闻目击而效之。今世之愚顽，慕而自化之。呜呼，不亦善乎！吁，艰哉！今时修行者，反是道而行之。何以见反是道而行之？方今为僧者，不务佛之本行，污市俗，居市廛，以堂堂之貌，七尺之躯，或逢人于道，或居庵受人之

① 朱元璋："谕僧纯一"，见《全明文》卷8，第106—107页。
② 朱元璋：《明太祖文集》卷19，"善世禅师"，第220页。
③ 黄景昉：《国史唯疑》卷1，上海古籍出版社2002年版，第18页。
④ 同上。

谒。其所谒者，贤愚贵贱皆有之，必先屈节以礼之然后可。然修者以此为忍辱之一端耳。若以堂堂之貌，七尺之躯，忍辱于人，将后果了此道，何枉辱也哉？若将后不能了此道，其受辱屈节，果何益乎？况生不能养父母于家，死后无嗣立姓同人于天地间，当此之时，如草之值秋，遇寒霜而尽槁，比木之有丛，凌寒风而永岁月，使飞者巢颠，走者窝下，惜哉惜哉，不亦悲乎？"① 又曰："古贤人君子，托身隐居，非止一端。如宁戚扣角，百里奚饭牛，望钓于磻溪，徵隐于黄冠，此数贤能者，未必执于本业而不为君用。朕观此僧之文，文华灿烂，若有光之照耀，无玄虚弄假之讹，语句真诚贴体，孔门之学，安得不为用哉！"②

这种言论，非但不是崇侫佛教，而是明论隐迹僧、道之中并非明智者所当为，显示明太祖的思想根基扎在儒家为本的现实世界。本此精神，明太祖认真从僧道中选拔人才，让他们还俗为官，其中有从有不从者。不从者如天界寺住持僧宗泐，明太祖命其蓄发为官，宗泐竟苦苦推辞。明太祖为之作"赐宗泐免官说"，"鼓舞中兼寓激励，原非专责人官……"③ 从请出仕者如"拔儒僧文"中提到的宋濂所荐僧郭传。又如钟山僧吴印有才智，"太祖亲擢为山东布政使"④。又如僧愿证，俗家姓李字大猷，姑苏人。"值太祖访良僧于宋濂。濂以师对。太祖览其所著，喜曰：论议甚高，其铁中铮铮者乎？召见谨身殿，慰劳备至，敕吏部除以翰林官职。"⑤

在洪武二十六年去世的陕西人丘玄清"幼为道士于均州武当山，宗全真之学，往来汉、沔、河、洛间。年及五十，有司以其有治才，荐入京。初授监察御史，超擢太常卿。为人持重有守"。⑥ 此为还俗入仕之例。因为这些人并非以其宗教身份参与政府，而是脱离宗教身份入仕，明太祖的意旨在于不以出家的履历为疆界而选拔官僚。这与洪武时期学校、科举尚乏得人，注重从草野中选拔人才的做法是一致的，从中正可看出明太祖以入仕从政为正

---

① 朱元璋："宦释论"，见《全明文》卷10，第154页。
② 朱元璋："拔儒僧文"，见《全明文》卷11，第167页。
③ 黄景昉：《国史唯疑》卷1，第18页。该"赐宗泐免官说"见《全明文》卷13，第209页。
④ 王圻：《续文献通考》卷254，第25页，台北：文海出版社影印明万历刊本，重排15266页。
⑤ 释大闻：《释鉴稽古略续集》卷2，第20页。
⑥ 《明太祖实录》卷225，洪武二十六年二月庚寅。

途的立场。

明代"凡户三等：曰民、曰军、曰匠。民有儒、有医、有阴阳。军有校尉、有力士、弓、铺兵。匠有厨役、裁缝、马船之类。濒海有盐灶。寺有僧，观有道士。毕以其业著籍"。① 僧、道同属于作为下层社会主流的民、军、匠户之外的特殊类目。管理僧道人口的设置主要是度牒制度。

洪武五年十二月，明政府统计当时天下僧、尼、道士、女冠，凡五万七千二百余人。礼部奏称："前代度牒之给，皆计名鬻钱，以资国用，号'免丁钱'。"明太祖下诏废除前代出卖度牒以增加财政收入的做法，对现有男女僧道全部发给度牒，"以防伪滥"，并著为令。② 洪武六年十二月，明太祖又下令："府州县止存大寺观一所，并其徒而处之，择有戒行者领其事，若请给度牒，必考试精通经典者方许。又以民家多以女子为尼姑、女冠，自今年四十以上者听，未及者不许。著为令。"③ 此令有三点可以注意：（1）控制寺观数量，此后来载于《明律》；（2）非精通经典者不给度牒，既控制僧道之数量，同时使之"纯化"；（3）妇女生育期未结束前不许出家。类似政令后来多次重申。据黄佐《翰林记》，洪武十年九月，"令僧徒皆通《般若心经》、《金刚般若经》、《楞伽经》。命学士宋濂考校之。不通者，令还俗"。④ 这些佛经应是考试的基本内容。

设立考试制度并没有实现控制僧道人口增长的目的。洪武十五年，设僧录司、道录司，管理天下僧道。洪武十七年闰十月，定三年一次出给度牒，且严加考试，庶革其弊。⑤ 洪武二十四年六月，明太祖对礼部下达清理释、道二教敕，令"自今天下僧道，凡各府州县寺观虽多，但存其宽大可容众者一所，并而居之，毋杂处于外，与民相混。违者治以重罪。亲故相隐者流，愿还俗者听。其佛经翻译已定者，不许增减词语。道士设斋醮，亦不许拜奏青词。为孝子慈孙演诵经典，报祖父母者，各遵颁降科仪，毋妄立条章，多

---

① 张廷玉：《明史》卷77，"食货一"，第1878页。
② 《明太祖实录》卷77，洪武五年十二月己亥。
③ 《明太祖实录》卷86，洪武六年十一月戊戌。
④ 黄佐：《翰林记》卷14，"考校僧道"，影印钦定文渊阁四库全书本第596册，第1017页。
⑤ 《明太祖实录》卷167，洪武十七年闰十月癸亥。按《明会典》（万历）卷104，"礼部六十二""僧道"条记载"太祖洪武二十六年定三年一度之制"。两者不合，今从"实录"。

索民财，及民有效瑜珈教，称为善友，假张真人名私造符篆者，皆治以重罪。"① 黄佐《翰林记》记载，此次归并寺院除清理、限制僧道之外尚有一重用意，即以空出的寺院为养济贫民之所："余寺观为丛林，以居贫民。"②

这道敕书承认佛道二教本义都是无害或者有益于社会的；但是明朝初年的佛道人士却已经在多种名目下背离了"本俗"，行为败坏，严重危害社会。作为国家的对策，明太祖重申了洪武六年限制寺观数量的规定。这种对于原有政策的重申，表明该政策没有得到很好的落实。所以重申之外，又增加了僧道人士与世俗人口分离，不许改译佛经和撰作青词，僧道人士为民间的宗教服务必须保持旧有规范，不增不减，俗人不准从事对他人的宗教性服务活动等规定，以便把僧道行为限定在与其他方面的国家社会政策一致的范围内。洪武二十五年，十二月，明太祖下令僧录司编造《周知册》，颁于天下僧寺，以便稽查。洪武二十七年春正月，明太祖又命礼部榜示天下僧寺、道观："僧道俱不许奔走于外及交构有司，以书称为题疏，强求人财。其一二人于崇山深谷修禅及学全真者听，三四人勿许。仍勿得创庵堂。若游方问道，必自备道里费，毋索取于民，民亦毋得辄自侮慢。凡所至僧寺，必揭《周知册》以验其实，不同者，获送有司。僧道有妻妾者，诸人许捶逐，相容隐者罪之，愿还俗者听。亦不许收民儿童为僧，违者并儿童父母皆坐以罪。年二十以上，愿为僧者，亦须父母具告有司奏闻方许。三年后，赴京考试，通经典者始给度牒，不通者杖为民。有称白莲、灵宝、火居及僧道不务祖风，妄为议论沮令者，皆治重罪。"③ 这大致还是对以前颁布的宗教人口管理政策的略为严厉化的重申。

经过反复修订而在洪武三十年正式颁行的《大明律》对违反国家规定的僧道管理制度、政策的行为规定了惩处办法，其中包括："凡寺观庵院，除现在处所外，不许私自创建增置。违者，杖一百，还俗。僧道，发边远充军；尼僧女冠，入官为奴。若僧道不给度牒，私自簪剃者，杖八十。若由家长，家长当罪。寺观住持，及受业师私度者，与同罪，并还俗。"④ 如此，

① 《明太祖实录》卷 209，洪武二十四年六月丁巳。
② 黄佐：《翰林记》卷 14，"考校僧道"，第 1018 页。
③ 《明太祖实录》卷 231，洪武二十七年春正月戊申。
④ 怀效锋点校：《大明律》卷 4，"户律一"，法律出版社 1999 年排印本，第 46—47 页。

则明太祖的宗教管理思想落实为国家法律。终洪武之世，佛、道二教既未遭禁止亦未过分泛滥，僧道人口数量也处于政府控制下。这种政策，还属有弹性、务实的做法。其中不无从宗教本身的角度看的不自由之性质，但中国历史上凡佛、道大盛时代，国家财政、农业经济都受到削弱，故明太祖时代对于佛、道的政策，以当时情况看，并无大的失当。

（六）优容喇嘛

明太祖宗教政策出发于两个基点：一是国家政治和社会管理的需要；二是对各个宗教兼容并包的倾向。对藏传佛教的政策与整个宗教政策一致，既以宗教兼容为基础，也服从于国家边疆政策。《明史》云："洪武初，太祖惩唐世吐蕃之乱，思制御之。惟因其俗尚，用僧徒化导为善。乃遣使广行诏谕。"[①] 明人黄佐评论说："凡胡僧有名法王若国师者，一入中国，朝廷招礼供给甚盛，言官每及之，而朝廷多不从者。盖西番之俗，有叛乱仇杀，一时未能遥制，彼以其法戒谕之惟谨。盖以取夷之机在此。故供给虽云过优，然不烦兵甲刍粮之贝［具？］而阴屈群丑，所得亦多矣。此先朝制驭夷之术，非果神之也。世人不悟，或受其戒，或学其术，或有中国人伪承其绪而慕袭其名号，此末流之弊也。"[②]

正由于藏传佛教政策和边疆政策密切关联，明律规定汉人不得学"番教"："凡汉人出家习学番教，不拘军民、曾否关给度牒，俱问发原籍各该军卫有司当差，若汉人冒作番人者，发边卫充军。"[③] 此项法律分明将国家对藏传佛教的优礼与社会宗教信仰政策分开。

洪武五年三月，"故元参政阿失宁自西番来降，贡马，以灌顶国师玉印来。上诏赐织金文绮"。[④] 同月，"河州卫言：乌思藏怕木竹巴、故元灌顶国师章阳沙加，人所信服。今朵甘赏竺监藏与管兀儿相仇杀，朝廷若以章阳沙加招抚之，则朵甘必内附矣。中书省以闻。诏章阳沙加仍灌顶国师之号，遣

---

① 张廷玉：《明史》卷 331，第 8572 页。
② 张萱：《西园闻见录》卷 105，"佛"，第 1944 页。
③ 李东阳等：《明会典》卷 95，影印文渊阁四库全书本第 617 册，第 881 页。
④ 《明太祖实录》卷 73，洪武五年三月庚寅。

使赐玉印及彩缎表里，俾居报恩寺，化导其民"。① 洪武七年，太祖接待了来自和林的藏传佛教国师："和林国师朵儿只怯烈失思巴藏卜及甘肃平章汪文殊奴等至京师，国师献佛像舍利及马二匹。诏以佛像舍利送钟山寺，赐国师文绮禅衣，汪文殊奴等［毛莫］丝袭衣房舍供具诸物，及赐从者衣服等物有差。"② 洪武十二年春，"朵甘、乌思藏灌顶国师答力麻巴剌及怕木竹巴万户府等官遣使贡方物"。③ 明太祖下诏称："今朵甘思、乌思藏两卫地方诸院上师，踵如来之大教，备五印之多经，代佛阐扬，化凶顽以从善，启人心以涤愆。朕谓佛为众生若是，今多院诸师亦为佛若是，而为暗理王纲，与民多福。"④ 此后，洪武时期礼待藏传佛教僧侣的事情屡见于史籍。

洪武二十六年，"立西宁僧纲司。以僧三剌为都纲，河州卫汉僧纲司以故元国师魏失剌监藏为都纲，河州卫番僧纲司，以僧月监藏为都纲。盖西番崇尚浮屠，故立之使主其教，以绥来远人。复赐以符曰：自古帝王致治，无问远迩。设官以理庶务，稽诸典礼，复有僧官以掌其教者，非徒以僧荣也。欲其率修善道阴助王化，非真诚寡欲淡泊自守者，奚足以称斯职。今设僧纲司，授尔等以官，给尔符契，其体朕之心，广佛功德，化人为善。钦哉！"⑤

（七）禁止师巫邪术

洪武三年六月，明太祖颁布"禁淫祠制"曰："朕思天地造化，能生万物而不言，故命人君代理之。前代不察乎此，听民人祀天地，祈祷无所不至，普天之下，民庶具多，一日之间祈天者不知其几。渎礼僭分，莫大于斯。古者，天子祭天地，诸侯祭山川，大夫士庶各有所宜祭。其民间合祭之神，礼部其定议颁降，违者罪之。"于是，中书省臣等奏："凡民庶祭先祖，岁除祀灶，乡村春秋祈土谷之神，凡有灾患，祷于祖先。若乡厉、邑厉、郡

---

① 《明太祖实录》卷73，洪武五年三月丁酉。

② 《明太祖实录》卷89，洪武七年五月庚辰。

③ 《明太祖实录》卷122，洪武十二年春正月丙申。

④ 《全明文》卷1，"护持朵甘思乌思藏诏"，第9页。

⑤ 《明太祖实录》卷226，洪武二十六年三月丙寅。按立西宁僧纲司并以三剌为都纲事亦载《明太祖实录》卷250，洪武三十年二月条："立西宁僧纲司，以僧三剌为都纲，河州卫汉僧纲司，以故元国师魏失剌监藏为都纲，复置河州卫番僧纲司，以僧端月监藏为都纲。上以西番俗尚浮屠，故立之以来远人也。"两者本事及文句皆重复，后者当为抄写粗疏之误。

厉之祭，则里社郡县自举之。其僧道建斋设醮，不许奏章上表，投拜青词，亦不许塑画天地神祇。及白莲社、明尊教、白云宗、巫觋扶鸾、祷圣书符、咒水诸术，并加禁止，庶几左道不兴，民无惑志。"诏从之。①

这大体确定了明朝政府对待民间宗教的政策基调：祭祀与社会地位相对应分为等级；禁止民间秘密宗教及巫咒等活动。此类政令载于《大明律》："凡私家告天拜斗，焚烧夜香，燃点天灯七灯，亵渎神明者，杖八十。妇女有犯，罪坐家长。若僧道修斋设醮，而拜奏青词表文及祈禳火灾者，同罪。还俗。若有官及军民之家，纵令妻女于寺观神庙烧香者，笞四十，罪坐夫男。无夫男者罪坐本妇。其寺观神庙住持及守门之人，不为禁止者，与同罪。"②

"凡师巫假降邪神，书符咒水，扶鸾祷圣，自号端公、太保、师婆，及妄称弥勒佛、白莲社、明尊教、白云宗等会，一应左道乱正之术，或隐藏图像，烧香集众，夜聚晓散，佯修善事，扇惑人民，为首者，绞；为从者，各杖一百，流三千里。若军民装扮神像，鸣锣击鼓，迎神赛会者，杖一百，罪坐为首之人。里长知而不首者，各笞四十。其民间春秋义社，不在禁限。"③

"凡阴阳术士，不许于大小文武官员之家，妄言祸福。违者，杖一百。其依经推算星命、卜课者，不在禁限。"④

这些政令表明，在明太祖看来，佛教、道教可以"暗理王纲"，而其他以巫术为普遍特色的民间宗教则于国家统治秩序有所干扰，故行禁止。一般算命占卜不在此列。

事实上，洪武时期以民间宗教为组织方式的反叛一再发生。如洪武六年，"湖广罗田县妖人王佛儿，自称弥勒佛降生，传写佛号惑人，欲聚众为乱，官军捕斩之"。⑤ 洪武十九年福建"妖僧"彭玉琳在新淦"自号弥勒佛祖师，烧香聚众，作白莲会。县民杨文曾、尚敬等皆被诳惑，遂同谋为乱。玉琳称晋王，伪置官属，建元天定。县官率民兵掩捕之，槛玉琳并其党七十

---

① 《明太祖实录》卷 53，洪武三年六月甲子。
② 怀效锋点校：《大明律》卷 11，"礼律一"，第 89 页。
③ 同上。
④ 怀效锋点校：《大明律》卷 12，"礼律二"，第 95 页。
⑤ 《明太祖实录》卷 81，洪武六年夏四月丙子。

余人，送京师，皆诛之"。① 洪武二十一年五月，"袁州府萍乡县民有称弥勒佛教惑民者，捕至诛之"。② 洪武二十三年二月，"河南都指挥使司获妖寇朱黄头，送至京师。初，乌撒卫有紫气起，军士马四儿妄言为祯祥，应在已。遂纠合黄头等六人劫众从水西剽掠逃至南阳邓州。又自称圣人。河南都司出兵剿捕，四儿等窜去，擒黄头等至京，斩之"。③

　　参酌这些背景情况，明太祖对于师巫邪术的禁止当主要着眼于其易于形成对国家政治秩序的威胁，其次亦在于对其宗教内涵之否定。如前所论，明太祖宗教思想以国家政治需要为前提。佛、道既无法彻底排除，又在悠久的历史中逐渐形成了和国家权力共生的相互关系，完全可以有控制地加以利用，故多示优容。师巫邪术并无历久一贯的经典、组织与制度，依托其他宗教、学说及迷信心理，变化多端，全无驾驭之可能，并且极易滋生秘密民间组织，成为特殊的具有独立性的社会操作机构。所以，明太祖从国家控制角度出发，力求禁止之。

　　综上所述，明太祖宗教思想全以国家政治为着眼点，即从世俗的立场看待宗教问题，以政治的手段驾驭宗教，其思想基础仍以儒家国家政治理论为主。此种思想与纯粹哲学家或者神学家对待宗教的观念从一开始就有不同。其区别在于明太祖宗教思想的政治实用主义而非学术的性质，故其中有经有权，有诚有诈。所以明太祖的宗教思想从属于他的政治思想，此亦政治家思想的普遍特色。由于君主集权主义体制及其强化，明太祖宗教思想为有明一代国家宗教政策奠定了以儒为本，以佛教、道教为用，为制度化的宗教留出一定空间而加以控制，对可能成为社会控制威胁的民间的其他有组织的宗教性活动加以限制的基本方略。此方略帮助明朝落实法统汉、唐、宋国家体制的原则，并对中国文化、社会的变动倾向产生影响。其国家专制社会的倾向明显，但并非绝对化的专制，而是具有一定的弹性。就明太祖有生之年看，其宗教思想大致和国家宗教政策以及国家在其他方面的政策保持协调。从长时段历史的角度考察，明太祖宗教政策并无明显的思想混乱或者举措矛盾处。

----

① 《明太祖实录》卷178，洪武十九年五月戊辰。
② 《明太祖实录》卷190，洪武二十一年夏四月壬寅。
③ 《明太祖实录》卷200，洪武二十三年二月癸亥。

明代宗教政策实践中的问题出在太祖去世以后。太宗时期宗教政策已经不及太祖时把握稳当，后来更逐渐向混乱发展。到正统时期，僧道人口数量开始失去控制，成化时期更成佛道人口大泛滥的时期。此时虽然社会经济、文化继续发展，但宗教政策与民生的矛盾已经尖锐化。后来皇室崇寺院之修建，为一己私利祈福、斋醮，度牒失控，僧道流布天下，师巫迷信活动无涯无止。这种局面，于民间文化增加了活跃的因素，但对国家财政和社会秩序则形成严重的负面影响。通明一代，仍以明太祖时期的国家对于宗教事务的制度与政策最具有自觉把握的意识，并大致得到实现。

二　后世诸帝的宗教倾向

朱元璋的宗教政策思想为有明一代国家宗教制度和政策奠定了基本原则，其后诸帝中，并无公然提出与朱元璋有关思想对立者。但是，后世诸帝对宗教和宗教政策的看法、态度却多与朱元璋有程度不等的差异。他们对于宗教事务的态度都对国家宗教政策实践发生了很大影响。诸帝在位时间长短不一，在宗教政策制度方面值得注意处也有多寡之不同，其大概情况，可略加梳理，以见演变的脉络。

建文皇帝朱允炆当政时间短暂，其施政由太祖时期"治乱世用重典"的方针转向宽和，谋求文治。他的主要谋臣方孝孺等都是理学家，强调儒家治国的王道和仁政，对各宗教虽不强加压制，但更关注儒家思想的统治地位。建文三年有诏云："夫佛道本心阴翊王化，其功弘多。"[1] 这表明建文帝对佛教和道教与国家政治关系的基本认识与太祖有基本一致处。不过同年，建文帝还曾敕曰："非奉朝命，不许私窃簪剃。年未五十者，不许为尼及女冠。"[2] 看去较太祖时期的妇女 40 岁后方可出家的说法更倾向于加强控制。建文皇帝即位后，因为权力地位不稳，先把精神用在对付诸王，但不及解决这个问题就被颠覆，其在宗教方面的思想与政策，也未充分展开。

---

① 王圻：《续文献通考》卷 240，"仙释考""历代道家总纪下"，第 14360 页。
② 徐学聚：《国朝典汇》卷 134，"释教"，四库全书存目丛书本，史部第 266 册，第 130 页。

明成祖朱棣行事颇类乃父，施政方针颇有逆转建文时期的崇尚宽和文治而多强硬措施。他在宗教方面的思想应大致与太祖的相似，但对佛教、道教以及数术的关注又有甚于太祖者。

建文四年，即位不久的明成祖"命礼部清理释、道二教。凡历代以来，若汉、晋、唐、宋、金、元及本朝洪武十五年以前寺观有名额者，不必归并，其新创者悉归并如旧"。① 这预示着他将基本继承太祖的宗教政策方针，但对佛道的控制趋于略微放松。其后，成祖在施政中表现出来的宗教政策思想有如下数端。

1. 以儒家"五经"治天下。"永乐初，有献《道经》者，成祖曰：'朕所用治天下者，《五经》也。《道经》何用？'斥去之。既而谕侍臣曰：'上好正道，则下不为邪。人主好尚稍不谨，憸人怀侥幸之心者，恣纵妄诞，以投所好。苟堕其计，将来流害无穷矣。故不得不斥。'"② 其后，成祖屡有拒绝佞事佛道之表现。万历间人余继登曾记述说，礼部尚书李至刚以孝慈皇后忌辰，请仿宋制，于佛殿修斋诵经。成祖曰："人子于父母，固当无所不用其心，但人君之孝，与庶人不同。为人君者，奉天命为天下主，社稷所寄，生灵所依，但当谨身修德，深体天心，恪循成宪，为经国远谟，使内无奸邪，外无盗贼，宗社奠安，万民乐业，斯孝矣。如不能此，而惟务修斋诵经，抑末矣。"③ 还有一次，"永春侯王宁侍成祖于右顺门，从容语及世人竭诚诵经、饭僧、奉佛，可以福利先亲者。成祖谕之曰：'天子以四海为家，能思天位者，亲之所传，大业者，亲之所建，天下生民，亲之所保，而敬以奉天，勤以守业，仁以临民，使万物得所，四夷咸宾，光昭祖宗，传之子孙，可以为孝。何必事佛乃能为孝乎？'"④ 永乐五年，成祖问侍臣曰："闻近俗之弊，严于事佛而简于事其先，果有之乎？"对曰："闻有之。"成祖叹曰："此盖教化不明之过。朕于奉先殿旦夕祗谒，未敢尝慢，或有微恙，亦力疾行礼。世人于佛老竭力崇奉，而于奉先之礼简略者，盖溺于祸福之说，而昧

---

① 《明成祖实录》卷14，洪武三十五年十一月壬午。
② 余继登：《典故纪闻》卷6，第108页。
③ 同上书，第104页。
④ 同上书，第110页。

其本也。率而正之，正当自朕始耳。"①

2. 信奉佛教、道教。成祖虽明确指出治国需以儒家经典为本，但却同时信奉佛教，对道教也颇亲近。永乐四年，"征天下道士至京师，即朝天宫、神乐观、洞神宫，修举金录斋法，荐皇考皇妣。车驾幸斋坛七日而毕"。②永乐五年二月，"命西僧尚师哈立麻于灵谷寺启建法坛，荐祀皇考皇妣。尚师率天下僧伽举扬普度大斋科十有四日"。③ 永乐十七年十一月，他"升吏部郎中诸葛平为湖广布政司右参议，专提督太岳太和山宫观"。④ 永乐二十一年八月，太岳太和山岭金殿现五色圆光紫云周匝，逾时不散，又山石产灵芝榔梅，结实盛于往年。于是礼部尚书吕震率百官进贺。成祖曰："朕创建大岳太和山宫殿，上资福于皇考皇妣，下为天下生民祈福，初非为己，且朕岂不自知德之轻薄，不敢恃此为祥。卿等惟尽心庶政，辅朕不逮，以上答天眷，下贻民福，足矣。此不足贺。"⑤ 以国家行政官员专门管理太岳太和山宫观，为祈祷之处。此举与前面所说不在佛殿诵经的做法相比，看去自相矛盾。推测成祖内心，仍信祈祷有益，但毕竟觉得事神与治国之主要原则应该有所区别。

更值得注意者，成祖曾为若干佛经作序，如在永乐九年五月初的《御制观世音普门品经序》中，他说："朕惟天道福善祸淫，故佛示果报，使人为善而不敢为恶。夫天堂地狱，皆由人为，不违于方寸之内，故为善者得升天堂，为恶者即堕地狱。夫忠臣、孝子、吉人、贞士，其心即佛，故神明庇佑，业障俱泯。是以生不犯于宪条，没不堕于无间。夫凶顽之徒，一于为恶，弃五伦如敝帚，蹈刑法如饮甘。宁委罗刹，不钦佛道。然人性本善，所为恶者，特气质之偏，苟能改心易虑，修省避畏，转移之间，恶可为善矣，为善则即善人，昔之所积之咎，如太空点尘，红炉片雪，消涤净尽。虽有果报，将安施乎？朕恒念此，惟恐世之人有过而不知改，乃甘心焉以自弃，遂表章是经，使善良君子永坚禁戒之心，广纳无量之福，为善功德，岂有涯矣

① 《明成祖实录》卷67，永乐五年五月癸酉。事亦见《典故纪闻》卷7，第123页。
② 释大闻：《释鉴稽古略续集》卷3，第32页。
③ 同上。
④ 《明成祖实录》卷218，永乐十七年十一月丁未。
⑤ 《明成祖实录》卷126，永乐二十一年八月甲子。

哉!"① 永乐九年五月,在《金刚经集注序》中,明成祖又说:"朕惟佛道弘深精密,神妙感通。以慈悲利物,以智慧觉人。超万有而独尊,从旷劫而不坏。先天地而不见其始,后天地而不见其终。观之《金刚般若波罗蜜经》,盖可见矣。是经也,发三乘之奥旨,启万法之元微。论不空之空,见无相之相。指明虚妄,即梦幻泡影而可知;推极根原,于我人众寿而可见。诚诸佛传心之秘,大乘阐道之宗,而群生明心见性之机括也。"② 永乐十八年三月初七日。颁《御制经序》十三篇,《佛菩萨赞跋》十二篇,为各经之首,并颁布《圣朝佛菩萨名称佛曲》五十卷,《佛名经》三十卷,《神僧传》九卷。③ 明成祖又曾召集四方名僧校订"三藏",④ 委托喇嘛哈立麻等设法会。⑤

成祖亲自编写《神僧传》,采名僧功行超卓者辑为一编,亲制序冠曰:"神僧者,神化万变而超乎其类者也。然皆有传,散见经典。观者猝欲考求,三藏之文宏博浩汗,未能周遍,是以世多不能尽知,而亦莫穷其所以为神也。故间翻阅采辑其传,总为九卷,使观者不必用力于搜求,一览而尽得之,如入宝藏而众美毕举。遂用刻梓,以传昭著其迹于天地间,使人皆知神僧之所以为神者有可征也。"⑥ 永乐二十一年,明成祖称赞普庵禅师曰:"究其慈心慧力,莫非御灾捍患,拯危救急;化人为善而积其善,因戒人为恶而脱其恶趣。所以振扬宗风,上裨益于王化,下利泽于生民,功德之盛,不可思议焉!"⑦

这些言论和做法,虽也包含利用佛教化导"愚顽"的用意,但是毕竟与太祖思想已经不同,称其信奉佛教,当不为过。只是作为世俗帝王,另外自有一番心思在佛道精神之外。

---

① 朱棣:《观世音普门品经序》,载许明《中国佛教经论序跋记集》(明卷),上海辞书出版社2002年版,第1299页。

② 朱棣:《金刚经集注序》,载许明《中国佛教经论序跋记集》(明卷),第1305页。

③ 释大闻:《释鉴稽古略续集》卷3,第33页。

④ 钱谦益:《列朝诗集小传》闰集"古春兰公",第678页;另可参见查继佐《罪惟录》传二十六"昌海"传,浙江古籍出版社1986年版,第2504页。

⑤ 张瀚:《客座赘语》卷2"佛会道场",中华书局1987年点校本,第37—38页。

⑥ 《明成祖实录》卷184,永乐十五年春正月癸巳。

⑦ 王圻:《续文献通考》卷247,"仙释考""释家总纪四",第14851页。

　　不过，成祖与太祖一样，并不惑于求长生之说。"永乐时，武昌僧欲修观音阁以祝圣寿，成祖不从，曰：'人修短有定数，祸福由所行，所行诚善，福不祝当自至；不善，祸非祝所能去。人但务为善，何假外求哉！'"① 成祖曾与侍臣论及养身之道，因曰："人但能清心寡欲，使气和体平，疾病身少。如神仙家服药导引，只可少病，岂有长生不死之理？近世有一种疲精劳神佞佛求寿，又愚之甚也。"② 他还曾拒绝金丹和方士之书，批评了秦始皇、汉武帝求长生的做法。③

　　3. 任用僧道人士做官。成祖因僧人姚广孝在"靖难之役"所作贡献，曾要他还俗为官。姚广孝不肯，便封他为资善大夫、太子少师，仍然参与国政。"帝与语，呼少师而不名。命蓄发，不肯。赐第及两宫人，皆不受。常居僧寺，冠带而朝，退仍缁衣。出赈苏、湖，至长洲，以所赐金帛散宗族乡人。重修《太祖实录》，广孝为监修。又与解缙等纂修《永乐大典》。书成，帝褒美之。帝往来两都，出塞北征，广孝皆留辅太子于南京。五年四月，皇长孙出阁就学，广孝侍说书。"④ 姚广孝著有《道余录》，自序称元季习禅学及披阅内外典籍，"因观河南二程先生遗书，及新安晦庵朱先生语录。三先生皆生赵宋，传圣人千载不传之学，可谓间世之英杰，为世之真儒也。三先生因辅名教，惟以攘斥佛老为心。太史公云：世之学老子者则绌儒学，儒学亦绌老子。道不同不相为谋。古今共然。奚足怪乎？三先生既为斯文宗主，后学之师范，虽曰攘斥佛老，必当据理，至公无私，则人心服焉。三先生因不多探佛书，不知佛之底蕴，一以私意出邪诐之辞，枉抑太过。世之人心亦多不平，况宗其学者哉？二程先生遗书中有二十八条，晦庵朱先生语录中有二十一条，极为谬诞。余不揣乃为逐条据理，一一剖析。岂敢言与三先生辩也，不得已也，亦非佞于佛也"。⑤ 观其以上言论，并揣摩姚广孝主持重修的《太祖实录》，可知此人也是出入三教之间的人物，非普通僧人可比。成祖任用僧人参与政治的做法与太祖的同类做法基本一样，并非着眼于那些人

　　① 余继登：《典故纪闻》卷7，第122页。
　　② 同上书，第125页。
　　③ 同上书，第134页。
　　④ 张廷玉：《明史》卷145，姚广孝传，第4080—4081页。
　　⑤ 释大闻：《释鉴稽古略续集》卷3，第32页。

的宗教知识、信仰和技能，而是着眼于他们从事世俗政治事务的才能。不过，从程度上看，成祖以缁衣之流不还俗而当公孤师保之任，比之太祖，又大不同。

4. 迷信杂神、果报之说。佛、道二教以外，成祖对其他传统神灵也多认可而加以祭祀。如永乐十五年三月，"建洪恩灵济宫于北京，祀徐知证及其弟知谔。初，其父温事吴杨行密。及温养子徐知诰代杨氏有国，封知证为江王，知谔为饶王。尝帅兵入闽靖群盗，闽人德之，为立生祠于闽县之鳌峰，累著灵应。宋高宗敕赐祠额灵济宫。入国朝，灵应尤著。上闻之，遣人以事祷之，辄应。间有疾或医药未效，祷于神辄奇效。至是，命立庙北京皇城之西，赐名洪恩灵济宫。加封知证为九天金阙明道达德大仙显灵普济清微洞玄冲虚妙感慈惠护国庇民洪恩真君，知谔为九天玉阙宣化扶教上仙昭灵博济高明弘静冲湛妙应仁惠辅国佑民洪恩真君。王爵如故。仍命礼部新鳌峰之庙，春秋致祭，及洒扫五户。"①

成祖曾于视朝之暇，披阅载籍，遇有为善获报者，命近臣辑录之。成祖各为之论断，而系诗于后，类为十卷，名为《善阴骘》，并亲为制序。序曰："朕惟天人之理一而已矣。书惟天阴骘下民。盖为天之默相，保佑于冥冥之中，俾得以享其利益，有莫知其然而然者，此天之阴骘也。人之敷德施惠，不求人知而无责报之心者，亦曰阴骘。人之阴骘固无预于天，而天报之者其应如响。尝博观古人，身致显荣，庆流后裔，芳声伟烈，传之千万世，与天地相为悠久者，未有不由阴骘所致。然代有先后，时有古今，简籍浩穰，难于遍阅。朕万几之暇，因采辑传记，得百六十五人，各为论断，以附其后，并系以诗，次为十卷，名为《善阴骘》。特命刻梓以传，俾显著于天，且令观者不待他求，一览在目。庶几有所感发，勉于为善，乐于施德，而凡斯世斯民皆得以享其荣名盛福于无穷焉。"书成以后，命颁赐诸王、群臣，及国子监、天下学校，并命礼部自该年开始将该书仿同《大诰》，在科举考试中于内出题。②

仁宗在位时间短促，其思想情况，亦因文献不多，难以详细分析。大致

---

① 《明成祖实录》卷105，永乐十五年三月辛丑。
② 《明成祖实录》卷210，永乐十七年三月丁巳。

看来，仍袭前代，无根本性改变。永乐二十二年九月，仁宗"命礼部以十月
朔集僧道于庆寿寺、灵济宫建荐杨大斋七昼夜，上资皇考皇妣之福"。① 此
举较之永乐早期言论，颇相径庭，但与永乐后期的以宫观为父母祈祷，惟因
其事在京城，略进一步，但尚不脱离已有轨迹。永乐二十二年十二月，仁宗
谕礼部臣曰："朝廷崇祀神祇，悉有旧典，主其事者，当致虔恭，以祇嘉贶
福黎庶。颇闻天下郡邑应祀坛宇，岁久倾垫，多不修泊，甚非昭祀神明之
道，其饬有司修缮，凡祭器祠宇并须坚致洁净，所用物料，悉出公帑，毋敛
民。仍令巡按御史及按察司官，以时点视，违者罪之。"② 此举不可径直视
为崇侫佛道，原因是所指为"天下应祀坛宇"，即列为公祀范围的坛宇，故
只是整饬之意，其具体情况当在后文说明。洪熙元年八月十八日，仁宗曾在
便殿召见僧录司右善世溥洽。溥洽乞还南京大报恩寺终老。赐佛像、经、钞
若干缗，命中官护送乘驿舟归。

洪熙元年二月，"以久旱得雨，封大青龙神为弘济大青龙神，小青龙神
为灵显小青龙神，赐名所居山为翠微山，命礼部岁以春秋仲月遣顺天府官致
祭"。③ 此继续前代帝王因与农业、民生相关的自然现象而封神祭祀的传统。

宣宗时也曾召天下名僧诣阙。④ 宣德元年七月，溥洽在南京坐化，宣宗
遣人致祭。⑤ 宣宗也继续册封道教领袖为"真人"。如道士张宇清在永乐间
继承其兄宇初职位，授正一嗣教清虚冲素光祖演道真人。宣宗嗣位后，张宇
清入朝觐见。当时道士刘渊然已赐号大真人，张宇清欲与之并列，恳求当道
者为之向宣宗恳请。"上曲从之。赐号崇谦守静洞玄大真人，盖示训也。"至
其去世，宣宗特赐祭祀。⑥ 宣德三年，根据礼部建议，宣宗封张宇清侄张懋
丞为正一嗣教崇修至道葆素演法真人，领道教事。⑦

宣德四年，"广寿寺僧志了奏：城西平则门内，故有万安寺，久废，请

① 《明仁宗实录》卷4，永乐二十二年九月丁酉。
② 《明仁宗实录》卷5下，永乐二十二年十二月己巳。
③ 《明仁宗实录》卷11，洪熙元年二月乙卯。
④ 朱国祯：《涌幢小品》卷28，"马房灯光"，第665页。
⑤ 杨士奇：《东里文集》卷25，"僧录司右善世南洲法师塔铭"，中华书局1998年排印本，第373—376页。
⑥ 《明宣宗实录》卷30，宣德二年八月戊辰。
⑦ 《明宣宗实录》卷39，宣德三年三月戊子。

化缘于民，重作之。上谕行在礼部尚书胡濙曰：'化缘者，巧取诳夺以蠹吾民，不可听。'"① 大致宣宗有关宗教的做法与前代几个皇帝所为有同样性质，都对佛道两教施行有控制的利用，但就总体趋势而言，佛道二教之发展空间都在扩大，早已超过洪武时期的框架。详细情况亦见关于佛教寺院修建部分。

英宗朱祁镇、代宗朱祁钰、宪宗朱见深三帝对于各教的态度出现了明显的变化，使得明朝国家宗教政策随之向大开放转变。正统时期，国家承平日久，而皇帝未经事故，对明初所设规矩制度的深意不甚究竟于心。太皇太后又信奉佛教，每举佛事。此外，辅佐重臣杨士奇、杨荣、杨溥，以及礼部尚书胡濙等都对佛道颇为亲近，直接促成了英宗及其以后一个时期对各种宗教活动的宽松甚至鼓励政策。英宗正统十年，赐《大藏经》于甘露寺，诏云："所在僧官僧徒看诵赞扬，上为国家祝厘，下为生民祈福。"② 正统中，永乐时就开始编辑的《道藏经》完成付刊，正统十二年命颁发天下道观，是为《正统道藏》。"天顺八年十二月，升左正一孙道玉为真人，给诰命，道士乞恩膺封自此始。"③ 编辑、颁发佛、道经典，表明对前代以佛道为国家治理辅助方针的继续。颁给道士诰命，则开创了一种把僧道人士提升为特权人物的先例。这种做法是一个标志，表明在利用佛道与崇拜佛道之间向后者的倾斜在加强中。同时可以看到，明代道教组织体系乃至其精神追求都已经完全附庸于世俗政治权力体系。

景帝亲信西域僧道坚，"至召入禁中绲熙殿亲受法"。此人在英宗复辟时谪戍，成化初召还为右阐教。宪宗并命"召故礼部尚书掌太常寺蒋守约还旧任。守约，直隶宜兴人。为道士。以廊邸旧臣例遣归，至是复起"。④

《国史唯疑》卷四云："宪庙颇尚方技，造紫霞杯，为刘文和谏止。紫霞杯以硫黄为主，度金石药，意慕长生，所为宠继晓僧、李孜省术士……"⑤

宪宗沉溺于方术，任用术士、僧、道，这些人也便借助皇帝的宠信，而

① 《明宣宗实录》卷53，宣德四年夏四月庚辰。
② 王圻：《续文献通考》卷247，"仙释考""释家总纪四"，第14853页。
③ 余继登：《典故纪闻》卷14，第249页。
④ 沈德符：《万历野获编》补遗，卷1，"天顺初元盛德"，中华书局1959年排印本，第791页。
⑤ 黄景昉：《国史唯疑》卷4，第103页。

开始干预政治。李孜省以"淫邪方术"取媚于宪宗,宪宗赐其印章,许密封奏事,孜省便与梁芳等勾结,以扶鸾左右朝廷人事安排,以密封方式推荐私人,以"传奉"任官引进党羽、排挤朝臣,以致朝野侧目。其他术士也各以己能干预朝政,史称"群奸中外蟠结,士大夫附者日益多。"①

宪宗时期还有乐舞生出身而成为尚书者。成化四年二月,升掌太常寺事礼部左侍郎李希安为尚书。这个李希安原来是乐舞生,历官至侍郎,宪宗援引景泰时期用道士出身的蒋守约为尚书之例,用李希安为尚书。后人评论曰:"本朝革中书省,立六部以分掌国政,今之尚书,盖前代宰辅,而官杂流,此景泰之失也。一时当道大臣不能执正,遂为常例。识治体者惜之。"②

宪宗勤于斋醮,其费用危及内库资金储备。成化十二年二月,五府六部等衙门、英国公张懋、吏部尚书尹旻等指出:"内帑金帛皆取之民,以资国用,备缓急,祖宗非大事不苟用。近内府造作及修斋醮、写经咒,并不时赏赉,费耗甚多。宜特加爱惜,使府库不虚。一朝廷斋醮各以时节,僧则大兴隆等寺,道则朝天等宫,各有一定之所。近禁中不时斋醮,恐烦则渎,宜据礼停罢,惟严恭寅畏以答天地……"③ 宪宗不以为意,并继续颁给僧道诰命。成化十四年十二月,"赐中虚渊默凝神守素翊化演教广济旧应弘道真人昌道亨崇真悟法静虚高士戚道玗诰命"。④ 全国僧道人口的剧增正是在成化皇帝勤于斋醮,国家对宗教机构和政策控制放松的情况下出现的。这个问题,后面有专章讨论。

孝宗在明代诸帝中是在位时间不短而又比较崇尚儒学的一个人,他在位前期,积极政务,从谏如流,对成化时期的寺院泛滥有所整顿。但中期以后,即不再勤于政事,并且和宪宗一样,也沉迷于佛、道、方术。

弘治初年,孝宗力图改变正统以来佛道发展失去控制的局面,下诏礼部官员讨论裁汰僧道官。礼部官员统计了当时僧、道得国家名封者,包括喇嘛得名封者的数字,并提出了处置意见:"诸寺法王至禅师四百三十七人,喇嘛诸僧七百八十九人。华人为禅师及善世、觉义诸僧官一百二十人,道士自

---

① 张廷玉:《明史》卷307,李孜省传,第7881—7884页。
② 《明宪宗实录》卷51,成化四年二月戊戌。
③ 《明宪宗实录》卷150,成化十二年二月己亥。
④ 《明宪宗实录》卷185,成化十四年十二月辛丑。

真人、高士及正一演法诸道官一百二十三人，请俱贬黜。诏法王、佛子递降国师、禅师、都纲，余悉落职为僧，遣还本土，追夺诰敕、印章、仪仗诸法物。真人降左正一，高士降左演法，亦追夺印章及诸玉器。僧录司止留善世等九员，道录司留正一等八员，余皆废黜。而继晓以科臣林廷玉言，逮治弃市。"①

孝宗专一儒学，清理佛道名封的做法没有持续多久。弘治六年五月，工科给事中柴升上疏曰："……皇上初政，从谏如流，三二年来渐觉小异。如西番贡狮，群论当却，今尚育禁中。如四方游食、奸盗、投充、勇士等役，群论当汰，今延蔓愈众。又如日晏始听朝政，无故辄免经筵，西苑观游之乐，南城流连之戏，与夫别宫外宠之无名赏赍，什道杂流之夤缘传奉，群论已切，多未改革。"② 这里列举的事例中大致还只是怠于政事、亲近"宵小"之类，但显然后来继续发展下去了。弘治八年以后，朝臣对孝宗皇帝的批评更趋于实质化，其中涉及宗教政策的内容从侧面反映出孝宗对各宗教的态度。

弘治八年四月丁丑，"吏科都给事中李源等言六事……五曰严礼制以辟异端，谓僧官戒璇、定宣等传升管事，番僧札巴坚参等传升国师。都纲道官戚道珩、吴道然死，赐谕祭，复其封号，乞通行禁革。六曰禁浮屠以正风俗。谓西山戒擅，名曰'佛会'，扇惑人心，败伦伤化。乞严加禁约。监察御史卢格等亦以为言。上曰：崔志端供祀年深以此升用，王傅，吏部其看详以闻，余已之。"③ 李源等所说，反映孝宗尊礼藏传佛教、道教人士之外，尚有违反国家行政体制一事，即以传奉方式直接任命喇嘛为官。传奉官为成化时期一大弊政，弘治初曾大力整肃，但孝宗自己却不久也开始传奉任官。

同年十二月甲寅，"内阁大学士徐溥等奏，近司礼监传示圣谕，递出祭三清乐章，令臣等改补进呈。臣等谨按天子祀天地，天者至尊无对，寻天下之物不足以报其德，惟诚意可以格之。故礼以少为贵，物以简为诚。祭不过南郊，时不过孟春，牲不过一牛。盖祭非不欲频，频则反渎；物非不欲丰，丰则反亵。《书》曰：黩于祭祀，时谓弗钦。礼烦则乱，事神则难，正此谓

① 张廷玉：《明史》卷307，第7885页。
② 《明孝宗实录》卷75，弘治六年五月壬申。
③ 《明孝宗实录》卷99，弘治八年四月丁丑。

也。汉祀五帝，儒者尚非之。以为天止一天，岂有五帝？况三清者乃道家邪妄之说，谓一天之上有三大帝，至以周时柱下史李耳当之，是以人鬼而加于天之上，理之所以必无者也。若夫乐器之清浊，乐音之高下，有制度有节奏，毫厘之际不容少差，差则反以召祸。况制为时俗词曲以觊享神明，亵渎尤甚。以此获福，又岂有是理哉？我朝天地合祭，祭用正月，皆太祖所定。乐器乐章，皆太祖所亲制，足以传之万世。当此之时，岂有三清之祭，俗曲之音。今所递出乐章，虽云出乎《永乐大典》，盖是书之作，博采兼收，欲以尽天下之事，初未闻以此施之朝廷，见诸行事，以为后世法也。陛下纯诚至孝，嗣统守成，一以太祖为法，以上追二帝三王之盛，不宜以黩礼事天。臣等读儒书，穷圣道，道家邪妄之说未尝究心。至于鄙亵词曲，尤所不习，不当以非道事陛下。所以连日忧惶不敢奉命者，实不愿陛下为此举也。且古之帝王必资辅弼以成治道。舜，大圣也。其命禹之辞曰：予违汝弼，汝无面从。伊尹之告太甲曰：有言逆于汝，心必求诸道。盖惟恐臣之不尽言也。仰惟祖宗所以置文渊阁，简命学士居之者，实欲其谋议政事，讲论经史，培养本原，弼正阙失。非欲其阿谀顺旨。惟其言而莫之违也。臣等待罪此地，积岁累时。今经筵早休，日讲久旷，异端学说得以乘间而入。此皆臣等讲读不勤，辅导无状，不能事事规正以启陛下之圣心，保陛下之初政，忧愧之至，无以自容。近数月来，凡奉中旨处分，其合理者，自当仰承德意，不敢违越。间于民情，有于治体相碍，亦不敢苟且应命，以误陛下。未免封还执奏，至再至三。迹似违忤，情实忠忧，似此者多。伏愿陛下垂日月之明，廓天地之量，俯加鉴察，曲赐依从。臣等益当勉策驽钝，庶几少有裨益，非但乐章一事而已，谨因此事披露血诚。不胜俯伏恐惧俟命之至。疏入，上嘉纳之。"①

此疏冗长，但言辞恳切，颇能体现这个时候的内阁士大夫事君以理的道统立场。孝宗祭祀三清，以道教乐章行朝廷礼乐，直接威胁到国家以儒治国的意识形态根本，其事关系不小。明朝皇帝中以嘉靖最为沉溺道教，然其渊源，正来自乃祖孝宗。不过孝宗时徐溥之类重臣尚可直言劝谏，孝宗也还表面上采纳其意见。这与嘉靖时士大夫曲意迎合，以撰写青词为晋身手段的君

---

① 《明孝宗实录》卷107，弘治八年十二月甲寅。

臣沆瀣一气不可同日而语。不过，孝宗实际上并未因为徐溥等的劝谏改变崇信道教的倾向，不久开始沉溺于丹药。

弘治十年二月，因方士李广以修炼服食之说得孝宗信任，杨溥等复上疏："向来颇闻有以修斋设醮烧丹炼药之说进者。夫斋醮之事乃异端惑世求利之术，圣王之所必禁。宋徽宗崇信道流，科议符录一时最盛。及兵围城，方士郭京犹诳称作法，卒使乘舆播迁，社稷失守，求福未得，反以召祸。今内庭禁地修建不时，赏赉无算，黜退道官复升真人，赐以玉带，恩宠服色过于公卿，远近传闻，无不骇异。至若烧炼之事，其害尤惨。盖金石之药性多酷烈，一入肠腑，为祸百端。唐宪宗药发致疾，遂殒其身。虽杖杀柳泌，何救于事？惟汉武帝始虽迷惑，终知悔悟，谓天下岂有仙人，尽妖妄耳。于是文成王利之徒，相继诛死，故虽海内虚耗，亦以寿终。今龙虎山上清宫神乐观祖师殿及内府番经厂皆焚毁无遗。神如有灵，何不自保？天厌其伪，亦已甚明，况依方而炼、计日而待，所成者何丹，所验者何若？如其无效，则圣明所照，亦可以洞悟矣。若亲儒臣、明正道、行善政，自足以感召嘉祥，增益圣寿，永享和平之福。何假于彼异端之说哉？且自古奸臣佞人，蛊惑君心以自肆其欲者，必以太平无事为言。祸患一来，悔之无及。唐相李绛有言：忧先于事，可以无忧。事至而忧，无益于事。今承平日久，溺于宴安。自目前观之，似乎无事。然工役繁兴、料派重叠，财谷耗竭，兵马罢敝，生民困穷甚，日日愁叹之声，上干和气。荧惑失度，太阳无光，天鸣地震，草木妖异，四方奏报，殆无虚月，将然之患，诚为可忧。陛下深居九重，言路之臣皆畏罪隐默。臣等若复不言，谁肯为陛下言者？伏愿陛下严早朝之节，复奏事之期，勤讲学之功，优接下之礼，远邪佞之人，斥诬罔之说，则圣德日新，圣政日理，亿万年太平之业可保无虞矣。"奏入，"上嘉纳之。"①

此次所谓"嘉纳"，仍是表面文章。弘治十二年十二月，兵科给事中张弘至对孝宗登极以来的变化加以批评："登极之初，首黜异端，迸逐番僧佛子，追斩妖僧。何近年来斋醮不绝，糜费万计。此与初政异者二也。登极之初，去邪无疑，如大学士万安、吏部尚书李裕朝弹夕黜，乾断凛然。何近年来有被劾数十疏，如礼部尚书徐琼等。陛下犹赐优容，政务废弛，物情淤

塞，此与初政异者三。"①

孝宗沉迷丹药，对大臣的批评又一味敷衍，表明其对宗教政策和自己涉及宗教的行为并没有清晰的原则，与明太祖、太宗的驭诸教而为我用，大关节上举措法度清楚，早已不可同日而语。

正德时期，有太监刘瑾专权，国家政治大为黑暗。武宗朱厚照行事乖僻，今治史者有怀疑其精神不正常者。不过尽管他的真实思想难以琢磨，他对于佛教、道教和方术都有兴趣是肯定的。他的宫中，聚集了许多喇嘛、术士，其中有的参与朝政。这一时期，许多僧人、道士获得诰命和政治权力。如正德三年，"给正一嗣教致虚冲静承先弘道真人张彦頨诰命"② 更有不可思议者，焦竑《玉堂丛语》称："康陵好佛，自称大庆法王，外庭闻之，无征以谏。俄内批礼部，番僧请腴田千亩，为大庆法王下院。乃书大庆法王，与圣旨并传。尚书珪佯不知，执奏：'孰为大庆法王者？敢与至尊并书？亵天子，坏祖宗法，大不敬！'上弗问，田亦竟止。"③ 皇帝而自称"法王"，如果同类事情出自头脑清醒的专制皇帝，则恐怕整个国家体制、政治都会出现宗教化的局面。然而武宗却是游戏于权力巅峰的人，他的大多让士大夫瞪目结舌的奇异举动，都没有国家政策方面的用意。所以正德时期，除了京城一带增加了一些喇嘛、术士之类的人之外，国家宗教政策却大体还沿着孝宗时期的路数缓慢地向更无控制的方向接近，没有特别明显的突变。

世宗嘉靖皇帝以外藩入继大统，登极后即发生"大礼"纠纷。"大礼"之争将朝臣分为两大派系。其中杨廷和一派坚决反对世宗本人考兴献王、以武宗为皇兄的主张，经严厉镇压方才制服。这种经历可能促使世宗更加多疑而好谀，乐近"小人"。即位约十年以后，世宗开始疏于政事，沉迷道教，排斥佛教。

嘉靖九年七月，兵部武选取司主事赵时春上奏："往年灵宝县官言河清受赏。继而都御史汪宏遂进甘露矣。今则副都御史徐瓒及训导范仲斌又进瑞麦矣。指挥张楫又进嘉禾矣。汪宏、杨东又进盐花矣。礼部又再请称贺矣。如范仲斌之流，猥琐卑微不足责也。汪宏、徐瓒、杨东等叨列宪臣，风纪攸

---

① 《明孝宗实录》卷157，弘治十二年十二月辛亥。

② 《明武宗实录》卷36，正德三年三月丙寅。

③ 焦竑：《玉堂丛语》卷4，中华书局1981年排印本，第113页。

司，当激浊扬清，进忠补阙，以称将明之任。礼部尚书李时等官居八座，职典三礼，乃亦昧义徇利，罔上要君，坏士风，伤政体，此小臣所以抚膺流涕而不能已于言也。若不严加禁约，诚恐此风渐长，正气销软，上下雷同，大非国家之福。伏望皇上申令百官，各直言时事无隐。以后敢有依托符瑞，巧设谀辞，荧惑圣听者，即加诛遣……"① 疏入，世宗责时春妄言。此疏反映出，到嘉靖九年，世宗乐闻祥瑞，朝臣以此阿谀奉承，已成风气。

世宗斋醮，地在西苑，是永乐皇帝为燕王时的旧邸。嘉靖十年开始，在其地修建无逸殿，"翼以豳风亭，盖取《诗》、《书》中义，以重农务，而时率大臣游宴其中。又命阁臣李时、翟銮辈，坐讲'豳风七月'之诗，赏赉加等，添设户部堂官，专领稽事。其后日事玄修，即于其地营永寿宫。虽设官如故，而主上所创春祈、秋报大典，悉遣官代行。撰青词诸臣，虽僦直于无逸之傍庐，而属车则绝迹不复至其殿。惟内直工匠寓居，彩画神像，并装潢渲染，诸猥事而已。至上甲辰年（嘉靖二十三年，1544），翟銮坐二子中式被议，銮辨疏以日直无逸为辞。时上奉道已虔……"② 观此，世宗开始事玄修炼当在嘉靖十年后，至嘉靖二十三年，沉迷已深。西苑即为嘉靖皇帝修玄之地，增修营缮，耗费不赀。其地"自十年辛卯渐兴，以至壬戌凡三十余年，其间创造不辍，名号已不胜书。至壬戌万寿宫再建之后，其间可纪者，如四十三年甲子，重建惠熙、承华等殿，宝月等亭。既成，改惠熙为元熙延年殿。四十四年正月，建金箓大典于元都殿，又谢天赐丸药于太极殿及紫皇殿，此三殿又先期创者。至四十四年重建万法宝殿，名其中曰寿憩，左曰福舍，右曰禄舍，则工程甚大，各臣俱沾赏。至四十五年正月，又建真庆殿，四月，紫极殿之寿清宫成，在事者俱受赏，则上已不豫矣。九月，又建乾光殿。闰十月，紫宸宫成，百官上表称贺。时上疾已亟，虽贺而未必能御矣。自世宗升遐，未匝月，先撤各宫殿及门所悬扁额，以次渐拆材木。穆宗欲以紫极宫材，重建翔凤楼，因工科都给事中冯成能力谏而止。未历数年，惟存壤垣断础而已。盖兹地为文皇帝潜邸旧宫，因而入绍大位，且自永乐以来，无论升遐，即嫔御无一告殡于此者，故上意为吉地而安之。禁篽初起，命名

---

① 《明世宗实录》卷115，嘉靖九年七月戊子。
② 沈德符：《万历野获编》卷2，第49页。

为仁寿殿，他如洪应雷坛，上有祷必至；如凝道雷轩，上书日常御，皆无迹可问。惟清馥殿则整丽如故。外门曰仙芳，曰丹馨，内亭曰锦芳，曰翠芬。流泉石梁，颇甚幽致，且松柏列植，蒙密蔽空。又百卉罗植于庭间，花时则今上亦时一游幸。盖其地又与万寿宫稍隔，故得免焉，读连昌宫词，数世后舞榭犹存，转眼已成蔓草，悲夫。今西苑斋宫，独大高元殿以有三清像设，至今崇奉尊严，内官宫婢习道教者，俱于其中演唱科仪。且往岁世宗修玄御容在焉，故亦不废。至万历庚子五月，忽下旨令见新，凡费物料银二十万，工匠银十万，不过油漆一番而已。然则修葺更当费几何，乃知当时徐文贞力主尽毁，未为无见。"①

　　世宗沉溺斋醮，而朝臣经议礼摧折，谀风盛行，遂有伺机钻营者。沈德符说："世庙居西内事斋醮，一时词臣，以青词得宠眷者甚众，而最工巧最称上意者，无如袁文荣、董尚书，然皆谀妄不典之言。如世所传对联云：洛水玄龟初献瑞，阴数九，阳数九，九九八十一数，数通乎道，道合原始天尊，一诚有感；岐山丹凤两呈祥，雄鸣六，雌鸣六，六六三十六声，声闻于天，天生嘉靖皇帝，万寿无疆。此袁所撰，最为时所脍炙，他文可知矣。时每一举醮，无论他费，即赤金亦至数千两，盖门坛扁对皆以金书，屑金为泥，凡数十盌，其操笔中书官，预备大管，泚笔令满，故为不堪波画状，则袖之，又出一管。凡讫一对，或易数十管，则袖中金，亦不下数十铢矣。吾邑谈相辈，既以此得贰卿……"② 对世宗沉溺道教进行劝谏的朝臣每受惩罚。例如，嘉靖二十四年十一月，"罢吏部尚书熊浃为民。浃自谏箕仙忤旨。上屡以事督过之，夺俸者再。浃不自安，至是称病乞休。上怒曰：浃初就孚敬之忠议，籍取为进原非真本心。既得附用自当感报，近辄放恣，无礼讪主，专横兹乃测度探问，假以辞言。本宜重治，姑从宽夺职为民，仍令锦衣卫官校押回原籍当差"。③

　　世宗既信道家之说，修房中术。于是江湖术士得以各类春药为晋身之阶梯。"嘉靖间，诸佞幸进方最多，其密者不可知。相传至今者，若邵、陶则用红铅，取童女初行月事，炼之如辰砂以进。若顾、盛，则用秋石取童男小

---

① 沈德符：《万历野获编》卷2，第48—49页。
② 同上书，第59页。
③ 《明世宗实录》卷305，嘉靖二十四年十一月辛巳。

遗，去头尾，炼之如解盐以进。此二法盛行，士人亦多用之。然在世宗中年始饵此及他热剂，以发阳气。名曰长生，不过供秘戏耳。"①

世宗道教活动并不限于在宫禁之中闭门修炼。嘉靖二十一年四月，西苑大高玄殿工完，将举行安神大典。世宗谕礼部曰："朕恭建大高玄殿，本朕祇天礼神，为民求福，一念之诚也。今当厥工初成，仰戴洪造下鉴，连沐玄恩。矧值民艰财乏、灾变虏侵之日，匪资洪眷，罔尽消弭，所宜敬以承之，岂可轻忽？尔百司有位，务正心修己，赞治安民。自今十日始，停刑止屠，百官吉服，办事大臣各斋戒至二十日止，仍命官行香于宫、观、庙，其敬之哉。"随即派遣英国公张溶等分诣朝天等宫及各祠庙行礼。② 他把自己谋求长生的行径，说成是为了天下百姓，以此为由，将对于道家神灵祖师的崇拜变为百官的责任，并广行于天下。这种举动对社会宗教风气的引导推动作用自然不小。

世宗排斥佛教，在他大约开始沉溺道教之同时已露端倪，其事为授意撤姚广孝配享太庙。嘉靖九年八月，世宗谕辅臣曰："廖道南尝言姚广孝弗宜配享太庙。夫广孝在我皇祖时建功立事，配享已久，或不当遽更。但广孝系释氏之徒，使同诸功臣并食于德祖、太祖之侧，恐犹未安。礼官虽曰遵畏成典，实非敬崇。祖宗之道，卿等其加思之。"礼部尚书李时同大学士张璁、桂萼等遂议："广孝事太宗虽有帷幄之谋，厥后加以厚秩，赐以显爵，亦足以偿其劳矣。若削发披缁沾荣俎豆，则非所宜，信有如皇上所谕者。臣等议当撤去，即移祀于大隆兴寺内，每岁春秋遣太常寺致祭。庶宗庙血食之礼秩然有严，而朝廷报功之意兼尽无遗矣。"从之。③

后来，在嘉靖十五年五月，乃焚毁宫中原存佛教法器。"乙丑，禁中大善佛殿内有金佛像，并金银函贮佛骨、佛头、佛牙等物。上既敕廷臣议撤佛殿，即其地建皇太后宫。是日，命侯郭勋、大学士李时、尚书夏言入视殿址。于是，尚书言请敕有司以佛骨等瘗之中野，以杜愚冥之惑。上曰：'朕思此物，听之者智曰邪秽，必不欲观，愚曰奇异，必欲尊奉。今虽埋之，将来岂无窃发以惑民者？可议所以永除之。'于是，部议请投之火，上从之，

---

① 沈德符：《万历野获编》卷21，第547页。
② 《明世宗实录》卷260，嘉靖二十一年四月庚申。
③ 《明世宗实录》卷116，嘉靖九年八月甲申。

乃燔之通衢，毁金银像凡一百六十九座，头牙骨等凡万三千余斤。"① 后来，世宗并下令拆除一些佛教寺院，详见后文。

对世宗的批评一直不断，世宗则抱玄守一，不为所动。嘉靖三十七年闰七月，礼部以大朝寺门成，请受朝贺。世宗回答说："兹所题人臣大礼具见。朕以宗人，仰倚上天简命，入承祖位，非他所为。初则夺亲，欺天欺我之邪，至今尚怀无道者非一。近乃二藩作逆无君。去年火燃朝堂。不臣者皆相庆自得，谤我事上玄、废早朝、信方士、近佞人。朕何受贺？诸事俱照常行。"②

嘉靖二十一年六月，世宗手谕都察院曰："朕承皇天宝命，以神、王二道裁理天下，非求仙用夷，荒昧之为，止是一早朝，终始不一耳。然君逸臣劳，务本抑末，失小顾大，先贤言之。朕虽失此早一临门，祀多命摄，爱此身命是父母遗我者，崇礼帝神，加志天下，不曾色荒声迷于不省人事之地，无一时不思天下付民，上赖为人君之职，所当惧者，奈何世降人浮，求一真材作夹辅不可得。"③ 显然前此有朝臣批评世宗不勤早朝者，他便声称全因祭祀"帝神"，所为是人君分内之事，且兼孝顺父母。这些不过狡辩托词。最可注意者，世宗公然声称"以神、王二道裁理天下"，把道教提升为治理国家的基本思想原则，这在根本意义上背离了明初国家政治精神。16、17世纪社会宗教的大活跃正是这样在皇帝为首的皇室贵族与下层社会的泛神崇拜习俗交相呼应中形成的。在这个过程中，士大夫的理念和明太祖所建立的以儒家思想为本而兼用其他宗教的体制、政策方针都在滑向沉沦。

穆宗朱载垕在位六年，有徐阶、高拱、张居正等能臣辅政，虽然阁臣不免倾轧，但较之嘉靖末年，至少还有可为。隆庆二年，"勒令缴纳真人府印，止承袭上清观提点"。④ 表明对嘉靖时期的过分崇尚道教，有所更正。但是，根据神宗登极诏中的说法，隆庆时期各教当仍照常处于兴盛活跃状态。神宗登极诏云："万寿、广善二坛说戒僧人，指以戒法，诱惑愚民，有伤风化，

---

① 《明世宗实录》卷187，嘉靖十五年五月乙丑。
② 《明世宗实录》卷462，嘉靖三十七年闰七月庚子。
③ 《明世宗实录》卷263，嘉靖二十一年六月辛巳。
④ 俞汝楫：《礼部志稿》卷89，影印文渊阁四库全书本第598册，第605页。

照旧禁革。"①

神宗时期，明朝政府对于民间宗教行为，包括寺院发展以及僧道人口增加等大致听任自然。万历前期，太皇太后信佛，一时佛教寺院泛滥。但神宗本人并未过度沉迷任何一个宗教之中。各教都在相当宽松的政策环境下存在和发展。万历间曾续修《道藏》，称《万历续道藏》。②

因为政府对社会上的宗教状况采取不作为的方针，只有发生反政府行为时照例严加镇压，沿袭成俗。而且，社会上佛教、道教以及民间宗教习俗既然已经放开活动，政府内关于如何控制宗教的言论及争执反而减少。万历以后皇帝对于宗教的态度不如先前那样对于社会有大的影响。天启、崇祯时期，国事日非，无暇推行积极的宗教政策，各教放任自流。

大致明代诸帝个人的宗教思想和行为有个人的与政策性的两个层面。在没有公开修改"祖制"的情况下做出与"祖制"相冲突的宗教行为，并不等于改变国家宗教政策、制度。它们虽然对社会产生了引导性的影响，但并不落实为稳定性的官方行为，同时还常常会引起朝臣的批评。在皇帝更易的时候，可能会发生一些倾向的变化。另一个层面是皇帝的宗教政策思想。在这一方面，除了明朝前期的洪武、建文、永乐以外，似乎后来的皇帝们都在名义上墨守成规，实际上对社会宗教听任自流，自己则率性而为。

三　士大夫宗教政策思想之基本倾向及分野

明代士大夫参与国家宗教政策的制定，并具体实行宗教政策，他们关于宗教、宗教制度与政策的思想于理解明代宗教与国家、社会的关系关联至为切要。前边的叙述已经涉及士大夫宗教政策观念的一些重要成分，以后各章也都还要不时涉及士大夫的言论和思想。此节则对士大夫宗教观念和政策思想做相对集中的梳理，以见其总体的情状。

士大夫是一个庞大的群体，其学术、信仰至细微处，人尽人殊，用简短的文字来概括他们的宗教观念和宗教政策思想，只能反映最基本的要点而

---

① 《明神宗实录》卷2，隆庆六年六月甲子。

② 牟仲鉴、张践：《中国宗教通史》，社会科学文献出版社2000年版，第814页。

已。这样的概括所以有意义，是因为明代国家的宗教政策实践其实是一种矛盾与妥协的结果，其中，包括皇帝与士大夫的冲突与妥协、国家与社会的冲突与妥协、理想主义与实用主义的冲突与妥协。整个这项研究的意义，很大程度上也在于解读这些矛盾与妥协是极有魅力的探索。

在有关宗教政策的各种冲突中，士大夫的主流代表的是儒家人本主义的国家政治理念和道统。这种理念要求保持世俗政治传统，对任何神权向国家权力的侵入持非常警觉和排斥的态度。与此同时，士大夫在国家体系中的主导地位也依赖于儒家思想的正统地位。其他信仰体系的增强，无不动摇士大夫本身的地位。然而，儒家思想作为一种世俗精英主义的思想体系，始终是高高在上地俯视社会，一方面留给下层社会自由生活的空间，一方面与下层民众保持一定的距离，从来没有严格规定下层社会的信仰。所以士大夫并不主张根除其他信仰体系、宗教习俗的存在，只是力求将之限定在民间生活方式的范围内，不使之侵入国家政治和意识形态体系。士大夫主流的基本主张受到来自皇室、其他宗教、社会宗教习俗潮流三方面的挑战。如前所见，明朝的皇帝及其家族对佛教、道教、方术怀有各有选择和不同程度的偏好，而他们的宗教行为经常与国家形象、国家政策有密切的关系。通明一代，佛教和道教的总体地位其实不及元代，但其影响力一直盘旋于国家政权体系核心，不时造成侵夺世俗权力的倾向。而且佛教与道教势力的增长，包括僧道人口的增加，一直与国家财政和社会控制力构成矛盾。明代民间社会对各个宗教的热情一直在增强中，这一方面吸引大批人口流入僧道世界，同时改变社会风俗，更严重的情况下，成为有组织反政府行为的温床。所有这些问题，都是明代士大夫思考宗教问题和宗教政策的基本背景。

虽然明代中央和地方政府对各个宗教基本上采取了实用主义的对策，即不甚关注信仰的内容，而是关注社会结果，但是士大夫的言论却常常是偏于理想主义的。他们常常从学术和信仰的立场来提出问题，因而其言论有时偏于激烈。同时，士大夫对待宗教问题的意见是分裂的，虽然坚持儒家思想正统的主张仍然是主流，但是在这个基点上如何对待各个宗教，则有差别很大的主张。明代继续前代已经形成的宗教多元状况，并处于佛、道、儒"三教合一"说盛行的时代，其后期又有天主教的传入，所以士大夫关于宗教的思想颇为复杂。以下就其基本倾向试做梳理，以见最突出的要点。

（一）坚持君权天授

洪武元年二月，明太祖朱元璋对翰林侍讲学士朱升说，他曾梦见有仙人授以绛衣、冠履、佩剑，不知何意。朱升对曰："梦者，人之精神所感，此诚陛下受命之兆，所谓正梦也。昔黄帝梦游华胥而天下大治，古已有之。盖帝王之兴，自有天命，非人智力所能致也。"① 历朝开国君主多蓄意编造此类故事，如汉高祖母栖于大泽，梦与神游，遂生高祖之类，比比皆是。朱升之类士大夫究竟是否信以为真，不能考订。惟开国君主地位的不可挑战性正是士大夫努力建立起来的格局，所以皆附庸其说，更为张扬。但是这里有一个重要的区别：在明代士大夫言论中，敬天远过于敬神，君权神授的神话在士大夫观念中转化和体现为君权天授。"敬天"为先秦儒家早就奉行的主张，经汉代儒学将君主政治与阴阳、五行、谶纬之说混合，君权神授遂不绝于书。然而唐代以降，经典儒家学说复兴，汉代君臣鼓吹的过分荒诞化的人—神、君—神关系淡化，天理、天道重新凸显为君权合理性的基础。天授观念与神授观念并非完全对立，二者都含有迷信崇拜的成分，但是天较于神，更为抽象化，因而更近于"绝对理念"，而远于与巫术联系密切的鬼神权力。因为君权天授，士大夫拥戴人君以"天子"身份负责百神之祀，以成天道自然之和。明初宋濂云："方今宰天下而为人主者，人君也。夫君不独宰民，而又专典百神之祀，致阴阳自然而然。斯君，天子也。其岳镇海渎百川皆在域中者，故君勤典祀而奉天命，以安生民者也。其岳镇海渎，亦奉天地之命，统诸山川，率百神，效灵于人君，务在御灾捍患。"② 丘濬则更明确地说："臣愚以为，人君受天地之命，居君师之位，所以体天地而施仁立义，以守其位者，诚不外乎此三者而已。"③ 又云："自古圣帝明王，知天为民以立君也，必奉天以养民。凡其所以修德以为政，立政以为治，孜孜焉，一以养民为务。"④

---

① 《明太祖实录》卷 30，洪武元年二月乙卯。
② 朱元璋：《明太祖文集》卷 16，"设宋濂谕钱塘龙说"，第 386—388 页。
③ 丘濬：《大学衍义补》卷 1，东北师范大学历史系藏明万历刊本，第 3 页。按"三者"指君主生民、养民、聚民的责任。
④ 丘濬：《大学衍义补》卷 1，第 9 页。

在这类思想中，君主本身奉天承命，是有神性的，世间诸神皆在君主的统辖之下，充当辅助统治的角色。中国杂神充斥，但是其地位却在人间帝王之下，故官方对于这类神灵的祭祀是抚慰、鼓励、引导性的，而不是单纯的求乞。《西园闻见录》就曾记载两个地方官因旱灾祷于神灵，加以恐吓，称如果在一定的期限里不下雨，就要毁去该神像。是神恐惧，遂有雨泽。①

（二）坚持儒学正统，以佛、道为"异端"

洪武十四年，李仕鲁为大理寺卿，上疏批评明太祖"舍圣学而崇异端"，章数十上，不见用，遂将笏板置于地上，乞归田里。太祖大怒，命武士当庭将李仕鲁打死。② 明太祖廷毙李仕鲁，主要原因不在他辟佛，而在于蔑视了皇帝的权威，此已在关于明太祖宗教思想部分说明。但李仕鲁的言论毕竟代表了士大夫的一种立场，并且显示出宋代和明初理学与佛教等其他宗教冲突的一面。站在这一立场上的士大夫并非少数，从明朝前期的著名人物方孝孺等直到明朝末年的颜元，有一脉相承。

方孝孺曾与人讨论攻异端，主张其法首在固本培元，其说云："然攻异端如攻病，当追求其本，魁然钜夫，非自耗其元气，病何由入之？今病已深，善养生者，当补元气，元气既完，病即易去耳。不然，虽日有鍼砭，我之元气愈自损，何能自愈耶？元气者，斯道是也。自朱子殁，斯道大坏。彼见吾无人，是以滋肆。当今之世，非大贤豪杰不足振起之，苟无其力，虽有志何益耶？足下（刘子传）以宏博之学，有志乎斯道，而居大郡，以兴教化为职，诚能使千里之内，皆慕而不敢为邪，他郡之人，又转而取法焉，居乎大位者，又从而取法焉，则斯道之盛，可立待矣。"③ 在方孝孺看来，佛教为异端，需以儒学为本而利用、化导之："周公孔子之道衰，而异端出稍盛。其后，其说尤炽，人趋而信之最深，久而遂同称于孔子，曰儒、释。世主恶其然，欲斥之者有矣。然既扑而愈焰，既灭而复兴，恶者之五六，不胜喜者之千百。延至于今，塔庙多于儒宫，僧徒半于黎庶。西域之书，与经籍并用。吾尝求其故，以为杨墨名法之流，其说与释氏虽殊，其违圣人之道则

---

① 张萱：《西园闻见录》卷106，"毁淫祠"，第1964页。
② 张廷玉：《明史》卷139，"李仕鲁传"，第3988—3989页；参看本书关于明太祖宗教思想一节。
③ 方孝孺：《逊志斋集》卷11，"答刘子传"，影印文渊阁四库全书本第1235册，第330—331页。

一。然皆不数传，辄不复续。释氏更千载而不废，独何哉？盖杨墨名法，浅而易知，不足以动人。释氏之术，其深若足以通死生之变，其幽若可以运祸福之权。惟其深也，故过于智者悦焉。惟其幽也，故昏愚之氓，咸畏而谨事之。而其徒又多能苦身勉行，固执而不为外物所移。饰儒言以自文，援名士以自助。故其根本滋固，柯修蔓延，缠乎海内。无怪其与孔子同称也。然孔子之道犹天然，岂以其同称而损哉？有一善可取，孔子且犹进之，圣人之容物，固如是也。况释氏设教，一本乎善，能充其说，虽不足用于世，而可使其身不为邪僻，不犹愈于愚而妄行者乎？故儒之于释，纵不能使归之于正，姑容之恕之，诱之以道，传之以文，然后可使慕人焉。"①

永乐十九年，"西僧大宝法王来朝。或请驾亲劳之，夏原吉沮之。上曰：尔欲效韩愈耶？乃不出劳。他日法王入见，吉不拜"。② 这种做法，一定程度上使皇帝崇信佛教的程度有所限制。

正统元年，彭勖为御史，往南京督理学校，详立教条，士风大振。他主张除了礼书所载祭祀之外，其他都应废除，并且坚持严格限制创立庵院和颁发度牒。他上疏说："国朝祠祭，载在礼官。修斋起梁武帝，设醮起宋徽宗，宜一切除之。禁立庵院，罢给僧尼度牒。"③

正统三年，四川重庆府永川县儒学训导诸华上疏言："孔子祀于学，佛氏祀于寺，老氏祀于观，俱有定制。有等无知僧辈，往往欲假孔子以取敬于人，仍绘肖三像，并列供奉。如永川县旧有寺曰'三圣坐'。佛氏于殿中，老子居左，孔子居右，其亵侮不经，莫此为甚。"于是，英宗命行在礼部通行天下禁天下祀孔子于释老宫。④

正统六年，巡按直隶监察御史彭最向正统皇帝上疏说："天地辟而人生，不知其几何时矣。而人道之立，则肇于三皇，至尧、舜、禹、汤、文、武而后大备。自是厥后，膺天眷而居皇极者，莫不咸有是责。而多不能全是道者，由异端扰之也。古圣人所以立人道者，其教有四：曰士、曰农、曰工、曰商。相资以生，无有匮乏，其为人也固易，而居皇极者亦易。秦汉以来，

---

① 方孝孺：《逊志斋集》卷14，"送浮图景昱序"，第439—440页。
② 释大闻：《释鉴稽古略续集》卷3，第33页。
③ 张廷玉：《明史》卷161，"彭勖传"，第4384页。
④ 《明英宗实录》卷40，正统三年三月庚戌。

异端并起，或扰于申韩，或扰于释老。为君者，每被其欺，为人者恒苦其费，故上下俱难为矣。我太祖高皇帝肇位四海，申明五常，制为条章律令以示人，虑释老之或盛，乃归并寺观为丛林，不许私创庵院，私自剃度；虑人心之或流，乃禁亵渎神明，不许修斋设醮，男女混杂。其正人道之心，勤且周矣。夫何近年以来，民无担石之储，亦或修斋设醮，富者尤争事焉。以致释道日兴，民贫愈甚。夫人之为恶，明有天讨，幽有鬼责。今日皆因斋醮而消灭，岂理也哉？"① 英宗因此下诏"禁僧道伤风败化，及私自创寺观"。可见主张坚持以儒治国，辟除"异端"的士大夫对明中叶以来的国家宗教政策还曾发生重要的影响。

景泰间，六科给事中林聪等也曾上奏，说法与彭最类似："唐虞三代之时，初无释道斋醮之事，而尧、舜、禹、汤、文、武诸君享寿益高，传祚愈久，未尝祈福而福自臻，未尝禳灾而灾自息。当时庶政惟和，万邦咸宁，初非斋醮以致之也。自汉以来，颇崇尚之，而享寿不高，传祚不久，治道终不古，若其则有舍身以施佛者，有自号为道君者，信之甚切，奉之甚笃，而乱世随之。近者在京各寺观既有斋粮以饭僧，复有灯油以供佛，一月之间，修斋几度，旬日之内，设醮数坛，至于内府亦且修设，赏赐金帛，动逾数千，耗费钱粮，不可胜计。虽曰给自内帑，其实出于民间，本以为民祈福，为国禳灾，而天之灾变屡见，何尝有补国家之分寸乎？"② 此论要点，在指出佛、道后圣王之治而起，惟能致乱而已，而且斋醮扰民伤财，为国家之害。

成化七年十二月，文渊阁大学士彭时等以灾异上言，中一款云："一曰正心术。夫天下之道，正与邪而已。正者，帝王之道也；邪者，异端之教也。邪正之间，治乱系焉。皇上聪明圣智，岂不知所以决择？而颇留意佛事者，聊以试之，非诚信之也。然闻者窃议以为内府一次修斋，街市一次骚扰。伏望皇上留心圣学，毋信异端，减去内府修斋，如遇节令，止于在外寺观举行可也。"③ 宪宗的回复，自然敷衍词句而已。中国政治哲学以敬天法祖为传统，士大夫以天变为劝谏帝德的机会，逢此类事情发生，皇帝亦多稍

---

①　《明英宗实录》卷78，正统六年夏四月己巳。

②　《明英宗实录》卷239，《景泰附录》卷57，景泰五年三月乙丑。

③　《明宪宗实录》卷99，成化七年十二月庚辰。

示虚心从谏状，然事关皇帝本人行径，毕竟大多许诺流于空言。成化间，皇帝令中书舍人李应祯写佛典若干卷，李应祯答复说："孔氏五经臣所书，若此非臣职也。"虽被罚，终不奉诏。由此直声满野，后历官为上宝司卿。①

弘治十六年三月，户科左给事中任良弼上疏，请"禁邪术"。他认为佛教、道教与社会动乱和不法行为有关，直接指责"僧、道司坐扇惑愚民，巧取财物，妄言祸福，泛及兴衰，党类既众，遂生异谋。乞敕所司通行内外，但有妄自标榜，及闭匿踪迹者，随即查究，使早为改图，勿陷重遣"。②

皇帝一旦沉溺佛教、道教等宗教，则以儒家思想学术为立身根基的士大夫之价值实际上被置于可疑之处。虽然不至于立即动摇其在国家政治中整体的主体位置，但其威胁确实存在。于是逢新君初立，士大夫有机会对朝廷方针政策之鼎新提出更多建议的时候，便可能提出比较激烈的排斥各宗教的建议。弘治元年十二月，监察御史马垔就曾上疏要求拆毁天下寺观。③ 不过，士大夫排斥佛、道言论的结果如何，终究取决于皇帝。兹举二例。

嘉靖十四年七月，世宗遣中官赍手敕赐大学士费宏，以示褒奖。费宏上疏作谢言："……移释氏之宫殿，撤淫亵之偶人，则深知圣道之为正，而不为异端所惑矣。是由皇上睿知，冠乎百王，问学超于群圣，故能尽制，以开万世之太平。而臣愚于垂老之年，仍得遭逢其盛，一何幸也。"④

嘉靖二十四年十一月，"罢吏部尚书熊浃为民。浃自谏箕仙忤旨。上屡以事督过之，夺俸者再。浃不自安，至是称病乞休。上怒曰：浃初就孚敬之忠议，籍取为进，原非真本心。既得附用自当感报，近辄放恣，无礼讪主，专横兹乃测度探问假以辞言。本宜重治，姑从宽夺职为民，仍令锦衣卫官校押回原籍当差"。⑤

费宏主张清理佛教寺院，迎合世宗好道教而厌佛教的心理而论事，故得褒奖。熊浃直劈龙鳞，要世宗放弃方术，便被世宗怀恨在心，终至褫夺。

万历年间，佛道并滥，浸浸然渗入科举考试之中，考生作文，常有佛

---

① 王锜：《寓圃杂记》卷4，中华书局1984年排印本，第27页。

② 《明孝宗实录》卷197，弘治十六年三月己巳。

③ 《明孝宗实录》卷21，弘治元年十二月丁酉。

④ 《明世宗实录》卷177，嘉靖十四年七月壬午。

⑤ 《明世宗实录》卷305，嘉靖二十四年十一月辛巳。

经、道藏中言论。万历十五年二月，"礼部奏，近日士子为文不用六经，甚取佛经、道藏，摘其句语为之，敝至此极。揭晓之后，即将中式朱卷尽解严阅。有犯前项禁约，即指名查处"。神宗批复："近来文体轻浮险怪。依拟各提学官仍将考取优卷送部稽查。如有故违者，从重严治。科场后严阅朱卷，节年题有定例，今后务要著实举行，毋事空言。"① 同年六月，礼部在批复南京刑科给事中徐桓的奏疏中说："国家取士，必以圣贤理奥发明为佳。近来士子忘正雅而务剽窃，陋经传而尚佛老。难僻子书，偶一牵合，遂称名家。其于圣贤白文大义，茫然不知。所谓浅学之士，多为时刻所惑。欲将坊间时文版刻，悉行烧毁，以救时弊。又恐坊间会文切理之文，难以一概焚毁，惟严禁于后。除中式程墨外，其时义有子书、佛书险僻异怪，悉令弃毁，而文体正矣。"② 这项建议也得到神宗认可。万历二十六年正月，礼部复议科场事宜，又再度重申了"务根朱注本经传，禁佛老之谈及影入时事"的禁令。③ 万历三十年三月，"纳礼部尚书冯琦之言，诏：'祖宗维世立教，尊尚孔子，明经取士，表章宋儒。近来学者，不但非毁宋儒，渐至诋讥孔子，扫灭是非，荡弃行简，复安得忠孝节义之士为朝廷用？只缘主司误以怜才为心，曲牧好奇新进，以致如此。新进未成之才，只宜裁正待举，岂得辄加取录，以误天下？览卿等奏，深于世教有裨。还开列条款，务期必行。仙佛原是异术，宜在山林独修，有好尚者任解官自便去，勿与儒术并进，以混人心。'"④ 据顾炎武记载，当时冯琦建议：以后任何廪膳生员如在科举考试中引用一句佛经中语句，罚去廪给一个月。引用超过三句佛经中语言者，褫夺青衿。举人如果在科举考试中引用一句佛经中语，禁考三年。引用佛经超过三句者除名。万历皇帝因而下令让信仰道教或佛教的官员辞职。⑤

佛教、道教本都以出世为说，但明代二教，都已处于高度世俗化状态。精研典籍，持守教理者远不如持二教向俗世间讨生活者为多，其间朦胧假借，欺世盗名者亦比比皆是。士大夫对于此点并非没有清醒认识。万历间人

① 《明神宗实录》卷183，万历十五年二月戊辰。
② 《明神宗实录》卷187，万历十五年六月庚午。
③ 《明神宗实录》卷318，万历二十六年正月丁未。
④ 《明神宗实录》卷370，万历三十年三月乙丑。
⑤ 顾炎武撰，黄汝成集释：《日知录集释》卷18，扫叶山房本，第12—13页。

李翊就曾说："今之道家，盖源于古之巫祝，与老子殊不相干，老子诚亦异端，然其为道，主于深根固蒂，长生久视而已，《道德》五千言具在，于凡祈禳荣祷、经咒、符箓等事，初未有一言及之。而道家立教，乃推尊老子，置之三清之列，以为其教之所出，不亦妄乎？古者用巫祝以事神，建其官，正其名，辨其物，盖诚有以通乎幽明之故，故专其职掌，俾常一其心志，以导迎二气之和，其义精矣。去古既远，精义浸失，而淫邪妖诞之说起。所谓经咒、符箓，大抵皆秦、汉间方士所为，其泯灭而不传者，计亦多矣，而终莫之能绝也。今之所传，分明远祖张道陵，近宗林灵素辈，虽其用不出乎祈禳荣祷，然既已失其精义，则所以交神明者，率非其道，徒滋益人心之惑，而重为世之害尔。"① 此论确乎道出了中古以后道教与上古道家的根本差别以及道教与方术一脉相承的特质。儒者之反对道教并非反对道家这一关节，也被他说得很清楚。

　　明清之际的思想家多对心学有所反省，其中要点之一是批评心学入禅。如顾炎武就曾批评心学："直谓心即是道，盖陷于禅学而不自知，其去尧舜禹授受天下之本旨远矣。"② 从维护儒教的纯洁出发对佛、道的批评常常指向王阳明和他的追随者。如杨时乔曾经上疏说："佛氏之学，初不混于儒，乃〔罗〕汝芳假圣贤仁义心性之言，倡为见性成佛之教，谓吾学直捷，不假修为。于是以传注为支离，以经书为糟粕，以躬行实践为迂腐，以纲纪法度为桎梏，踰闲荡检，反道乱德，莫此为甚。"③

　　17世纪，颜元从经典儒家立场出发，对佛教、道教、民间宗教，也包括宋明理学中对其他信仰让步太多的人进行了激烈的抨击。他在批评时把读者分为庶民、僧侣和学者，以加强针对性。他把佛叫做彻底背叛了父母和本国的"死番鬼"、"禽兽"。批评和尚逃避纳税、赡养父母和延续家族香火的责任。④ 道士则被他看作以各种古怪办法求长生，反对自然的"深山中精怪"、天地两间中之一"蠹"、"人中妖"。⑤ 在他看来，佛、道为两大迷途，

---

① 李翊：《戒庵老人漫笔》卷6，"辟世俗释道"，中华书局1982年排印本，第241页。
② 顾炎武撰，黄汝成集释：《日知录集释》卷18，第8页。
③ 张廷玉：《明史》卷224，"杨时乔传"，第5909页。
④ 颜元：《存人编》，《丛书集成初编》本，第1—3页。
⑤ 同上书，第5—6页。

各种杂神崇拜则是迷途之支流。所有这些宗教活动都是犯罪。① 他对唐宋以来诸多大儒对异端的让步也进行了批评。他认为，三代以后，"唐之昌黎，宋之程、朱，明之阳明，皆称吾儒大君子，然皆有与贼通气处。有被贼瞒过处，有夷蹠结社处，有逗留玩寇处"。② 在颜元看来，二程、朱熹的问题在于，他们抛开儒家的实践学说而去讲论性道。③ 他们不能领会儒家关于人性和知行关系学说的真谛，误以为佛家对于人性有更好的解释。平庸的儒生则只把学习儒家学说当作升官的阶梯。由于没有领会儒家学说的真谛，他们行事乖张，心怀鬼胎，所以要投向佛教，以求逃避应有的惩罚。④ 颜元等人的言论，要旨就在于排斥非儒家的信仰，重建经典儒家学说的权威。

（三）兼容儒、释、道

明朝多数士大夫是以儒为本，兼用释、道，不排斥鬼神有征的。但其中尚有区别。正统六年六月庚午，行在礼部尚书胡濙等言："今年四月以来，亢阳不雨，蝗蝻为患。揆之天意，验诸人事，皆由臣下才德疏庸，政事缺失，有乖阴阳之和，以致下累生民，上贻圣虑。臣等不胜惶悚。乞令文武百官，自本月初七日为始，斋沐思过，仍令大臣于在京各寺观行香，及行道录司慎选道流，尽诚祈祷，庶几少回天意。"⑤ 这位礼部尚书将汉儒倡导的修省与由和尚、道士进行的祈祷结合成一体，如果实行，则佛教、道教与国家政治的关系即大为密切起来。然而正统皇帝并未赞成胡濙的建议，其答复是："应天以实不以文。今上天降灾，在修德以弭之，岂区区祷祠所能免也。不必行。"⑥ 胡濙掌礼部多年，每提出提高僧道地位的主张，如景泰五年八月，"少傅礼部尚书胡濙奏万寿圣节赐百官宴，而掌道录司事真人邵以正班次未定。命列于祭酒之下"。⑦ 祭酒为国家大学国子监首脑，明初太祖亲点

① 颜元：《存人编》，第20—21页。并参见颜元《颜习斋先生辟异录》，《丛书集成初编》本，第9页。
② 颜元：《存人编》，第16页。
③ 同上书，第13页。
④ 同上书，第18页。
⑤ 《明英宗实录》卷80，正统六年六月庚午。
⑥ 同上。
⑦ 《明英宗实录》卷244，《景泰附录》卷62，景泰五年八月庚辰。

名儒宋讷等为之。至此则与道士比肩而列。胡濙属于后来颜元所说的与“夷蹠结社”的一类士大夫。

另一类是从实用主义立场出发，不排斥佛道，主张神道设教，以神佛为统治的工具的。张居正就说：“大抵神道设教，用以诱导愚阴，以翊皇度，圣人所不废。智者惟心知其意，而无泥其说，则可谓明也已矣。”① 此与明太祖的思想最为合拍。

万历时期的礼部尚书于慎行说法听去与张居正所说不远，但已更近“三教合一”论：“二氏之教与圣教殊，然其大归一也。世之学者能以不二之心精研其旨，内亦可以治身，外亦可以应世，岂遂与圣教远哉？……二氏之教与吾道源流本不相远，特各立门户，作用不同耳。唐、宋以来，贤士大夫固亦多游心内典，参悟玄宗，而不害其为儒。彼故儒者之所苞也，但不当窜入其说以默扃于吾儒之阃，又不当舍吾儒之教而直往从之耳。”② 又云：“宋真宗崇信道教则斥僧佛，元世祖崇信释教则斥道书，皆非皇极大中之矩也。必如本朝以大圣之教主持世法，而兼收二氏以备方家之术，如中原正朔统御万方，而四夷八狄拱伏效顺，上下森列，不相逾越，亦万世无敌之宗哉。”③ 至于天启时期出任首辅的朱国桢则更近三教混合：“三教互相攻击。此佤秀才、泼和尚、痴道士识见。儒者能容之、用之，暗禁末流，方见广大……天下之变幻莫甚于释，次则道数，而儒家独稀。抑儒者之说平实，原不露奇为胜。而业为儒者，耻以奇自见。以此差足胜二氏乎？然二氏不可废，以奇济平，则平乃尽变，益见为奇。故儒犹青天白日也。二氏则日之珥、月之华，以及云雨露雷。总之，皆天也。离而废之，不成为天，合而混之，丽天者又几无辨矣。”④ 于、朱二人虽然近于三教并用，但是主从尚还分明，且皆从功利的角度谈佛、道，这与胡濙的混合不分还有差别。

陕西学者王弘撰认为佛老之说可以养心，但毕竟不可为根本，不能尽废，也不可沉溺其中，尤其于士大夫以佛道招摇极为痛恶。他说：“士大夫而学佛，吾实恶之。盖非佛之徒，不服佛之服，不行佛之行，而独言佛之

① 张萱：《西园闻见录》卷106，“鬼神”，第1958—1959页。

② 于慎行：《谷山笔麈》卷17，中华书局1984年排印本，第200—201页。

③ 张萱：《西园闻见录》卷105，“二氏后”，第1939页。

④ 朱国祯：《涌幢小品》卷28，第656—657页。

言。假空诸所有之义，眇视一切，以骋其纵姿荒诞之说，是欺世之妖人也，如李贽、屠隆是已。"① 他曾引程伊川、朱熹礼佛祖，"辟其道而敬其人"故事，教育他"不喜二氏"的次子遇寺观而行礼。②

士大夫中如颜元那样比较彻底的无神论者极少，即使抨击佛、道的士大夫也多相信神异鬼怪之事。如明清之际周亮工就说："儒者言无鬼神，大要虑人诌渎耳。虑诌渎则可，谓无鬼神则不可……鬼神无，则祖先亦无；儒者不废家祭，何以言无鬼神也……世儒之论，毋乃为无忌惮者地，而张之焰乎！"③ 他相信因果轮回，甚至用教训的口吻说，罗贯中无大过恶，就因为作《水浒传》，得了三代后人为哑巴的报应。那些写作淫书的人当得更坏的报应。④ 受到佛教和道教影响的张瀚也相信怪力乱神之属。他说："尝闻生死鬼神之说，儒者以为子所不语，恐滋惑也。不曰原始之生，要终之死，故知死生之说，游魂为神，归魂为变，故知鬼神之情状乎？太史公曰：'人之所生者神，所托者形，形神不离则生，形神相离则死。'盖神附于气而寄于形，故无时离气而有时离形。气有阴阳而鬼神判焉，孰谓虚无幻妄，不可窥测哉！乃知鬼神之说，亦自然之符。因纪所闻以辨惑。"⑤

明代士大夫与宋元时代的一样，常与得道僧人、道士往来，诗文唱和，推究禅理。如周忱为江南巡抚，与僧善启相善，"每公事稍暇，即往南禅与启公谈晤"。⑥ "周文襄忱抚吴，最敬礼僧善启……启字东白，能诗，尝与修《永乐大典》。当时节钺大吏，得从方外高士游，咨询善类，犹有宋承平风。"⑦ 此类行为，多属于个人生活中事，未必皆与当事者对于国家宗教制度政策的立场完全一致。

在实践的层面，值得注意的是明代民间祭祀活动中出现了大量把孔子、释迦牟尼、老子"合祭"的现象，其地多称为"三教堂"。例如在济南郊外，有一个"三教堂"和三个"三教寺"。邹平县也有一个"三教堂"和一个

---

① 王弘：《山志》初集卷4，中华书局1999年版，第96页。
② 王弘：《山志》初集卷1，第26页。
③ 周亮工：《书影》卷8，上海古籍出版社1981年版，第214—215页。
④ 周亮工：《书影》卷1，第15页。
⑤ 张瀚：《松窗梦语》卷6，中华书局1985年排印本，第117页。
⑥ 何良俊：《四友斋丛说》卷16，"史十二"，中华书局1959年排印本，第137页。
⑦ 黄景昉：《国史唯疑》卷2，第54页。

"三教寺"。其他如掖县、沾化县、良乡县等地都有这类寺院。① 这表明士大夫中的三教合一论是与民间社会的宗教多元现象上下呼应的。研究了明代寺院与地方士绅社会关系的加拿大明清史学家卜正民曾指出，当这三个"教主"被捏合在一起的时候，其中的任何一个都失去了纯粹的原本属性。这种信仰倾向是实用主义的："支持合祭的男女乐于参加由多样的，甚至相互矛盾的成分组成的不同宗教合为一体的崇拜，其中任何一个宗教都没有主导地位。对他们说来，信仰的关键不在于对还是错，孔教还是非孔教，而在于有效还是无效。合祭的用意是增强效力，提高人对付宇宙的胜算。"② 17 世纪前后的下层知识分子中也流行兼容一切宗教信仰的倾向。如小说家酌园亭主人就心无挂碍地写道："我也谈禅，我也说法，不褂僧衣，飘飘儒袖；我也谈神，我也说鬼，纵涉离奇，井井头尾；罪我者人，知我者天，掩卷狂啸，醉后灯前。"③ 这种兼收"三教"甚至更多的宗教的倾向一定意义上反映当时社会性的宗教混合意识。这样一种信仰复杂的局面在东林学派的主将薛应旗看来，意味着儒家社会的没落。他说："治世之教也，上主之，故德一而俗同。季世之教也，下主之，故德二三而俗异。"④

（四）推崇方术、佛、道

明代士大夫中颇有能为方术之事者。明初刘基固是其中最著名者。明中叶徐有贞为另一人。"传成化初，徐武功密推运造，谓当得二十四年，数定之矣。徐占候亦自精绝。"⑤ 前文提到的胡濙，虽不自能，却深信其道。景泰五年九月，时为礼部尚书的胡濙奏称道士仰弥高谙晓阴阳，精通兵法，称："臣尝见其讲论机略，画列阵图，深有妙理，若使协助守边，运谋剿贼，

---

① 参见张思勉《掖县志》、张会一等《沾化县志》。两志皆见《中国地方志丛书》。其他县的情况类似，可以参见《古今图书集成·职方典》，及袁宏道《良乡三教寺记》，后者见袁宏道著，钱伯城笺校《袁宏道集笺校》卷 17，上海古籍出版社 1981 年版，第 693—694 页。

② Timothy Brook, "Rethinking Syncretism: The Unity of the Three Teachings and Their Joint Worship in Late-Imperial China"（"帝制后期中国的三教合一及混合祭祀"），*Journal of Chinese Religions*, 1993: 21, pp. 13—44.

③ 酌园亭主人：《照世杯》，上海古籍出版社 1985 年版，第 69 页。

④ 薛应旗：《薛方山纪述》，《丛书集成初编》本，第 7 页。

⑤ 黄景昉：《国史唯疑》卷 4，第 103 页。

必能宣威摄虏，以成扑灭之功，乞命兵部公同内臣试验，果有异能，委以责任，庶臻成效。下以纾军民征伐转输之劳，上以佐国家雍熙太平之治。"①事下兵部，召弥高至兵部考试。不能如胡濙所言但因得胡濙荐保，仍授以道职，为右玄义，命在宣府等处协助守边。次年，仰弥高推举朝天宫道士朱可名代为住持崇真观。胡濙复奏请朝廷批准。于是，礼科都给事中张轼出而弹劾仰弥高，说他"本以庸凡，滥求荐举，其于军旅事务，不闻一言申明建白，却乃内顾私徒，要援党与，若非徇情受嘱，何以出位妄为？宜将仰弥高移文巡按监察御史鞫问，朱可名送刑部问罪。"竟从张轼所议行。② 方术介巫、道之间，其在士大夫中间的流行，成为民间宗教向国家政治渗透的一个渠道。

信奉佛教的士大夫更多。只因信佛的士大夫仍不能不保持儒学体统，所以多以三教合一论面貌出现，已如前述。兹仍举《五杂俎》中所说，以见其普遍性："今之释教，殆编天下。琳宇梵宫，盛于黉舍；嗫诵咒呗，嚣于弦歌。上自王公贵人，下至妇人女子，每谈禅拜佛，无不洒然色喜者。然大段有二端。血气已衰，死生念重，平生造作罪业，自知无所逃窜，而籍手苦空之教，冀为异日轮回之地。此一惑也。其上焉者，行本好奇，知足索隐，读圣贤之书，未能躬行实践，厌弃以为平常，而见虚无寂灭之教，阐明心见性之论，离合恍惚，不着实地，以为生平未有之奇，亘代不传之秘。及一厕足，不能自返，而故为不可捉摸之言以掩之。本浅也，而深言之；本下也，而高言之；本近也，而远譬之；本有也，而无索之。如中间一条大路不行，却寻野径崎岖。百里之外，测景观星，而后得道，自以为奇。此又一惑也。先之所惑，什常八九；后之所惑，百有二三。其于释氏宗旨尚未得其门户，况敢窥其堂奥哉？至于庸愚俗子，贪生畏死，妄意求福，又不足言矣。"③

何良俊引用北齐儒学衰微时代的一些说法把儒学摆到低于佛教和道教的地位。他把佛教比做太阳，把道教比做月亮，而儒学则被比做星星。④

① 《明英宗实录》卷245，《景泰附录》卷63，景泰五年九月戊午。
② 《明英宗实录》卷254，《景泰附录》卷72，景泰六年六月乙亥。
③ 沈德符：《五杂俎》卷8，中华书局1959年排印本，第227页。
④ 何良俊：《四友斋丛说》卷21，"释道一"，第187页。

在介绍了佛教关于善恶的说教之后，何良俊说："其言何等圆妙！虽吾宣尼老师而在，犹当北面。世欲轻议之者何耶？"① 李贽、罗汝芳、王畿、屠隆等皆有此类"三教归一"的言论，亦经学术界较充分的分析，其言不举。

士大夫为仕途经济，迎合皇帝，做种种信奉宗教状的也很多。其最突出的事例在嘉靖时期。世宗好方术、求长生，士大夫中逢迎此好，撰青词、进奇方以为晋身之阶者纷纷不绝。徐阶等大学士都是此道中人，只是稍有节制而已。另有一些人更全失廉耻。如顾可学最初因病免官，将近十年后，谋求进用。听说世宗好长生，乃纳贿于大学士严嵩，自称能炼童男童女小便为秋石，服用可以延缓衰老。经严嵩推荐，世宗被召至京，留用后，累升至太子太保尚书。然而唯带空衔支俸，炼秋石供服，不与闻公家事。同时还有一个盛端明，也是以方药之术被召。盛端明虽贵，自知羞耻，闭门谢宾客。顾可学则洋洋自得，甚至通苞苴、嘱托有司，有不从者即使人威胁。及其死后七年，世宗死去，被夺官。②

又如，仓官陶仲文因献房中秘方，得幸世宗。官至特进光禄大夫柱国少师少傅少保礼部尚书恭诚伯。据说兵部尚书谭纶也相信陶仲文的手段，行之而验，又以之授张居正。后二人皆不得长寿。"盖陶之术，前后授受三十年间。一时圣君哲相，俱堕其彀中……陶之前则有邵元节……同时又有梁指甲者，封通妙散人，段痴子亦封宣忠高士……成化间，方士李孜省官通政使、礼部左侍郎……皆以房中术骤贵。总之皆方技杂流也。至士人则都御史李实，给事中张善，俱纪于《宪宗实录》中。应天府丞隆禧，都御史盛端明，布政司参议顾可学，皆以进士起家，俱以方药受知世宗，与邵、陶诸人并列，虽致仕卿贰宫保，俱无行之尤矣。又若万文康，以首揆久辅宪宗，初因年老病阴痿，得门生御史倪进贤秘方，洗之复起，世所传为洗吊御史是也。万以其方进之上，旁署臣万安进。宪宗升遐，为司礼大珰覃昌所消责。此其罪又浮于嘉靖朱、盛、顾诸人。即严分宜亦未必肯为。"③ 由此可见士大夫迷信方术又多与生活糜烂有关。

---

① 何良俊：《四友斋丛说》卷21，"释道一"，第190—191页。
② 《明世宗实录》卷487，嘉靖三十九年八月壬戌。
③ 沈德符：《万历野获编》卷21，第546—547页。

　　以上仅为大意，仅就此四种态度来看，明代士大夫对于国家宗教制度与政策的看法差异极大。这种差异是明代国家宗教政策发生变动和士大夫作为一个群体对于皇帝的宗教倾向缺乏制约力的原因之一。

第 三 章

国家宗教活动的基本内容和
宗教管理机构设置

一　礼、天象、堪舆

　　礼的最初来源是上古先民的宗教祭祀活动。随着人类社会组织的复杂、精细和扩展，宗教祭祀中蕴涵的对神明的信仰和遵从精神影响到人们的一般价值系统，普遍到人们的日常行为，包括政治行为中。因而中国后世的礼，既是一种带有宗教性的礼仪规范体系，也是一种道德价值体系，同时还是一种政治哲学。孔子认为，三代以后，"礼乐征伐"自诸侯出，礼坏乐崩，起而"克己复礼"，用为救世。欧阳修称："三代以下，治出于二，而礼乐为虚名。"[1] 他说礼乐成了虚名，是指后世王道、霸道杂用，已经与上古礼仪的道德和信仰自觉精神背离，而礼乐的举行实际上并未衰微，历代皆有礼乐的建设。这些情况说明，礼在中国社会组织体系中是一种贯穿始终的内在组织要素，是中国历代国家政治的传统文化基础和重要组织方式之一，是一种传统和现实之间的约定。[2]

　　明朝建立之初，便筹措礼的制定。《明史》礼志编纂者回溯说，《周官》、

---

①　张廷玉：《明史》卷47，"礼一"，第1223页。
②　参看赵轶峰：《学史丛录》，中华书局2005年版，第319页。

《仪礼》等上古礼籍在明朝初年"书缺简脱，因革莫详"，后世礼志皆因袭汉代，明代礼制也多参酌汉代礼制思想而成周详的体系。《明史》修撰者评价明代礼制时指出："惟能修明讲贯，以实意行乎其间，则格上下，感鬼神，教化之成即在是矣。安见后世之礼，必不可上追三代哉？"① 可见清朝人对明朝礼制规模气象颇为赞许。礼的内容，包括对天地、神灵、祖先崇拜的规制，也包括典礼仪式的规则与对不同社会人群行为的规定。前者在形式上大致属于狭义宗教崇拜行为，同时含有强烈的政治用意；后者则兼有法律、法规、官方伦理价值和行为方式规范的性质，在经强化而达到群体非理性化程度和在象征性意义上，也具有宗教的属性。

　　中国历代皇权都与神权结合。这种与皇权结合的神权主要来自"天"，其次也借助于各种自然神和人造崇拜对象以及祖先的庇佑。"天"是万物的创造者和人间政治权力的赋予者和监督者。君主获得其权力被称为"膺天命"、"奉天承运"。一个王朝崩溃则被看作是"天命不佑"。这种依托于抽象的"天"的神权政治观念在儒家思想中根深蒂固，并且与中国流行过的各种宗教都无明显冲突，而且又经过历代统治者制造神话的种种做法的推动而日益深入人心。② 因为在观念上认为君主替天而治，天人感应，天的体相，包括天文、气象的种种现象都被看作与君主的气运以及天对君主的启示、评价有关。对于这些现象的观察和诠释也就因而成了国家行为中同时具有宗教和政治意义的内容。这主要涉及对于天文象数的密切观察分析，对于反常的自然现象即"祥瑞"和"灾异"做出的反应等。因为神权政治观念始终未泯，在皇帝受惑于民间宗教时，各种江湖术士也就可能在国家政治中攫取一席之地。借助佛教或者道教举行的斋醮和法会，有时也会被认为是可以服务于这种神权政治需要的。

　　在明代，只有国家有权力诠释天象，其机构是钦天监。比如在弘治十三年五月，因钦天监奏有彗星、云南地震、又值边方奏报虏情，孝宗皇帝下诏修省，五府六部等衙门开会讨论政治出了哪些问题，总结出 18 件事情来，报告给皇帝，请求改正。其中之一，就是借机要求"黜异端"，说是："频年

　　①　张廷玉：《明史》卷 47，"礼一"，第 1223 页。
　　②　关于中国君主制度与君权神授观念的演变，可以参看赵轶峰、何宛英《千秋功罪：君主与中国政治》。

以来，崇尚僧道，广作斋醮……斋醮则赏赐过倍，又数遣人出外烧香祈福……乞断自宸衷，毋惑邪议，凡为异端者，悉皆斥逐，各处修斋者一切停止。"① 钦天监观测天象，除了满足编制历法的需要以外，重要的职责就是通过天象来解释作为万物主宰的"天"对于人间事务，尤其是帝王政治的态度。政府根据这类解释来对政策进行反省和调整。

因为天象被认为与皇权命运息息相关，修习天文就成了一种可能威胁国家控制的事情。明律禁止民间私习天文，"凡私家收藏玄象器物、天文图谶、应禁之书，及历代帝王图像、金玉符玺等物者，杖一百。若私习天文者，罪亦如之。并于犯人名下，追银一十两，给付告人充赏"。② 明初，"会元宋琮、状元陈郊俱精通数学。陈自疑当僇，宋自疑当窜，寻验。时方重私习天文之禁，故得酷祸，亦奇厄也"。③ 成化十八年，"降钦天监监正张瑄为监副。初，瑄学烧炼养砂方于方士王经，经学天文于瑄。瑄示以观象、玩占诸书，互相授受，为锦衣卫官校所缉。诏收治之，得实状，故降之"。④

由于政府控制修习天文者，人才往往缺乏。永乐四年七月，"命钦天监举精于术数者纂修阴阳、星命等书"。⑤ 天顺二年，掌钦天监事礼部右侍郎汤序奏请，令天文生、阴阳人子弟"果有能习天文历数者，听从本监奏保录用"。⑥ 同年底，汤序又奏此类人才年久凋零，占候缺人。请诏内外有司，凡精通天文、历数、地理、课命之术者，不分军民，起送赴京。或避罪亡匿之人，亦免罪送监，量材奏诣擢用。知而不举及举而非人者，悉治其罪。事下礼部，议宜从其奏，通行访举。如通一事以上，灼然应验者，封识书籍，连人遣诣京师，不许徇名违实，概行滥举。其妄言祸福，违理乱众者，有司严为禁约，以杜奸宄。⑦ 如奏而行。

孝宗时，充钦天监职务者已多不识天象。成化二十三年，听选监生许鉴

① 《明孝宗实录》卷 162，弘治十三年五月丁卯。
② 怀效锋点校：《大明律》卷 12，"礼律二"，第 91 页。
③ 黄景昉：《国史唯疑》卷 1，第 15 页。
④ 《明宪宗实录》卷 218，成化十七年八月乙丑。
⑤ 《明成祖实录》卷 44，永乐四年秋七月壬子。
⑥ 《明英宗实录》卷 289，天顺二年三月甲午。
⑦ 《明英宗实录》卷 297，天顺二年十一月壬子。

上疏陈五事，其中之一云："钦天监官多不谙天文，天文生又不肯习学，所以考验、推步欠精。乞命监副张绅或致仕太常寺卿童轩掌监事，选人习学补用。宜令本监堂上官于天文、历数、阴阳每科推选二人，委以教训，通选各官生子弟六十人，专习其业，以次听用。"①

天文生得免本人与家人徭役。弘治二年十月，钦天监监正吴昊上疏，请优免天文生及阴阳人徭役。礼部覆议，悉如所请，天文生于本身外，另免一丁徭役，阴阳人则止免本身徭役。② 弘治八年，又"增钦天监天文生及阴阳人月粮。天文生原支六斗者，月加一斗，在监阴阳人原不关粮者，月支四斗，谯楼阴阳人月加三斗。仍命本监堂上官时加考较，令精习本业，以便任使。从钦天监监正吴昊等奏也。"③

弘治十一年十二月，再次在全国访求钦天监需用人才。"钦天监掌监事太常寺少卿吴昊言：'天文历数阴阳之术，乃推步观候及占卜吉凶福祸所系。苟术业不精，则推步有差，占候无验。欲行天下访取精通天文、历数、阴阳、地理者，起送备用。至五星、子平、六壬、遁甲、占课、灼龟、相面、演禽、观梅、拆字，及范围大定等数学有明验者，亦以礼起送。'礼部覆议：'宜从所奏。其观梅、拆字、演禽、相面、前定数六壬、占课、灼龟等末技无益于用，不许妄举。'上曰：'六壬、占课、灼龟，果有精通者，亦访取之。'"④ 所谓天文、历数、阴阳、地理（堪舆），都是汉代以来儒家列为治理国家者沟通协调天人关系的必要技能，在后世各朝与儒家政治哲学形成习惯性的并用关系，并无表面冲突。但此类技能迷信成分从未消除，其流半在民间，与江湖骗术纠缠不清。就前例言，礼部显然还是力图对之有所限制。然孝宗好方术，因钦天监之请而将各类术士召集到朝中。

弘治十五年六月，钦天监掌监事太常寺少卿吴昊又上疏，为天文、阴阳人才培养事提出建议，主张使其列于科举："本监所掌天文历数乃国家为治之先务，古昔帝王必命硕学名儒以司其事。我太祖高皇帝选世业子孙

---

① 《明孝宗实录》卷 7，成化二十三年十一月乙卯。
② 《明孝宗实录》卷 31，弘治二年十月己丑。
③ 《明孝宗实录》卷 110，弘治八年六月戊午。
④ 《明孝宗实录》卷 145，弘治十一年十二月甲午。

读儒书，通文艺，送监肄业，期在得人。至天顺初，天文生、阴阳生奏比医士、医生等科举例，四十余年科不乏人。曩礼部因给事中赵焕奏革诈冒，遂以为此辈科举不出旧例，致令两监官生子弟由之沮抑。近者给事中叶绅奏，欲照童轩等例，于内外文臣，访取学术通明者一二人，改命职衔，专掌其事，亦欲占步得人也。今以读书为他业而禁锢之，是与择人占步之意不合。乞敕礼部从公会议，仍照太医院例，复其科举，以激励之。纵未能中式，亦可以为占步之助。其天文生、阴阳生习业已成者，有中式者，授本监职事。子弟能中式者，依资格出身。中间果有堪习天文历数者，本监奏留任用。"他的这项奏议被礼部驳回。① 但礼部有时也会征用通晓所谓堪舆之人。弘治十八年五月，礼部因勘察孝宗皇帝陵寝地，就提出要求得通晓"地理"之人。②

二　中央的常规祭祀和典礼

明初开礼、乐二局，广征耆儒，由中书省、翰林院、太常寺考究历代祀典，酌定祭祀典礼。礼官在洪武元年编成《存心录》。二年诏儒臣修礼书，三年成《大明集礼》。该书准古之五礼为基础而增加了冠服、车辂、仪仗、卤簿、字学、音乐等。后又反复敕令精通礼学的朝臣和宿儒编修礼书。洪武三十余年间修有《孝慈录》、《洪武礼制》、《礼仪定式》、《诸司职掌》、《稽古定制》、《国朝制作》、《大礼要议》、《皇朝礼制》、《大明礼制》、《洪武礼法》、《礼制集要》、《礼制节文》、《太常集礼》等。后来嘉靖时期编有《明伦大典》、《祀仪成典》、《郊祀考议》。弘治、正德、万历修订的《明会典》也有关于礼制的大量内容。

明初五礼，一为吉礼，包括：圜丘、方泽、宗庙、社稷、朝日、夕月、先农的祭祀为大祀；太岁、星辰、风云雷雨、岳镇、海渎、山川、历代帝王、先师、旗纛、司中、司命、司民、司禄、寿星为中祀；诸神为小祀。后将先农、朝日、夕月改为中祀，余圜丘、方泽、宗庙、社稷为吉礼大祀。③

---

① 《明孝宗实录》卷188，弘治十五年六月戊午。
② 《明武宗实录》卷1，弘治十八年五月丁未。
③ 明初分祀天地，圜丘在南京正阳门外，钟山之阳，祭天；方丘在太平门外，钟山之阴，祭地。

皇帝亲自祭祀天地、宗庙、社稷、山川，遇到国家有大事亦遣官祭告之。中祀、小祀则通常遣官致祭。每年常规祭祀典礼有大祀十三次："正月上辛祈谷、孟夏大雩、季秋大享、冬至圜丘皆祭昊天上帝，夏至方丘祭皇地祇，春分朝日于东郊，秋分夕月于西郊，四孟季冬享太庙，仲春仲秋上戊祭太社太稷。中祀二十有五：仲春仲秋上戊之明日祭帝社帝稷，仲秋祭太岁、风云雷雨、四季月将及岳镇、海渎、山川、城隍，霜降日祭旗纛于教场，仲秋祭城南旗纛庙，仲春祭先农，仲秋祭天神地祇于山川坛，仲春仲秋祭历代帝王庙，春秋仲月上丁祭先师孔子。小祀八：孟春祭司户，孟夏祭司灶，季夏祭中雷，孟秋祭司门，孟冬祭司井，仲春祭司马之神，清明、十月朔祭泰厉，又于每月朔望祭火雷之神。"[①] 除此之外，北京的十个主要寺庙、南京的十五个主要寺庙，"各以岁时遣官致祭"。新天子行籍田礼而祭祀先农，巡视学校而举行释奠之礼皆为非常规的祭典。

诸王吉礼祭祀太庙、社稷、风云雷雨、封地内的山川、城隍、旗纛、五祀、厉坛。府州县地方政府祭祀社稷、风云雷雨、山川、厉坛、先师庙及所在地方帝王陵寝。各卫祭祀先师。庶人祭祀里社、谷神及祖父母、父母、灶神。

吴元年，建圜丘坛于钟山之阳以祀天。此即朱元璋即位之处。洪武初，李善长上《郊社宗庙议》，主张分祭天地于南北郊，冬至祀天于南郊圜丘，夏至祀地于北郊方泽。洪武二年，设明太祖之父仁祖位于圜丘、方丘配祀天地。方丘于洪武二年建成，祭祀皇地祇，配享五岳、四海、五镇、四渎。洪武三年增仁祖、天下山川配享。洪武七年更定：方丘于皇地祇外祭祀四海、四渎、天下山川、天下神祇。北京天地分祀后的方丘建在安定门外之东，皇地祇之外，祭祀五岳、三山（基运、翊圣、神烈）、五镇、天寿和纯德二山、四海、四渎。后来明太祖亦配祀地。

如此实行十年，水旱不时，多灾异。明太祖说："天地犹父母也，泥其文而情不安，不可谓礼。"[②] 洪武十年八月，"诏改建圜丘于南郊……上以分祭天地，揆之人情，有所未安。至是，欲举合祀之典。乃命即圜丘旧址为坛

---

①　张廷玉：《明史》卷47，"礼一"，第1225—1226页。

②　谷应泰：《明史纪事本末》卷51，"更定祀典"，中华书局1977年版，第765页。

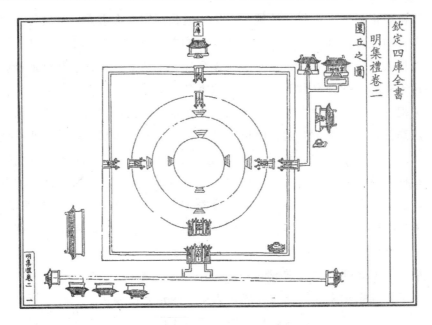

《明集礼》卷2"圜丘之图"

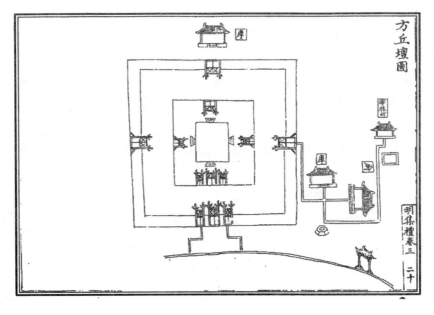

《明集礼》卷2"方丘之图"

而以屋覆之，名曰大祀殿。敕太师韩国公李善长等董工。"① 于洪武十二年
改天地分祀为合祀。其祭祀日在冬至日。大祀殿设上帝、皇地祇座而祀之。
天地合祀后仍在大祀殿以仁祖配享天地。建文时撤销仁祖而增列太祖配祀。
洪熙元年在太祖位下增列成祖位。其他配祀的有：大明、夜明、星辰、太
岁、五岳、四海、风云雷雨、四渎、天下山川神祇，共用十四个祭坛。永乐
迁都北京，仿南京制度建立大祀殿合祭天地。

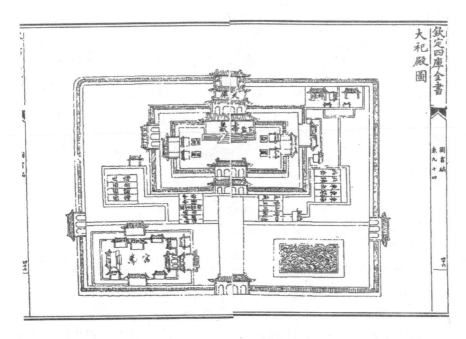

《图书编》卷 94 "大祀殿图"

　　嘉靖"大礼议"之后，世宗对议礼期间反对他的群臣余怒未息，寻找机会
做制度上的更易。嘉靖九年，给事中夏言上书，引程朱之论，言天地合祀为不
当，请更定郊祀之礼。朝臣 398 人参与此事之讨论，后世宗肯定了分祀的意见，
决定恢复天地分祀制度。新建圜丘在正阳门外约五里，原大祀殿之南，② 祀上

---

① 《明太祖实录》卷 114，洪武十年八月庚戌。
② 按《明史》，大祀殿在嘉靖十七年撤除。

帝、大明、夜明、二十八宿、五星、周天星辰、风云雷雨。圜丘北门外有泰神殿，嘉靖十七年改名为皇穹宇，[1] 供奉上帝和明太祖，其他诸祖皆不在其中。以明太祖配天而祀，十分鲜明地显示出神权与皇权结合的象征寓意。圜丘西北是从事大祭乐舞事务的神乐观所在。

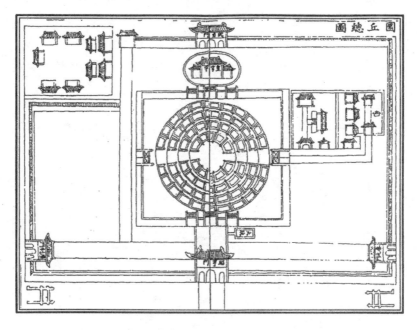

《图书编》卷94"圜丘总图"

祭祀社稷的日期在春秋两季第二个月的上戊日。社稷祭祀之所，明初称太社稷坛，在皇宫西南。建坛用五色土随各方位象征性地分布，其上覆以黄土。社、稷两坛相距五丈。洪武五年改坛位置于午门右侧，社稷共一坛。永乐中，北京建社稷坛如南京制，地在西苑。诸王在封地内也有社稷坛，规模小于京城社稷坛十分之三。府、州、县社稷坛规模约为京城社稷坛的一半，也为社稷共一坛合祭。

---

① 此为《明史·礼一》说法，《明史纪事本末》卷51称：嘉靖九年"乃命建圜丘于南郊，其北为皇穹宇；建方丘于北郊，其南为皇祇室"。

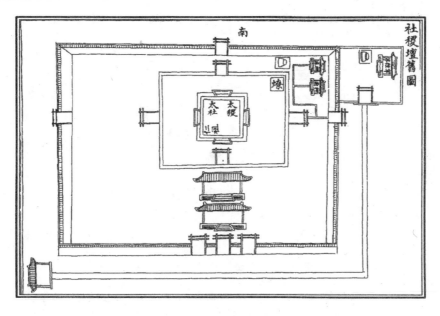

《明会典》（正德）卷 82 "社稷坛旧图"

山川坛始建于洪武九年，嘉靖十年改名为天神地祇坛，两坛分列左右。洪武三年建朝日、夕月坛，洪武二十一年罢，嘉靖九年复建。朝日坛用红色琉璃，夕月坛用白色琉璃，各合阳阴日月之色。

如前已经提到的，明代规定了与祭祀主体有关的祭祀等级制度。洪武元年十一月，中书及礼部定奏：天子亲祀圜丘、方丘、宗庙、社稷。若京师三皇、孔子、风云、雷雨、圣帝、明王、忠臣、烈士、先贤等祀，则遣官致祭。郡县宜立社稷，有司春秋致祭。庶人祭里社、土谷之神及祖父母、父母并得祀灶，载诸祀典。余不当祀者，并禁止。① 同年，"命中书省下郡县，仿求应祀神祇、名山、大川、圣帝、明王、忠臣、烈士，凡有功于国家及惠爱在民者，著于祀典，令有司岁时致祭"。

洪武二年又诏：天下神祇，常有功德于民，事迹昭著者，虽不致祭，禁人毁撤祠宇。三年定诸神封号，凡后世溢美之称皆革去。天下神祠不应祀典

---

① 吕本等辑《皇明宝训》卷 2，"议礼"，四库全书存目丛书本，史部第 53 册，第 688 页；并见《明太祖实录》卷 36 上，洪武元年十一月丙午。

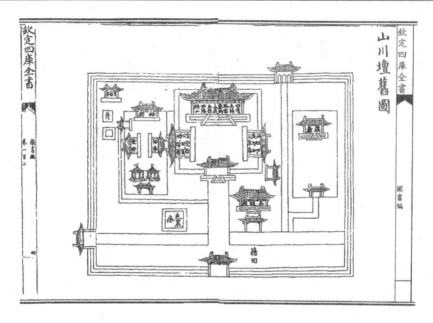

《图书编》卷 102 "山川坛旧图"

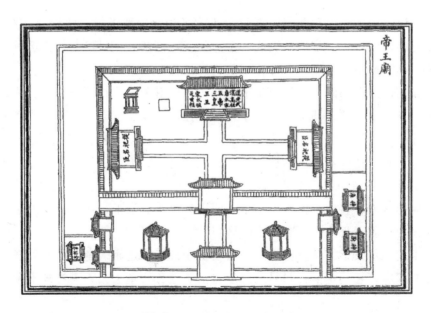

《明会典》（正德）卷 84 "帝王庙"

者，即淫祠也，有司毋得致祭。^①为保证该命令的实施，特制碑石，名“岳镇海渎碑”，高三丈，以示永久，其文曰：

奉天承运皇帝诏曰：自有元失驭，群雄鼎沸，土宇分裂，声教不同。朕奋起布衣，以安民为念，训将练兵，平定华夷，大统以正。永惟为治之道，必本于礼。考诸祀典，如五岳、四海、四渎之封，起自唐世，崇名美号，历代有加。在朕思之，则有不然。夫岳镇海渎，皆高山广水，自天地开辟以至于今，英灵之气，萃而为神，必皆受命于上帝，幽微莫测，岂国家封号之所可加？渎礼不经，莫此为甚。至如忠臣烈士，虽可加以封号，亦惟当时为宜。夫礼所以明神人，正名分，不可以僭差。今命依古制定。凡岳镇海渎，并去其前代所封名号，止以山水本名称其神。郡县城隍神号，一体改正。历代忠臣烈士，亦依当时初封以为实号。后世溢美之称，皆与革去。其孔子善明先王之要道，为天下师，以济后世，非有功于一方一时者可比。所有封爵，宜仍其旧。庶几神人之际，名正言顺，于礼为当，用称朕以礼祀神之意。所有定制各神号。开列于后：

五岳，称东岳泰山之神、南岳衡山之神、中岳嵩山之神、西岳华山之神、北岳恒山之神。

五镇，称东镇沂山之神、南镇会稽之神、中镇霍山之神、西镇吴山之神、北镇医巫闾山之神。

四海，称东海之神、南海之神、西海之神、北海之神。

四渎，称东渎大淮之神、南渎大江之神、西渎大河之神、北渎大济之神。

各处府州县城隍，称某府城隍之神、某州城隍之神、某县城隍之神。

历代忠臣烈士，并依当时初封名爵称之。

天下神祠无功于民，不应祀典者，即系淫祠。有司毋得致祭。于戏！明则有礼乐，幽则有鬼神。其理既成，其分当正。故兹昭示，咸使闻之。^②

① 张廷玉：《明史》卷50，“礼四”，第1306页。

② 郎瑛：《七修类稿》卷11，中华书局1959年版，第167页；该诏书文字亦见《明太祖实录》卷53，洪武三年六月癸亥。

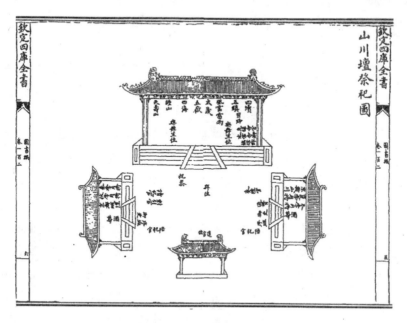

《图书编》卷102 "山川坛祭祀图"

　　从国家角度看，与最高主神"天"的沟通只能由皇帝代表国家来进行，普通人民只能与较低等级的神沟通。从而神人关系是等级化的，也是世俗化的。国家宗教祭祀与民间宗教祭祀之着眼点有深刻的不同。遵循儒家原则的官方宗教祭祀活动的着眼点在于治民，而民间祭祀的着眼点则在于悦神。官方宗教祭祀行为归根结底是处理国家与人民关系的行为。祭祀一个对象并不等于祭祀者信仰被祭祀的对象。政府是高于除了"天"以外的那些被祭祀的神祇的权威。这应是逻辑上为什么不必担心这么多的神祇会相互冲突的原因，也是"怀柔"百神这类用语使用的基础。神祇们的等级地位是根据他们对国民的贡献来确定的，其原则和任命官僚的原则是基本一致的。这种类型的崇拜行为对被崇拜的对象表达的是一种尊重，而不是皈依。

　　取消自然神溢美封号的做法，削弱了山海湖泊河流城隍等神的人格化色彩，昭示了明朝初年国家祭祀的人文取向。对于这些公祀神灵的规范化和限制，也体现着明朝在宗教祭祀方面的谨慎节制方针，以及国家祭祀活动与民间宗教活动区分的政策。但是，对自然神不加爵秩的规定似乎在永乐时期就开始被破坏了。如景泰四年九月，"加水神萧公封号为水府灵通广济显应英佑侯神。自永乐中，已封为英佑侯，至是，巡抚湖广都御史李实言：'近岁，神降于其乡人王灏，附鸾箕以言祸福有验。乞加崇奖。'于是，降敕加封号，而赐灏冠带终其身"。[①] 不过，明初的规定，对自然神溢美封号的泛滥毕竟还构成一种制约，使不过分泛滥。

明中叶编订的国家行政法典《明会典》，根据洪武以来的政策制度，对各地政府祭祀的正神作了非常系统而具体的规定。其目略长，但可将明朝政府列于正祀的神明之种类、地理分布一览无余，兹列于下：

在京十一庙[②]

北极真武（祭物用素，三月三日、九月九日遣南京太常寺官祭）

道林真觉普济禅师（祭物用素，三月十八日遣南京太常寺官祭）

都城隍（八月祭帝王后一日遣南京太常寺官祭）

祠山广惠（二月十八日遣南京太常寺官祭）

五显灵顺（四月八月九月二十八日遣南京太常寺官祭）

汉秣陵尉蒋忠烈

晋成阳卞忠贞公

宋济阳曹武惠王

南唐刘忠肃王

元卫国忠肃公（已上五庙俱四孟朔日、岁暮除日遣应天府官祭，惟蒋忠烈旧庙四月二十六日加一祭）

故功臣（位号令具列于后）

正殿：中山武宁王徐达、开平忠武王常遇春、岐阳武靖王李文忠、宁河武顺王邓愈、东瓯襄武王汤和、黔宁昭靖王沐英

东序：都指挥使冯国用、郧国公金都督耿再成、西海武庄公金都督丁德兴、济国公都督同知张德胜、蔡国忠毅公靖海侯吴祯、海国襄毅公平章康茂才、蕲国武义公副使茆成东海郡公

① 《明英宗实录》卷233，《景泰附录》卷51，景泰四年九月己卯。

② 按此处指南京。

　　西序：参政胡大海、越国武庄公都督同知赵德胜、梁国公广德侯华高巢、国武庄公都督同知俞通海、虢国忠烈公江阴侯吴良、江国襄烈公宣宁侯曹良臣、安国忠烈公安陆侯吴复、黔国威毅公副使孙兴祖、燕山忠愍侯（右正祭中山武宁王以下六人，配以郢国公以下十五人。又两庑各设牌一面，总书故指挥千百户、卫所镇抚之灵。四孟、岁暮遣驸马都尉祭。若正旦、清明、中元、孟冬、冬至，又别遣太常寺官祭武宁王大功坊之家庙）

后增祀神祇

　　汉前将军寿亭侯关公庙（四孟岁暮遣应天府官祭，五月十三日又遣南京太常寺官祭）

　　天妃宫（正月十五日、三月二十三日遣南京太常寺官祭）

　　京都太仓神庙（二八月十五日遣南京户部官祭）

　　司马、马祖、先牧神庙（二八月中旬择日遣南京太仆寺官祭）

已上俱南京

　　北极佑圣宫（即真武庙三月三日、九月九日遣太常寺官祭）

　　都城隍庙（五月十一日遣太常寺官祭）

　　京都太仓神庙（二八月中旬择日遣户部官祭）

　　司马、马祖、先牧神庙（二八月中旬择日遣太仆寺官祭）

　　元世祖庙（二八月中旬择日遣顺天府官祭）

　　汉前将军寿亭侯关公庙（五月十三日遣太常寺官祭）

　　宋文丞相祠（二八月中旬择日遣顺天府官祭）

　　东岳泰山庙（三月二十八日遣太常寺官祭）

　　灵济宫（正旦、冬至、万寿圣节遣内阁、礼部及内官各一员祭；二真君生辰，遣礼官祭）

已上俱京师

　　……

帝王陵庙

　　伏羲氏、商高宗，俱陈州祭

　　汉光武，孟津县祭

　　周世宗，郑州祭

　　宋太祖、太宗、真宗、仁宗，俱巩县祭

已上并属河南

神农氏，鄠县祭

舜帝，宁远县祭

已上并属湖南

轩辕氏，延安府祭

周文王、武王、成王、康王、汉高祖、景帝，俱西安府祭

汉文帝，咸宁县祭

汉武帝，兴平县祭

汉宣帝，长安县祭

后魏文帝，富平县祭

隋高祖，扶风县祭

唐高祖，三原县祭

唐太宗，醴泉县祭

唐宪宗，蒲城县祭

唐宣宗，泾阳县祭

已上并属陕西

高阳氏、高辛氏，俱滑县祭

商中宗，内黄县祭

元世祖，顺天府祭

已上并属北直隶

尧帝，东平州祭

少昊氏，曲阜县祭

已上并属山东

娲皇氏，赵城县祭

商汤王，荣河县祭

已上并属山西

夏禹王、宋孝宗，俱会稽县祭

已上属浙江

……

各处祠庙

北直隶

开州忠烈庙（祀元死事臣郭嘉）

通州开平忠武王祠（以燕山侯孙兴祖配享）

真定北岳庙（恒山之神）

容城刘静修祠（祀元儒刘囚）

永平夷齐庙（旧有封号，今止称殷伯夷叔齐之神）

永平韩昌黎祠（祀唐韩文公愈）

山海关显功祠（祀中山武宁王徐达）

古北口灵威庙（祀宋杨业）

南直隶

镇江焦光祠（祀汉隐士焦光）

常州泰伯祠（洪武初有御制祭文，又苏州亦有庙）

常州吴季子庙（洪武初赐额曰嘉贤）

常州陈司徒庙（祀隋臣陈果仁）

江阴陈烈士庙（烈士宋人名忠）

苏州吴公祠（祀孔门弟子言偃）

苏州泰伯庙

苏州伍子胥庙（今称吴大夫伍公之神，又杭州亦有庙）

苏州范文正公祠（祀宋参知政事范仲淹，又陕西庆阳亦有祠）

苏州韩蕲王庙（祀宋韩世忠）

苏州魏了翁祠（祀宋参知政事魏文靖公）

苏州顾侍郎祠（祀顾野王）

苏州两尚书庙（祀国朝夏忠靖公原吉、周文襄公忱）

吴江二高祠（祀越范蠡、晋张翰、唐陆龟蒙)[①]

松江三陆庙（祀孙吴陆丞相逊，以其子大司马杭及从子丞相凯配享）

徽州广惠庙（隋郡人汪华有保障功，后立庙祀之，宋加封广惠王）

宁国义烈庙（祀宋赤心将刘晏）

[①]　名"二高祠"而祭祀 3 人，原文如此。

宁国褒烈庙（祀宋宣州守李光）

太平忠臣庙（祀洪武初枢密院判花云王鼎及知府许瑗，皆以死勤事者）

池州西祠（祀梁昭明太子统）

贵池文节祠（宋通判赵昂发，夫妇死节，祀之）

凤阳显济庙（神莫详所自国初祷雨有应祀之）

扬州旌忠庙（祀宋死事之臣王方、魏全）

高邮康泽祠（祀宋人耿遇德）

淮安平江祠（祀永乐间漕运总兵陈瑄）

安庆余忠襄公祠（祀元守臣余阙。后以前守臣韩建之及义兵万户李宗可配享，皆同时死节者）

滁州丰山庙及栢子潭庙（俱以本名称其神）

徐州灵源弘济庙、河平神庙、龙神庙（俱岁祭）

山西

平阳中镇庙（祀中镇霍山之神）

平阳平水祠（今以本号称其神）

平阳薛文清祠（祀本朝礼部左侍郎兼翰林院学士薛瑄）

蒲州西海庙（西海之神）

蒲州河渎庙（大河之神）

汾州永泽庙（今称白彪山马跑泉之神）

汾州狄武襄庙（祀宋将狄青）

长子崔令祠（祀唐县令崔元靖）

沁州南山神庙及焦龙神庙（俱称以本名）

沁州龙泉神庙（今称伏牛山龙泉之神）

山东

泰安东岳庙（泰山之神）

泰安孙明复祠（以其徒石守道配享）

兖州黄石公祠

兖州颜孟二氏祠

兖州宗圣公祠

兖州青山庙（今称为青山之神）

兖州大河神祠（正统间有朝宗顺正惠通灵显广济之称）

兖州泗水神庙（今称以本名）

沂州东镇庙（沂山之神）

莱州东海庙（东海之神）

安平显惠等庙（国朝塞张秋决口功成，改张秋为安平镇，立真武、龙王、天妃三庙以镇之，赐额曰显惠。又修黄陵冈河口功成，亦赐额，曰昭应。俱祀之）

海州卫德胜庙（永乐中，广宁伯刘江御倭寇有功，请赐额以祀真武）

海州卫都督及永康侯庙（成化中，以都督卫青及永康侯徐安生备倭有功，祀之）

辽东北镇庙（医巫闾山之神）

河南

济渎庙（大济之神）

河南中岳庙（嵩山之神）

怀庆北海庙（北海之神）

均州黄丞相庙（祀汉循吏建成侯黄霸）

新郑子产庙（祀春秋郑子产）

密县卓太傅祠（祀汉循吏褒德侯卓茂）

荥泽纪信祠（今称汉将军纪公，又四川顺庆府亦有庙祀）

归德协忠庙（祀唐臣张巡、许远，配以雷万春、南霁云、姚訚、贾贲四人）

河南二程祠（又博野亦有二程祠）

汤阴岳王庙（祀宋武穆王飞，又杭州亦有坟墓）

卫辉三仁庙（祀殷微子、箕子、比干）

卫辉卫源庙（今以本名称其神）

卫辉黑龙神庙（今称本名）

陕西

蓝田三吕祠（祀宋宝文阁学士吕大忠及其弟大钧大临）

华阴西岳庙（华山之神）

邠州姜嫄、公刘二庙

岐山周公庙

郿县横渠祠（祀宋儒张载）

陇州西镇庙（吴山之神）

甘州武勇祠（祀伏羌伯毛忠）

榆林余肃敏祠（祀尚书余子俊）

浙江

杭州伍子胥庙（称号与苏州同）

杭州灵卫庙（祀宋钱塘令朱跸暨金胜、祝威二将）

杭州邹詹事徐赞善二祠（祀洪熙官僚邹济、徐善述）

杭州于少保祠（祀兵部尚书于谦）

绍兴南镇庙（会稽山之神）

绍兴孝女庙（祀汉孝女曹娥，后配以宋孝女朱娥）

仁和褚公庙（祀唐臣褚遂良）

山阴愍孝庙（祀宋孝子蔡定）

会稽旌忠庙（祀宋南渡时义士唐琦）

嵊县贞妇祠（祀宋临海王贞妇）

萧山刘侯庙（祀汉郡守刘宠）

萧山德惠祠（祀宋县尹杨时及本朝魏尚书骐）

严州乌龙庙（今称以本名）

金华越国公祠（洪武初祀忠臣胡大海，近以按察副使陶成配享）

金华正学祠（祀宋儒何基、王柏、元儒金履祥、许谦四人）

温州仁济庙（祀晋郡人周凯）

温州忠惠庙（祀宋死事人徐震）

温州忠烈庙（祀宋教授刘士英）

温州忠惠庙（祀宋死事臣张理）

青田诚意伯庙（祀洪武初刘基）

乐清忠烈侯庙（祀唐死事人田居郊）

嘉兴陆宣公祠（祀唐相陆贽）

海宁许侯庙（唐忠臣许远生于海宁，特祀之）

江西

南昌忠臣庙（祀洪武初平章赵德胜、枢密判官李继先、左副指挥使刘齐、统军元帅许珏、右副元帅赵国昭、同知元帅朱潜、元帅副使牛海龙、千户张子明、张德山、百户徐明、总管夏茂、江西行省都事叶思成、知洪都叶琛、临海同知赵天麟等一十四人）

新淦萧公庙（祀邑人萧伯轩及其子叔祥、孙天任）

萍乡甘侯庙（祀□章太守甘车）

宜春仰山祠（祀宜山二龙之神）

庐陵忠节祠（祀宋欧阳文忠修、杨忠襄邦，又胡忠简铨、周文忠必大、杨文节万里、文忠烈天祥、本朝刘忠愍球、李忠文时勉）

广信张叔夜祠（景泰中以永丰知县邓颙死节，配享祠中）

贵溪谢文节祠（祀宋忠臣谢枋得）

饶州忠臣庙（在康郎山、祀枢密同知丁普郎、张志雄等三十五人，皆国初死战者）

九江崇烈庙（祀元江州总管李黼，以其侄秉昭及义兵万户李宗可配享）

九江狄梁公庙（祀唐司空狄仁杰）

湖广

德安淮渎庙（大淮之神）

武昌昭勇庙（祀孙吴将军甘宁）

常德阳山庙（祀阳山之神）

道州周濂溪祠（以征南将军梁松配享）

沅州英显庙（祀唐刺史林公）

沅州显应庙（祀明山之神）

长沙洞庭庙（祀洞庭湖龙神）

湘阴黄陵庙（祀舜二妃）

湘阴屈原庙（今称楚三闾大夫屈平氏之神）

衡州南岳庙（衡山之神）

岳州谢晦庙（今称宋荆州刺史谢公之神）

澧州彭思王庙（祀唐刺史李元则）

沔阳马侯庙（祀汉新息侯马援）

沔阳诸葛武侯祠

宝庆贺参政祠（洪武初参政贺兴隆死事，立祠祀之）

龙阳潘将军庙（祀孙吴潘太常浚）

龙阳张将军庙（祀汉将军张飞）

四川

成都江渎庙（大江之神）

成都三守庙（祀蜀郡太守秦李冰、汉文翁、宋张□）

成都先主庙（以诸葛武侯配享）

合州乡贤祠（旧有祠，后增祀宋守臣王坚及安抚使张珏）

潼川旌忠庙（祀南唐东川节度使夏鲁琦）

马湖显应祠（以元人于法之神着灵彼土祀之）

龙州李龙阳庙（州人李龙迁仕梁有功德，今称梁龙阳李公之神）

福建

福州灵济宫（祀南唐徐知诰、知证兄弟）

侯官麻剌王飨堂（永乐间麻剌国王入贡,卒于侯官,赐谥康靖,今岁祭其墓）

建宁灵通庙（祀唐京畿令谢夷甫）

建安朱子祠（以文肃黄干、文简刘爚、文正蔡沉、文忠真德秀配享，又徽州亦有祠）

将乐道南祠（祀宋儒杨时）

延平威宁庙（祀五代闽将刘琼）

延平显惠庙（祀隋汀州刺史穆肃）

延平旌福庙（祀宋将乐令陈摭）

尤溪忠显庙（祀宋烈士余望）

尤溪忠愍庙（祀宋武节郎赵师槚）

福阳熊去非祠（祀宋儒熊禾）

汀州渔沧庙（祀唐银青光禄大夫樊令）

汀州王推官祠（祀景泰中推官王得仁）

上杭褒忠祠（祀正统中巡按监察御史五骥及福建都指挥丁泉）

广东

广州南海庙（南海之神）

广州天妃庙（今山东直隶诸处多有庙，不具载）

广州杨都堂祠（祀景泰左佥都御史杨信民，后以按察副使毛吉配享）

南海真武灵应祠

南海忠义祠（洪武初祀南海民关敏）

崖山三忠祠（祀宋忠臣文天祥、陆秀夫、张世杰）

韶州张文献及余襄公祠（祀唐张九龄、宋余靖，近以唐刺史邓文进配享于文献祠中）

肇庆包孝肃公祠（祀宋郡守包丞相拯）

琼州灵山祠（神有六，曰灵山，曰香山，曰琼崖，曰通济，曰定边，曰班帅，今并祭之）

琼州高山庙（祀毗耶山之神）

皂白高凉夫人庙（祀神高州太守冯宝妻冼氏）

皂白灵湫庙（今称以本名）

广西

南宁三公祠（祀宋狄青孙沔余靖后配以邕守苏缄及推官谭必）

庆远叶参议祠（天顺间府同知叶祯父子同死事赠官岁祀之）

云南

云南二忠祠（祀洪武间使臣王忠文公祎及尚书吴云）

黔宁王庙（祀西平侯沐英以其子定远王晟配祀）

贵州镇远侯庙（永乐中总兵官顾成）

已上在外府州县①

以上所列，天地、祖先以外，神灵众多，然略加梳理，大致可分为如下几类：第一，山川湖泊等自然对象。这些"神"都是抽象的，非人格化的，表达的是对自然的崇拜和天人合一的世界观，其中狭义的有神论色彩并不浓厚。第二，传说中和历史上的族类始祖、明君、圣人。第三，历代国家封赠并被明朝政府认可的杰出人物，包括本朝的功臣和著名学者。第四，个别民间信仰中的神祇，如关公、城隍、妈祖等。在无数的民间信仰神中选取这样

---

① 李东阳等：《明会典》（正德）卷 85，第 800—809 页。

少数的几个列于公祀，显然并非仅仅因为信仰者，而是由于他们的共同的庇佑公众生存、生活的属性。所以，明代国家公祀诸神是一个以现实的公众人为尺度的崇拜体系，其中基本看不到民间宗教崇拜中大量存在的巫术、盲目色彩。各地祭祀的神明，大部分是真实的历史人物。这些人物死后，经过国家的祭祀而获得了神性，在祭祀他们的地方社会与其他自然神一样，被认为具有庇佑地方的神力。它们其实是国家与地方社会民众之间的一种精神纽带。明代制定祭祀之法的时候，执行了非常明确的标准："圣王之制祭祀也，法施于民则祀之，以死勤事则祀之，以劳定国则祀之，能御大灾则祀之，能捍大患则祀之，是皆有功烈于民者也。及夫日月星辰，民所瞻仰，山林川谷丘陵，民所取财用，非此族也，不在祀典。历代以来，凡圣帝明王，忠臣烈士，与夫岳镇海渎，天下山川，可以立名节，御灾患，而有功于人者，莫不载之祀典。然其有庙于京师，著灵于国家者，则又在所先焉。若国朝之蒋庙及历代功臣等庙，皆遣使降香，特令应天府官代祀。其称神号，止从其当时所封之爵。凡前代加封，悉皆去之。"① 所以，明代的国家公祀，是以有神论的形式实行的公共生活规范演示活动。正因为如此，国家的祭祀活动是国家政治生活的重要组成部分。万历间人朱国祯就说："太祖最虔祀事，到任须知册，以祀神为第一事。今官府莅任。吏人先投须知册，仿此。各神俱存本号，而后代泛加之称，悉皆撤去，为之一清。其不入祀典而民间通祀者听。前代有毁淫祠者，而太祖有举无废，盖重之也。"②

除了众神之祭以外，儒学先师孔子和皇室先祖在国家祭祀中也居重要地位。孔子在汉平帝时被追谥为褒成宣圣公，唐玄宗追谥为文宣王，元武宗加为大成至圣文宣王。此类做法，以政府爵位为尊而加于孔子，使得孔子成为一个老贵族，其文化思想地位反为所污。但是这种做法的确帮助了孔子传统的地位稳定。明初在南京创立太学，设孔子神主。后来国子监所祀孔子则为神像。洪武二年，遣官降香致祭孔子，御制祝文曰："惟神昔生周天王之国，实居鲁邦，圣德天成，述纪前王治世之法，虽当时列国鼎峙，其道未行，垂教于后，以至于今。凡有国家，大有得焉。自汉之下，以神通祀海内。朕代

---

① 徐一夔等：《明集礼》卷 15，"祀典神祇"，影印文渊阁四库全书本第 649 册，第 334—335 页。
② 朱国祯：《涌幢小品》卷 19，第 431 页。

前王，统率庶民，目书检点，忽睹神之训，言非其鬼而祭之，诌也，敬鬼神
而远之，祭之以礼。此非圣贤明言，他何能道？故不敢通祀，暴殄天物，以
累神之圣德。兹以香币牲斋粢盛庶品，式陈明荐。惟神鉴焉。"①

　　配祀孔子的，在唐代有颜回，宋代增曾参、孔伋，元代增孟子，明初曾
免孟子配祀。祭祀孔子的先师庙，"宫墙之制，下天子一等。乐舞笾豆，与
天子同"。② 嘉靖时期改定祀典，改孔子称号为至圣先师孔子，其余配享四
子称复圣、宗圣、述圣、亚圣，从祀诸弟子称先贤、左丘明等以下从祀者称
先儒，皆取消其原封公、侯、伯爵位。

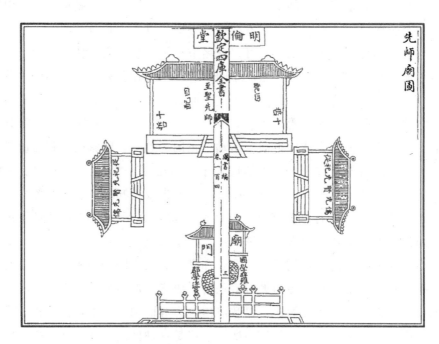

《图书编》卷 104 "先师庙图"

　　祖庙祭祀，明初太祖设四亲庙，祭祀德、懿、熙、仁四祖。后改建太
庙，使四祖同堂异室，于四季之初及岁除祭祀。太宗迁都北京后，立庙如南

---

① 徐一夔等：《明集礼》卷 16，第 345—346 页。
② 谷应泰：《明史纪事本末》卷 51，"更定祀典"，第 774 页。

京制，其地在承天门内端门外。

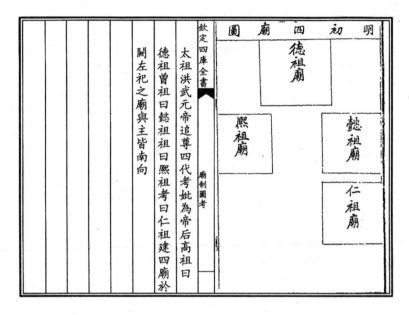

《明集礼》卷5"明初四庙位置图"

至成化初，英宗入太庙，太庙九室规制完备，包括先世四祖及太祖、太宗、仁宗、宣宗、英宗。以后，宪宗入太庙，祧迁懿祖于别室。

后孝宗入太庙，迁出熙祖；武宗入，迁出仁祖。德祖原为不祧之祖，至嘉靖十年，世宗拟改同堂异室之制为分别庙制，以太祖为不祧之祖而将德祖迁出。到嘉靖十四年，诏仿周礼建九庙。嘉靖十五年，九庙建成。"太祖庙居中，太宗居东第一庙，世世不祧，虚其西第一庙，俟他日奉有功德者。仁宗而下分昭穆以次而南。十七年夏，尊太宗为成祖，尊父献帝为睿宗，祔太庙，以与孝宗同昭穆，合为一庙。"[1] 世宗生父不曾君临天下，世宗出于私心，尊帝称宗，且列于太庙，与孝宗同庙，居武宗之上。当时朝臣不能据礼而争。

---

[1]　万斯同：《庙制图考》，影印文渊阁四库全书本第662册，第228页。

万斯同《庙制图考》"孝宗时太庙九室图"

《庙制图考》"世宗时九庙图"

嘉靖二十年四月，九庙失火。诏重建，又恢复了同殿异室之制。恢复后取消虚位，使睿宗（兴献王）得独占一室。

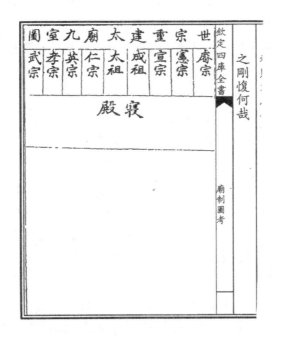

《庙制图考》"世宗重建太庙九室图"

嘉靖二十九年，世宗孝烈皇后方氏死去，祧迁仁宗，附方氏于庙，以待世宗。后穆宗入庙，祧迁宣宗；神宗入庙，祧迁英宗；光宗入庙，祧迁宪宗；熹宗入庙，祧迁孝宗，而世宗生父兴献王终明之世不迁。

洪武时期还制定了各处军队负责官员于驻防地祭军旗之神的制度。"凡各处守御官，俱于公廨后筑台，立旗纛庙，设军牙六纛神位。春祭用惊蛰日，秋祭用霜降日，祭物用羊一、豕一、帛一、白色祝一、香烛酒果。先期各官斋戒一日。至日，守御长官武服，行三献礼。若出师，则取旗纛以祭，班师则仍置于庙，仪注与社稷同。"① 其祭文曰："惟神正直无私，指挥军士，助扬威武，皆仗神功。某等钦承上命，守御兹土，惟兹仲（春/秋），谨

---

① 李东阳等：《明会典》卷87，第816页。

以牲醴庶品，用申常祭。尚享。"①

明代城隍祭祀因国家提倡而重于往代。洪武初，诏封天下城隍神，应天府城隍封为帝，开封、临濠、太平府、和州、滁州城隍封为王，其他各府州县城隍分别封为公、侯、伯。到洪武三年，与将岳镇海渎之神俱依山水本称，不加溢美政策一致，城隍神亦改题本主，曰某处城隍神。进而，明朝又以行政命令方式，使京都到地方普遍建立城隍庙。洪武三年六月，"诏天下府州县立城隍庙。其制高广各视官署厅堂，其几案皆同，置神主于座。旧庙可用者修改为之"。② 洪武三年九月，京师城隍庙建成。"初，城隍旧祠卑隘，诏度地荣筑。既而中书省臣及尚书陶凯请以东岳行祠改为庙，上可之……仍命制神主。主用丹漆，字涂以金，旁饰以龙文。及是始成。命[陶]凯等迎主入庙，用王者仪仗。"③ 洪武六年三月，"制中都城隍神主成"太祖亲制祝文中有"今遣官敬奉神主，安于庙廷，使神有所依，民有所瞻奉。神其享之"。④ 查现存明代方志，洪武六年以前各地建立城隍庙记载极多，且多明言奉太祖旨意而行。据缪荃孙从《永乐大典》中辑出《顺天府志》，香河县、永清县、怀柔县、良乡县、昌平县、东安县皆在洪武三年至五年之间"依式创建"了城隍庙。⑤ 这样，明朝国家礼制体系中的城隍祭祀制度终于确定下来。不过，在规定国家的城隍祭祀制度的时候，明朝政府并没有同时禁止民间对城隍的信仰和其他祭祀活动。有明一代民间城隍信仰、祭祀活动比较前代而言，呈空前活跃局面，重要原因之一就是明朝国家祭祀制度中注重城隍的政策。⑥

在国家祭祀体系中，明代城隍是地方保护神，也是监察当地官民乃至地方鬼神，使之遵纪守法、免为恶行的秩序守护神。据叶盛所说，洪武四年，

---

① 李东阳等：《明会典》卷 87，第 816 页。

② 《明太祖实录》卷 53，洪武三年六月戊寅。

③ 《明太祖实录》卷 56，洪武三年九月戊子。

④ 《明太祖实录》卷 80，洪武六年三月癸卯。

⑤ 永乐《顺天府志》，北京大学出版社 1983 年影印本，第 350 页。

⑥ 日本学者滨岛敦俊先生对明代城隍祭祀制度有多文加以探讨，其中多有具启发意义处，然而对洪武三年前后城隍祭祀制度的讨论多不足取，参看赵轶峰"明初城隍祭祀：滨岛敦俊洪武'三年改制'说商榷"，载《求是》学刊 2006 年第 1 期。与此问题相关，请注意下图中"京都城隍之神"和"各府城隍之神"位。

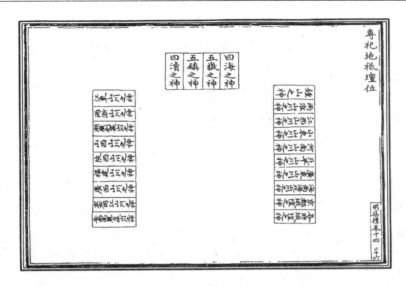

《明集礼》卷14"专祀地祇坛位图"

"特敕郡邑里社各设无祀鬼神坛，以城隍神主祭，鉴察善恶。未几，复降仪注，新官赴任，必先谒神与誓，期在阴阳表里，以安下民。盖凡祝祭之文，仪礼之详，悉出上意，于是城隍神之重于天下，蔑以加矣"。①

上面提到的"无祀鬼神坛"所祭的是流离无所的"厉鬼"，这就是所谓"祭厉"。从中央到地方，各级政府及乡里皆需举行。其主要目的是安抚流亡，不使扰乱民生，兼有威慑教化之意。

明朝于京都祭泰厉，于王国祭国厉，于各府州县祭郡邑厉，于里社祭乡厉，目的据说是"使厉之无所归依者不失祭享，其为民除害之意可谓至矣"。② 按古代祭法，王祭泰厉，诸侯祭公厉，大夫祭族厉。泰厉指古代帝王无后者，因为无所依归，好为民作祸，故需要祭祀以安抚之。公厉指古代诸侯无后者，诸侯多称公，所以其鬼曰公厉。等而下之，古代于前代帝王、诸侯、卿大夫之无后者，皆致其祭，以防无依之厉鬼，依附土木，为民祸福。但明代的泰厉、国厉、郡邑厉表示的是祭祀主体的等级差别，不是指被祭祀厉鬼的等级差别。这一点在下文所引祭文中可以看得十分清

① 叶盛：《水东日记》卷30，中华书局1980年排印本，第297页。
② 徐一夔等：《明集礼》卷15，"祭厉"，第328—329页。

楚。泰厉、国厉、郡邑厉皆一年二祭，在春季三月清明日、冬季十月初一举行。乡厉则一年三祭，春季在清明节后三日，秋季在七月十五日，冬季在十月三日。明朝初年，京都祭祀泰厉之坛在玄武湖中，各府州县则皆设坛于城北，各县乡里则在本地各自立一祭坛祭祀。祭物用少牢，羊三、豕三、饭米三石。祭祀之前需提前告知本地城隍，京都七日前告知，各府州县三日前告知。京师祭祀正日，设城隍神位及天下城隍神位于坛上，各府州县则独设某处城隍于坛上之正东，设无祀神鬼等众位于坛下之东西两侧。

其京师祭泰厉文如下："维某年某月某日，中书省某官钦奉圣旨，谨备牲醴羹饭，致祭于天下无祀神鬼等众，有制谕尔，尔其恭听。皇帝制曰：普天之下，后土之上，无不有人，无不有鬼神。人鬼之道，幽明虽殊，其理则一。故天下之广，兆民之众，必立君以主之。君总其大。又设官分职于府州县，以各长之。各府州县又于每一百户内设一里长以统领之。上下之职，纲纪不紊。此治人之法如此。天子祭天地神祇及天下山川，王国、各府州县祭境内山川及祀典神祇，庶民祭其祖先及里社土谷之神。上下之礼各有等第，此事神之道如此。尚念冥冥之中，无祀神鬼，昔为生民，未知何故而殁。其间有遭兵刀而横伤者，有死于水火盗贼者，有被人取财而逼死者，有被人强夺妻妾而死者，有遭刑祸而负屈死者，有天灾流行而疫死者，有为猛兽毒虫所害者，有为饥饿冻死者，有因战斗而殒身者，有因危急而自缢者，有因墙屋倾颓而压死者，有死后无子孙者。此等鬼魂，或终于前代，或殁于近世，或兵戈扰攘，流移于他乡，或人烟断绝又缺其祭祀。姓名泯没于一时，祀典无闻而不载。此等孤魂，死无所依，精魂未散，结为阴灵。或倚草附木，或作为妖怪，悲号于星月之下，呻吟于风雨之时。凡遇人间节令，心思阳世，魂杳杳以无归，身堕沉沦，意悬悬而望祭。兴言及此，怜其惨凄，已敕天下有司依时享祭。在王国有国厉之祭，在各府州有郡厉之祭，在各县有邑厉之祭，在一里又有乡厉之祭。期于神依人而血食，人敬神而知礼。犹虑四海之广，未能遍及，今遇（三月清明日／十月初一日），特设坛于玄武湖中，遣官备牲醴，普祭天下鬼魂等众。先期已告京都城隍，移文遍历所在，招集汝等鬼灵与今日悉赴此坛，普享一祭。城隍在此，鉴察尔等。或生于良善，或素为凶顽，善恶之报，神必无私。汝等既享之后，听命于城隍，各安其分。"① 天下无所厉鬼，由所在城隍提控，各地举行祭厉时，一律仍引以上提到的皇帝祭厉圣旨文字，以其事告知城隍。比如，各府告城隍文曰："某府遵承礼部符文，为祭祀本府无祀神鬼。该钦奉圣旨，普天之下，后土之上，无不有人……兴言及此，怜其惨凄，故敕天下有司，依时享祭。命本处城隍以主此祭，镇控坛场，鉴察诸鬼等类。其中果有生为良善，误遭刑祸，死于无辜者，神当达于所司，使之还生中国，来享太平之福。如有素为凶顽，身死刑宪，虽获善终，亦出侥幸者，神当达于所司，屏之四裔，善恶之报，神必无私。钦奉如此，今某等不敢有违。谨于某年某月某日于城北设坛，置备牲酒羹饭，享祭本府无祀神鬼等众。然幽明异境，人力难为；必资神力，庶得感通。今特移文于神，先期分遣诸将，召集本府阖境鬼灵等众，至日悉赴坛所普享一祭。神当钦承敕命，镇控坛场，鉴察善恶，无私昭报。为此合行移牒，请照验钦依施行。"②

洪武时定乡村祭祀乡厉之礼。每里立坛一所，祭无祀鬼神，祈祷民庶安康、孳畜蕃盛。每岁三祭，春清明，秋七月十五日，冬十月一日。祭物牲酒随乡俗置办。主持者称"会首"，轮流承担。其祭祀文曰："某县某乡某村某里某社里长某人，承本县官裁旨，该钦奉皇帝圣旨：普天之下，后土之上，无不有人，无不有鬼神……期于神依人而血食，人敬神而知礼。仍命本处城隍，以主此祭。钦奉如此。今某等不敢有违，谨设坛于本里，以（三月日，谓清明后三日，七月十五日，十月初三日），率领某人等，百家联名于此。置备羹饭肴物，专祭尔等本里神鬼。灵其不昧，依期来享。凡我一里之中，百家之内，倘有忤逆不孝，不敬六亲者，有奸盗诈伪，不畏公法者，有拗曲作直，欺压良善者，有躲避差徭，靠损贫户者，似此顽恶奸邪不良之徒，神必报于城隍，发露其事，使遭官府。轻则笞决杖断，不得号为良民；重则徒流绞斩，不得生还乡里。若事未发露，必遭阴谴，使举家并染瘟疫，六畜田蚕不利。如有孝顺父母，和睦亲族，畏惧官府，遵守礼法，不作非为，良善正直之人，神必达之城隍，阴加护佑，使其家道安和，农事顺序，

① 徐一夔等：《明集礼》卷15，"祭泰厉文"，第329—330页。
② 同上书，"祭告城隍文"，第332—333页。

父母妻子保守乡里。如此则鬼神有鉴察之明，我民无诏谀之祭。灵其无私，永垂昭格。尚飨。"① 仍需祭告城隍，文为："某府某县某乡某村某里里长某人，率领某里人民某人等，联名谨具状，告于本县城隍之神：今来某等承奉县官裁旨，遵依上司所行，为祭祀本乡无祀神鬼事，该钦奉圣旨：普天之下，后土之上，无不有人，无不有鬼神……故敕天下有司，依时享祭。乡村里社，一年三祭，仍命礼请本处城隍，以主此祭，镇控坛场，鉴察诸鬼等类。其中果有生为良善，误遭刑祸，死于无辜者，神必达于所司，使之生还中国，来享太平之福。如有生于凶恶，身死刑宪，虽获善终，出于侥幸者，神必屏之四裔。善恶之报，神必无私。钦奉如此。今某等不敢有违钦依。于某年某月某日，就本里设坛，谨备羹饭肴物，享祭于本乡无祀神鬼等众。然幽明异境，人力难为，必资神力，庶得感通。今特虔诚告于神，先期分遣诸将，遍历所在，召集本里鬼灵等众，至日悉赴坛所受祭。神当钦奉敕命，镇控坛场，鉴察善恶，无私昭报。为此谨用状告本县城隍之神，俯垂昭鉴。谨状。"② 这种祭祀文中的许多内容，与民间的"乡约"很相似，所以有乡里公约、安缉一方的作用，而国家权力和意志的影子则牢牢地罩在芸芸众生的头上。

厉鬼祭祀是从中央政府到乡村社会都要举行的祭祀，而其他祭祀都有更为清晰的等级分工。这是一种意味深长的现象：对于最无地位的幽魂厉鬼的祭祀是最为统一化、规范化和普遍化的。而且，幽魂厉鬼并无对现实社会中的人们的庇佑之能，祭祀的出发点是安抚震慑。在这种出发点所反映的人、神、鬼关系中，世俗皇帝是最高的主宰，从城隍到人间的官员，到平民百姓，再到已经死去为鬼的各类人等，都要服从人间皇帝的安排。从而城隍作为神，仍是皇帝治理现实社会的工具。无所厉鬼的角色，则类如游民，对其祭祀，类如安置流民，不使失所。这里，明代国家政治的有神论性质自然明显，但其背后，却是以事人之理推导出事神之理，人道超于神道。

乡村里社的另一类祭祀是土地五谷之祀，即通常所说社会。这种祭祀虽由民间出资，自己举行，但政府仍有统一规定。"凡各处乡村人民，每里一

---

① 徐一夔等：《明集礼》卷15，"祭乡厉文"，第333—334页。
② 李东阳等：《明会典》卷87，第822页。

百户，内立坛一所，祀五土五谷之神，专为祈祷雨旸。时若五谷丰登，每岁一户轮当会首，常川洁净坛场。遇春秋二社，预期率办祭物。至日约聚祭祀。其祭用一羊一豕，酒果香烛随用，祭毕就行会钦。会中先令一人读抑强扶弱之誓，其词曰：凡我同里之人，各遵守礼法，毋恃力凌弱。违者，先共制之，然后经官。或贫无可赡，周给其家。三年不立，不使与会。其婚姻丧葬有乏，随力相助。如不从众，及犯奸盗诈伪一切非为之人，并不许入会。读誓词毕，长幼以次就坐，尽欢而退。务在恭敬神明，和睦乡里，以厚风俗……读祝者取祭文，焚瘗于坎所。礼毕，行会饮读誓之礼。"所读祝文为："维洪武 年 月 日，某府某州某县某乡某里某人等，谨致祭于五土之神、五谷之神曰：惟神参赞造化，发育万物。凡我庶民，悉赖生植。时维仲（春，东作方兴/秋，岁事有成）谨具牲醴，恭伸（祈告/报祭）伏愿雨旸时若，五谷丰登，官赋足供、民食充裕，神其鉴知。尚享。"① 这种祭祀活动，除了春祈秋报本身以外，与祭祀厉鬼一样，也有重申乡里公约的性质。

以上所列明代国家规定的祭祀对象是一个自然、个别民间信仰神、祖先、历代名王、圣人、英雄豪杰、大学问家、道德典范、有功于国家社稷或者地方社会者、无家野鬼合成的群体。这个群体的核心还是"天"，兼有神明和自然的属性。天有神的属性，神也有人的属性。天地合祀比较直接地出于把天地关系人伦化地理解为夫妻关系的倾向。天地分祀则显示把这种过于人伦化的理解还原于自然阴阳互补关系的倾向。天地山川等直接以自然界存在的形式成为祭祀的对象，首先反映出对自然的崇拜，同时包含着万物有灵的信仰成分。明代进入国家祭祀的仁祖、太祖、成祖，都是死后作为祖先入祀的。这里包含的不仅是祖先崇拜精神，而且是政治化的祖先崇拜精神——明朝皇室祖先被看作国家的祖先。这里十分清晰地贯彻着关于天道、神威、人权三者本质上共体的观念，体现着自然崇拜、泛神崇拜、祖先崇拜和人本主义结合的倾向。因而，明朝的国家祭祀体系，可以被看作是这个时代统治阶层宇宙观、宗教观、伦理观、政治观综合状态的缩影。在国家宗教活动中反复地对这种观念加以演示，使之保持和强化，引导着社会所有成员看待各种问题的方式。

---

① 李东阳等：《明会典》卷 87，第 819—820 页。

　　国家祀典的举行以沟通人与神明的关系为核心。这种沟通的意义出于对神、自然、祖先、先师的敬畏，产生对于政治权威主体合法性的反复认定，养育国家权力握有者敬警戒惕的心态，并且强化国家权力中心对社会普通成员的心理制约。这样的过程必须倾注极大的虔诚。虔诚的态度首先表现在祭祀前的斋戒行为中。洪武二年三月，翰林学士朱升等奉敕撰斋戒文曰："凡祭祀必先斋戒，而后可以感动神明。戒者，禁止其外。斋者，整齐其内。沐浴更衣，出宿外舍，不饮酒，不茹荤，不问疾，不吊丧，不听乐，不理刑名，此则戒也。专一其心，严畏敬慎，不思他事，苟有所思，即思所祭之神，如在其上，如在其左右，精白一诚，无须臾间，此则斋也。大祀斋戒七日，前四日为戒，后三日为斋。中祀斋戒五日，前三日为戒，后二日为斋。"既进览，太祖曰："凡祭祀天地、社稷、宗庙、山川等神，是为天下生灵祈福，宜下令百官一体斋戒。若自有所祷于天地百神，不关于民者，恐百官斋戒不致专精，则不下令。"表示虔诚的另外一个准则是无欺。洪武元年十一月，太祖谕群臣曰："凡祭享之礼，载牲致帛，交于神明，费出己帑，神明歆之。如庶人陌钱瓣香，皆可格神，不以菲薄而不享者，何也？所得之物，皆己力所致也。若国家仓廪府库所积，乃生民脂膏，以此尊醪俎馔，充实神庭，徼求福禄，以私于身，神可欺乎？惟为国为民祷析，如水旱、疾疫、师旅之类是也。"[1] 国家的祭祀用生民脂膏，不可为一己私利而祈祷，方能得到神明的护佑。祭祀所用牺牲，皆专门饲养供备。"洪武初，立神牲所，设官二人，牧养神牲。祀前三月，付廪牺，令涤治如法。其中祀涤三十日，小祀涤十日者亦如之。后改立牺牲所，设武职并军人，专管牧养。其各坛合用牺牲，俱有定数，具太常寺职掌。六年，本部奏准，郊庙牺牲已在涤者，或有伤，则出之，死，则埋之，其有疾者，亦养于别所，待其肥腯，以备小祀、中祀之用。若未及涤或有疾伤者，归所司别用。景泰四年，令本部铸造'牲'字，'牢'字火烙各一，会同礼部、御史印记各处解到大祀牛羊。弘治三年，令税课司抽分祭祀猪只，自今依时价折收银一千两，按季送太仓银库，每岁委官支出，会同御史照依时估收买纯全猪胚，送牺牲所喂养，陆续供祀。"[2]

---

① 吕本等：《皇明宝训》卷2，"议礼"，第688页。
② 李东阳等：《明会典》（正德）卷87，第823页。

　　洪武十年十月，观心亭成，太祖亲幸焉。召致仕翰林学士承旨宋濂语之曰："人心易放，操存为难。朕日酬庶务，罔敢自暇自逸，况有事于天地庙社，尤用祗惕。是以作为此亭，名曰观心，致斋之日，端居其中。吾身在是，而吾心即在是，却虑凝神，精一不二，庶几无悔。卿为朕记之，传示来裔。"① 洪武六年三月癸卯朔，中都城隍神主制成。太祖对宋濂说："朕立城隍神，使人知畏。人有所畏，则不敢妄为。朕则上畏天，下畏地，中畏人，自朝达暮，恒兢惕以自持。夫人君父天母地而为民父母者也，苟所为不能合天地之道，是违父母之心，不能安斯民于宇内，是失天下之心。如此者，可不畏哉！"② 可见明太祖认为祭祀神明需存敬畏之心，又可有使人知敬畏的效果。这其实是所有宗教祭祀精神的特征。

　　明朝皇帝的祭祀行为除了表达诚敬事神的姿态之外，也表达对现世民生的关注。洪武二十年正月，大祀天地于南郊，礼成，太祖曰："所谓敬天者，不独严而有礼，当有其实。天以子民之任付于君，为君者欲求事天，先必恤民。恤民者，事天之实也。即如国家命人任守令之事，若不能福民，则是弃君之命，不敬孰大焉。"又曰："为人君者，父天母地子民，此职分之所当尽。祀天地，非祈福于己也，实为天下苍生也。"③ 这种话当然不全真实，但也还是说明了国家祭祀活动理论上的意旨之一。

　　明代法律对上述祭祀原则加以强制性的保障。《大明律》云："凡社稷山川风云雷雨等神，及圣帝明王、忠臣烈士，载在祀典，应合致祭神祇，所在有司，置立牌面，开写神号祭祀日期，于洁净处常川悬挂，依时致祭。至期失误祭祀者，杖一百。其不当奉祀之神，而致祭者，杖八十。"④ "凡大祀及庙享，所司不将祭祀日期预先告示诸衙门者，笞五十。因而失误行事者，杖一百。其已承告示，而失误者，罪坐失误之人。若百官已受誓戒，而吊丧问疾、判署刑杀文书，及预筵宴者，皆罚俸钱一月。其知有缌麻以上丧，或曾经杖罪，遣充执事，及令陪祀者，罪同。不知者不坐。若有丧有过，不自言者，罪亦如之。其已受誓戒人员，散斋不宿净室，罚俸钱半月。致斋不宿本

---

① 吕本等：《皇明宝训》卷1，"敬天"，第662页。
② 吕本等：《皇明宝训》卷4，"警戒"，第724页。
③ 吕本等：《皇明宝训》卷1，"敬天"，第663页。
④ 怀效锋点校：《大明律》卷11，"礼律一"，第88页。

司者，罚俸钱一月。若大祀牲牢玉帛黍稷之属，不如法者，笞五十；一事缺少者，杖八十；一座全缺者，杖一百。若奉大祀牺牲，主司喂养不如法，致有瘦损者，一牲笞四十。每一牲加一等，罪止杖八十。因而致死者，加罪一等。中祀有犯者，罪同。余条准此。"① "凡大祀丘坛而毁损者，杖一百，流二千里，墙门，减二等。若弃毁大祀神御之物者，杖一百，徒三年。遗失及误毁者，各减三等。"② 然而，后世自永乐时期开始，朝廷祭祀体系就在不停地受到其他宗教崇拜倾向的干扰，其具体情状，在以后各章叙述、分析。

三　不时而举的宗教性举动

皇帝及中央政府在四时规定时日举行的祭祀之外，还因事而举行不定期的宗教性聚会或者仪式。其中包括修省、斋醮、法会，以及因特殊变故而行的祭祀等。

修省是皇帝和百官因天文异常和自然灾变而进行自我反省的举动。因相信天人感应，这类自然现象被看作对于人事，尤其是君主施政的儆示，因而从君主以下，要检查反省政事之失误，加以改正，以保持上天的庇佑。这种做法在先秦时代就已发生，在汉代因为阴阳五行之说盛行，发展成为定型的传统，延续而至明清时代。修省通常由礼部下属的祠祭司或者钦天监向皇帝提出。《春明梦余录》称："祠祭，掌祭飨、献荐、天文、国恤、庙讳之事，辨大祀、中祀、小祀之等而敬供蠲饬，第其牲帛、配侑、从介，差其礼乐。凡王国、司、府、卫、所、州、县祀典、神示，稽令甲而播之百司。督日官历象，而在其征变日月食起止分而豫移诸司。大灾异即闻次类闻，并乞修省。"③ 《明史》于祠祭司执掌也云："督日官颁历象于天下。日月交食，移内外诸司救护。有灾异即奏闻，甚者乞祭告修省。"④ 修省的一般方法是皇帝避正殿，沐浴静思，诏求直言，择善而从，甚者将修省之事祭告天地社稷山川。成化六年二月，宪宗谕群臣曰："朕绍膺景运六载于兹，夙夜靡宁，图惟治理，而自

① 怀效锋点校：《大明律》卷11，"礼律一"，第87—88页。
② 同上书，第88页。
③ 孙承泽：《春明梦余录》卷39，"礼部"，影印文渊阁四库全书本第869册，第591页。
④ 张廷玉：《明史》卷72，"职官一"，第1748—1749页。

冬徂春，灾异荐臻，雨雪不降。朕虑民生弗遂，忧切于怀，永惟灾咎之征，必由人事感召，岂朕德有不敏而政多缺欤？抑尔群臣分理庶政者因循怠缓，弗克竭诚尽心以辅朕之不逮欤？循省所自宜，各任其责，致交修之诚。朕将亲率尔文武群臣于二月二十八日，恭诣山川坛请祷，先期致斋三日。其各洗心涤虑，乘诚敬以格神明，励公勤以修职业，务臻实效，毋事虚文。"① 弘治十年三月，"礼部奏：迩者山西陕西天鸣地震星陨，京师去冬恒燠无雪，火灾叠见，今春狂风阴霾，日精无光。山东以南，亢阳为雪，二麦无成。请通行内外诸司省躬思咎，勉尽职务，仍遣大臣祭告天地、社稷、山川，及在外诸司，各祷于封内山川。上曰：武经文武群臣并科道官宜休，朕心同加修省，事有当言者直言无隐，在外镇巡三司等官令一体遵行。其在京大小职官、科道具实奏闻，在外者巡按御史具实奏处。自此月十三日为始，致斋三日，遣英国公张懋、新宁伯谭佑、遂安伯陈韶祭告"。② 据此，修省虽然以有神论的天人感应说为观念的基础，但是在其所导致的人类行为和社会功能角度看，却构成了国家政治中的一种经常性的反思和政策调整机制。

有明一代，修省屡屡不绝，使得专制皇权的统治保持着一定程度的弹性。不过，有时修省的方式中会杂入佛教、道教成分。如正统六年六月，行在礼部尚书胡濙等言："今年四月以来，亢阳不雨，蝗蝻为患。揆之天意，验诸人事，皆由臣下才德疏庸，政事缺失，有乖阴阳之和，以致下累生民，上贻圣虑。臣等不胜惶悚。乞令文武百官，自本月初七日为始斋沐思过，仍令大臣于在京各寺观行香，及行道录司慎选道流，尽诚祈祷，庶几少回天意。"③ 天顺二年三月，"礼部奏：自去冬至今，春雨雪不降，有妨农种。宜令文武百官，斋戒三日，分命堂上官祷于在京诸寺观庙宇。从之"。④ 这种求助于佛、道的方式，以求祈神佛替代自我反省，使政策调整的可能大为降低。不过这种做法在明代并没有泛滥成灾。大多数情况下，修省仍通过施政反省而不是求乞佛、道来实行。儒家士大夫甚至可能借修省之机攻击佛、道。如成化十二年二月，礼科都给事中张谦等以南京灾异，奉旨修省，遂上

---

① 《明宪宗实录》卷 76，成化六年二月壬申。
② 《明孝宗实录》卷 123，弘治十年三月辛亥。
③ 《明英宗实录》卷 80，正统六年六月庚午。
④ 《明英宗实录》卷 289，天顺二年三月辛亥。

言："……僧道司官定额八员，僧官今几四倍，道官今几三倍，异端太盛，名器太滥，甚者为朽骨造塔院，因病死修斋醮，假祈禳以冒厚赏，皆糜费不赀，近复许番僧熬茶等处。陕西沿途供廪，为甚搔扰。今后宜不得更僧道官，祈禳等事一切罢去。及熬茶勿令劳费有司。"①

因地方鬼怪作祟而行祭祀是另一种非时而举的宗教性祭祀举动，其目的是晓谕为祟"野鬼"，不使扰民为害，否则将招致上天惩罚。事如：洪武十一年四月戊午，永嘉侯朱亮祖奏安东、沭阳二县之野有鬼，民人暮惊。太祖御制敕文，遣使谕祭之曰："明有礼乐，幽有鬼神，此前圣格言。然国之有祀，以为民也；祀不为民，则非也。若庶民之宜祀者，止于祖宗；非祖宗而祀之，岂特非礼之宜，神亦不享也。且岳镇海渎山川之神，载之祀典者，莫不承上帝后土之命，以司福善祸淫之权。若祸福倒置，不惬民心，且将获戾于天矣，尚恶得谓之神乎？朕思鬼神之鉴人，虽毫发不可伪，特其变化神妙，而人不之测耳。今洪武十一年四月十四日，永嘉侯遣人奏安东、沭阳二县民人暮惊，谓野有持夜炬者数百，或成列，或四散。巡检逐之，无有也；击之，若有应之者。朕不能尽信，特遣人致牲醴，会鬼神而敕问之：夫中原之地，自有元失政，生民涂炭，死者不可胜计，有绝宗覆嗣者，有生离父母妻子而死于非命者。尔持炬者，岂无主之孤魂，而欲人之祀欤？父母妻子之永隔而有遗恨欤？无罪遭杀而冤未伸欤？或有司怠于岁祀而有忿欤？四者必有一焉。朕以四事问尔，尔果何为而然欤？朕自即位以来，事神之礼未尝缺也，然非当祀者，亦不敢佞。尔持炬者宜祸其宜祸者，而福其应福者，勿妄为民害，自贻天宪。"②

另一类非时而行的宗教活动是举行斋醮法会，如为阵亡军人举行超度荐亡法会等。永乐元年七月，"命灵各寺、朝天宫建斋醮三月，资荐征南亡没将士"。③据《典故纪闻》，宪宗初，"礼部尚书姚夔因皇太后诞日，建设斋醮，会百官赴坛炷香，为礼科都给事中张宁等所劾。言：'臣之于君，愿其福也，当劝以修德善，愿其寿也，当劝以去逸欲。今不能尽所当为，乃瓣香尺楮，列名其上，宣扬于木偶之前，相率而拜，曰为朝廷祈福祝寿，为后世笑。昔英庙复位，

① 《明宪宗实录》卷150，成化十二年二月戊戌。
② 《明太祖实录》卷118，洪武十一年四月戊午。
③ 《明成祖实录》卷81，永乐元年秋七月庚申。

属有足疾，其时一二大臣不察古人行祷之义，亦尝为此举，非以扶名教全治体也。'得旨：'所言有理，今后斋醮，不许百官行香。'"①

嘉靖十一年二月，因皇子未诞，命祭祀名山大川，此为另一类不时而举的祭祀举动。当时，"大学士李时等以圣嗣未降，请上自制祝文，遣廷臣奉香帛，诣岳镇名山祝祷。上曰：'朕思卿等所言，出于忠恳至诚，不当已（已）者。但遣使远出，未免扰吾百姓。可分遣道士赍奉香帛幡祝，行令所在守臣诚竭行礼。卿等可诣地祇坛祈告，仍卜筮于太庙。礼部议奏以闻。'于是礼部尚书夏言等言：'古者望祭山川，盖以山川在远，不能就祭，故延进其神，遥望而秩之。乃者皇上兆建祇坛，·以崇阴祀，自岳镇海渎以及远近名山大川莫不怀柔，即此而祷，正合古人望族望衍之义。但古者望祀之礼，山川并行。而兹者辅臣之请，止于岳镇同功。况基运、翊圣、神烈、天寿、纯德诸山，实祖考安灵之地，犹之水木本源，枝流所赖，祈祷之礼，似不可缺。请每坛简命大臣一人主祭，令勋戚重臣一体陪祀，以同致感格之诚。皇上仍欲于太庙之中举行卜筮，固尊祖敬神之盛心，但太筮人之书既已失传，而天子所用，龟必千岁，蓍必九尺，又未可卒致。今第只修望秩之祀，以祈百神之佑，则继明之庆，自当未占有乎。臣等谨遵圣谕，据古典撰仪注呈览。'诏从其请。遂命武定候郭勋，大学士李时、翟銮，尚书王琼、汪鋐、夏言诣坛分祀。"②

因天气不利于农业而举行祈雨等活动也是明代国家不时而举的宗教活动之一。但儒家、佛教、道教各有祈祷雨泽的方式。儒家以礼仪向天地示为民请命的诚意，其精神在诚敬；道家用法术，用符咒驾御司风雨的神，其精神在控制；佛教用诵经做法事，精神在感动。三教各有其能，都服务于国家，有时便发生冲突。成化五年十二月，六科给事中劾奏道录司左玄义许祖铭，说他"奉敕祈雪，秽言怼天，仗剑斩风。亵天慢神，莫此为甚。乞将祖铭明正典刑，以谢神人之怒"，并请敕礼部"禁约各观道士，不许擅自祈祷，以亵神明。庶天意可回，而雪泽自降矣"。宪宗说："许祖铭祈祷不诚，非理妄为，本当逮治，今姑宥之，自后再犯不宥。"③ 弘治二年二月，内阁大学士

---

① 余继登：《典故纪闻》卷14，第245页。
② 《明世宗实录》卷135，嘉靖十一年二月辛卯。
③ 《明宪宗实录》卷74，成化五年十二月乙丑。

刘吉等奏："钦蒙皇上取祈祷祝文。臣等因思，即今天气未降，地气尚冻，农工亦未兴举，所以昨日具奏，意望待二月半后另议。仰惟皇上之忧民甚切，惓惓如此。但臣等不知此意出于皇上圣心一念之诚，抑左右之人见今久无雨雪，欲劝举行也。若出于一念圣心之诚，当从臣等所言，二月半后举行。若出于左右之劝，此必奸人因此月初七日月在毕宿，是将雨之，后以此乘机劝上祈祷。幸而得雨，彼将借此以惑圣聪，欲复李孜省，邓常思故态，希求升赏。皇上因此亦将谓天意可以祭祷而回，不复修人事，以为应天之实也。臣谨按《诗经》有云：月离于毕，俾滂沱矣。《书经》云：星有好风，星有好雨，月之从星，则以风雨。解之者曰：月行东北入于箕则多风，月行西南入于毕则多雨。此皆古人成说可信者。当先帝时，李孜省等得志一时，贻笑万世。今倘有此事，臣等实不敢奉旨。即宣祝文稿以进，乞将劝言之人，暂加疏斥。待二月半后，皇上齐心祈祷，但自尽其诚。至于雨泽有无，亦未敢取必于天地。疏奏，上复纳之。"① 可见三教都服务于国家的祈祷，其精神却大有不同。

与国家常规祭祀礼仪制度所贯彻的思想一样，明朝政府在不时而举的宗教祭祀祈祷活动中也垄断对上天的沟通权，因而对某些民间祭祀祈祷活动加以禁止。《大明律》中有"亵渎神明"一款："若僧道修斋设醮，而拜奏青词、表文及祈禳火灾者，同罪，还俗。"② 嘉靖间人对这一点的解释是"若僧道修斋设醮而拜进青词、表文，青词，用青纸者，表文，用黄纸者，皆所以达于上帝之神，及用以祈禳火灾，虽其迫切之情，然皆以微言而渎天听。亦杖八十，僧道还俗"。③

四　宗教管理机构

国家宗教管理主要统于礼部。洪武元年八月置礼部。第一任礼部尚书是钱用壬。十月，崔亮接任尚书。这两个人都是对古代礼仪有深入研究的儒

---

① 《明孝宗实录》卷23，弘治二年二月甲午。

② 怀效锋点校：《大明律》卷11，"礼律一"，第89页。

③ 雷梦麟：《读律琐言》卷11，"礼律一""祭祀""亵渎神明"，中国法律出版社2000年点校本，第212页。

者，明朝开国的郊庙社稷祭祀、即位典礼、宴享、乘舆、冠服等都是由他们考证古礼而定出规范的。当时的主持者还有陶安。洪武三年，以陶凯为礼部尚书，主持制定了军礼和品官坟茔制度。① 礼部之下初设四个属部：总部、祠部、膳部、主客部。每部设郎中、员外郎各一人，主事各三人。洪武十三年废丞相制度，把六部品秩升高，设尚书一人、侍郎一人，每个属部设郎中、员外郎、主事各一人。不久侍郎增为两人。洪武二十二年，把总部改为仪部。二十九年，把仪部、祠部、膳部改为仪制、祠祭、精膳清吏司，和主客清吏司一起，共4个清吏司。清吏司长官为郎中，正五品官，员外郎一人，从五品，主事一人，正六品。后来曾增加各司主事。②

　　根据清朝编订的《明史》，礼部四清吏司中，祠祭司分掌"诸祀典及天文、国恤、庙讳之事"。祭祀的对象有三类："曰天神、地祇、人鬼。"有关的管理包括"辨其大祀、中祀、小祀而敬供之。饬其坛壝、祠庙、陵寝而数省阅之。蠲其牢醴、玉帛、粢盛、水陆痤燎之品，第其配侑、从食、功德之上下而秩举之。天下神祇在祀典者，则稽诸令甲，播之有司，以时谨其祀事。督日官颁历象于天下。日月交食，移内外诸司救护。有灾异即奏闻，甚者乞祭告修省"。除了这些关于国家祭祀典礼的管理工作以外，祠祭司还负责对民间与宗教有关人群户籍和行为的管理："凡天文、地理、医药、卜筮、师巫、音乐、僧道人，并籍领之，有兴造妖妄者罪无赦。"③

　　明末孙承泽所记祠祭司职能略同《明史》说法，但对于丧礼制度、谥法和与宗教有关的人群的管理等更为详明："祠祭掌祭飨献，荐天文、国恤、庙讳之事，辨大祀、中祀、小祀之等而敬供蠲饬，第其牲帛配侑从介，差其礼乐。凡王国、司、府、卫、所、州、县祀典神，示稽令甲而播之百司。督日官历象，而在其征变、日月食起止分而豫移诸司。大灾异即闻次类闻，并乞修省。凡国丧若品官、庶人丧，皆辨其同姓、九族、异姓、母族、妻族亲疏之等，而为三年期、大功、小功缌[麻]之制，传古丧礼，损益颁行之。凡谥帝、后妃，太子、太子妃、王、郡王，以字为差次。勋戚文武大臣请祭葬、赠谥，移诸司核行，能傅公论，定议以闻。其侍从勤劳死事官品未应

---

① 龙文彬：《明会要》卷31，"职官三"，中华书局1956年排印本，第526—527页。
② 张廷玉：《明史》卷72，"职官一"，第1750页。
③ 同上书，第1748—1749页。

谥，若藩王贡使，得特谥。凡帝后忌忌，祀于陵，辍朝，不废务。凡天文、地理、医药、卜筮、师巫、音乐藉，其人毋得以术越境兴妖妄，毋藏谶纬元象。凡僧道三年一度，度，必通经咒，《周知册》检其伪冒而严其禁令。凡雅乐属于祠祭，太常领之，俗乐领于伶人。"① 祠祭司还负责对候选的寺观住持进行考核："两京僧人，俱属祠部，每缺住持，则祠部郎中考其高下，以居首者填补……出考卷见示，则皆四股八比，与儒家无异，亦有新词绮句，其题则出《金刚》、《楞严》诸经。"②

礼部的另一系统管理天下僧道人士。洪武元年开始，僧人、道士由善世院、玄教院分别加以管理。洪武元年春正月，立善世院，以僧慧昙领释教事，又立玄教院，以道士经善悦为真人，领道教事。③

洪武十二年六月二十四日，礼部提出设立僧道衙门的建议："照得释道二教流传已久，历代以来皆设官以领之，天下寺观僧道数多，未有总属。爰稽宋制，设置僧道衙门，以掌其事，务在恪守戒律以明教法。所有事宜开列于后……"④

到洪武十五年，在礼部之下设立僧录司和道录司管理僧道事务，善世院、玄教院皆革除。两司皆正六品衙门，低于祠祭司一品。"在京曰僧录司、道录司，掌天下僧道。在外府州县设僧纲、道纪等司，分掌其事。俱选精通经典，戒行端洁者为之。僧录司左右善世二人，正六品；左右阐教二人，从六品；左右讲经二人，正八品；左右觉义二人，从八品。道录司左右正一二人，正六品；左右演法二人，从六品；左右至灵二人，正八品；左右玄义二人，从八品。府曰僧纲司，掌本府僧教。都纲一人，从九品；副纲一人，未入流。道纪司掌本府道教，都纪一人，从九品，副纪一人，未入流。州曰僧正司，僧正一人，道正司，道正一人。县曰僧会司，僧会一人，道会司，道会一人，俱未入流。凡天下府州县寺观僧道名数，从僧录、道录二司核实而

---

① 孙承泽：《春明梦余录》卷39，第591页。此处度牒发放间隔时间与下文所引《明会典》十年一度说不同，详见关于僧道人口部分的分析。洪武时期《周知册》到正统初当已经不能反映实际情况，故正统元年十月，"命僧录司复照洪武旧制，造僧人周知册"。见《释鉴稽古略续集》卷3。

② 沈德符：《万历野获编》卷27，"释道""僧家考课"，第687页。

③ 《明太祖实录》卷29，洪武元年春正月庚子。

④ 释大闻：《释鉴稽古略续集》卷2，第24页。

书于册。其官一依宋制，不支俸给，吏牍以僧道为之，仍以佃户充从者。凡各寺观住持有缺，从僧道官举有戒行、通经典者，送僧录、道录司，考中，具申礼部奏闻方许。州县僧道未有度牒者，亦从本司官申送，如前考试，礼部类奏出给。凡内外僧道二司，专一检束天下僧道，恪守戒律清规。违者从本司理之，有司不得与焉。若犯与军民相干者，方许有司惩治。"①

首任僧录司官员在洪武十五年四月二十二日颁布："准吏部咨除授各僧道录司，咨本部知会，僧录司左善世戒资，右善世宗泐，左阐教智辉，右阐教仲羲，左讲经玘太朴，右讲经仁一初，左觉义来复，右觉义宗𡐴。"② 具体安排是："一，戒资掌印，宗泐封印。凡有施行，诸山须要众僧官圆坐署押，眼同用印。但有一员不到，不许辄用。差放者不在此限；一，戒资提督众僧坐禅，参悟公案，管领教门之事；一，智辉、仲羲亦督修者坐禅，如玘守仁，接纳各方施主，发明经教；一，来复、宗𡐴简束诸山僧行。不入清规者，以法绳之，并掌天界寺一应钱粮产业及各方布施财物。置立文簿，明白稽考。其各僧官职掌之事，宗𡐴皆须兼理，考试天下僧人能否，公同圆议，具实奏闻。"③

天下僧人分三类：禅、讲、教。皆由这个系统管理。洪武十五年五月二十一日，"礼部照得佛寺之设，历代分为三等，曰禅、曰讲、曰教。其禅不立文字，必见性者方是本宗。讲者务明诸经旨义。教者演佛利济之法，消一切现造之业，涤死者宿作之愆，以训世人"。④ 中央的僧录司衙门设于南北两京，在南京时初在天界寺，洪武二十一年因天界寺灾，迁于天禧寺。⑤ 北京僧录司在永乐后设于大兴隆寺，嘉靖中，大兴隆寺毁，徙于大隆善寺。⑥

道录司诸官也不支俸禄，管理方式与僧录司一样。在外道士，府属道纪司，"道纪司掌本府道教。都纪一人，从九品，副纪一人，未入流。州曰僧正司，僧正一人，道正司，道正一人，县曰僧会司，僧会一人，道会司，道

---

① 《明太祖实录》卷144，洪武十五年夏四月辛巳。
② 释大闻：《释鉴稽古略续集》卷2，第24页。
③ 同上。
④ 同上。
⑤ 《明太祖实录》卷188，洪武二十一年正月甲戌。
⑥ 《明世宗实录》卷174，嘉靖十四年四月庚戌。

会一人,俱未入流。凡天下府州县寺观,僧道名数,从僧录、道录二司核实而书于册。其官一依宋制,不支俸给,吏胥以僧道为之。仍以佃户充从者"。① 明代天下道士分全真、正一两派,以正一为盛。两派道众皆归道录司管领,其衙在两京朝天宫。地方僧道管理机构并非一时全部设定,而是陆续设立并反复调整的。

僧录司和道录司以相同的方式各自管理僧人、道士。其主要内容包括:自洪武五年开始负责发放僧道度牒。"凡度僧,以十年一次。先期礼部奏准,在京行童从本寺具名,在外从僧纲等司造册给批。俱由本司转申礼部施行。本部考试能通经典者,给与度牒。"洪武二十五年和正统五年,负责编造《周知册》;负责检束天下僧人、道士的行为,凡违犯僧道教规者,径行惩治,有司不得干预。若涉及军民等世俗人等,则由所犯地方政府处理。在洪武六年规定各地寺观额数后,各寺观主持者皆需僧录司或道录司或者其所管理的地方机构负责发给劄付,若属"有钱粮大寺,转申礼部,出给劄付"。

僧、道录司建立之后,颁布统一考试之法。洪武十六年五月二十一日,"僧录司官于奉天门钦奉圣旨:即今瑜伽、显、密法事仪式,及诸真言、密咒尽行考较稳当,可为一定成规,行于天下诸山寺院,永远遵守,为孝子顺孙慎终追远之道,人民州里之间祈禳伸请之用。恁僧录司行文书,与诸山住持并各处僧官知会,俱各差僧赴京,于内府关领法事仪式,回还习学后三年,凡持瑜伽教僧赴京试验之时,若于今定成规仪式通者,方许为僧。若不省解,读念且生,须容周岁再试。若善于记诵无度牒者,试后就当官给与。如不能者,发为民。钦此"。②

两司官不上常朝,只是礼仪性地在每月朔望日参加朝会。遇有庆贺、颁诏等事,参加行礼,分列两侧。在京和在外的常规祭祀性质上属儒家礼仪,僧、道录司官皆不准参与。凡僧官、道官、僧人、道士服色,皆由礼部仪制司规定。"洪武十四年定,禅僧,茶褐常服,青绦玉色袈裟。讲僧,玉色常服,绿绦浅红袈裟。教僧,皂常服,黑绦浅红袈裟。僧官如之。惟僧录司官,袈裟,绿文及环皆饰以金。道士,常服青法服,朝衣皆赤,道官亦如

① 《明太祖实录》卷144,洪武十五年夏四月辛巳。
② 释大闻:《释鉴稽古略续集》卷2,第25页。

之。惟道录司官法服、朝服，绿文饰金。凡在京道官，红道衣，金襕，木简。在外道官，红道衣，木简，不用金襕。道士，青道服，木简。"①

僧录司、道录司是国家为将佛教、道教纳入行政管理系统而设立的机构。这个系统表明，明代佛教和道教已经完全纳入国家管理体系。它们在政府管理系统中的位置，和"学校"很相似，没有地方行政权和其他权力，但有本系统内部的自我管理权，各级管理者由政府安排，僧道正式身份要由政府认定，其总额也有统一限定，而且管理的最高行政机关都是礼部。

不过，这个系统主要从行政角度管理僧道事务，并没有将纯宗教活动、教义探讨、流派关系等列为管理事项。所以，这个系统解决的毕竟还是国家与佛道二教的一般关系问题，并非由国家吞并这两个宗教。两教另外还有一些精神领袖。如道教正一派领袖被封为"龙虎山正一真人"，给正二品官位。洪武元年，正一教首领张正常入朝，明太祖去其天师之号，封为真人，世袭。洪武二十四年八月，新世袭的龙虎山正一真人张宇初上疏言："符箓印信前代尝给'正一玄坛传箓之印'，今授二品银印，止用于表笺、文移，于符箓不敢轻用。乞更别授。"诏从其言。赐印曰"龙虎山正一玄坛之印"，制同六品，用于符箓。② 隆庆间，革真人名号，止称提点。万历初又恢复真人名号。正一真人之下有法官、赞教、掌书各二人。另外，洪武十七年，曾设三茅山华阳洞灵官一员，秩正八品。阁皂山从茅山例。③ 另在太和山设提点一人。这些职位，不在僧录司、道录司系统之内，也不按照行政区划普及，是国家认可的一些特殊宗教职位。明代汉地佛教既然已经纳入政府管理之下，各个寺院已经没有全国性的相互管理关系。只是僧录司所在的大兴隆寺、大隆善寺等地位略高。藏传佛教与中央政府的关系也很密切，政府承认其已经存在的僧官系统，优礼高级喇嘛，封为法王等，同时也在哈密、松潘、大理、交趾、播州等西北、西南边疆地区陆续设立僧纲司，指定喇嘛管理当地宗教行政。不过，喇嘛身份不在度牒制度管理范围之内。

礼部四司之外，另有太常寺专门负责国家祭祀典礼。宣德元年春正月，上谕太常卿曰："国家祭祀，掌之礼部，而复制太常，尤重其事也。卿等佐

---

① 张廷玉：《明史》卷 67，"舆服三"，第 1656 页。
② 《明太祖实录》卷 210，洪武二十四年八月丁巳。
③ 《明太祖实录》卷 165，洪武十七年九月戊午。

朕事天地，事祖宗，非他职事之比，协恭同寅，以承祀事。朕盖有赖，然必诚敬之心，素有持养粢盛之荐，极于精洁，庶几神明歆格而生灵蒙福，卿等勉之。"① 太常寺始置于吴元年，"设卿，正三品，少卿，正四品，丞，正五品，典簿、协律郎、博士，正七品，赞礼郎，从八品。洪武初，置各祠祭署，设署令、署丞。十三年，更定协律郎等官品秩。协律郎正八品，赞礼郎正九品，司乐从九品。二十四年改各署令为奉祀，署丞为祀丞。三十年改司为寺，官制仍旧。二十五年已定司丞正六品。建文中，增设赞礼郎二人，太祝一人，以及各祠祭署俱有更革。天坛祠祭署为南郊祠祭署，泗州祠祭署为泗滨祠祭署，宿州祠祭署为新丰祠祭署，孝陵置钟山祠祭署，各司圃所增神乐观知观一人。成祖初，惟易天坛为天地坛，余悉复洪武间制。建文时，南郊祠祭署为郊坛祠祭署，已又改为天地坛祠祭署。洪熙元年置牺牲所，吏目典掌文移。先是，洪武三年置神牲所，设廪牲令、大使、副使等官。四年革。世宗厘祀典，分天地坛为天坛、地坛，山川坛、耤田祠祭署为神祇坛，大祀殿为祈谷殿，增置朝日、夕月二坛，各设祠祭署。又增设协律郎、赞礼郎、司乐等员。隆庆三年革协律郎等官四十八员。万历六年复设，如嘉靖间制。万历四年改神祇坛为先农坛"。②

在太常寺下，于洪武十二年二月建神乐观，专司祭祀乐舞之事。"上以道家者流，务为清净，祭祀皆用以执事，宜有以居之，乃命建神乐观于郊祀坛西。"③ 永乐十八年，因定都北京，建北京神乐观。神乐观"设提点、知观。初，提点从六品，知观从九品。洪武十五年升提点正六品，知观从八品。凡遇朝会，提点列于僧录司左善世之下，道录司左正一之上"。"神乐观掌乐舞，以备大祀天地、神祇及宗庙、社稷之祭，隶太常寺，与道录司无统属。"④ 神乐观乐舞生，洪武初，选用道童。后乐生用道童，舞生以军民俊秀子弟为之。十三年，诏公侯及诸武臣子弟习乐舞之事。⑤ 洪武四年十二

---

① 《明宣宗实录》卷13，宣德元年春正月壬寅。

② 张廷玉：《明史》卷74，"职官三"，第1797页。

③ 《明太祖实录》卷122，洪武十二年春正月戊申。关于神乐观可看《明太祖集》卷8，"神乐观知观敕"，第158页。

④ 张廷玉：《明史》卷74，"职官三"，第1817—1818页。

⑤ 李东阳等：《明会典》卷178，第734页。

月，选乐生六十人，舞生四十八人，引舞二人，凡一百一十人。"礼部选京民之秀者充乐舞生。上曰：'乐舞，乃学者事。况释奠所以追崇先师，宜择国子生及凡公卿子弟在学者，预教肄之。'"① 洪武十二年，诏神乐观道士，许养徒弟。其余庵观不许。国家有时派遣神乐观前往各地祭祀地方神灵，如洪武二十一年六月，"遣神乐观道士解新初往祭云南各府州县山川"。② 太祖对待神乐观道士颇为优厚。《国史唯疑》云："太祖最重祠敬祭所，赡给神乐观道士甚优，钱粮不刷卷，曰：'要他事神明底人，不要与他计较。'常膳外复予肉若干，曰：'毋使饥寒乱性。'且曰：'朕非慕长生之法，如前代帝王，然惟敬之以礼而已。'最精通三教学，无易斯语。"③

永乐十八年，题乐舞生 300 名随驾于燕。定都后，额设 527 名。景泰七年六月，"礼部言南京神乐观奏供祀乐舞缺人，先选南京道录司无过疾道士三十八人补数，供祀者宜就令收乐舞生。从之。"④ "永乐十八年都燕，存留三百名于南京，三百名随驾，续添至五百二十七名。嘉靖五年，世庙添二百一十五名。十年，建太岁神祇坛，添二百二十九名。十五年，建九庙，添一千二百二十九名。共二千二百名。二十五年，礼部为去冗食，查革四百四十一名。二十九年，言官题革四百零六名。三十年，言官条陈革二百名，止存一千一百五十三名。隆庆三年，裁减协律郎等官，见裁官二十八员，革为冠带乐舞生。又于一千一百五十三名内应补赞礼郎司乐者二十名，八十一名供事，既以七十七人为额，先补正额，亦许增冠带乐舞生补之。是后，冠带乐舞生以四十八名为额。"⑤

太常寺官员也常用道士为之。弘治九年十月，礼科右给事中胡瑞上疏言："皇上临御以来，庶政惟和，万邦胥庆。修明礼乐，此其时矣。然御殿受朝，礼之至大者也。而殿中中和韶乐乃属之教坊乐工。岳镇海渎等祭，祭

---

① 《明太祖实录》卷 70，洪武四年十二月癸未。

② 《明太祖实录》卷 191，洪武二十一年六月辛未。

③ 黄景昉：《国史唯疑》卷 1，第 17 页。后来，神乐观乐舞生偶有被提拔主管太常寺者。如正德二年，"以太常寺寺丞赵继宗为本寺少卿。初，继宗以黄冠为乐舞生，进寺丞。至是，少卿缺，吏部以起复清黄通政黄宝、提督四夷馆少卿张志淳请，竟补继宗云。"见《明武宗实录》卷 31，正德二年冬十月戊子。

④ 《明英宗实录》卷 267，《景泰附录》卷 85，景泰七年六月辛丑。

⑤ 佚名：《太常续考》卷 7，"神乐观"，影印文渊阁四库全书本第 599 册，第 253 页。

之至重者也。而三年一次遣祭，乃委之神乐观乐舞生。太常寺掌郊庙之大祀，而为卿者乃邪说诐行之崔志端。鸿胪寺掌朝廷之大礼，而职其事者乃不举无［行］之贾斌。伏望皇上特敕廷臣计议。选择民间子弟，俾司中和韶乐，设官以掌之，年久则量授职事。岳镇海渎之祭，改遣各衙门见任官或办事进士以行。崔志端、贾斌二人放归田里，别选贤能以充其任。庶朝廷尊重，祭祀严明，礼乐明备，以成当代之盛典也。"孝宗不允。① 弘治十二年十月，户部主事陈仁建议今后太常寺择用儒臣掌印，其佐贰属官乃兼用道士。吏部赞成。但孝宗不允。② 弘治十四年闰七月，太常寺少卿员缺。吏部两次推荐前提督四夷馆少卿王佐等四人，皆不允。有旨，令于该太常寺堂上官内推举两人。史科都给事中王洧等言："本寺堂上官以次升少卿者，惟寺丞赵继宗等二人。然二人皆出身道士，恐不可用。"孝宗曰："太常官员旧制，道士与儒出身者相兼升用。王洧等不谙事体，辄纷扰如此，不允。"果然升赵继宗为本寺少卿。③

此外，设光禄寺。光禄寺卿一人，从三品，少卿二人，正五品，执掌朝廷祭享、宴劳、酒醴、膳馐之事。"凡祭祀，同太常省牲；天子亲祭，进饮福受胙；荐新，循月令献其品物；丧葬供奠馈。"④ 又设鸿胪寺。卿一人，正四品，左、右少卿各一人，从五品，掌朝会、宾客、吉凶仪礼之事。"凡国家大典礼、郊庙、祭祀、朝会、宴飨、经筵、册封、进历、进春、传制、奏捷，各供其事。外吏朝觐，诸番入贡，与夫百官使臣之复命、谢恩，若见若辞者，并鸿胪引奏。岁正旦、上元、重午、重九、长至赐假、赐宴，四月赐字扇、寿缕，十一月赐戴暖耳，陪祀毕，颁胙赐，皆赞百官行礼。司仪典陈设、引奏，外吏来朝，必先演仪于寺。司宾典外国朝贡之使，辨其等而教其拜跪仪节。鸣赞典赞仪礼。凡内赞、通赞、对赞、接赞、传赞咸职之。序班典侍班、齐班、纠仪及传赞。"⑤ 这两个机构所掌，与国家宗教事务关系密切者不少，但多日常性工作，且局限于庙堂之上，与社会宗教政策关系并

---

① 《明孝宗实录》卷 118，弘治九年十月丁丑。
② 《明孝宗实录》卷 155，弘治十二年十月丙申。
③ 《明孝宗实录》卷 177，弘治十四年闰七月丁亥。
④ 张廷玉：《明史》卷 74，志 50，职官 3，第 1798 页。
⑤ 同上书，第 1802 页。

不密切。

五　宗教官员的任免和僧道"传奉官"

负责对宗教人士进行日常性管理的僧道官员是从僧、道中选择任命的。在理论上，选任的条件在于其宗教经典知识水平、宗教方面的修为和个人品行。《明会典》记载："凡两京神乐观、道录司、僧录司官，例不考覈，九年考满，具奏复职，照旧供事。"[①] 他们不在吏部的官僚考察升黜管理范围内，而且只有少量属员，也不享官俸。除了管理僧道内部的部分事务以外，僧道官并没有国家行政官僚那种社会化的权力，因而很大程度上被看作官僚系统边缘的职位。

自英宗时期开始，明朝出现一种由皇宫中传出旨意任命某人为某官或者给予某人某品阶的现象。当时这种现象出现与太后参政有关，但发生数量不多。到宪宗即位以后，实际在尚未改元的天顺八年就已经开始，大量发生以内旨传奉任官、赐品阶的现象。传奉任官、阶的对象主要是与皇帝有特殊裙带关系者、在皇室工程建筑中做出使皇帝满意的承包工程人员、僧道官，但也曾有以此方式任命国家主要机构的要员。比如，成化十七年三月，"太监怀恩传奉圣旨，升都察院右副都御史戴缙为右都御史，右佥都御史屠滽为左佥都御史"。[②] 但后者发生的数次较少，前面几类为多。按照制度，所有从内宫直接传旨任官的做法都是违制的，皇帝虽然掌握官僚任命的最终决定权，但是毕竟要通过吏部的诠选和公布程序来落实，这种程序保证所任命的官员具有必备的官僚资格。皇帝本人抛开法定程序直接任命的官员，大多数不是"士"人出身，未经过科举、学校的培训，也没有经过按部就班的考选磨勘。成化以后的一段时期中，僧道官大量增多，原因就是皇帝频繁以传奉直接加以任命。

因为洪武时期对于寺院设置以及僧人道士名额的规定一直还是一种需要遵循的"祖训"，所以，僧道官员的任命愈频繁，则明朝初年的制度原则，

---

① 申时行等：《明会典》（万历）卷12，"吏部十一"，第71页。
② 《明宪宗实录》卷213，成化十七年三月戊戌。

包括常规的官员任命程序和宗教控制政策，被改变的程度就愈强。此外，皇帝用"传奉"的方式来任命僧道官，明确意味着皇帝本人对佛教和道教信奉程度增强的倾向，由此包含更大程度上冲击儒学政治道统的可能。所以，官僚士大夫中一直反对传奉任官。

其实，中国传统政治精神过于注重道统，在国家机关体系中为科技、工程、宗教事务管理留出的职位空间很小，官僚也基本上清一色由士大夫充当。这就难免形成保守的倾向和传统。因而，任命一些有特殊代表性的人物负责一些专门领域事务的管理本身，并非无益。如果考虑到明朝对于佛教和道教的政策本来就有"神道设教"的利用意图，给予一些上流僧道人士，尤其是边疆地区的藏传佛教上层一些空衔，也不能尽被看作失误。但是，这里还是有三个问题。一，任命传奉官破坏行政体制规范，扩大皇权，再进一步为裙带政治和宦官舞弊留下空间。体制规范的破坏，无论起因如何，都会造成既有国家系统功能的破坏。因而"传奉"之法还属弊政。二，皇帝任命传奉官毕竟并非因为看到有任命一些特殊人才管理某些国家事务的必要，而是由于个人喜好，所以传奉官的任命，从来不曾改进国家管理，而是徒增冗员。三，宗教官员的传奉任命，无论如何的确反映皇帝对有关宗教的喜好甚至倡导，这在逻辑上可能会形成国家政治向宗教化倾斜。从总体上说，传奉僧道官突出反映了皇帝个人对宗教管理制度与政策的非制度性干涉。明朝的士大夫，有以道统规范君权的传统精神，也享有某些微弱的限制皇权的制度基础，但是在任何一个具体的程序中都没有遏制皇权的制度保障和行为能力。所以，当发生皇帝不顾士大夫的反对而传奉任官的时候，士大夫只剩下一件事情可以做，这就是把这件事情记录在案。事实上，成化以后的历朝皇帝并不在意官僚们的反对，结果其事史不绝书。成化十一年以后，僧、道官已经基本皆由皇帝直接传旨任命。我们如将成化时期僧道官任命以及朝廷议论情况梳理一下，可以对明代僧道官与明代国家政治的关系有更清晰的认识。以下是明实录中记载的僧道经传奉得官的情况。士大夫中人因传奉得官及其他世俗人等因裙带、贿赂内宫等特殊关系传奉得官者一般不计在内，仅保留反映始末情况的个别记载。

时　间	任　命
天顺八年十二月	升左正一孙道玉为真人，给诰命，道士乞恩膺封赉缘受赏自此始。①
成化元年八月	升文思院副使李景华、陈敔、任杰为中书舍人、御用监书办。②
成化二年十月	升尚宝司司丞凌敏本司卿，汪容少卿，太仆寺寺丞季淳、周庠俱光禄寺少卿，中书舍人金溥、王恒、顾本俱光禄寺寺丞，王颐、张颜、夏文振、董序俱大理寺左评事，匠人徐端锦衣卫所镇抚，朱贵营缮所所丞。③
成化十年十一月	升高士喻道纯为真人，左演法胡守信为左正一，神乐观提点聂彦良为右正一。④
成化十一年十一月	升道录司左正一胡守信为高士，左正一聂彦良、左演法昌享俱为左正一。左演法咸道珩为右正一，右至灵郭道诚为左演法，左玄义侯智和为右演法，右玄义杨志贤为右至灵，右玄义王道昌为右至灵，灵济宫道士来弘善、大德显灵宫道士吴道然、阮永清俱为左玄义，朝天宫道士宋志衡、刘良辅、灵济宫道士邵德源、延佑观道士杨全中俱为右玄义。⑤
成化十二年二月	礼科都给事中张谦等以南京灾异，奉旨修省，上言："僧道司官定额八员，僧官今几四倍，道官今几三倍。异端太盛，名器太滥。"⑥
成化十二年十一月	大隆善护国寺灌顶清心戒行国师班卓儿藏卜升灌顶大国师，大能仁寺觉义结瓦领占升禅师，锁南舍藏升右讲经，龙兴寺僧继详升僧录司觉义，大德显灵宫道士张道本、王文彬、王应祎、刘应裸、灵济宫道士杨志享、陈宗然、太和山住持道士毛守玄俱升道录司右玄义，提点雷普明升左至灵、显宫神附体童顾纶与冠带。⑦
成化十三年二月	道录司闲住右玄义仰弥高升左至灵，管事南京神乐观道士刘绍仙升右玄义。⑧
成化十三年四月	大隆善护国寺住持定常、龙华寺住持圆和俱升僧录司右觉义，玄极观住持经宗浩升道录司右玄义。⑨
成化十五年四月	太监李荣传奉圣旨，吏部听选官李孜省升太常寺寺丞。⑩
成化十五年四月	僧录司右觉义戒缙升右讲经，惠升左觉义，住持定鹍、如果左右觉义。⑪

　　① 《明宪宗实录》卷12，天顺八年十二月壬辰。按此条亦见《明宪宗实录》卷13，成化元年春正月庚申，两者当有一条时间有误。

　　② 《明宪宗实录》卷20，成化元年八月辛卯。

　　③ 《明宪宗实录》卷35，成化二年冬十月丁巳。

　　④ 《明宪宗实录》卷135，成化十年十一月壬子。

　　⑤ 《明宪宗实录》卷147，成化十一年十一月丙午。

　　⑥ 《明宪宗实录》卷150，成化十二年二月戊戌。

　　⑦ 《明宪宗实录》卷159，成化十二年十一月癸卯。

　　⑧ 《明宪宗实录》卷162，成化十三年二月己卯。

　　⑨ 《明宪宗实录》卷165，成化十三年夏四月庚子。

　　⑩ 《明宪宗实录》卷189，成化十五年夏四月丁亥。

　　⑪ 《明宪宗实录》卷189，成化十五年夏四月丙午。

续表

时　间	任　命
成化十五年四月	道录司右玄义禹贡洪升左至灵，道士罗崇敬升右玄义。①
成化十五年九月	升禅师结干领占为国师，冠带监生卢英为鸿胪寺序班。②
成化十五年十月	僧继晓升僧录司左觉义，以邪术进也。③
成化十五年闰十月	升……大慈恩寺国师乳奴班丹为灌顶大国师，觉义绰吉坚参为国师，大隆善护国寺灌顶大国师班卓儿藏卜为佛子国师，著乩领占为灌顶国师。④
成化十五年十二月	升大能仁寺右讲经剳巴宗奈为国师。⑤
成化十六年三月	道录司左玄义王应褍、右玄义经宗浩俱升左至灵，右玄义陈应褍升右至灵，右玄义蔡应祯、张景房俱转左玄义，大德显灵宫道士张明仁、朝天宫道士杜永祺、灵济宫道士孙玄禧、刘永浩、薛元宁俱除右玄义。⑥
成化十六年十月	升高士戚道珩为真人，左正一王道昌为高士。⑦
成化十七年二月	特赐太常寺少卿顾玒父母诰命，并谕祭其母。玒以巫进，传奉自庙官累升少卿。至是丧母，宦未三年乞诰祭。上皆从之，且从吏部尚书尹旻请，并赠其父，以免再给。⑧
成化十七年八月	上林苑监左监副李孜省升通政司右通政，仍管监事……赞礼郎崔志端、杨遇清升太常寺寺丞管事。⑨
成化十七年十月	升僧录司右阐教周吉祥为右善世，左觉义慧玄、右讲经右觉义德庆净颐俱左觉义。⑩
成化十七年十月	升道录司右至灵邓常恩为太常卿，右正一雷普明寺丞，右至灵毛守玄博士……左演法郭道诚、左正一道士蔡宗埕、卢道庆俱右玄义。⑪
成化十七年十二月	升大隆善护国寺禅师剳石竹为国师，喇嘛班卓剳失右觉义，锁南伦竹都纲。⑫
成化十八年五月	道录司左玄义来弘善升左演法，右玄义陈宗然右演法。⑬

①　《明宪宗实录》卷189，成化十五年夏四月乙卯。
②　《明宪宗实录》卷194，成化十五年九月庚辰。
③　《明宪宗实录》卷195，成化十五年十月庚戌。
④　《明宪宗实录》卷196，成化十五年闰十月丙子。
⑤　《明宪宗实录》卷198，成化十五年十二月壬申。
⑥　《明宪宗实录》卷201，成化十六年三月乙酉。
⑦　《明宪宗实录》卷108，成化十六年十月乙丑。
⑧　《明宪宗实录》卷212，成化十七年二月甲戌。
⑨　《明宪宗实录》卷218，成化十七年八月丙辰、辛酉。
⑩　《明宪宗实录》卷220，成化十七年冬十月甲寅。
⑪　《明宪宗实录》卷220，成化十七年冬十月壬戌。
⑫　《明宪宗实录》卷222，成化十七年十二月戊申。
⑬　《明宪宗实录》卷227，成化十八年五月乙酉。

续表

时　间	任　命
成化十八年五月	升鸿胪寺主簿陈敔升中书舍人……时传奉盛行，名器愈滥，左右近习，各立门户，恃宠斗胜。而太监梁方尤甚，每一传奉，除拜满纸，谢恩私第者相踵，前后无虑千人。①
成化十八年七月	义官袁熹升中书舍人……乐舞生刘复洋、杜居逻俱太常寺司乐，道士王景通、骆永清与冠带，充庙官，太常寺月支米一石……守道高士王道昌升真人，右演法王应裥、左正一吴道然、左至灵阮永清俱右正一，左玄义蔡应祯左至灵，右玄义杨云刚、刘洞虚、张通玄俱左玄义，道士王云峦、苗云崇、刘云暉、陈云、刘云徽俱右玄义。②
成化十八年九月	升灌顶国师著乱领占当灌顶大国师，觉义达哩麻悉提为讲经，都纲班麻剳失端竹剳失为觉义，喇嘛公葛巴销南巴三竹领占公葛汪秀领占巴俱为都纲，寿安寺住持僧悟然僧录司左觉义，仍兼本寺住持。③
成化十八年十一月	授听选仓副使高凤为工部司务……慈恩寺灌顶大国师剳实坚锉、乳奴班丹俱升西天佛子，赐诰命衣帽等物。④
成化十九年正月	赐大隆善护国寺国师锁南坚锉诰命；太监覃昌传奉圣旨，升大能仁寺灌顶大国师结斡锁占为佛子。⑤
成化十九年五月	升太常寺少卿顾玨为本寺卿。玨，大德显灵宫庙祝，自幼扶鸾，假神降言祸福。贪缘中官，以达内廷，遂得幸。二子传其术，亦皆得官。⑥
成化十九年五月	生员张涞升鸿胪寺序班……道录司右至灵连克彰、太常寺寺丞，右玄义张富安右至灵，道士赵以明右玄义。⑦
成化十九年六月	僧录司左觉义定宣、右觉义员洪俱升右阐教。⑧
成化十九年六月	道录司右玄义高宗谅升右至灵、蔡宗理左玄义，道士史宗信、郭道文、赵守正、刘景辉、右玄义。⑨
成化十九年七月	道录司左正一杨志贤升高士，照旧管事，左演法来弘善左正一，右演法陈宗然右正一，右玄义杨志亨右至灵，延福宫道士刘玄哲、严大容、傅思茂俱左玄义。⑩

① 《明宪宗实录》卷227，成化十八年五月甲午。
② 《明宪宗实录》卷229，成化十八年秋七月乙酉、甲午。
③ 《明宪宗实录》卷232，成化十八年九月丁酉。
④ 《明宪宗实录》卷234，成化十八年十一月甲辰。
⑤ 《明宪宗实录》卷236，成化十九年春正月辛酉。
⑥ 《明宪宗实录》卷240，成化十九年五月丙申。
⑦ 《明宪宗实录》卷240，成化十九年五月庚戌。
⑧ 《明宪宗实录》卷241，成化十九年六月壬戌。
⑨ 《明宪宗实录》卷241，成化十九年六月甲申。
⑩ 《明宪宗实录》卷242，成化十九年秋七月辛亥。

续表

时　间	任　　命
成化十九年九月	御用监办事僧人祖能升僧录司右觉义。①
成化十九年十月	升僧录司左觉义继晓为左善世，惠升右善世。②
成化十九年十月	太常寺协律郎成复亨升博士庙官王景通升太常寺赞礼郎……道士周洞然、宋景暄、唐友信俱升道录司右玄义。③
成化十九年十二月	升道司左正一吴道然、阮永清为真人，右正一刘绍仙、王文彬、右至灵戴景安俱高士，太常寺寺丞顾纶本寺少卿，太常寺寺丞连克彰提督城隍庙事。④
成化十九年十二月	升僧录司左阐教戒璇为左善世，僧德端左讲经⑤
成化十九年十二月	左至灵宋志衡右正一，右玄义杜永祺右演法，道士刘得皞右玄义，神乐观乐舞生陈守瑄太常寺司乐，俱仍旧办事。⑥
成化十九年十二月	道录司右演法刘良辅左正一，右玄义张守中左至灵，李谷泉、萧景清俱右至灵⑦
成化二十年七月	右正一王应袆复升拟虚守道演教高士，右演法陈应褚复升左正一，左正一兼朝天宫住持刘良辅高士，道士陈德静、常复诚左玄义，李思玄、黄大中右玄义。⑧
成化二十年七月	道录司右至灵萧崇玉升太常寺寺丞。⑨
成化二十年九月	授真觉寺讲经答儿马悉提、国师喇嘛麻尼星曷纳悉提俱都纲，南京僧录司左讲经道香、右善世僧戒璨右觉义。⑩
成化二十年十月	授左至灵陈崇仁左演法，道士张通信、史宗信左玄义，宗师法信僧录司右觉义，僧信理左玄义。⑪
成化二十年十月	升道士方绍端、阎得昱、崔永宣为右玄义，住持僧定保为右觉义。⑫

　① 《明宪宗实录》卷244，成化十九年九月乙卯。
　② 《明宪宗实录》卷245，成化十九年冬十月壬午。
　③ 《明宪宗实录》卷245，成化十九年冬十月戊子。
　④ 《明宪宗实录》卷247，成化十九年十二月丙寅。
　⑤ 《明宪宗实录》卷247，成化十九年十二月甲戌。
　⑥ 《明宪宗实录》卷247，成化十九年十二月戊寅。
　⑦ 《明宪宗实录》卷247，成化十九年十二月庚辰。
　⑧ 《明宪宗实录》卷254，成化二十年秋七月庚戌。
　⑨ 《明宪宗实录》卷254，成化二十年秋七月癸丑。
　⑩ 《明宪宗实录》卷256，成化二十年九月丙戌。
　⑪ 《明宪宗实录》卷257，成化二十年冬十月庚申。
　⑫ 《明宪宗实录》卷257，成化二十年冬十月己巳。

续表

时　　间	任　　命
成化二十年十一月	太监覃昌传奉圣旨，升大慈恩寺西天佛子剳失藏卜、剳失坚锉、乳奴班丹、大能仁寺西天佛子锁南坚参、结斡领占俱为法王，大隆善护国寺灌顶大国师著乱领占、朵儿只巴西天大佛子，大慈恩寺国师绰吉坚参灌顶大国师，国师坚锉星吉灌顶国师，禅师班麻朵儿只、札失班卓儿、讲经真巴捺念俱国师，讲经领占巴剌、赤罗竹、觉义札巴远丹答儿、麻三加竹俱禅师，都纲领占班卓尔觉义，刺麻锁南领占、锁南陆竹、昨巴领占、乳奴也失、喃渴陆竹、乳奴短竹、乳奴班丹、昨巴短竹、三加朵儿只、领占陆竹、札失伦竹、班丹坚锉、伦竹藏卜、领占藏卜、班丹陆竹、展羊领占、锁南札失、陆竹札巴朵儿、只官著巴、奔聂悉斡、札失远丹、乳奴坚锉、远丹札失俱都纲，大隆善护国寺刺麻端竹罗卓觉义，僧戒增左觉义，大能仁寺觉义领占竹讲经，都纲锁巴列公葛拴、刺结思念俱觉义，觉义锁南加、札巴藏播禅师，锁南耶舍讲经，都纲锁南班丹觉义，僧本隆右觉义，香盘寺都纲绰吉领占觉义，刺麻领占札失都纲……僧继云惠聪俱右觉义。①
成化二十年十二月	升左正一来弘善、陈定然为真人，左玄义刘玄哲、严大容、傅思茂俱右至灵、右玄义汪致滨左玄义，道士徐玄昇等四人俱右玄义。②
成化二十一年十月	升僧录司右阐教定宣为右善世，右觉义定任左讲经，右阐教圆洪命管事演庆寺，僧本庆升左讲经，大功德寺僧定鲁左觉义。③
成化二十一年十月	升道士刘太极为太常寺丞，舍人陈世英文思院副使，鸿胪寺序班傅佐、姚鉴、赵靖、顾纯取来办事，儒士高良臣升序班，画士王士欢锦衣卫所镇抚，俱仁智殿办事，上林苑监左监丞李孜省通政司左通政，太常寺丞邓常恩复职，与诰命，锦衣卫副千户冯宇正千户管事，小旗张玉百户，带俸，文思院副使高清锦衣卫百户，支全俸。先是，以星变降黜传奉官，至是才数月，渐复进矣。④
成化二十一年十二月	升僧录司左讲经贞理为左阐教。⑤
成化二十一年十二月	升僧录司左觉义如庆理司事。⑥
成化二十二年二月	僧人克绍升僧录司左觉义。⑦

---

① 《明宪宗实录》卷258，成化二十年十一月丙戌。
② 《明宪宗实录》卷259，成化二十年十二月丁卯。
③ 《明宪宗实录》卷271，成化二十一年冬十月丙申。
④ 《明宪宗实录》卷271，成化二十一年冬十月癸卯。
⑤ 《明宪宗实录》卷273，成化二十一年十二月丁亥。
⑥ 《明宪宗实录》卷273，成化二十一年十二月乙未。
⑦ 《明宪宗实录》卷275，成化二十二年二月庚子。

续表

时　间	任　　命
成化二十二年三月	大德显灵宫真人王应祯兼本宫住持，高士刘应楷、刘绍仙俱升真人，左演法陈崇仁、左至灵邓思诚俱升高士，右至灵杨云刚升左演法，左至灵景德遄升右演法，右至灵韩文富、杨应祐俱升左至灵，左玄义张道本、刘云徽俱升右至灵，右演法张通玄、左至灵臧守中，右至灵吴仲芳、李谷泉、萧景清、左玄义常复成、张崇礼、刘德升、右玄义槐用贤、尚德溜、苗云崇、钱云峻、左文亮、同本庸、蔡宗白、陈良福、柏尚宽俱管道录司事，右演法刘洞虚升左演法，右至灵刘应裸生左至灵，左玄义张用仁升右至灵，道士李守诚升右玄义，僧录司左讲经任德端、左觉义定玉、智遂、右觉义祖能定法德鲁常钦真定俱令管事，仍兼住持。永安寺住持僧宗铤升左觉义，大隆善护国寺禅师班麻扎失升灌顶大国师，觉义端竹罗卓升禅师，喇嘛麻竹麻扎失星吉班丹汪秀坚挫俱升都纲。①
成化二十二年三月	僧录司右觉义法性令管事。②
成化二十二年四月	太监覃昌传奉圣旨，大能仁寺灌顶大国师扎巴藏布升佛子，国师锁南加升灌顶国师，讲经锁南班丹升禅师，喇嘛锁南朵只、领占窝些、领占宁播、盆刹巴俱升都纲。僧录司右觉义本隆升左觉义，俱仍旧。道录司右演法李永华升高士，左至灵陈永仁升右演法，右玄义孙玄禧、刘永浩升左至灵。马志昂、张永新、堵崇德、贤永昇、陈永福、邢崇源俱升左玄义，俱令管事。道士孙得弘、董得明俱升右玄义。③
成化二十二年八月	道士璩惟贞李景华升道录司左至灵，吴志贞平复高左玄义，兼本宫住持，太常寺协律郎赵继宗本寺寺丞管事，赞礼部王景通本寺博士，鸿胪寺序班姚鉴太常寺博士刘谦取来复职御用监办事，景通鉴俱与今直隶儒士丁钺与冠带中书科食粮例出身。④
成化二十二年十月	太监韦泰传奉圣旨，升灌顶大国师释迦哑而塔为西天佛子，禅师津答室哩为国师，剌麻麻的室哩为觉义，国师剌呒扎为大国师。⑤
成化二十二年十月	太监覃昌传奉圣旨，升大慈恩寺西天佛子舍剌星吉大隆善护国寺西天佛子，著乩领占、朵而只巴为法王。⑥
成化二十二年十月	太监韦泰又传奉圣旨，升大慈恩寺讲经领占孙卜、觉义领占绰为灌顶大国师，讲经罗纳发剌、戒师公葛朵而只为国师。⑦
成化二十二年十月	升西宁卫瞿云寺灌顶大国师班卓儿藏卜西天佛子。⑧

---

① 《明宪宗实录》卷 276，成化二十二年三月庚戌。
② 《明宪宗实录》卷 276，成化二十二年三月己巳。
③ 《明宪宗实录》卷 277，成化二十二年夏四月戊寅。
④ 《明宪宗实录》卷 281，成化二十二年八月癸未。
⑤ 《明宪宗实录》卷 283，成化二十二年冬十月癸酉。
⑥ 《明宪宗实录》卷 283，成化二十二年冬十月庚辰。
⑦ 《明宪宗实录》卷 283，成化二十二年十月辛巳。
⑧ 《明宪宗实录》卷 283，成化二十二年十月庚寅。

续表

时　间	任　命
成化二十二年十月	太监覃昌传奉圣旨，升灌顶大国师班麻扎失为佛子，灌顶国师答儿麻悉提大崇教寺兼住禅师，绰藏领占为灌顶大国禅师，端竹扎失、端竹罗卓为国师。①
成化二十二年十月	太监韦宁传奉圣旨，升大慈恩寺灌顶大国师喃渴领占、星吉藏卜为西天佛子，禅师三加班丹、星吉扎失都纲，喃渴扎失、锁南藏卜觉义，舍剌扎失为国师。②
成化二十二年十月	太监韦宁传奉圣旨，升大慈恩寺灌顶大国师喃渴领占、星吉藏卜为西天佛子，禅师参加班丹、星吉扎失、都纲南渴扎失、锁南藏卜、觉义舍剌扎失为国师。③
成化二十二年十一月	太监覃昌传奉圣旨，升大能仁寺灌顶国师锁南加、讲经领占竹为灌顶大国师，觉义公葛舍剌都纲，结敦领占为禅师，剌麻罗丹扎失、伦竹坚参、沙加锁南、领占坚锉、公葛扎失、罗竹坚参、公葛领占、你麻坚参、公葛绰、乳奴班丹、领占扎失朵只、领占绰、舍剌札失、锁南伦卜、领占汪秀、参竹坚参、剀实远丹、锁南巴藏、藏卜领占、藏卜舍剌为都纲。④
成化二十二年十一月	太监覃昌传奉圣旨，升大能仁寺禅师公葛坚参为灌顶大国师，都纲桑加星吉、谨敦坚剀为国师，喇嘛端竹坚剀、星吉藏卜、参丹扎失为禅师。⑤
成化二十二年十一月	太监韦泰传奉圣旨，追封已故西天佛子端竹领占为法王，赐祭一坛，升乌思藏萨嘉寺完卜锁南坚锉为灌顶大国师，大能仁寺觉义锁巴列、都纲札失坚参、领占已、坚锉扎失、公葛端竹为禅师，剌麻那卜坚参、掌出班丹、扎失班丹、扎失伦竹、远丹宗奈、舍剌罗竹、班丹端竹、扎巴藏卜、结列扎失、班丹坚参、班丹扎失、端竹扎失、喃渴锁南、藏卜短竹、远丹藏播、朵而只巴、藏卜扎失、桑加远丹为都纲，住持僧人胡晟为僧录司左觉义。⑥
成化二十二年十一月	太监韦泰传奉圣旨，升西天佛子卜剌加为法王，国师班丹端竹为灌顶大国师，讲经舍剌扎为国师，都纲也失巴、公葛星卜、端竹班著而为禅师，剌麻南渴藏卜、班麻星吉、端竹舍剌、官著领旨、展羊端竹、锁南窝子而、土巴领占为都纲。⑦
成化二十三年正月	升僧善清为僧录司左觉义。⑧
成化二十三年二月	升僧录司右觉义从果为左觉义，大能仁寺都纲奔聂干塔为觉义。⑨

---

① 《明宪宗实录》卷283，成化二十二年十月戊戌。
② 《明宪宗实录》卷283，成化二十二年十月己亥。
③ 同上。
④ 《明宪宗实录》卷284，成化二十二年十一月丙午。
⑤ 《明宪宗实录》卷284，成化二十二年十一月戊申。
⑥ 《明宪宗实录》卷284，成化二十二年十一月丁卯。
⑦ 《明宪宗实录》卷284，成化二十二年十一月己巳。
⑧ 《明宪宗实录》卷286，成化二十三年春正月丙寅。
⑨ 《明宪宗实录》卷287，成化二十三年二月丙子。

续表

时　间	任　命
成化二十三年八月	升道录司左玄义钱云美为右至灵。①
成化二十三年十月	礼部言：南京各衙门俱因事简，官不全设。其僧道录司、教坊司事务尤简，欲准近日裁革事例，僧录司留右善世、右讲经、左右觉义各一员，道录司留右至灵二员、左右玄义各一员管事。俱用升职在前，保举相应者，余皆带衔闲住……其两京寺观住持，择年深戒行老成给劄在前者，敕建寺观留二名，敕赐寺观留一名，余皆革罢。僧道系纳银赈济等项度牒明白，及本地寺观出身者，许令本处寺观住坐，不许仍前四外云游……俱从之。②
弘治十一年闰十一月	礼部覆奏府部等衙门所言止斋醮事，以为斋醮祈禳之说，皆近日传奉真人、佛子等倡导所为。今后惟万寿圣节及太皇太后、皇太后圣旦并春祈、秋报仍旧，其余请并行停止。从之。③

由上表可见，传奉僧道官在宪宗即位以后成为突出的现象，但在成化十年之前，记载并不多。成化十年到成化二十三年宪宗死去，13 年间，传奉僧道官大肆泛滥。这也是其他名目的传奉官泛滥的时期。中间只有成化二十一年一月到十月的 10 个月期间，因为星变的警告，宪宗才一时停止了传奉任命僧道官的做法。其后旧病复发。成化时期的僧道传奉官中，明显是藏传佛教僧人占绝大多数。这反映成化时期藏传佛教在内地活跃，在朝廷获得大量官职的情况。宪宗死去后，朝廷士大夫马上将传奉官问题作为前朝一大弊政提出来，要求革除。弘治初年，清理僧道传奉官很有效果。但是不仅其他类型的传奉官仍在不少，僧道传奉官也偶有任命。到弘治十一年前后，僧道传奉官重新成为朝臣经常劝谏皇帝的话题。不过，通过弘治时期，僧道传奉官毕竟不再成为很突出的问题。

僧道官的泛滥还由于政府在灾荒和财政困难的时候的卖放。成化六年正月，巡抚陕西左副都御史马文升因榆林、宁夏、花马池诸营料草俱缺，无从区划，"请令陕西考满官于边地纳谷草五百束，免其赴京给由，陕西、山西、河南三布政司阴阳、医学、僧道司官纳豆一百石，径送吏部入选，听缺拨

① 《明宪宗实录》卷 293，成化二十三年八月辛未。
② 《明孝宗实录》卷 5，成化二十三年十月甲申。
③ 《明孝宗实录》卷 144，弘治十一年闰十一月己巳。

用"。① 成化十一年八月，还是因为自然灾害，定浙江备荒纳米事例。"其举保僧道、阴阳、医官，纳米二百石，送吏部听用。"② 成化十三年四月，巡抚河南右副都御史张瑄为河南水灾事，建议"各处阴阳、医生、僧道纳米，免其考试"。③ 成化十四年八月，户部尚书杨鼎等因救荒事上疏建议，"顺天府、北直隶、山东阴阳、医学、僧道官缺，俱令纳米二百石，径许入选，免送所司考试"。④ 成化十五年九月，巡视江西右侍郎金绅等建议，"江西府县有缺阴阳、医学、僧道等官，许令纳米二百石，径送吏部入选，免其考试"。⑤ 这类事情发生时，僧道官自然额外增加，但灾荒或者财政困境过后，仍会停止。成化二十二年十一月，"命僧道官仍旧考试入选。先是，巡边都御史以陕西、山西连年灾伤，建议府州县僧道官有缺，准令输米免考入选。至是，礼部以僧道录司乞免僧道输米给度之例，因言僧道官亦乞如例停止。从之"。⑥

成化二十一年春正月，借天变修省之机，士大夫迫使宪宗同意清理传奉官。吏部尚书尹旻统计："在京文职额外增多及传奉升授写经书儒士、匠官等通计二千余人，其俸禄皂隶皆出于民，不可胜算。宜如正统四年放还冗官例，悉记名放回，待缺取用。"宪宗批示："传奉文官除勋戚、功升、荫授录用不革外，其余如所奏。内有为事妄冒，并乞恩升授者，查究定夺。"⑦

成化二十三年十月初，孝宗已经即位，礼部"疏上传升僧录司、禅师、兼左善世等官一百二十员，道录司真人、高士并左演法等官一百三十三员。命革去禅师、真人、高士封号。禅师降左善世，真人改左正一，高士改左演法，僧录司止留左善世等官九员，金书道录司留左一等官八员，金书余僧官一百一十余员，道官一百二十余员，俱带衔闲住。其真人原赐玉冠、玉带、玉圭及银印之类，俱夺之"。同日，"礼部疏上传升大慈恩等寺法王、佛子、国师等职四百三十七人及剌麻人等共七百八十九人。光禄寺日供应下程并月

---

① 《明宪宗实录》卷75，成化六年春正月丙戌。
② 《明宪宗实录》卷144，成化十一年八月丁丑。
③ 《明宪宗实录》卷165，成化十三年夏四月乙丑。
④ 《明宪宗实录》卷181，成化十四年八月庚子。
⑤ 《明宪宗实录》卷194，成化十五年九月甲子。
⑥ 《明宪宗实录》卷284，成化二十二年十一月庚戌。
⑦ 《明宪宗实录》卷260，成化二十一年春正月己丑。

米，及随从馆夫、军校，动以千计，多诱中国军民子弟，收以为徒。请一切禁革"。孝宗命将"法王、佛子降国师，国师降禅师，禅师降都纲，自讲经以下革职为僧，各遣回本土、本寺或边境居住。仍追夺诰敕、印信、仪仗并应还官物件。内降职留为大慈恩等寺住持者五人，革职留随住者十人。其汉人习学番教者，不拘有无官职、度牒，俱发回原卫有司当差。如隐冒乡贯，自首改正者，许换与度牒"。① 同月，礼部言："南京各衙门俱因事简官不全设，其僧道录司教坊司事务尤简。欲准近日裁革事例，僧录司留右善世、右讲经、左右觉义各一员，道录司右至灵二员，左右玄义各一员，管事俱用升职，在前保举相应者，余留带衔闲住……其两京寺观住持择年深戒行老成给剳在前者敕建寺观留二名，敕赐寺观留一名，余皆革罢。僧道系纳银赈济等项度牒明白及本地寺观出身者，许令本处寺观住坐，不许仍前四外云游。"孝宗俱从之。②

　　整理之后，一时僧道官略为减少。但是朝廷出卖僧道官职以及传奉官等前朝故事在弘治时期也有发生，只是远不如成化时期泛滥而是略有节制而已。例如：弘治六年十二月，巡抚保定府都御史张琳为救荒事，请按先年救荒事例，"有许农民纳银米充吏典、知印、承差及选阴阳、医官、僧道官者……请暂赐施行，俟麦熟停止"。从之。③ 弘治十二年十月，"传旨升道录司右正一杜永祺等五人俱为高士，左玄义李正瑛为左演法"。④ 弘治十三年二月，"传旨升崇化寺僧郑端为右觉义，大德显灵宫道士李正玒等四人为右玄义。礼科给事中宁举等劾之，谓郑端等夤缘奔竞，阻坏选法，乞送法司究治。不允"。⑤ 弘治十六年十月，巡视浙江都御史王璟上救荒事宜，提出："浙江所属府县阴阳学僧道官缺，请许令颇晓术业者纳银六十两，送部免考选补。"从之。⑥

　　抵孝宗去世，僧人、道士得各种封号者又已泛滥，有些且得出入宫禁。

---

① 《明孝宗实录》卷4，成化二十三年十月丁卯。
② 《明孝宗实录》卷5，成化二十三年十月甲申。
③ 《明孝宗实录》卷83，弘治六年十二月辛未。
④ 《明孝宗实录》卷155，弘治十二年十月壬辰。
⑤ 《明孝宗实录》卷159，弘治十三年二月庚子。
⑥ 《明孝宗实录》卷204，弘治十六年十月壬子。

朝臣再次企图趁新君初立之际加以清理。弘治十八年五月，礼部尚书张升等言："大行皇帝宾天，宫殿门禁正当严肃，以讥察出入，辨别内外，乃政体之不可缓者。近闻真人陈应循、西番灌顶大国师那卜坚参及班丹罗竹等各率其徒，假以被除荐扬，数人乾清宫几筵前，肆无避忌，京师传闻，无不骇愕。请执应循等置于法，革其名号，追夺印诰及累年所得赏赐，仍照例黜逐发遣。"武宗同意，于是，礼部会同吏部商议，将陈应循等十一人革去真人、高士、正一等衔，那卜坚参等六人革去灌顶大国师、国师名号，带禅师衔闲住。僧录司只存左善世定铠等，道录司只存留左正一柏尚宽等各八员，如原额。其余左阐教法旺等十七人，右玄义李元缟等二人，革任闲住。①

　　明朝凡值新君即位之初的决定，多出顾命老臣主张，新君先与依从，地位稳固以后再说。前项决定也非出于武宗本意，稍后，局面即大为不同。正德二年秋七月，司礼监太监李荣传旨，"升大兴隆寺僧人真泰为僧录司右讲经，定晓为左觉义，与右讲经性道俱兼大兴隆寺住持，僧录司右讲经兼坛住文明为右善世，兼永恩寺住持，道录司左玄义张溥荣为本司正一，道士刘奇清为右玄义兼宣灵庙住持"。② 九月，太监李荣又传旨升锦衣卫指挥同知于永为都指挥同知，协理堂事。这个于永是"以夷教挟左道，方有宠于上也"。③ 十月，以太常寺寺丞赵继宗为本寺少卿。赵继宗原是道士，后为神乐观乐舞生，晋寺丞。至是，太常寺少卿出缺，吏部建议起复清黄通政黄宝、提督四夷馆少卿张志淳，但武宗竟以赵继宗补任。④ 十二月，"准复显灵宫右正一刘云徽为真人，仍与原给印诰。上初即位，革云徽真人诰，已会官烧毁矣。至是陈乞，乃复给之。"⑤ 通过正德时期，佛教、道教、方术皆流行宫廷，以此类身份得官者多出皇帝一己之意。传奉官现象，仍然频繁发生。但"武宗实录"书法略不同于"宪宗实录"，记载略疏。世宗不喜佛教，僧官不盛，但道官、方术之人多得官职，下章有关道教一节，专门讨论道士任官问题，此处不做讨论。到神宗时期，士大夫既然经历过了与宪宗、孝

---

① 《明武宗实录》卷1，弘治十八年五月壬子。
② 《明武宗实录》卷28，正德二年秋七月乙巳。
③ 《明武宗实录》卷30，正德二年九月辛丑。
④ 《明武宗实录》卷31，正德二年冬十月戊子。
⑤ 《明武宗实录》卷33，正德二年十二月辛卯。

宗、武宗、世宗四帝前后百年为了限制僧道人口和僧道官的徒然争论，对这种事情已经不再试图一一匡正。而且这时宗教政策中有一重要变化，即僧道度牒的控制已经失效，又因朝廷财政一再发生危机局面，所以将出卖度牒纳入国家经常性收入范围。僧道官也不再是个敏感问题。其实，从整体上说，明代的僧道官任命，基本还是一种"待遇"问题，并没有造成佛教或者道教改变国家总体制度、政策的威胁。

第 四 章

诸教政策分说一:汉地佛教

佛教为明代中国最主要的宗教,其地位显著,流行普遍,都在道教及其他宗教以上。佛教的普世性超过道教,一切众生,都可以简单的方式从中求取寄托,适合所有信众,尤其是各种意义上的弱势人群,妇女、老人、残疾者等,都无须特别的资财、时间就可以从中得到安慰。道教的"拯救"途径,则很大程度上依靠专门的修炼,其实需要一定的时间和物质条件,也更近于"术",这就使它适合的范围小于佛教。这样,国家与二教的基本政策虽然相同,但实践上所面临的关系局面却有差别。国家对于佛教的政策实践焦点在于其社会影响力,包括僧人的数量控制,寺院的数量,寺院经济对国家财政的影响等,其次才是僧人对政府的影响。国家对于道教的政策实践焦点却主要不在社会层面,而在宫廷里边,即在与道士混迹宫廷的问题。原因是道教其实具有一些"精英"宗教的性质,对在现世活得得意的人偏有更大的诱惑力。明朝的皇帝,虽然多优容佛教,但没有一个真正沉迷于其中,只有武宗可能例外,好的却是藏传佛教而不是汉地佛教,吸引他的其实还是修炼之术。沉迷于道教的却多,宪宗、孝宗,至世宗而极。明朝政府讨论宗教问题,大多佛教、道教一起提起,但是道教的社会影响问题其实只是随着佛教问题提到而已,关于道教的激烈言论,主要是关于道士们诱惑皇帝的事情。这样,为了解汉地佛教与国家、社会的关系,可结合寺院兴建情况,梳理出其大致纹理。本章讨论汉地佛教,但偶亦涉及关于藏传佛教、喇嘛寺院的内容。后者与国家宗教管理制度与政策的基本关系及其与边疆政策密切关联的特殊之处,要在下章专门讨论。稍后讨论道教时,则要转而侧重道士在朝廷中的地位问题。

《明会要》记明代政府于京师、凤阳"龙兴之地"修建寺院有以下 10
处①：

修成年代	寺名	地点	说明
洪武十六年	大龙兴寺	凤阳	即皇觉寺
洪武二十五年	天界寺	南京城南	重修，按"实录"，重建始于洪武二十一年。
永乐二十二年	大报恩寺	南京聚宝门外	重建原天禧寺成，赐名大报恩寺
正统十三年	大兴隆寺	北京	太监王振主修，英宗赐号"第一丛林"
景泰四年	大隆福寺	北京	太监兴安主修
成化八年	大隆善寺	北京	嘉靖十四年迁僧录司此处
成化中	圆通寺	北京	以京营兵为工
成化十九年	大慈恩寺	北京	督军万人修建，旧名海印寺。嘉靖十年命毁之
成化二十年	大永兴寺	北京	僧继晓请修
正德七年	镇国寺	京师大内	

《明会要》所记，只是明朝敕建寺院中的一小部分。仅据《万历野获
编》，北京敕建寺院还有海会寺、承恩寺、万寿寺、仁寿寺及永安塔等。②
如扩大文献搜索范围，则其间可注意者更多。

洪武时期，大致为天下寺院归并时期。所保留者，多为大寺院和古寺。
也有朝廷下令新建者，但为数不多。如洪武十六年，明太祖在凤阳旧于皇寺
旧址十五里处建大龙兴寺。明太祖亲为赐名，并为文记之。③ 次年五月，明
太祖赐给大龙兴寺米三百石。④ 此寺院之建立，是为了纪念明太祖出身故
事。洪武十八年，"建鸡鸣寺于鸡鸣山，以祠梁僧宝公僧瑄住持。瑄卒，道
本继之。处有西番僧星吉监藏为右觉义，居是山。至是，别为院寺西以居
之。"⑤ 由此可见明初汉地僧侣与喇嘛比邻而处情况。洪武二十一年，重建

---

① 龙文彬：《明会要》卷 75，"方域五""寺观"，第 1462—1464 页。
② 沈德符：《万历野获编》卷 27，"释道""京师敕建寺"，第 686—687 页。
③ 《明太祖实录》卷 156，洪武十六年九月甲子。
④ 《明太祖实录》卷 162，洪武十七年五月庚申。
⑤ 《明太祖实录》卷 176，洪武十八年十二月。

天界善世禅寺于南京城南。该地是元文宗时所建大龙翔寺所在处。洪武元年春，即该寺开设善世院，以僧慧昙领教事，赐额曰"大天界寺"，御书"天下第一禅林"于山门。洪武四年，改曰"天界善世禅寺"，五年，又改为"善世法门"。洪武十四年，称"善世院"，次年设僧录司于内。至洪武二十一年，寺毁于火。太祖命徙寺于京城南定林寺故址，仍旧称为"天界善世禅寺"。同年，宋元嘉时于秦淮河北岸建立的能仁寺毁于火，因主僧行果之请，下诏重建于南京城南广福山。① 洪武二十四年，下诏归并天下庵堂寺观。洪武二十六年九月，"戊辰，赐天界、天禧、灵谷、能仁、鸡鸣五寺芦柴地四十七顷有奇"。② 洪武二十九年十一月，灵谷寺住持病故，派礼部前往与致祭。③ 洪武三十一年二月二十九日，"僧录司左善世大佑等于右顺门钦奉圣旨，着江东驿、江淮驿两处盖两座接待寺，着南北游方僧道往来便当"。④ 大致看来，洪武时期所修寺院不及所禁寺院为多。

太宗即位以后，命礼部清理释道二教，实际略微放宽了对佛道二教寺观的限制。"凡历代以来，若汉晋唐宋金元及本朝洪武十五年以前寺观有名额者，不必归并，其新创者悉归并如旧。"⑤ 该年五月，成祖又重申太祖所规定的私自建立庵院之禁："上以洪武年间天下寺院皆已归并，近有不务祖风者仍于僻处私建庵院。僧尼混处，屡犯宪章。乃命礼部榜示天下，俾守清规，违者必诛。"⑥ 永乐二十二年三月，就南京聚宝门之外三国吴时所建长干寺旧址，该寺宋真宗时改名天禧寺，重建寺成，赐名大报恩寺，用以为太祖、马皇后祈福，表达太宗孝诚。⑦ 此寺与洪武时期所建大龙兴寺一样，都是就现有古寺而新之，且有与明皇室历史特殊关系。永乐间，左都督谭广曾于宣府，因已毁旧寺基建弥陀禅寺，至洪熙元年修成。后杨士奇为作"宣府弥陀禅寺重修记"述其事。⑧

---

① 《明太祖实录》卷188，洪武二十一年二月。
② 《明太祖实录》卷229，洪武二十六年九月戊辰。
③ 释大闻:《释鉴稽古略续集》卷2，第30页。
④ 同上。
⑤ 《明成祖实录》卷14，洪武三十五年十一月壬午。
⑥ 《明成祖实录》卷189，永乐十五年闰五月癸酉。
⑦ 《明成祖实录》卷269，永乐二十二年三月甲辰。
⑧ 杨士奇:《东里文集》卷25，第370—371页。

　　宣宗时曾重修南京大报恩寺，"宣德三年六月，工竣，命应天府常以民夫五十人及留工匠五十人备洒扫修理。"① 如前所述，此寺为太宗为父母祈祷之处，宣宗修缮，理所当然。除此例外，则宣宗对寺院修建限制颇为严格。宣德四年三月，松潘喇嘛绰领拾利藏奏捕盗有功，乞创寺院，赐名分。宣宗对吏部大臣说："彼以有捕盗功，俱命为禅师，创寺劳民不可从。"② 宣德四年夏四月，庆寿寺僧志了奏，城西平则门外故有万安寺，久废，请化缘于民重建。宣宗晓谕行在礼部尚书胡濙曰："化缘者，巧取诳夺以蠹吾民，不可听。"③ 宣德六年五月，行在工部尚书吴中言："昨山西代州圆果寺奏：'本寺是古迹道场，为国祝厘之所，旧塔损坏，乞役为之。'上曰：'卿欲藉此永福乎？朕以安民为福，其止之，勿劳吾民。'"④ 宣德六年九月，户部因宛平县民以果园地施舍给崇国寺，请蠲其税。宣宗曰："民地，衣食之资，乃以赐僧，又求免税，甚无谓。"令该寺立即以其地还民。⑤

　　宣德六年十月，僧录司觉义集庆重修庐陵净业寺成。宣宗召对嘉奖，赐寺名为广福寺，并赐给玺书护持。此类赐给敕书护持的寺院地位仅次于朝廷敕建的寺院，都是与朝廷有直接关系的寺院，体势高于民间一般寺院。集庆又拜求内阁大学士杨士奇为文，刻石垂久。杨士奇为此作"敕赐广福寺碑"。其文曰："嗟乎！广福之义大矣哉。仰惟皇上圣德，如天地化育，凡物之肖形两间者，皆欲使之生遂邕达，而况于人哉！盖无间华夷远迩之人，皆欲使之得其养，不失其性，优游于春风和气之中，此尧、舜之心，覆载之仁也。佛之教，在于绝嗜欲，务清净，而求诸内。其始以为己焉耳，及其成也，固推以化人。如从其化，由其道，专用其心于恬澹寂寞，可为淳古无事之俗，而吏治可简，刑罚可省矣。明君仁主之重其道，意亦有在于此欤？……皇仁如天，旷代所希，嗟尔云海，何以致之？爱亲者仁，重本者义，上副皇心，宠示表励。岳灵拱卫，佛日昭宣，皇明一统，帝寿万年。"⑥ 杨士奇"太平

────────────

① 《明宣宗实录》卷 44，宣德三年六月丁酉。
② 《明宣宗实录》卷 52，宣德四年三月庚午。
③ 《明宣宗实录》卷 53，宣德四年夏四月庚辰。
④ 俞汝楫：《礼部志稿》卷 89，影印文渊阁四库全书本第 598 册，第 607 页。
⑤ 俞汝楫：《礼部志稿》卷 89，影印文渊阁四库全书本第 598 册，第 607 页。并见《明宣宗实录》卷 83，宣德六年九月辛未。
⑥ 杨士奇：《东里文集》卷 25，"敕赐广福寺碑"，第 367—368 页。

宰相",其视佛寺,也是皇帝仁爱圣德的表征,儒家仁政宽和之意与佛家清净修己之道,皆为太平之气象,殊途同归。其时佛教寺院的发展环境,已略为宽松,但洪武时期之控制传统仍在,寺院未及泛滥。宣德九年十二月,有僧人表示要化缘修寺,祝延圣寿。宣宗斥之。并对侍臣说:"人情莫不欲寿。古之人君若商中宗、高宗、祖甲、周文王,皆享国绵远,其时岂有僧道?岂有神仙之说?秦皇、汉武求神仙,梁武事佛,宋徽宗好道,效验可见矣。世之人终不悟,甚可叹也。"① 此语确乎看得通透。到正统时期,尚有许多寺院废坏,朝廷亦申令不得重修。

正统五年三月,"令有司取勘寺观田地,无僧道管业者,发与佃人耕种,计亩征粮。勿令别寺观僧道兼管收租,有误粮税。寺观废者,毋得重修"。② 正统六年,"令新创寺观曾有赐额者,听其居住。今后再不许私自创建"。③ 这个说法,虽然表示朝廷仍在申明禁止私自创立寺院的政策,但明明透露出,私人所创寺院有因请得朝廷所赐门额而合法化者。余继登于此有略详细说明:"正统中,御史彭勖疏言僧道三害,请凡僧尼未度者,皆令还俗,丛林不许创立,官民之家不许修斋设醮。事下礼部、都察院。尚书胡濙等查洪武间禁约条例入奏。英宗命都察院遵例禁约,违者依律罪之。寺观有赐额者,听其居住,今后再不许私自创建。"④ 正统十年三月,英宗御左顺门,召礼部尚书胡濙等谕曰:"洪武以来,寺院庵观已有定额,近年往往私自创建,劳扰军民。其严加禁约。以前盖造者,遇有损坏,许令修理,今后不许创建,敢有故违者,所在风宪官执问,治以重罪。若纵容不问,一体究治不宥。"⑤ 次年九月,有4名僧人在彰义门外私自创立寺院,被监察御史举奏,付法司问罪,杖责充军。⑥ 大致正统前期,遵循前朝限制寺院修建政策。但到正统末,王振佞佛,请英宗每年度僧一次。并请重修禁城西金代庆寿寺为大兴隆寺。英宗惑于其说,命役使军民万人,费物料钜万。正统十三年,寺

① 俞汝楫:《礼部志稿》卷89,影印文渊阁四库全书本第598册,第607—608页。
② 《明英宗实录》卷65,正统五年三月丁巳。
③ 俞汝楫:《礼部志稿》卷34,影印文渊阁四库全书本第597册,第639页。
④ 余继登:《典故纪闻》卷11,第197页。
⑤ 《明英宗实录》卷127,正统十年三月甲申。
⑥ 《明英宗实录》卷145,正统十一年九月辛巳。

成，"壮丽甲于京都内外数百寺，改赐今额，树牌楼，号'第一丛林'。命僧作佛事，上躬行临幸"。① 此后不久，英宗于土木之变中被俘，景帝即位，于是，吏部听选知县单宇上疏言："佛本胡教，前代事之，俱致祸乱。近年以来，修盖寺观遍满京师，男女出家累千百万，不事耕织，蠹食于民。所以胡风行而人心惑也。况所费木石铜铁，不可胜计。以有用之财，为无用之费。请折其木石，改造军卫，销其铜铁，以备兵仗，遣其僧尼，还俗生理。庶几皇风清穆，胡教不行。"② 疏入，命礼部商议，未行。③ 此时寺院已经逐渐兴盛起来。

天顺元年九月，江西庐山万寿禅寺住持奏请修寺，云该寺为周颠所到处，经太祖敕建寺宇碑亭，近颓于疾风。英宗曰："方今民多艰窘，朝廷凡事悉从简省，以宽恤之，若复从事土木，安知所遣者不生事，重扰吾民乎？其第令僧募缘修理之。"④ 但是就在这一年，英宗开始大赐佛教寺院匾额。十月，"赐在京并浙江等处寺额曰真庆、嘉福、圆林、观音、静觉（净觉？）、普寿、南泉、云间、庆宁、永庆、妙亨、常乐、显宁、惠明、昭灵、昭宁、碧峰、护国、景会、福严、灵云、报因、报国、大腾（大胜？）、清源、普利、英台、慈会、兴善、净业、广福、崇化、法空、广惠、延寿、龙泉、普济、静仁、崇庆、龙兴，凡四十寺"。⑤ 十一月，"复赐在京在外诸寺额凡四十寺，额曰：法光、永泰、龙泉、云岩、归义、隆安、地藏、重熙、法幢、延洪、华光、普陀、大云、海会、智安、福胜、普应、青塔、阳坡、谷积、石佛、夕照、普安、通法、普仁、嘉福、法宁、开化、大宁、法宝、罔极、永峰、圆广、观音、显法、永福、保安、崇庆、广福、圆真"。⑥ 这 80 个寺院中有一些先前就已经得到过皇帝的赐额，英宗复辟之后，对朝廷内外的权力体系关系分外敏感，大概也希望确定这些寺院和自己的直接关系。同时，当时英宗患足疾，要为自己命运祈祷，因此才会发生这种明朝历史上绝无仅

① 《明英宗实录》卷 163，正统十三年二月丁巳。
② 《明英宗实录》卷 183，《景泰附录》卷 1，正统十四年九月丁酉。
③ 张廷玉：《明史》卷 164，"单宇传"，第 4457—4458 页。
④ 《明英宗实录》卷 282，天顺元年九月癸亥。
⑤ 《明英宗实录》卷 283，天顺元年冬十月戊午。
⑥ 《明英宗实录》卷 284，天顺元年十一月庚寅。

有的集中赐给寺院名额之事。尽管如此，这样规模的皇帝赐额毕竟造就了一大批拥有特权地位的寺院。对于佛教的大流行产生了强大的推动作用。十二月，因其他寺院闻风而动，纷纷请求赐额，礼部提出，如此赐额，过于泛滥："今在京在外僧尼道士女冠请赐寺院庵观名额者源源不绝。窃惟此等无益于事。且既有名额，又复请求，实烦圣听。今后除旧无名额者许请，其以有为无，一概奏请，并扶同保结者，宜悉治其罪。"从之。① 天顺三年三月，秦王府典膳侯介请修古寺并求寺额护敕。此事先前已经奏请两次，英宗怒其烦扰，将侯介送法司治罪，并切责秦王。② 大致天顺时期，寺观修建增多，但还略有约束举动。

宪宗即位之初，示天下以与民休息之意，于登极诏书中称停止不急工程项目，其中包括寺院修建："一应造作，除修理城垣、仓廒、运河，所司指实具奏定夺外，其余内外衙门并殿宇、寺观、塔庙、房屋、墙垣等项造作，一应不急之务，悉皆停罢，与民休息。各衙门不得擅自移文兴工，在外军卫有司非奉朝廷明文，一毫不许擅科，一夫不许擅役，违者重罪不饶。"③ 时隔不过两月，太监陶荣请赐寺额。宪宗敕礼部臣曰："京城内外寺院已多，而内外有势力之人往往效尤，增修不已。或豪夺民居，或诡称古额，假名为国祈福，而实自欲徼福；假名为民禳灾，而实因以生灾。今后更不得妄自增修，辄求赐额。尔礼部官宜以朕此意通行晓示。"④ 未几，礼部尚书姚夔因皇太后诞辰，建设斋醮，约会百官赴坛烧香礼拜。礼科都给事中张宁等上疏弹劾："臣之于君，愿其福也，当劝以修善德；愿其寿也，当劝以去逸欲。今不能尽所当为，乃瓣香尺楮，列名其上，宣扬于木偶之前，相率而拜，曰为朝廷祈福祝寿，为后世笑。昔英庙复位，属有足疾，其时一二大臣，不察古人行祷之义，亦尝为此举，非以扶名教、全治体也。"得旨："所言有理。今后斋醮，不许百官行香。"⑤ 这次事件，遏止了朝廷组织官员到寺院参加斋醮的建议，使得对佛教的崇信不至于与朝廷日常活动体制纠缠到一起，但

---

① 《明英宗实录》卷285，天顺元年冬十二月甲辰。
② 《明英宗实录》卷301，天顺三年三月己丑。
③ 《明宪宗实录》卷1，天顺八年正月乙亥。
④ 《明宪宗实录》卷3，天顺八年三月乙亥。
⑤ 余继登：《典故纪闻》卷14，第245页；事亦见《明宪宗实录》卷10，天顺八年冬十月壬辰。

是崇尚佛教本身已经风气日重，朝廷因自然灾害发生而令寺院祈祷的事情也
屡有发生。不仅皇室修建寺院或者通过赐给寺院名额而建立与寺院的特殊关
系，内外官员也在修建寺观。宪宗虽然自己做了很多鼓励佛教的事情，但却
不愿意看到官员们也公然如此举动，他晓谕礼部："京城内外居民辏集处所，
多有内外官员人等增修寺观庙宇。礼部其严加禁约。"尚书姚夔等请揭榜禁
约，"继今不许于原额外增修请额，违者许巡街御史及五城御史兵马司擒治。
仍行顺天府晓谕乡村，一体遵行"。① 此事之值得特别注意处在于，成化初
年士大夫修建寺院的动机，肯定涉及对佛教的某种程度的信仰，反映一种士
绅亲佛的倾向，另外也可能与寺院作为财产的价值有关，后者有待进一步研
究。

成化四年五月，工部右侍郎兼翰林院学士刘定之以久旱上言四事，其一
曰："皇上自居东宫，即留心于圣经贤传。今日以之制治保邦，无不用此。
至于佛老异端，初无所用，既未能尽辟去之，于祖宗时有寺观、塔院，姑存
其旧，勿增广可也。诚以天下太平日久，民生日众，物产不足以供民衣食，
而内奉朝廷，外给边境，其所用日增月盛。若复靡费于异端，民将何以堪之
乎？臣既读儒书，则知侈奉佛老之教为非。知而不言，则负欺君之罪。惟皇
上其俯察焉。"疏入，宪宗将之留中不发。② 成化五年十二月，兵科给事中
秦崇上疏言事，其中一则为"正流俗以汰异端"："请尽毁新造寺观，僧道不
得私自剃度，仍禁绝妇女不许为尼。"礼、吏、兵三部就此会议，主张"毁
寺观、汰僧道，俱有近年见行事例，宜申饬有司举人遵守开报实迹，毋事虚
文"。③ 宪宗当时表面采纳了这些建议，但是结果却正是虚文。

成化六年三月，翰林院编修陈音上言，劝宪宗在经筵日讲之外，在退朝
之余择儒臣有学行者于便殿从容讲论"圣学"，使皇上心胸"涣然如天开日
皎"，以此"正心、正家、正百官、正万民"。这个建议其实是针对宪宗崇尚
佛教的，因而陈音接下来就说："异端者，正道之反，害治之大者也。当今
号佛子、法王、真人者，无片善寸长可采，名位尊隆，赏与滥溢。伏愿降其

----

① 俞汝楫：《礼部志稿》卷5，"修寺观之训"，第80页。按该书系此事于成化二年。《明宪宗实
录》则系于卷49，成化三年十二月癸卯。

② 《明宪宗实录》卷54，成化四年五月丁卯。

③ 《明宪宗实录》卷74，成化五年十二月甲戌。

位号，杜其恩赏。继今凡有请修建寺观者，悉置于法，永为定制，则妖妄绝，正道明，而民兴行矣。"宪宗回复说："此事累有人言，俱已处置矣。佛子、真人名号，系祖宗旧制，如何辄更？"① 于是陈音的苦心，便付流水。

成化七年十二月，彗星现于紫宫附近，视为天谴告警，宪宗戒谕群臣修省，吏部尚书兼文渊阁大学士彭时等借此机会，再次要求皇上"正心术"："夫天下之道，正与邪而已。正者，帝王之道也；邪者，异端之教也。邪正之间，治乱系焉。皇上聪明圣智，岂不知所决择？而颇留意佛事者，聊以试之，非诚信之也。然闻者窃议，以为内府一次修斋，街市一次骚扰。伏望皇上留心圣学，毋信异端，减去内府修斋，如遇节令，止于在外寺观举行可也。"② 从此疏看来，当时皇帝在宫中、宫外皆常举行斋醮，而朝臣对宫廷外的斋醮已经习以为常，但愿皇帝不在宫廷之内修斋而已。即使这样的劝告，也没有效果。这次星变上疏的还有所有言路臣工以及英国公张懋、太子少保兼吏部尚书姚夔等，皆劝宪宗："内外军民困于水旱已极，乞创造寺观、塔庙等不急之役，皆宜停罢，仍戒内外官不得私创。"③ 成化八年秋七月，因修隆善寺毕工，升工匠张定住等三十人为文思院副使，升写碑官尚宝寺少卿任道逊为该寺正卿，司丞程洛为少卿。④ 成化十四年，因修建大圆通等寺动用大批官军劳役，英国公张懋奏云："京营军马，所以威服天下，安危所系。迩来有所营造，工程有不可已者，然后拨用。盖一时之权宜也。今大圆通等寺乃当此天热连雨之日，动拨官军修造，下情不勘。况今边报迭至，正宜养锐畜威，以备非常。乞暂止工役，以休养士卒为便。"宪宗借口这些寺院为皇祖考所建，不肯停止。⑤

成化十三年，西北边地有私自在深山中修建寺观者。该年九月，守备偏头关都指挥使戴广奏："山西奇岚州等处边方，山岭深峻，树林蓊郁。中多游民，私立庵堂，擅自簪剃，招集无赖为非。乞移文所司，出榜禁约。仍督守臣，凡新创寺观，拆毁入官，无牒僧行道童发还原籍。"事下礼部覆奏。

---

① 《明宪宗实录》卷77，成化六年三月辛巳。
② 《明宪宗实录》卷99，成化七年十二月庚辰。
③ 《明宪宗实录》卷99，成化七年十二月辛巳。
④ 《明宪宗实录》卷106，成化八年秋七月丙午。
⑤ 《明宪宗实录》卷179，成化十四年六月甲辰。

从之。① 此事不可径直看作宪宗对寺院态度的改变。推详成化时期宪宗对各类寺院的态度，似乎此公自己大肆修建寺院，群臣反复劝说，皆无效果，但他却支持限制与己无关寺院的修建。

成化二十年十月，刑部员外郎林俊言："太监梁方招权黩货，贡献淫巧，引用妖僧继晓以左道惑上，建永昌寺，倾竭府库，贻毒生灵，诋请二人以谢天下。"宪宗命将林俊下锦衣卫。狱具之后，宪宗仍令将林俊杖责三十，降为云南饶州判官。② 由是知成化间曾建永昌寺。其地当在北京西市。不久，继晓因为言星命事被谴，该寺遂废。到成化二十二年十月，太监梁方再请重新择地建之，宪宗令工部左侍郎杜谦等相度地基。当时已故广平侯袁瑄已死，其妻通过梁方请献出房宅修寺，条件是由袁家后人承袭侯爵，许之，又买其旁民居数千家，大兴工役。于是，新寺"视旧寺益加广矣"。③

成化二十一年正月，礼部尚书周洪谟等因灾变言九事，其中说道："成化十七年以前，京城内外敕赐寺观至六百三十九所，后复增建，以至西山等处相望不绝。自古佛寺之多，未有过于此时者。"④ 三月，南京吏部尚书陈俊合诸大臣应诏言事，其中也说道："两京寺院，增加数倍。宜严禁私建及请寺额。"⑤ 如此看来，成化时期，南北两京寺院，经宪宗的亲自主持，数量激增，而且其中多因与皇室有直接关系而享有特权。

成化时期的寺院修建不仅在数量上远超过英宗正统到天顺时期，而且大大加快了寺院与皇室、贵族、太监乃至部分官僚之间的私人纽带关系。在这种变化中，寺院实际上成了皇帝为核心的大特权阶层的特殊领地。与此同时，佛教在国家政治理念中作为"异端"的地位，至多是化导"愚顽"的工具的地位，仍然没有根本改变。这反映着一种国家理念与国家行政实际，皇室与国家之间双重的精神分裂。在此以后，明朝国家行政一直没有摆脱精神分裂的阴影。

孝宗即位，照例要对前朝弊政有所清理，其中包括对寺院奏讨皇帝赐额

① 《明宪宗实录》卷 170，成化十三年九月丙戌。
② 《明宪宗实录》卷 257，成化二十年冬十月丁巳。
③ 《明宪宗实录》卷 283，成化二十二年冬十月丁酉。
④ 《明宪宗实录》卷 260，成化二十一年春正月己丑。
⑤ 《明宪宗实录》卷 263，成化二十一年三月己丑。

事加以禁止。成化二十三年九月发布的孝宗皇帝即位诏书云："内外官员军民僧道人等，今后不许指以古迹，辄便奏讨修盖寺观名额、护敕，因而占夺军民地土。如有已经奏准，未修盖者，即便停止。违者治以重罪。"① 十二月，巡按直隶监察御史曹璘上疏言十事，其一为"息异端"："京城内外，寺观繁多，每遇修造，所费不赀。乞令所司通行内外，凡寺观有不系额设者，一切拆毁，田地无主者，招贫难军民住种，其僧道无度牒者，勒令还俗。"孝宗命下其奏于所司。② 其后，朝廷虽然没有采取有力措施真正如曹璘建议的那样使寺院减少到明前期的额数，但的确申明了这个政策，因而也有地方官按照这个意思尝试去执行。

弘治元年四月，礼科给事中张九功上疏请正祀典。他说："祀典正，则人心正。今圣明御极，修明祀典。然而朝廷常祭之外，尚有释迦牟尼、文佛、三清、三境九天、应元雷声、普化天尊之祭，又有金玉阙真君、元君、神父、神母之祭，诸宫观中又有水官星君、诸天诸帝之祭。兆所以示法于天下也，乞敕礼部稽之祀典，尽为厘正，及一切左道惑人之事，通为禁止。"③ 这种朝廷祭祀佛教、道教以及民间信仰诸多杂神的做法，皆与明朝初年所定祭祀制度冲突，是在永乐以后逐渐形成，在成化时期大为泛滥的。孝宗根据张九功的意见，决定进行清理，命礼部会官考详何神立于何代，何神有功于国，何神泽及生民，今何神应祀与否，明白具奏。于是礼部尚书周洪谟等会议，建议恢复太祖时规定的祭祀体制，"凡有斋醮、祷祀之类，通行罢免……仍敕中外，凡宫观祠庙，非有功德于民，不合祀典者，俱令革去。间有累朝崇建，难于辄废者，亦宜厘正名号，减杀礼仪"。孝宗做了折中处理："卿等言是。修建斋醮、遣官祭告，并东岳、真武、城隍庙、灵济宫俱仍旧，二徐真君并其父母、妻宜革除帝号，止仍旧封号，原冠袍等物换回焚毁，今后福建冠袍每六年一赍送。余如所议行之。"④ 这样，这次祭祀体系清理，根本没有触动两京及各地的佛教寺院，甚至没有得出停止朝廷修建斋醮的结论，遭到比较严重打击的只是一些杂神祭祀活动。士大夫当然不满意这种状

---

① 《明孝宗实录》卷2，成化二十三年九月庚子。
② 《明孝宗实录》卷8，成化二十三年十二月己丑。
③ 《明孝宗实录》卷13，弘治元年四月庚戌。
④ 同上。

况，继续论争。五月，工科给事中夏昂以灾异言十二事，其一为请朝廷切实
推行都御史马文升几个月前的奏议，"乞敕礼部定限，将内外应拆毁寺观即
令拆毁，应还俗行童、道童即令还俗。"① 十二月，监察御史马玺也上疏要
求"拆毁天下寺观"。礼部覆奏以后提出，"两京朝天宫、大报恩寺、大兴隆
寺及三茅山、太岳太和山、龙虎山各宫观俱系朝廷敕建，神乐观僧、道录司
及各僧纲、道纪司又系洪武中设立，其僧道官并僧道乐舞生亦有额数。今欲
一切厘正，事体重大，乞下廷臣会议"。孝宗命维持"祖宗旧制"，以上各寺
观及僧、道管理机关保留不动。② 同月，工部覆奏国子监监生许鉴所言，请
将不系敕建观寺拆毁，以其材木给予无主署卫分盖造房屋。这次孝宗"从
之"。③ 应该注意到的是，十二月工部的建议拆毁的只是"不系敕建"的寺
观，已经回避了与皇室的冲突，这是其建议终于得到批准的主要原因。随后
各地遂有拆毁寺院之事。如弘治二年四月，僧录司左善世周吉祥等上奏，告
寿州知州刘概擅自拆毁寺观，请治其罪，并令天下诸僧、道司免行拆毁寺
院。根据上一年的政策精神，礼部覆奏："［刘］概所行非妄，宜坐吉祥等以
故违禁例、阻挠新政之罪。"因周吉祥是"贵戚之为僧者"，孝宗从宽发落：
"近年僧道不守清规，伤败风化及私创寺观，费耗钱粮者甚多。朝廷累有禁
约。周吉祥何为辄便奏扰？法当究治，姑贷之。"④ 如此，则弘治初年的清
理，使得寺院修建趋势略为减杀。但朝廷斋醮活动不曾取消，修建寺院，请
赐额名者也逐渐发生。孝宗的态度，也只是依违两间而已。

　　弘治十五年六月，礼部以四川灾异言五事，其一为"辟异端"，云："迩
年在京寺观时有斋醮，动经旬月。费有用之财，为无益之事。乞一切禁止。
凡修建寺观，请赐额名者，即命拆毁，仍究问如律。"孝宗的回复是该事
"朕自有处……余皆准行"。显然不拟改变当时现状。⑤ 同月，"内官监太监
王庸于德胜门外创起寺宇，以寺额为请。礼部议谓私创寺宇，律有明条，先
帝又有成命，况近日宗室以此请者，已奉旨不允，今岂宜徇庸所请。乞毁其

---

　　① 《明孝宗实录》卷 14，弘治元年五月丁亥。
　　② 《明孝宗实录》卷 21，弘治元年十二月丁酉。
　　③ 《明孝宗实录》卷 21，弘治元年十二月壬辰。
　　④ 《明孝宗实录》卷 25，弘治二年四月丙辰。
　　⑤ 《明孝宗实录》卷 188，弘治十五年六月癸卯。

所创，以为妄奏者戒。诏已之"。① 所谓"已之"，大约是既不毁寺，也不赐额。

寺院兴建既多，而且多由皇帝赐给名额，得到保护，僧道人等自然多有出入宫禁者。至武宗即位，朝臣又企图趁新君初立之际加以清理。② 弘治十八年八月，给事中周玺再次提出拆毁京城内外寺院宫观的建议："方今邪说，僧道为甚。扇惑都人，极力崇信。朝廷每岁奉行春祈秋报之礼，创造寺观，兴修斋醮，将以祝圣寿利生民也。今一岁之间，两遭大故，灾异迭见，夷虏犯边。求福得祸，焉用彼为？宜通查京城内外新建寺院宫观，悉令拆毁，屏逐法王番僧，停止无益斋醮，以正人心而息邪说。"礼部覆奏："请如玺言。"武宗与孝宗初即位时作圣明状不同，干脆"不听"。③

正德元年六月，礼部、都察院上疏言改正风俗等十三事，中一云："天下寺观庵庙旧额外，不许私创、饰以金碧，违者罪如律，仍拆毁入官。"武宗回复说："近来风俗奢僭，渐不可长。其即出榜申禁。仍有故违者，所司缉捕究治……"④ 此时各地藩王修建寺观者也很多。正德四年十二月"礼部奉旨检详累朝政令，凡涉王府者，条陈上请……寺观庙宇徒耗民财，无益于事。自今各府不许修建并请额。上批答曰：'……各王府勿容僧尼女冠出入宫禁及私建寺观，违者，承奉长史以下，俱罪不宥。余皆如议。'仍谕诸镇巡官知之。"⑤

正德六年二月，巡按四川监察御史俞缁上疏，称四川自正德四年以来盗贼群起，副都御史林俊奉命剿抚，行且十月，盗贼不息，各府州县仅存居民，役无虚日，地方为防盗贼，"拆寺穿井，设立社长、社正等"，游僧野衲无地自容，"其额外庵堂寺院，不下数万，折卖入官，固不为过。然行之今日，不免驱而为贼"。礼部尚书费宏覆奏："其折卖额外寺院庵堂，在平时实足以崇正道而辟异端，在今日恐不免驱游僧以增贼党，亦合斟酌缓急，以俟

---

① 《明孝宗实录》卷 188，弘治十五年六月癸丑。
② 《明武宗实录》卷 1，弘治十八年五月壬子。
③ 《明武宗实录》卷 4，弘治十八年八月己卯。
④ 《明武宗实录》卷 14，正德元年六月辛酉。
⑤ 《明武宗实录》卷 58，正德四年十二月庚戌。

盗息民安，另为区处。"① 由此看来，正德初期，虽然在京师的寺院因为与皇室的特殊关系而没有受到冲击，但的确曾在地方推行折卖额外寺院的方针，而当时超过额数的寺院，已经"不下数万"。这种做法，却因为各地盗贼蜂起，朝廷担心僧道从了盗贼，而被迫搁置了。

正德九年冬十月，刑部主事李中上言，引梁武帝信佛，卒为侯景所逼，饿死台城，以及韩愈谏迎佛骨故事，劝武宗毁大内佛寺，斥逐喇嘛。其疏云："夫何今日，大权未收，储位未建，义子未革，纪纲日弛，风俗日坏，小人日进，君子日退，士气日靡，言路日闭，名器日轻，贿赂日行，礼乐日废，刑罚日滥，民财日殚，军政日弊。瑾既诛矣，而善治一无可举。盖陛下之心惑于异端也。夫以禁掖严邃，岂异教所得杂居？今乃于西华门内豹房之地，建护国佛寺，延住番僧，日与亲处，异言日沃，忠言日远，则用舍之颠倒，举措之乖方，政务之废弛，岂不宜哉？昔我宪宗，偶为妖僧继晓所惑，随悟其诬，即斥逐之。孝宗即位之初，加以诛戮，人心痛快。伏望陛下远监汉唐中主之失，近法我宪宗、孝宗之明，毁佛寺、出番僧，以谨华夷大防。又妙选儒臣，朝夕劝讲，务正心诚意之学，明二帝三王之道，揽大权以绝天下之奸，建储位以立天下之本，革义子以正天下之名，则所谓振纪纲、励风俗、进君子、退小人、振士气、开言路、慎名器、禁贿赂、明礼乐、清刑罚、足民财、修军政，可以次第举矣。"疏入，武宗不予理睬，不久，将李中降为广东通衢驿驿丞。② 以后仍然有禁止民间修建寺院之令，但在发出这样的命令的同时，皇帝自己则随意修建寺院。

嘉靖初，士大夫再度借新君即位之机会要求拆毁寺院。杨廷和奏云："臣等看得近年以来，京城内外创建寺院，穷极土木，侈用金碧，委系侵盗国家财用，剥削小民脂膏，有伤治化，有失人心……仰惟皇上新政之初，铲弊除奸，辟邪扶正，此亦其一端也。"③ 这类主张，在以前几代皇帝即位的时候，都只是促使皇帝做些姿态而已，没有实际的结果，但世宗崇信道教，厌恶佛教，结果形成嘉靖时期对佛教寺院一定程度的遏制。

---

① 《明武宗实录》卷72，正德六年二月乙未。
② 《明武宗实录》卷117，正德九年冬十月甲午。
③ 杨廷和："请拆毁保安等寺疏"，见陈子龙等编《明经世文编》卷121，中华书局1962年影印本，第1162—1164页。

据朱国祯说法，"嘉靖初，用工部侍郎赵璜奏，没入正德末所造诸寺绘铸佛像。刮取金一千三十余两。正合谚语，可笑。"① 嘉靖六年，令将"尼僧、道姑发还原籍出嫁，其庵寺房屋土地尽数入官。十四年，大兴隆寺毁，令永不许复，并大慈恩寺一应修斋俱革，僧徒听告就各寺依住，有归化者量给原寺田亩，仍免差徭。六年、十六年题准，各该有司钦遵圣谕，化正僧徒，愿自还俗者，听其自求安便。各处寺院年久，宫殿任其颓坏，不许修葺。民间幼童，不许舍入为僧、私自披剃。如有此等，罪其父母及其邻佑。二十二年，令毁大慈恩寺。"②

嘉靖十年，右春坊右中允廖道南请改大慈恩寺兴辟雍，以行养老之礼，撤灵济宫徐知证、知谔二神，改设历代帝王神位，仍配以历代名臣。礼部覆议："今国子监乃祖宗以来临幸之地，恐不必更葺梵宇旧址，重立辟雍。惟寺内欢喜佛系胡元淫制，败坏民俗，相应弃毁。灵济宫徐知证、知谔二神，其在当时已得罪名教，固宜撤去。但所在窄隘，恐不足以改设帝王寝庙，宜择地别建。"世宗命将"夷鬼淫像"毁之，工部另外相地建立帝王庙。③

嘉靖十五年五月，毁皇城内大善佛殿。"禁中大善佛殿内有金佛像，并金银函贮佛骨佛头佛牙等物，上既敕廷臣议撤佛殿，即其地建皇太后宫。是日，命侯郭勋、大学士李时、尚书夏言入视殿址。于是，尚书言请敕有司以佛骨等瘗之中野，以杜愚冥之惑。上曰：'朕思此物，听之者智曰邪秽，必不欲观，愚曰奇异，必欲尊奉。今虽埋之，将来岂无窃发以惑民者，可议所以永除之。'于是，部议请投之火，上从之，乃燔之通衢，毁金银像凡一百六十九座，头牙骨等凡万三千余斤。"④ 大善佛殿拆除以后，就其址为皇太后建后宫。⑤

嘉靖二十五年七月，礼科右给事中李文进言："迩年宣武门外天宁寺中

① 朱国祯：《涌幢小品》卷28，"刮金"，第665页。

② 俞汝楫：《礼部志稿》卷34，影印文渊阁四库全书本第597册，第639页。

③ 《明世宗实录》卷121，嘉靖十年正月丁酉。

④ 《明世宗实录》卷187，嘉靖十五年五月。据《御批历代通鉴辑览》（四库全书本）卷109，大善佛殿为元朝所建，"夏五月，毁禁中佛殿。禁中大善佛殿，元时所造，藏金银诸佛像及器物。至是，悉命毁之，凡一百九十六座，其重万三千余斤，以其地建太后宫。"按《御批历代通鉴辑览》不云有佛牙、佛骨。《钦定续文献通考》卷79所述则与《明世宗实录》同。

⑤ 余继登：《典故纪闻》卷17，第310页。

广聚僧徒，辄建坛场受戒，设法拥以盖舆，导以鼓吹。四方缁衣，集至万人，瞻拜伏听，昼聚夜散，男女混淆。甚至有逋罪黥徒，髡发隐匿，因缘为奸。故四月以来，京师内外，盗贼窃发。辇毂之下，岂应有此？又富民豪族，朋连党结，倡为外护。愚民无知，破财竭产，争先布施。因而乾没，重耗民赀。大者基乱，小者导侈，皆非细故。乞捕外护为首者数人及通法师者，案治其罪。诸郡邑名山古刹如有佛子法师假以讲经聚众，至百人者，一体禁止。如此则邪说不兴，异端自熄。"得旨："奏内通法师及寺主，俱令锦衣卫捕系鞠问，余下礼部禁治。"① 这些措施，都构成了对佛教发展趋势的打击。

由于嘉靖皇帝本人不喜佛教，该时期寺院修建增长趋势稍为收敛。但是对佛教的限制，毕竟还是以明朝初年规定的宗教政策为基础，甚至并没有真正努力将寺院减少到明朝初年规定的额数。这样的限制佛教政策，其实所用的理由并不是佛教的宗教属性如何不可取，而是"祖制"、财政浪费等。所以，嘉靖时期并没有形成大规模的真正意义上的排斥佛教运动。无论对于士大夫还是对于百姓说来，信道教还是信佛教，与以前一样，并无限制。总体上看，嘉靖时期的佛教也无真正衰落迹象。万历时期，因为太后喜佛教，寺院修建乃又成一大繁荣时期。据沈德符的说法，神宗本人也有替身代其出家。② 张居正亦曾言此事。详见本书关于僧道人口部分。

万历元年，"令五城御史查各寺观庵院，有游食僧道，驱令回籍。仍比照居民保甲法，置立油牌，开写年貌、籍贯，以便稽查。其有私自簪剃及不穿戴本等冠服者，访挐治罪。"③ 这不过是为社会治安计，清理京师流动人口的做法，与宗教政策本身关系不大。

万历二年四月，户科给事中赵参鲁上言：发银建里寺庙以奉佛祈福，皆为诞妄。近来"先后发修建银两至五万三千，若以大赈穷民，其于祈福禳灾多矣"。不听。④ 同月，司礼监太监冯保等传谕，"圣母发银三千两与工部，修建涿州娘娘庙"。工部执奏："前奉圣谕，特发内帑修建胡良河及北关外桥

---

① 《明世宗实录》卷 313，嘉靖二十五年七月壬戌。
② 沈德符：《万历野获编》卷 27，"释道""主上崇异教"，第 683—684 页。
③ 俞汝楫：《礼部志稿》卷 34，影印文渊阁四库全书本第 597 册，第 640 页。
④ 《明神宗实录》卷 24，万历二年四月辛酉。

梁，济人盛心。臣等敢不奉扬。近复建庙宇。夫佛、老二氏，圣门斥为异端，而假祸福以惑世，犹异端中之邪说也。登极诏中内一款'万善、广善二坛说戒僧人，以戒法诱惑愚民，照旧禁革。'中外传诵，以为大圣人之作为。今乃忽自背驰，此端一开，渐不可长。帝王养亲以善，谕亲于道。伏乞皇上劝回成命，以光大孝。"工科给事中吴文佳等亦上疏反对建立娘娘庙。两疏俱得报闻。[①]

　　就在这一年，慈圣皇太后又集资在京师城南重修海会寺，事由司礼监太监冯保主持，张居正为作《重修海会寺碑文》以记其事。碑文有云，此寺"创于嘉靖乙未，穆宗皇帝尝受厘于此。历祀既久。栋宇弗葺，榱桷将毁……圣母慈圣皇太后思所以保艾圣躬，焄奕胤祚者，惟佛宝是依，乃出内帑银若干，俾即其地更建焉。既集议，慈圣皇太后暨潞王贤妃贵人以下，咸出赀助之。会游僧有范成铜像一躯，无所庇覆。司礼监太监冯保因请移置其地，复出内储大木以为殿材……僧徒于焉游集，煌煌乎都邑之盛观也。又于其外拓地六顷，收其租入，以为焚修供具之资。"[②]《张太岳集》中记有修建寺院碑文多处，其事当皆在万历十年之前。根据其中，"敕修东岳庙碑文"、"敕建慈寿寺碑文"、"敕建五台山大宝塔寺记"[③]，这些寺庙都是慈圣皇太后运作资金来修建的。名义上是太后领几个王爷用私房钱来修，但也动用宫中物料，而且都是"敕建"。另外太后所修的寺庙中的东岳庙，并非佛教寺院，可见这位老妇人虽然以笃信佛教著称，实际却也是信杂神的。

　　万历二年十二月，礼部议覆礼科右给事中梁式禁左道三条意见。"一曰清祠宇。盖寺观庙宇，俱载令甲，间有创建，必俟奏闻。所以重祀典而端好尚也。今各处大小庵观寺院，不可数计矣。而鼎建日繁，募徒相望。规制僭拟于王度，淫祠煽惑于民风，甚非所以尊主威，伐奸萌也。如蒙敕礼部下所司，毁其太甚，罪其擅作，非但民风晓然，各归本业，而奸党渊巢，亦撤过半矣。二曰禁僭逾。夫印文非官长不用，所以示法守，龙凤之制，非皇家不用，所以明等威。今寺观焚修疏文，皆用自刻木印，小民进香旗幡等物，多绘龙凤。是公符可以模拟而禁物可以私造，小民无知窃弄，往往陷于刑辟，

---

①　《明神宗实录》卷24，万历二年四月戊午。

②　张居正:《张太岳集》卷12，上海古籍出版社1984年版，第147页。

③　同上书，第148—151页。

臣愚以为禁之便。又徒众广集，崇奉者如市，则私度之禁与夫约省之条又不可不申明也。三曰禁香醮。盖小民进香，势之所不得禁也，然揭龙旗而鸣金道路，顶香马而溷迹妇男，不亦甚乎？民间祈禳，势之所不得禁也。然悬榜而高筑坛场，张盖而公行衢巷，不亦甚乎？异端粉饰声容以诳惑愚俗，未有如近日之盛也。乞敕下礼部，申饬严禁。俱从之。"① 这项建议，反映出万历初年佛教寺院的修建与佛教势力的活动，都已经达到了一个新的高潮。

万历四年，皇太后在北京阜成门外建慈寿寺，该寺所占为太监谷大用故地。"至六年秋成。殿宇壮丽，僧房罗列。一塔耸出云汉，四壁金刚，攫拿如生。可畏。至今想之，隐隐眉睫间，如西天龙华境界。"② 详见张居正"敕建慈寿寺碑文"。

张居正虽然逢迎皇帝、太后修建寺院的做法，但事情太出格时，仍然会出来把持大局面，不使过分倾斜。万历七年二月，张居正疏云："书官口传圣母慈谕，前因皇上出疹，曾许天下僧人于戒坛设法度众。今圣躬万安，宜酬还此愿。窃惟戒坛一事，奉有世宗皇帝严旨禁革，彼时僧人聚集以数万众，恐有奸人乘之，致生意外之变，独非败坏风俗而已。隆庆以来，僧徒无岁不冀望此事。去年四月间，游食之徒街填巷溢，及奉明旨驱逐，将妖僧如灯置之于法，然后敛戢。今岂宜又开此端？窃惟圣躬康豫，合无敕下礼部遣官告谢郊庙、社稷，益助洪庥，斯名正言顺，神人胥悦矣。何必开戒坛而后为福利哉？"疏入，事遂寝。③

万历十三年正月，户部尚书王遴以财用绌乏上八项建议，其中一事为："迩年佛家、道家、白莲等教，各立期会，布金出米，举国如狂。伏睹太祖高皇帝榜示天下曰：凡寺观僧道，无奔走于外，交构有司，以书册称为题疏，强求人财，无私创精庐。暨我成祖，以浙江诸郡少年越京请度牒者千八百人，尽以戍辽东、甘肃。祖宗深意，万世所宜守也。礼部题：僧道之禁，节经言官建白，本部议覆，不啻三令五申矣。而斋醮、施舍愈昌愈炽。岂尽左道之愚人？亦崇尚者之自愚耳。今宜敕各抚按严督守令，以移风易俗为先，申明圣谕，劝化愚民，教以君臣父子之常道，示以农桑衣食之恒业，晓

① 《明神宗实录》卷32，万历二年十二月乙巳。
② 朱国祯：《涌幢小品》卷28，第658页。
③ 《明神宗实录》卷84，万历七年二月癸未。

以惠迪从逆之实理，丧葬必依《家礼》，擅作佛事者罚，祈年方社以时，揭榜消禳者罪。大经既正，邪慝渐消，行之既久，以此署考，庶几教化可兴，世道有赖。"奉旨："着中外大小臣工严查各处寺观庵院，毁新创，存旧阯矣。"但是数日之后，神宗变卦，复谕都察院曰："前有旨清寺观庵院，恐奉行过严，一时军民惊扰。其令五城御史停之，仍禁以后不得私创。犯者重拟。"① 在背后起作用的，多半是那位慈圣皇太后。

万历十七年八月，"南京工部尚书李辅请兴工作以寓救荒。谓留都流离渐集，赈粥难周。请修神乐观、报恩寺。各役肇举，匠作千人，所赈亦及千人。及查僧众无度牒者领给，以示澄汰。礼科给事中朱维藩亦有言。从之"。② 通过公共工程以救济流民，本是救灾常用之法，但此次所修，却非确实关乎人民生活的工程，其结果只是将修建寺院更加合理化。

万历十八年八月，礼部右侍郎兼翰林院侍读学士黄凤翔言："窃睹都城内外，祠庙寺观，金碧荧煌，堂宇壮丽，询诸道路，皆曰内帑所捐金也。而远方梵刹之供奉，岁时斋醮之祷祝，亦复频仍。臣愚谓与其捐兹厚费于冥冥，孰若宽此一分于民命。臣愚又以为，岁进无名诸费，愿陛下慨然停止。"疏入，报闻。③ 此处所说"岁进无名之诸费"，当与修建装潢祠庙寺观有关。在派出矿监税使之前，神宗已经加大了征敛增收的力度。而稍后的矿监税使之出，与皇室大肆修建寺院，导致内帑不足，有直接的关系。

神宗在位最久，其间始终勤于修寺。到万历四十三年，还在于普陀山修建镇海寺，由内监曹奉董其事。礼部根据浙江巡按刘一焜、李邦华的奏疏，要求停止工程："此山远眺日本，俯瞰黑洋，高皇帝以胜国末年，方国珍据此煽乱，逐籍其人而火其居。肃皇帝以嘉靖年间倭奴阑入，闽、浙荡摇，遂迁佛像于招宝山，禁耕贩于海岛。迩年来，法令渐弛，募建繁兴，游手游食，亡命无赖皆籍此为生涯。奈何以奉佛之虚文，酿封疆之实祸？乞罢之。"神宗不理。④ 十二月，重修南海普陀寺成，御制碑文记之，词曰："……先是，南海普陀寺毁于祝融，我圣母恻然发念，欲缘故址而鼎新焉。朕仰惟慈

① 《明神宗实录》卷157，万历十三年正月壬辰。
② 《明神宗实录》卷214，万历十七年八月己卯。
③ 《明神宗实录》卷226，万历十八年八月乙未。
④ 《明神宗实录》卷530，万历四十三年三月己未。

谕，无扰民，无烦将作，无费水衡金钱，盖默示以爱护苍生，绵延国脉至意。朕益用祗承，首捐内帑，其自朕躬而下，悉输诚发愿以至次助施，遣官督建，迄今落成……嗟乎！庄严妙相，今古皈依，功成而不扰，教尊而不渎，则今日盛事与前代瘠民佞佛者，大有间矣……"① 这时明朝的统治已经风雨飘摇，神宗的言论，却还是与佛堂的金顶一样冠冕堂皇。

根据朱国桢的说法，万历中，南京有 160 个寺院，"南京三大寺为钟山灵谷寺、凤山天界寺、聚宝山报恩寺。五次大寺，揖山栖霞寺、天竺山能仁寺、牛首山弘觉寺，鸡鸣山鸡鸣寺、卢龙山静海寺。并中刹、小刹，共一百六十。最小者不与"。②

泰昌元年八月，光宗即位诏书内有："今后敢有私创禅林道院，即行折毁，仍惩首事之人。僧道无度牒者，悉发原籍还俗。"③ 这又是一帮士大夫更革弊政的妄想。光宗很快死去。熹宗、庄烈帝时期，已经顾不上寺院的事情了。

以上所说，只是明代朝廷与寺院修建关系的大致情况。从这些情况中可以看出，正统以后，除了嘉靖时期以外，修建寺院一直活跃，而其动因，多来自皇室。皇室之修寺院，并非特意要破坏国家政策，但是实际上却因其特权，而终于一步一步地将明朝初年的规则变得毫无约束效力。洪武时期制定的对佛教政策，很大程度上是被皇帝家族破坏的。

---

① 《明神宗实录》卷428，万历三十四年十二月甲辰。
② 朱国桢：《涌幢小品》卷28，第659页。
③ 《明光宗实录》卷3，泰昌元年八月丙午。

第 五 章

诸教政策分说二：藏传佛教

万历间人，张瀚说："西番错居江之南北，元世祖始为郡县，以吐番僧八思巴为大宝法王、帝师领之。嗣世弟子号司徒、司空、国公，佩金玉印。明兴，洪武中令诸酋举故官授职，以摄帝师喃加巴藏卜为炽盛佛宝国师，余为都指挥、同知、宣慰使、元帅、招讨等官。自是，番僧各有封号。贡使咸自四川黎州入，有赞化王者，自陕西洮州入，每贡百人，多不过百五十人。凡诸王嗣封，皆有赐诰。宣德中，封大宝、大乘、阐教、阐化、赞善五王。阐化王贡使乩藏等还，以赐物易茶，至临洮没入官，并留藏等。上命释之，赐茶而还。自后成、弘以来，数入贡马或贡舍利。贡使渐多，赏赍亦渐减。四川威、茂、松潘诸僧三岁一贡，限三十人，岷、洮番僧每岁入贡，限四五人，令至京师，余留塞上。洪武中，置洮州卫军民指挥使司，复置洮州茶马司，令岁纳马三千五十匹。又置河州卫军民指挥使司，更置西宁茶马司，令岁纳马三千五百匹。市法：上马茶百二十斤，中马七十斤，下马五十斤。"① 这是明朝人对明朝中央政府与藏边关系的大致描述。从中可以看出，优容藏传佛教、朝贡关系、茶马贸易构成了明朝西藏政策的基本内容。

明朝初年的宗教政策从一开始就有两个基点，一是政治统治和社会管理的需要，二是多种宗教、信仰兼容。对藏传佛教的政策与明朝整个宗教政策一致，既以宗教兼容为基础，也服从于国家边疆政策。《明史》云："洪武初，太祖惩唐世吐蕃之乱，思制御之。惟因其俗尚，用僧徒化导为善。乃遣

---

① 张瀚：《松窗梦语》卷 3，"西番纪"，第 61—62 页。

使广行招谕。"① 明人黄佐评论说："凡胡僧有名法王者，若国师者，一入中国朝廷，优礼供给甚盛，言官每及之，而朝廷多不从者。盖西番之俗，有叛乱仇杀，一时未能遥制，彼以其法戒谕之，惟谨。盖以取夷之机在此，故供给虽云过优，然不烦兵甲刍粮之贝，而阴屈众丑，所得亦多矣。此先朝制驭夷之术，非果神之也。世人不悟，或受其戒，或学其术，或有中国人伪承其绪，而慕袭其名号，此末流之弊也。"② 正由于藏传佛教政策在很大程度上从属于边疆、民族政策，所以明制规定汉人不得学"番教"："凡汉人出家习学番教，不拘军民、曾否关给度牒，俱问发原籍各该军卫有司当差。若汉人冒诈番人者，发边卫充军。"③ 对于边疆少数民族学"番教"则无禁令。这样，在明朝的国家政策中，藏传佛教与汉地佛教及道教不同，没有被当作一种普世性的宗教来对待，而是被当作一种特殊群体信仰来对待。士大夫中入禅、修道者都不少，但是修藏传佛教者却难得一见。

　　明朝藏传佛教政策也在实践中不断有所演变。除了政治与社会变化总趋势等一般因素以外，对藏传佛教政策的变化发生较特殊作用的有这样几个因素：1. 喇嘛上层与明朝中央政府关系的发展；2. 明朝皇帝对藏传佛教的兴趣；3. 边疆地区的局势变动。如大致分为阶段，可见四个时期：洪武到天顺时期，藏传佛教作为边疆少数民族的信仰得到承认，日益增多的藏传佛教上层接受明朝中央政府授予的宗教和世俗管理权；成化到正德时期，前一时期的趋势并未改变，但大批高级喇嘛借助对皇室影响的增强而在朝廷和北京一带成为拥有特殊尊崇地位的宗教群体，西部边疆稳定，但藏传佛教人士在朝廷地位的增强激化了其与汉族士大夫的矛盾和后者关于国家基本文化精神的忧虑；嘉靖时期，明世宗对佛教的反感与士大夫对喇嘛在朝廷中影响力的忧虑结合成为对藏传佛教的限制方针，其封号多被降低，大批喇嘛被从北京送回边疆地区，喇嘛朝贡也被限制到很小的规模；隆庆时期，明朝在稳定对鞑靼部蒙古的羁縻关系中大大得力于藏传佛教，与藏传佛教上层的关系改善，但并未恢复第二时期喇嘛群体在北京极为活跃的局面。

　　洪武三年，明朝派觉原禅师（讳慧昙，字觉原，天台人，族姓杨）出使

---

① 张廷玉：《明史》卷331，列传第219，"西域三"，第8572页。
② 张萱：《西园闻见录》卷105，"佛"，第1944页。
③ 舒化等：《问刑条例》，"户律一"，见怀效锋点校《大明律》附录，第369页。

西域。其意当在借助汉地佛教与藏传佛教的关系,加强与西藏地区的联系。觉原于洪武四年九月卒于西域。① 另外被明朝遣往西藏的还有员外郎许允德,他受遣专门去告知各族酋长各举原来所受官职,至京城重新封授。在此基础上,洪武五年十二月,曾在元朝末年驻于大都的乌思藏摄帝师喃加巴藏卜等派遣使者率先来贡方物。诏赐红绮禅衣及靴帽钱物有差。洪武六年二月,喃加巴藏卜亲自领故元国公南哥思丹八、亦监藏等来朝贡,乞授职名。遂"置乌思藏、朵甘卫指挥使司,宣慰司二、元帅府一、招讨司四、万户府十三、千户所四,以故元国公南哥思丹八、亦监藏等为指挥同知金事、宣慰使同知、副使、元帅、招讨、万户等官,凡六十人,以摄帝师南加巴藏卜为炽盛佛宝国师"。并诏谕朵甘、乌思藏等处:"我国家受天明命,统驭万方,恩抚良善,武威不服。凡在幅员之内,咸推一视之仁。近者摄帝师喃加巴藏卜以所举乌思藏、朵甘思地面故元国公、司徒、各宣慰司、招讨司、元帅府、万户、千户等官,自远来朝,陈请职名,以安各族。朕嘉其识达天命,慕义来庭,不劳师旅之征,俱效职方之贡,宜从所请,以绥远人。以摄帝师喃加巴藏卜为炽盛佛宝国师,给赐玉印。南哥思丹八、亦监藏等为朵甘、乌思藏、武卫诸司等官,镇抚军民,皆给诰印。自今为官者,务遵朝廷之法,抚安一方。为僧者,务敦化导之诚,率民为善,以共乐太平。"②《释鉴稽古略续集》记此事为:洪武六年,"诏以故元释帝师喃迦巴藏卜为炽盛佛宝国师。自是番僧有封为灌顶国师及赞善王、阐化王、正觉大乘法王、如来大宝法王者。俱赐印章、诰命,领其各本国人民,间岁朝贡"。③ 喃加巴藏卜等不久辞归,明太祖命河州卫镇抚韩加里麻等"持敕同至西番,招谕未附土酋"。以后数年间,喃加巴藏卜多次遣人入贡,并推荐官员,皆得批准。

洪武六年十月,阿撒揑公寺住持端月监藏乞降护持,从之。敕曰:"佛教始于西乾,流传至于中华,今千余年矣。盖为时有智僧出世,谈天人妙果,智慧者闻之,益加崇信,愚痴者闻之,莫不豁然警悟。呜呼!佛之愿力,有若是乎!尔番僧端月监藏修行有年,今有朝京师,特赐敕护持。凡云

---

① 释大闻:《释鉴稽古略续集》卷2,第18—19页。
② 《明太祖实录》卷79,洪武六年二月癸酉。
③ 释大闻:《释鉴稽古略续集》卷2,第20页。

游坐禅，一听所向，以此为信。诸人毋得慢忽其教，违者国有常刑。"①

洪武七年春正月，故元和林国师朵儿只怯烈失思巴藏卜遣人来朝，进表、献铜佛、舍利、白哈丹布及元所授玉印、玉图书、银印、铜印、金字牌等。同年五月，"和林国师朵儿只怯烈失思巴藏卜及甘肃平章汪文殊奴等至京师。国师献佛像、舍利及马二匹。诏以佛像、舍利送钟山寺，赐国师文绮禅衣，汪文殊奴等匾丝、袭衣、房舍、供具诸物及赐从者衣服等物有差"。②"和林，即元太祖故都，在极北，非西番，其国师则番僧。与功德国同时来贡，后亦不复至。"③朵儿只怯烈失思巴藏卜之入朝，与西藏喇嘛入朝同样是表示臣服之意，但是明朝虽然以礼接待，却没有封给敕书、封号、官职。以后这种关系也没有继续下去。原因当在于，明朝初年有明确的通过喇嘛笼络、稳定西藏的政策，但却没有将此列为明朝初年对蒙古各部的政策。

此后，洪武时期礼待藏传佛教僧侣的事情屡见于史籍，如：洪武十二年春，"朵甘、乌思藏灌顶国师答力麻巴敕遣酋长汝奴藏卜等表贡方物，赐衣服绮帛有差"。④明太祖下诏称："今朵甘思、乌思藏两卫地方诸院上师，躔如来之大教，备五印之多经，代谓阐扬，化凶顽以从善，启人心以涤愆。朕谓佛为众生若是，今多院诸师亦为佛若是，而为暗理王纲，与民多福。"⑤洪武十七年二月，"遣僧智光等使西天尼八剌国"。⑥洪武二十年十二月，智光等返回，并"西天尼八剌国王马达纳罗摩、乌思藏、朵甘二都指挥使司都指挥、攒干尔监藏等各遣使阿迦耶等来朝，上表贡方物、马匹、镔铁剑及金塔、佛经之属，贺明年正旦"。⑦

洪武二十三年，"以临洮僧已什领占为尚师，赐以钞锭。其从僧三十六人，俱赐为差"。⑧洪武二十六年，"西宁番僧三剌贡马。先是，三剌为书招降罕东诸部，又创佛刹于碾白南川，以居其众。至是，始来朝，因请护持及

① 《明太祖实录》卷85，洪武六年十月己卯。
② 《明太祖实录》卷89，洪武七年五月庚辰。
③ 张廷玉：《明史》卷331，列传第219，"西域三"，第8586页。
④ 《明太祖实录》卷122，洪武十二年春正月丙申。
⑤ 朱元璋：《明太祖文集》卷1，"护持朵甘思乌思藏诏"，第7—8页。
⑥ 《明太祖实录》卷159，洪武十七年二月己巳。
⑦ 《明太祖实录》卷187，洪武二十年十二月庚午。
⑧ 《明太祖实录》卷200，洪武二十三年三月乙丑。

寺额。上赐名曰:'瞿昙寺。'敕曰:'自有佛以来,见佛者无不瞻仰,虽凶
戾愚顽者,亦为之敬信。化恶为善,佛之愿力有如是耶。今番僧三剌生居西
土,躅佛之道,广结人缘,辑金帛以创佛刹。比者来朝京师,朕嘉其向善慕
义之诚,特赐护持。诸人不许扰害,听其自在修行。违者罪之。故敕。'"①
同年,"立西宁僧纲司。以僧三剌为都纲,河州卫汉僧纲司,以故元国师魏
失剌监藏为都纲,河州卫番僧纲司,以僧月监藏为都纲。盖西番崇尚浮屠,
故立之使主其教,以绥来远人。复赐以符曰:'自古帝王致治,无闻远迩。
设官以理庶务,稽诸典礼,复有僧官,以掌其教者,非徒为僧荣也。欲其率
修善道阴助王化,非真诚寡欲淡泊自守者,奚足以称斯职。今设僧纲司,授
尔等以官,给尔符契,其体朕之心,广佛功德,化人为善。钦哉!'"②

明成祖即位后,立即"遣僧智光赍诏谕馆觉灵藏、乌思藏、必力工瓦思
达藏、朵思尼八剌等处,并以白金彩币颁赐灌顶国师等凡白金二千二百两,
彩币百一十表里"。③ 永乐元年二月,又派司礼监少监侯显迎取乌斯藏大喇
嘛哈立麻。这看去与太祖时期做法类似,但实际却已开始发生微妙变化。太
祖并不注重喇嘛的法术,藏传佛教与朝廷其他政务、政风也都无牵制关系。
成祖则在藩邸时,就仰慕哈立麻"道行卓异",因而在上台后遣人征之。④
根据《明史》的说法,成祖"闻乌思藏僧尚师哈立麻有道术,善幻化,欲致
一见,因通迤西诸番。乃命显赍书币往迓,选壮士健马护行"。此行在永乐
元年四月出发,至四年十二月才返回。"帝延见奉天殿,宠赉优渥,仪仗鞍
马什器多以金银为之,道路烜赫。"永乐五年二月,遂建普度大斋于灵谷寺,
为高帝、高后荐福。据说当时出现祥云、甘露等祥瑞。成祖大喜,廷臣也纷
纷上表庆贺。乃封哈立麻为"万行具足十方最胜圆觉妙智慧善普应佑国演教
如来大宝法王西天大善自在佛",领天下释教,给印诰制如诸王,其徒三人

---

① 《明太祖实录》卷225,洪武二十六年二月壬寅。

② 《明太祖实录》卷226,洪武二十六年三月丙寅。《明太祖实录》卷250,"洪武三十年二月"条
系此事于洪武三十年,文为:"立西宁僧纲司,以僧三剌为都纲,河州卫汉僧纲司,以故元国师魏失剌监
藏为都纲,复置河州卫番僧纲司,以僧端月监藏为都纲。上以西番俗尚浮屠,故立之以来远人也。"

③ 《明成祖实录》卷11,洪武三十五年八月戊午。按智光在天顺二年圆寂,以圆融妙慧净觉弘济
辅国光范衍教灌顶广善大国师追封为大通法王。见《明英宗实录》卷312,天顺四年二月庚申。

④ 《明成祖实录》卷17,永乐元年二月乙丑。

亦封灌顶大国师，再宴奉天殿。① 永乐六年四月，哈立麻辞归，"复赐金币、佛像，命中官护行。自是，迄正统末，入贡者八"。②

后来，成祖"又闻昆泽思巴有道术，命中官赍玺书银币征之。其僧先遣人贡舍利、佛像，遂偕使者入朝。十一年二月至京，帝即延见，赐藏经、银钞、彩币、鞍马、茶果诸物，封为万行圆融妙法最胜真如慧智弘慈广济护国演教正觉大乘法王西天上善金刚普应大光明佛，领天下释教，赐印诰、袈裟、幡幢、鞍马、伞器诸物，礼之亚于大宝法王。明年辞归，赐加于前，命中官护行。后数入贡，帝亦先后命中官乔来喜、杨三保赍赐佛像、法器、袈裟、禅衣、绒锦、彩币诸物。洪熙、宣德间并来贡"。③

永乐初，遣僧智光访藏传佛教格鲁派领袖宗喀巴，宗喀巴于永乐四年遣使入贡，"诏授灌顶国师，赐之诰。明年，遣使入谢，封为护教王，赐金印、诰命、国师如故。遂频岁入贡。十二年，卒。命其从子鄂色尔结喇实巴勒藏布嗣。洪熙、宣德中并入贡"。④

永乐时期继续派遣得到明朝优礼的"番僧"充当与边疆少数民族联系的使节。永乐二年八月，"遣番僧丹竹领占格敦僧吉等赍敕谕西番八郎马儿咂懒藏等族"。⑤ 永乐四年九月，"鸡鸣寺番僧端竹领占、洮州卫千户赵诚奉命往八郎等簇，招谕眼即多匝簇、马儿匝簇、思曩日簇、潘官簇、哈伦簇头目桑耳结巴、阿思巴等来朝贡马，赐钞币有差"。⑥

甚至有些僧人被派遣到日本，宣扬佛法。如"雪轩禅师，讳道成，字鹫峰，蓟北人……洪武间诏授青州僧都纲。后太祖闻其贤，召为僧录司右讲

---

① 张廷玉：《明史》卷 304，"侯显传"，第 7768—7769 页。《释鉴稽古略续集》卷 3 亦载：永乐五年二月，"命西僧尚师哈立麻于灵谷寺启建法坛，荐祀皇考皇妣。尚师率天下僧伽举扬普度大斋科十有四日。卿云天花、甘雨甘露、舍利祥光、青鸾白鹤，连日毕集。一夕，桧柏生金色花，遍于都城。金仙罗汉变现云表，白象青狮庄严妙相，天灯导引，旛盖旋绕，亦既来下。又闻梵呗空乐自天而降。群臣上表称贺。学士胡广等献'圣孝瑞应歌颂'。自是之后，上潜心释典，作为佛曲，使宫中歌舞之……三月，封西僧尚师哈立麻为万行具足十分最胜圆觉妙智慧善普应佑国演教如来大宝法王西天大善自在佛，领天下释教。赐金百两、银千两、彩币、宝钞、织金珠袈裟、金银器皿、鞍马，赐仪仗与郡主同。其徒孛罗等皆封为大国师，并赐印诰金币等物。宴之于华盖殿。"
② 张廷玉：《明史》卷 331，"乌斯藏大宝法王"，第 8573 页。
③ 张廷玉：《明史》卷 331，"大乘法王"，第 8575—8576 页。
④ 张廷玉：《明史》卷 331，"护教王"，第 8583—8584 页。
⑤ 《明成祖实录》卷 33，永乐二年八月癸巳。
⑥ 《明成祖实录》卷 45，永乐四年九月壬戌。

经，赐金襕衣，住持天界寺。至永乐中，命师往日本阐扬佛化。及归，升左善世。御制诗章赐之"。①

由于政府与边疆宗教关系的需要，一些西部边疆僧人被任为僧官。其中有违法者，受到严厉惩处。永乐十七年，僧录司左觉义张答里麻因罪被处以磔刑。"答里麻，西宁人，初以通译书得进，而机警善应对，久之得补僧官。上信任之，宠任日厚。遂骄蹇放恣。凡番僧朝贡者，必先之答里麻所，然后达于上，或有除授赍予，皆谓由己致之。又冒请护持度牒，拘留国师等诰印图书，招纳逋逃为僧，交通西番，侵夺各寺院山院田地。其父显凭籍势焰，擅作威福。西宁之人，倾意张氏，如不知有朝廷者。至是都指挥李英发其事。命三法司研问，皆引伏。遂并其父显磔于市而籍没其家。"②

洪熙元年六月，"命右善世端竹领占为圆妙广智大国师，给与金印玉辅诰命"。③宣德元年二月，"论征曲先安定功"，加五国师为大国师，皆给金印。封四禅师，皆给银印。④宣德元年三月，升乌思藏大宝大乘阐化阐教赞善五王及大国师释迦也失差来使臣四人为国师，一人为禅师，另有升为指挥使、千户等职者。⑤

沈德符也记述了成祖优礼哈立麻事，并指出从成祖到宣宗，优礼藏传佛教领袖一脉相承。"永乐三年，赐尚师哈立麻法王佛号。十年又赐其徒尚师毗泽思巴法王佛号。弇州纪之异典矣，而不知宣宗亦崇佛教也。宣德九年六月，遣礼部尚书胡濙同成国公朱勇，持节封释迦也失为万行妙明真如上胜清净般若宏照普应辅国显教至善大慈法王西天正觉如来自在大圆通佛。盖又不待成化年间之尚师扎巴坚参与领占竹辈矣。且宗伯掌文学而下行瞀御之役，其品安在哉?"⑥

宣宗对周边地区实行保守内向的政策，其间与藏传佛教人士的往来也较永乐时期为少。宣德四年，几次拒绝边疆地区僧人建立佛寺的要求。"叠州

①　释大闻:《释鉴稽古略续集》卷3，第33页。
②　《明成祖实录》卷113，永乐十七年春正月。
③　《明宣宗实录》卷2，洪熙元年六月辛酉。
④　《明宣宗实录》卷14，宣德元年二月戊寅。
⑤　《明宣宗实录》卷15，宣德元年三月庚子。
⑥　沈德符:《万历野获编》补遗卷4，第914页。有关释迦也失事迹及有关其他文献，参看陈楠"明代大慈法王释迦也失在北京活动考述"，《中央民族大学学报》2004年第4期。

喇嘛南葛也失来朝奏，岷、叠二州连接，请于其界忙渴儿之地创建佛宇，乞职名。上谓尚书胡濙曰：'创寺劳扰边民，勿听，职名姑俟再来，可赐赉而遣之。'"① 宣德四年三月，"松潘土僧喇嘛绰领拾利藏奏番人作耗，尝率众追捕有功，且乞创寺，赐名分。上谓行在吏部臣曰：'彼以有捕盗功，俱命为禅师，创寺劳民不可从。'"② 宣德五年三月，"行在礼部奏灵藏赞善王喃葛监藏巴藏卜奏，欲建佛寺，乞朝廷给赐杂用颜料。上曰：'彼造佛寺，乃欲劳中国民，不与。'"③

　　英宗即位之初，朝廷感觉在京喇嘛开支过大，人数过多，有所裁减，"先是，番僧数等，曰大慈法〔王〕、曰西天佛子、曰大国师、曰国师、曰禅师、曰都纲、曰喇嘛，俱系光禄寺支待。有日支酒馔一次、二次、三次，又支廪饩者，有但支廪饩者。上即位之初，敕凡事皆从减省。礼部尚书胡濙等议，已减去六百九十一人，相继回还本处。其余未去者，命待正统元年再奏。至是，濙等备疏慈恩、隆善、能仁、宝庆四寺番僧当减去者四百五十人以闻。上命大慈法王、西天佛子二等不动，其余愿回者听，不愿回者，其酒馔廪饩令光禄寺定数与之"。④ 这种做法，虽然主要从财政角度着眼，但仍表示正统时期对藏传佛教略为疏远。不过，正统时期也曾封藏传佛教领袖，如正统十年三月，"封禅师相初班丹为清修戒定国师，赐以诰命"⑤。但此类事情并不频繁，景泰时期则又增多。

　　景泰三年冬十月，"封西天佛子大国师班丹刴释为大智法王，赐以诰命"⑥；"升番僧禅师葛藏为广善慈济国师，赐诰命、僧帽、僧衣、银印以奉使乌斯藏有功也。"⑦ 景泰四年四月，"命灌顶大国师沙加为西天佛子大国师，灌顶国师锁南释剌为灌顶大国师，赐之诰命"。⑧ 景泰四年六月，"加封

① 《明宣宗实录》卷50，宣德四年春正月丁卯。
② 《明宣宗实录》卷52，宣德四年三月庚午。
③ 《明宣宗实录》卷64，宣德五年三月辛酉。
④ 《明英宗实录》卷17，正统元年五月庚午。
⑤ 《明英宗实录》卷127，正统十年三月癸未。
⑥ 《明英宗实录》卷222，《景泰附录》卷40，景泰三年冬十月壬子。
⑦ 《明英宗实录》卷223，《景泰附录》卷41，景泰三年十一月乙亥。
⑧ 《明英宗实录》卷228，《景泰附录》卷46，景泰四年夏四月辛亥。

国师班卓儿藏卜为灌顶清心戒行大国师,赐以诰命"。① 景泰五年二月,"大
隆善寺妙济禅师绰巴剳失卒,命其侄完卜失剌也失袭之"。② 景泰五年三月
丙子,"封班竹儿藏卜为灌顶广智弘善国师,剳思巴藏卜为灌顶弘教翊善国
师,锁南领占为灌顶净修妙觉大国师,俱赐诰命"。③ 景泰五年八月,"命番
僧领占罗竹、绰巴藏卜为禅师,喇嘛坚粲领占为都纲,俱赐敕命"。④ 景泰
六年三月,"命西番净戒寺国师弟扎思巴藏卜袭灌顶弘教翊善国师,瞿昙寺
完卜班竹儿藏卜袭灌顶广智弘善国师,皆赐之诰命"。⑤ 景泰七年六月,从
礼部尚书胡濙之请,封一王子为辅教王,三人为国师,七人为禅师。⑥ 景泰
七年秋七月,"命西番净修弘智灌顶大国师锁南舍剌为净修弘智灌顶大国师
西天佛子、广通精修妙慧阐教西天佛子大国师沙加为广通精修妙慧阐教弘慈
大善法王,喇嘛占巴失念为崇修善道国师,加弘善妙济国师舍剌巴为灌顶弘
善妙智国师,俱赐诰命"。⑦ 景泰七年十一月,以写番经成,升多名番僧为
国师及僧官。⑧ 景泰七年十一月,"升禅师智中为国师,都纲远丹藏卜为禅
师,以松潘镇守官罗绮等言其有化导番俗功也"。⑨

英宗复辟以后,对藏传佛教较前注重。天顺元年八月,"命大能仁寺左
觉义乃耶室哩为灌顶国师,赐诰命"。⑩ 天顺二年冬十月,"命户部揭榜禁约
番僧进贡,回者毋得沿途贩买私茶,扰人装送"。⑪ 天顺三年春正月,"有番
僧短发衣虎皮,自称西天活佛弟子,京师男女拜礼者盈街。上命锦衣卫驱之
归其本土"。⑫ 天顺三年二月,"赐灌顶清心戒行国师班车卓儿藏卜、净戒禅
师班丹扎失巴等诰命及镀金银印、袈裟等物"。⑬ 天顺四年二月,追封圆融

① 《明英宗实录》卷230,《景泰附录》卷48,景泰四年六月壬辰。
② 《明英宗实录》卷238,《景泰附录》卷56,景泰五年二月癸未。
③ 《明英宗实录》卷239,《景泰附录》卷57,景泰五年三月丙子。
④ 《明英宗实录》卷244,《景泰附录》卷62,景泰五年八月庚子。
⑤ 《明英宗实录》卷251,《景泰附录》卷69,景泰六年三月丙午。
⑥ 《明英宗实录》卷267,《景泰附录》卷85,景泰七年六月癸丑。
⑦ 《明英宗实录》卷268,《景泰附录》卷86,景泰七年秋七月辛巳。
⑧ 《明英宗实录》卷272,《景泰附录》卷90,景泰七年十一月戊辰。
⑨ 《明英宗实录》卷272,《景泰附录》卷90,景泰七年十一月壬辰。
⑩ 《明英宗实录》卷281,天顺元年八月戊申。
⑪ 《明英宗实录》卷296,天顺二年冬十月壬午。
⑫ 《明英宗实录》卷299,天顺三年春正月辛卯。
⑬ 《明英宗实录》卷300,天顺三年二月丁丑。

妙慧净觉弘济辅国光范衍教灌顶广善大国师智光为大通法王，遣官赐祭。①
天顺四年七月，"命乌答寺住持番僧朵儿只领占为灌顶国师，赐敕诰银印衣
帽，温卜叱失言簇袭为国师"。② 天顺四年九月甲申，"四川三司奏：'比奉
敕番僧人等朝贡京师者，不得过十人，余悉留彼伺候，缘本处迩年荒旱，若
悉留所余番僧伺候，动经数月，疲于供亿，宜准正统间例，以礼宴待，发回
各地方伺候为便。'从之。"③ 天顺六年四月，命番僧干丹藏卜袭灌顶真修妙
应国师，赐之诰命。④ 天顺六年六月，"追封已故灌顶圆妙广智大国师端竹
领占为西天佛子。从其徒大国师扎巴坚参请也"。⑤ 天顺六年十二月，"召净
觉慈济大国师锁南领占至京师，馆之大隆善寺"。⑥ 天顺七年九月，"哈密忠
顺王母弩温答失里奏举必剌牙失里袭从父绰颜帖木儿国师职。上曰：'国师
乃朝廷优待西僧职之重者，非戒行精专，莫能胜之，彼必剌牙失里何人，乃
遽欲得是职，其第以都纲授之。'"⑦

　　天顺以前对藏传佛教的政策虽然已经逐渐由控制利用向较多的放松信奉
转化，但一直不失节制。这意味着，从主流的意义上说，这个时期的藏传佛
教政策是国家边疆政治政策的一部分。大致成化时期开始，朝廷对藏传佛教
和内地佛教的控制意识都大大削弱，皇室成员普遍信奉各种宗教，包括藏传
佛教，皇帝看待藏传佛教的方式也逐渐由从政治角度出发向由信仰态度出发
转变。

　　成化元年八月，"命番僧且答儿黑巴为精勤善行国师"。⑧ 九月，明确乌
思藏喇嘛三年一贡的条例。当时礼部奏称："宣德、正统间，番僧入贡不过
三四十人。景泰间，起数渐多，然亦不过三百人。天顺间遂至二三千人。及
今，前后络绎不绝，赏赐不赀，而后来者又不可量。且其野性暴横奸诈，今
乌思藏剌麻蜡叭言千等来朝贡方物，乞降之敕，谕使三年一贡。上从其请。

　　① 《明英宗实录》卷312，天顺四年二月庚申。
　　② 《明英宗实录》卷317，天顺四年秋七月壬寅。
　　③ 《明英宗实录》卷319，天顺四年九月甲申。
　　④ 《明英宗实录》卷339，天顺六年夏四月庚午。
　　⑤ 《明英宗实录》卷341，天顺六年六月戊寅。
　　⑥ 《明英宗实录》卷347，天顺六年十二月戊寅。
　　⑦ 《明英宗实录》卷357，天顺七年九月庚申。
　　⑧ 《明宪宗实录》卷20，成化元年八月戊戌。

因蜡叭言千等归,敕谕阐化王曰:尔父祖以来,世修职贡。洪武年间,三年一贡,来朝不过三四十人。往来道途,亦守礼法。近年以来,增加渐多,络绎不绝。恃朝廷柔远之意,所至骚扰。察其所以,多有四川等处不逞之徒买求印信,冒作番僧,贪图财利,坏尔声名。尔居遐僻,何由得知?兹特敕谕,尔今后仍照洪武旧例,三年一贡,自成化三年为始所遣之人,必须本类,不许过多。所给文书,钤以王印。其余国师、禅师等印,皆不许行。惟袭替谢恩者,不在三年之限。仍戒来人,毋得夹带投托之人。朝廷已敕经过关隘官司盘诘辨验,如有伪冒,就便挐问。如此则事有定规,人无冒滥,庶不失尔敬事朝廷之意。"①

成化二年十一月,"赐弘善妙慈灌顶大国师剳实巴诰命"。② 成化三年二月,"乌思藏木目等寺番僧三册坚咎等来朝贡佛像、马匹等物,礼部奏其故违三年一贡之限,辄由他道以来,所给彩段等物宜减常例,以示戒。从之"。③ 成化四年正月,"大慈恩寺西天佛子剳实巴奏乞以宛平县民十户为佃户,并静海县树深庄地一段为常住田。诏许之,不为例"。④ 成化四年四月,封"番僧"都纲坚粲列为佑善衍教国师,赐给诰命。并且,"封西僧剳巴坚参为万行庄严功德最胜智慧圆明能仁感应显国光教弘妙大悟法王西天至善金纲普济大智慧佛,剳实巴为清修正觉妙慈普济护国衍教灌顶弘善西天佛子大国师,镇南坚参为静修弘善国师,端竹也失为净慈普济国师,俱赐诰命。西僧以秘密教得幸,服食器用僭拟王者,出入乘棕舆,卫卒执金吾杖前导,达官贵人莫敢不避路。每召入内,诵经咒,撒花米,攒吉祥。赐予骈蕃,日给达官酒馔、牲饩至再,锦衣玉食者几千人。中贵人见辄跪拜,坐而受之。法王封号有至累数十字者"。⑤

注意,这时对喇嘛的优礼,固然还有此前笼络边疆上层人士的用意,同时也开始基于密宗佛教的法术得到皇帝的信奉。因为后一原因而在朝廷得到

① 《明宪宗实录》卷21,成化元年九月戊辰。
② 《明宪宗实录》卷36,成化二年十一月癸巳。
③ 《明宪宗实录》卷39,成化三年二月壬子。
④ 《明宪宗实录》卷50,成化四年春正月庚寅。按此田到成化四年九月因人弹劾剳实巴而被追回,参看《明宪宗实录》卷58,成化四年九月己巳。
⑤ 《明宪宗实录》卷53,成化四年夏四月庚戌。

崇高地位的喇嘛，与大宝法王等西藏边疆的政治、民族、宗教代表不同，已经成了新的一类近幸术士。对这类人物的提拔、封授，也多出"传奉"。这就不仅引起了近幸左右皇帝的担心，而且也引起了关于信仰的担心。于是朝臣开始提出批评。成化四年九月，六科给事中魏元等借出现彗星的机会上疏："佛自汉明以来，始入中国，梁武事之甚谨，得祸尤惨。今朝廷宠遇番僧，有佛子、国师、法王名号，仪卫过于王侯，服玩拟于供御。锦衣玉食，徒类数百，竭百姓之脂膏，中外莫不切齿，特朝廷未之知耳。又况其间有中国之人习为番教，以图宠贵。设真是番僧，尚无益于治道，况此欺诈之徒哉？宜令所司查审，果系番僧，资遣还国，若系中国者，追其成命，使供税役。庶不蚕食吾民，而异端斥矣……"宪宗回答说："所言有理，所司即拟行之，尔等其勉尽言职……"① 但宪宗的回答是敷衍之辞，并没有按照魏元等人的建议实施。于是礼部尚书姚夔等又上疏说："近给事中魏元、监察御史康永韶等陈言修德弭灾及番僧服用僭拟。臣以为番僧者，异端外教，蛊惑人心，汙染华夏，宜从所言施行。"宪宗说："番僧在祖宗朝已有之，若一旦遣去，恐失远人之心。逾制服用，别行禁止。"② 十月，礼部官员坚持"清理番教及中国冒充者"。法王刬巴坚参申辩说，这是永乐年间就有的事例，不当更易。宪宗便做了折中，没有清理"番僧"，汉人修习"番经"已经得了度牒的不再追回，但不准汉人修习藏传佛教而没有度牒者为僧，并重申"今后中国人不许习番教，非僧官食米者皆住支"。③ 这是宪宗在这一年第二次重申《大明律》所规定的汉人不许修习"番教"的禁令，④ 但他并没有因为官员们的批评而改变宠信喇嘛的做法。

成化五年正月，"赐西僧清心戒行国师桑节远丹等七人诰敕"。⑤ 成化七年四月，"遣官谕祭净觉慈济灌顶大国师锁南领占，命工部建塔葬之"。⑥ 成化七年七月，"以番僧怕思巴领占、巴藏卜袭大国师，赐诰敕"。⑦ 成化九年

① 《明宪宗实录》卷58，成化四年九月己巳。
② 《明宪宗实录》卷58，成化四年九月癸酉。
③ 《明宪宗实录》卷59，成化四年冬十月庚戌。
④ 《明宪宗实录》卷58，成化四年九月；卷59，成化四年冬十月；卷260，成化二十一年春正月。
⑤ 《明宪宗实录》卷62，成化五年春正月庚辰。
⑥ 《明宪宗实录》卷90，成化七年夏四月甲辰。
⑦ 《明宪宗实录》卷93，成化七年秋七月丙申。

正月,"赐大慈恩等寺法王札实巴、灌顶大国师端竹也失、班著尔藏卜国师,乳奴班丹、加纳失哩诰敕金印等物"。① 成化八年九月,"升番僧也舍坚粲崇教广化国师"。② 成化九年七月,大慈恩寺灌顶大国师端竹也失往陕西河州等处治事,乞以鸿胪寺冠带通事张志通偕行。得旨允之。该寺崇化大应法王札实[巴]并请敕陕西镇守等官修复至善大慈法王塔院弘化寺,如瞿昙寺制。又言该寺"天顺间寺僧五百五人,月给廪米人六斗,军民夫六十人守护,今乞申严如例"。允之。③ 成化十年三月,大应法王劄实巴死,有旨如大慈法王例葬之,并建塔,命拨官军四千供其役。④ 成化十年四月,"赐弘慈广智灌顶大国师领占竹金印。"⑤ 成化十二年二月,大能仁寺大悟法王劄巴坚参奏:"自货茶二万七百斤,绢段彩布一千五百余匹。乞命沿途军卫有司供应转递,往陕西临洮河州西宁等处熬茶施僧。"从之。⑥ 成化十二年十一月,升大隆善护国寺灌顶清心戒行国师班卓儿藏卜为灌顶大国师,大能仁寺觉义结瓦领占升禅师,锁南舍辣升右讲经。"时僧道官传奉寖盛,左道邪术之人荐至京师,吏部尚书尹旻等无旬日不赴左顺门候接传奉。每得旨,则次日依例于御前补奏。后内官亦自分讳其烦,密谕令勿复补奏,至废易旧制而不恤云。"⑦ 这时,对上层喇嘛的待遇已经与有关传奉官泛滥的事情纠缠到了一起。不仅如此。

成化十三年十一月,大慈恩寺佛子领占竹等奏乞印信。事下礼部讨论,礼部举先前大学士商辂等已经奏准:番僧授职不系本土管事者,不与印信事,表示反对。宪宗"命与之"。⑧ 成化十四年六月,大慈恩寺禅师喃渴领占等也乞给银印,礼部引同样理由反对。"有旨与之。"⑨ 可见,这时在京喇嘛颇有些官僚化的迹象。稍后似乎受到一些遏制。成化十八年四月,"礼部

① 《明宪宗实录》卷112,成化九年春正月庚戌。
② 《明宪宗实录》卷108,成化八年九月庚戌。
③ 《明宪宗实录》卷118,成化九年七月癸巳。
④ 《明宪宗实录》卷126,成化十年三月庚子。
⑤ 《明宪宗实录》卷127,成化十年夏四月癸未。
⑥ 《明宪宗实录》卷150,成化十二年二月乙未。
⑦ 《明宪宗实录》卷159,成化十二年十一月癸卯。
⑧ 《明宪宗实录》卷172,成化十三年十一月壬午。
⑨ 《明宪宗实录》卷179,成化十四年六月丙午。

奏:'在京番僧既无化导番人之功,且有汉人冒充之弊,一授之职,辄请诰敕,殊与京官,必待三年考称乃给及僧录司官,不给敕命,例不同,实滥恩典。乞自今除边境并外番及在京国师、禅师重职外,余在京觉义、都纲等职俱不得妄请,庶名器重而事不繁。'从之。"①

以后,仍旧大批授予喇嘛封号、职位。成化十八年秋七月,"陕西番僧三丹星吉等乞寺额,不许,以礼部议寺额太滥故也"。② 成化二十年十一月,太监覃昌传奉圣旨,升大慈恩寺西天佛子札失藏卜、札失坚锉、乳奴班丹、大能仁寺西天佛子锁南坚恭、结干领占俱为法王,大隆善护国寺灌顶大国师著乩领占、朵儿只巴西天大佛子,大慈恩寺国师绰吉坚恭灌顶大国师,国师坚锉星吉灌顶国师,禅师班麻朵儿只、札失班卓尔、讲经真巴捻念俱国师,讲经领占巴剌、赤罗竹、觉义札巴远丹答儿麻、三加竹俱禅师,都纲领占班卓尔觉义,喇嘛锁南领占、锁南陆征、昨巴领占、乳奴也失、喃渴陆竹、乳奴短竹、乳奴班丹、昨巴短竹、三加朵儿只、领占陆竹、札失伦竹、班丹坚锉、伦竹藏卜、领占藏卜、班丹陆竹、展羊领占、锁南札失、陆竹札巴、朵儿只官、著巴奔聂、悉干札失、失远丹、乳奴坚锉、远丹札失俱都纲,大隆善护国寺喇嘛端竹罗卓觉义,僧戒增右觉义,大能仁寺觉义领占竹讲经,都纲锁巴列公葛拴、剌结思念俱觉义。觉义锁南加札巴、藏播禅师锁南耶舍讲经,都纲锁南班丹觉义,僧本隆右觉义,香盘寺都纲绰吉领占觉义,喇嘛领占札失都纲。③

成化二十一年春正月,礼部尚书周洪谟等上疏,说到当时:"大慈恩、大能仁、大隆善护国三寺,番僧千余,法王七人,国师、禅师多至数十,廪饩膳夫供应不足。况法王、佛子、大国师例给金印,用度拟于王者,而其间又多中国人冒滥为之。宜令给事中、御史覈其本处山番,簇者听其去留,冒滥者悉令还俗。"宪宗含混推搪:"法王、佛子、国师、禅师、番僧供给,俱省其半,今后汉人冒为之者,必罪不宥……"④ 成化二十一年十一月,"以

<hr>

① 《明宪宗实录》卷226,成化十八年夏四月丙午。
② 《明宪宗实录》卷229,成化十八年秋七月壬申。
③ 《明宪宗实录》卷258,成化二十年十一月丙戌。
④ 《明宪宗实录》卷260,成化二十一年春正月己丑。

番僧剳巴藏卜等四人为灌顶大国师、大国师、禅师、觉义等职"。① 成化二十一年十二月，"以番僧班丹汪等三十五人为西天佛子国师、禅师、讲经、觉义、都纲等职"。② 成化二十一年十二月，以坚剉星吉等五人为灌顶大国师、国师。③ 成化二十二年四月，"太监覃昌传奉圣旨，大能仁寺灌顶大国师札巴藏布升佛子，国师锁南加升灌顶国师，讲经锁南班丹升禅师，喇嘛锁南朵只、领占窝些、领占宁播、盆锉巴俱升都纲……"④ 成化二十二年十月，宪宗又命太监传令：升灌顶大国师释迦哑而塔为西天佛子，禅师津达室哩为国师，喇嘛麻的室哩为觉义国师，剌瓦扎为大国师。⑤ 成化二十二年十一月，"太监韦泰传奉圣旨，追封已故西天佛子端竹领占为法王，赐祭一坛，升藏萨嘉寺完卜锁南坚锉为灌顶大国师，大能仁寺觉义锁巴列、都纲扎失坚恭、领占巴坚锉扎失、葛端竹为禅师，锉麻那卜坚恭掌出班丹扎失、班丹扎失、伦竹远丹、宗奈舍剌、罗竹班丹、端竹扎巴、藏卜结列扎失、班丹坚恭、班丹扎失、端竹扎失、喃渴锁南藏卜、短竹远丹、藏播朵而只巴、藏卜扎失、桑加远丹为都纲，住持僧人明茂为僧录司左觉义。给赐西天佛子大国师班宰儿藏卜镀金银印"。⑥

总体看来，成化时期的喇嘛不仅继续通过与明朝的敕封、朝贡关系，发展在西藏等地的权力正统地位，同时开始向京城为中心的内地发展，其上层有官僚化的趋向。而明朝统治核心集团中，则开始发生关于对喇嘛和藏传佛教政策的论争。

成化二十三年，孝宗即位以后，士大夫中有很多人借新君初立之机将喇嘛从朝廷中排斥出去，并限制喇嘛入贡。河南等道监察御史谢秉中等首先上疏说："番僧入中国，多至千余人。百姓逃避差役，多令子弟从学番教。僧道官自善世、真人以下，不下百数。佛子、法王、大国师例铸金印，供用拟于王者……请悉追究治罪。"诏令礼部查处以闻。⑦ 吏科等给事中王质等上

---

① 《明宪宗实录》卷272，成化二十一年十一月辛酉。
② 《明宪宗实录》卷273，成化二十一年十二月己亥。
③ 《明宪宗实录》卷273，成化二十一年十二月乙巳。
④ 《明宪宗实录》卷277，成化二十二年夏四月戊寅。
⑤ 《明宪宗实录》卷283，成化二十二年冬十月癸酉。
⑥ 《明宪宗实录》卷284，成化二十二年十一月丁卯。
⑦ 《明孝宗实录》卷2，成化二十三年九月丁未。

疏陈四事。一曰斥异端，欲将僧道衙门额外官员并真人、禅师之类尽皆黜罢。① 云南道监察御史向荣上疏曰："法王、佛子假延寿之名取信朝廷，供具侍从倍于公侯，四外方士，闻风仿效，亦获进用，要皆邪魅惑人，左道乱正之术，于治何补？况近日先帝不豫，文武臣庶皆斋被一心，分诣各观，开设醮坛，诵经礼拜，竟不能少延一日之寿以慰臣下迫切之情，则其不足信可知矣。乞将供具侍从特加裁削，方士之类尽行进逐。"② 十月，礼部也建议向乌思藏阐化王及辅教王重申三年一贡条例，"令后每三年一贡，差人不得过百五十名，仍填写原给勘合，至各该官司比号。如无番王印信、番字奏本、咨文及贡期烦数，来人过多者，俱却回，并裁减赐给之数"。孝宗同意。③ 弘治元年正月，礼部引成化初令乌思藏喇嘛三年一贡，每贡不过一百五十人，并必须从四川正路赴当地布政司，对比勘合号码无误，方许入贡的规定，建议严肃执行："今所差国师畜思加藏卜等从四川路来者，系年例该贡之数，并其所称新招抚寨主五十人，俱准来贡。其别差番僧也舍星吉等从洮州路来者，乃诈冒之徒，例不可许。"④ 结果就按礼部所说办理。弘治三年正月，"辅教王遣番僧锁巴等保送大乘法王袭职入贡，乃欲自洮州而入。洮州守备官据例阻回，以其事闻"。礼部议：近例乌思藏番僧三年一贡，令四川布政司比号相同，并有番王印信、番字奏启方许。其法王卒，止用本处僧徒袭职，不由廷授。据此前例，"宜行洮州守备官于锁巴内，令四五人赍执勘合前往四川布政司比号，果系原降辅教王处勘合，字号相同，本司宜即差人具奏，并给与印信文书，仍令回至洮州守备官再行审验。其大乘法王处所差者，许令入贡。然不许其奏请袭职。若辅教王处所差者，准作弘治三年一贡，沿途量起人夫，护送方物至京。如其字号不同及有诈冒别情，宜从四川镇巡官并洮州守备官径自奏闻，以凭区处"。从之。⑤ 弘治四年二月，"乌思藏番僧麦南三竹、桑节答儿冒称辅教王所遣使来京朝贡"。礼部拟奏：自河州至京师数千里，麦南三竹等不由驿递传送，沿途关隘何以得过？是必有

---

① 《明孝宗实录》卷2，成化二十三年九月戊申。
② 同上。
③ 《明孝宗实录》卷4，成化二十三年十月戊寅。
④ 《明孝宗实录》卷9，弘治元年正月丁巳。
⑤ 《明孝宗实录》卷34，弘治三年正月丙子。

中国人与之交通。下法司查究。① 弘治五年十一月，"大慈恩寺番僧国师乳奴班丹死，其侄都纲完卜沙加坚参奏乞袭职并建塔祭葬，上特赠乳奴班丹为法王，余不允"。②

　　大约自弘治六年开始，孝宗限制喇嘛入朝的方针开始改变。该年九月，孝宗下令将喇嘛领占竹接到朝中。礼部尚书倪岳等言："四川光相寺国师领占竹先于成化二十三年给事中韩重、监察御史陈谷等俱尝劾奏，已蒙发遣原土，今又行取来京。臣等查无行取番僧国师事例，且道途万里，骚扰驿递，惊骇耳目。况当时同遣回四川陕西诸处国师、番僧不下二百余人，倖门一开，夤缘效尤，不可杜塞。则于皇上初政之清明不无亏损。伏望暂寝新命，免令行取。"孝宗这时却不似登极之初那样听从大臣建议，他下旨："尔等既以为言，领占竹自备脚力来京，沿途不必应付。"③ 工科给事中柴升复上疏，"极论其蠹政惑世之害，乞正其罪以雪众愤。既而科道等官论列不已"。孝宗不得已，曰："领占竹妄诞欺罔，夤缘来京，其罢行取之命。"④ 到弘治十五年四月，孝宗终于还是下旨"行取四川彭县光相寺寄住番僧国师领占竹来，居于大慈恩寺"。礼部尚书张升等再度劝阻："陛下即位之初，领占自法王佛子降为国师，斥令远去。近岁奏乞回京，又得旨不允。传之天下，无不称颂圣德。不意今日忽有此举，臣等不胜疑惧，伏乞收回成命，仍令于四川寄住，庶不为圣德之累。"孝宗再也不听。⑤ 此后关于孝宗崇尚藏传佛教的记载大为增多。如：弘治九年正月，孝宗传旨升灌顶大国师札巴坚参及国师释迦哑而塔为西天佛子，番僧升右觉义并都纲者七人。⑥ 弘治十一年二月，"传旨升大能仁寺右觉义塔儿麻椤耶为左觉义，兼住西域寺，都纲麻儿葛思帖罗等四人俱为右觉义，兼住西竺等寺，又喇嘛僧升都纲者六人"。⑦ 弘治十二年六月，"升大隆善护国寺国师著乩领占为西天佛子，命所司给应用衣

---

① 《明孝宗实录》卷 48，弘治四年二月庚午。
② 《明孝宗实录》卷 69，弘治五年十一月甲申。
③ 《明孝宗实录》卷 80，弘治六年九月癸卯。
④ 《明孝宗实录》卷 81，弘治六年十月辛未。
⑤ 《明孝宗实录》卷 186，弘治十五年四月丁卯。
⑥ 《明孝宗实录》卷 108，弘治九年正月壬午。
⑦ 《明孝宗实录》卷 134，弘治十一年二月乙未。

物"。① 弘治十三年三月，"命为故西天佛子著乩领占造塔。工部尚书徐贯言：'著乩等领占生蒙宠遇，无益国家，不必建塔，止为造坟安葬可矣。'不从。"②

弘治十二年十月，清宁宫新成，有旨命大能仁等寺灌顶国师那卜坚恭等设坛作庆赞事三日。此事引起大学士刘健为首的士大夫与孝宗的一场争执，结果还是按孝宗的意思来办。刘健等疏言："佛老异端，圣王所禁。中世人主崇尚尊奉者，未必得福，反而得祸。载在史册，其迹甚明。我朝之制，虽设僧、道录司，而出入有清规，斋醮有定数，未闻于宫闱之内建立坛场、聚集僧道，有如此者。盖祖宗宫禁之制，至严至密，虽文武大臣、勋戚、贵人不得辄入，岂可胡羯邪妄之徒群行喧杂，连朝累日，以腥羯掖庭，惊动寝庙？祖宗法度一旦荡然，其为圣德之累不小矣。若谓圣祖母太皇太后在上，必欲曲为承顺，以祈福寿，则皇上修建宫殿，不日而成，问安视膳，无间朝夕，纯诚至孝，通于神明，自天降祥，有愿必遂。岂必假异端之术干宫禁之制，然后为孝哉？伏望速颁严诏，将所建番坛即时撤去，各寺胡僧尽行斥出，使宫闱清肃，政教休明。臣等日直禁垣，职专辅道，平居无格正之功，临事乏规谏之益，此等诏旨不得与闻，尸素之罪，万死莫赎。事出仓猝，不暇从容论列，不胜待命俟命之至。"府部科道等衙门也纷纷上疏，反对请喇嘛到宫中作庆赞。孝宗曰："卿等言是。但宫殿新成庆赞，亦先朝永乐以来旧典。其置之。"府部科道又各极言其不可。孝宗复曰："庆赞之事乃因旧典举行，此后事朝廷自有处置。"③

弘治十五年六月，孝宗令大学士刘健等草拟喇嘛像赞，刘健等拒绝，称："近蒙发下释哑塔像，令拟御制赞。臣等窃惟帝王之文章制作，必播之天下，传之后世，其所赞颂惟可施于古者圣贤。如宋太子之赞孔颜，高宗之赞七十二贤，史册载之，以为美事。若释氏乃夷狄之教，称为异端。而番僧全无戒律，尤浊乱圣世之大者。自胡元之君，肆为淫佚，信其蛊惑，始加崇重，及天兵扫荡，无益败亡，可为明鉴。本朝虽有宣德十年御制西天佛子像赞，彼时英宗新立，年在幼冲，辅导之臣不能开陈正道，上启圣聪，实难辞

---

① 《明孝宗实录》卷151，弘治十二年六月丙辰。
② 《明孝宗实录》卷160，弘治十三年三月甲子。
③ 《明孝宗实录》卷155，弘治十二年十月戊申。

责。仰惟陛下重道崇儒，清心寡欲，即位之初，斥遣番僧，禁绝私习，海内闻之，罔不称快。近因灾异修省，礼部陈言辟异端一事，特颁诏旨，自有斟酌。中外臣民方倾耳拭目以观。圣政若亲制赞辞，识之御宝，以装饰胡鬼，流播夷方，国体所关，诚非细故。臣等素读孔孟之书，惟当以尧舜之道事陛下，若曲为承顺，以希容悦，负君误国，罪不容诛。伏乞圣明特垂鉴纳，收回前命，吾道幸甚！斯文幸甚！"疏入，孝宗便不再勉强。① 但这个时候，孝宗沉溺藏传佛教已深，又在召喇嘛来北京。八月，南京监察御史郭浃等奏："迩者闻行取番僧，众皆骇愕。臣等谨按佛氏之教，妄诞无谓。太祖高皇帝尝议除佛法，成祖文皇帝未尝给牒度僧。以陛下圣明，岂肯见惑于此？是必左右之人有谓祷祠可以延寿获福。陛下一时听之，偶未之思耳。但天语一出，中外风行，恐使百姓闻之争先事佛，俗靡风颓，为害非细。设若祷祠可以益寿昌国，则古者先哲王当无为之矣。且梁武、唐宪往辙昭然。况今灾异迭见，四方多事，士马疲敝，人民艰窘，陛下正宜体上天仁爱之心，宵旰忧勤，以求治理，培植亿万年宗社之基，顾乃崇尚异端，若载之史册，传之后世，甚非盛德事也。"命所司知之。②

观士大夫者流言论，包含对边疆民族的鄙视之意，此种偏见，于明朝内地与边疆的关系，有消极作用。但孝宗招揽喇嘛，却也不是从国家事务着眼，而是由于本人以及皇族中人对藏传佛教的信奉。到弘治末年，藏传佛教在朝廷的影响，约略与成化时期仿佛。这种局面对于社会文化的走向以及朝廷政治精神自然都会发生引导作用。

接下来的武宗尤沉迷于藏传佛教，不仅大量颁封各种名号，而且亲自修习。正德二年三月，"太监李荣传旨大慈恩寺禅师领占竹升灌顶大国师，大能仁寺禅师麻的室哩塔而、麻捛耶那卜坚参、大隆善护国寺禅师著肖藏卜俱升国师，给与诰命……时上颇习番教，后乃造新寺于内，群聚诵经，日与之狎昵矣"。③ 据说，武宗"佛经、梵语，无不通晓。宠臣诱以事佛……"④ 后来，武宗在朝廷聚集起数量空前的高职位喇嘛。

---

① 《明孝宗实录》卷188，弘治十五年六月庚午。
② 《明孝宗实录》卷190，弘治十五年八月庚子。
③ 《明武宗实录》卷24，正德二年三月癸亥。
④ 《明武宗实录》卷64，正德五年六月壬辰。

正德四年八月，"升大隆善护国寺国师著肖藏卜为法王，喇嘛罗竹班卓、班丹端竹、班卓罗竹、朵而只坚参俱为左觉义……"①正德五年四月，"升大能仁寺国师那卜坚参禅师，刬巴藏播为法王，都纲那卜领占为佛子，公葛端竹、坚挫扎失为禅师；大隆善护国寺喇嘛绰即罗竹为佛子，大慈恩寺国师乳奴领占为西天佛子，革职国师拾剌扎为佛子，喇嘛也舍窝为禅师"。②正德五年六月，"升大隆善寺禅师星吉班丹为国师，左觉义罗竹班卓等为禅师，喇嘛乩竹为左觉义，三竹舍剌为右觉义，伦竹坚参为都纲，大慈恩寺佛子乳奴领占、舍剌扎俱为法王，喇嘛舍列星吉、佛子也失短竹为禅师，大能仁寺喇嘛领占播为都纲"。③同月，"命铸大庆法王西天觉道圆明自在大定慧佛金印，兼给诰命。大庆法王，盖上所自命也。及铸印成，定为天字一号云"。④《释鉴稽古略续集》载，"上方好佛，自名大庆法王。有僧奏田百顷，为大庆法王下院"。⑤正德五年七月，"令大隆善护国寺国师星吉班丹、禅师班卓罗竹俱升佛子，禅师罗竹班卓、班丹端竹、朵而只坚参升国师，大慈恩寺乳奴星吉、领占罗竹升禅师，真觉寺喇嘛牟尼星曷升右觉义，乩竹了革升国师"。⑥正德五年十月，"准给番僧度牒三万，汉僧、道士各五千。时上习番教，欲广度习其教者，命印度牒若干。所司度不可净，因如教摹印，然竟贮于文华殿而实未尝用也"。⑦正德八年四月，"大慈恩寺番僧乳奴领占奏修本寺方丈。上命工部会年例物料修理。兵部发官军三千人、锦衣卫军士三百人赴役。其后毕功，复遣礼部官报谢。领占本四川人，高姓，窜名番僧，给事豹房，而蘮上眷如此"。⑧正德八年十一月，"赐大庆法王领占班丹番行童度牒三千，听自收度"。⑨

正德九年正月，乾清宫灾，诏求直言。大学士杨廷和、梁储、费宏上疏

---

① 《明武宗实录》卷53，正德四年八月癸亥。
② 《明武宗实录》卷62，正德五年夏四月戊戌。
③ 《明武宗实录》卷64，正德五年六月壬辰。
④ 《明武宗实录》卷64，正德五年六月己亥。
⑤ 释大闻：《释鉴稽古略续集》卷3，第38页。
⑥ 《明武宗实录》卷65，正德五年秋七月己卯。
⑦ 《明武宗实录》卷68，正德五年冬十月庚寅。
⑧ 《明武宗实录》卷99，正德八年夏四月乙酉。
⑨ 《明武宗实录》卷106，正德八年十一月辛未。

自劾，辞至请求罢归，并恳求武宗念"皇天付托之重，祖宗创业之艰，天下生民仰戴之切……革禁中市肆，以肃内令；出西僧于外，以绝异端……"①武宗不允其辞归，谕令尽心辅导，而"革市肆、出西僧，皆不欲厘正"。府部大臣尚书刘春等及六科、十三道亦上疏请求罢免，武宗一律慰留。户科给事中吕经说得较为直率:"乾清宫者，陛下之正寝。祖宗之意，欲万世圣子、神孙法天之行而永清海内也。陛下舍乾清宫而远处豹房，忽储贰而广蓄义子，疏儒臣而昵近番僧，弃文德而宠用边戍，忽朝政而创开酒店，信童竖而日事游侠，君臣暌隔，纪纲废弛，是以天心赫怒，显示谴告。陛下震惊不安，悔悟求言。臣望乘此悔悟之机，痛革往日之弊。数诏儒臣讲求消复之道，退朝之暇，端处寝宫，四时庙享，必亲其事；义子、番僧、边戍、童竖，俱宜迸遣；豹房酒店，俱宜拆毁。政事委诸六部，各省委诸抚按，谗谀、贿赂、奸贪、不法委诸科道、法司，仍令各以职掌详陈利病之源，且以考验各官忠佞而进退之，将见元首既明，股肱自良，庶事皆康，而所谓灾变者自可弭矣。"② 六科给事中熊纪、翰林院修撰吕楠、十三道监察御史罗缙、户科给事中石天柱等的奏疏也都要求武宗不在宫廷聚集喇嘛，使之出入禁城，建寺塑佛等。但这些建议都无实际结果。数日以后，中书舍人何景明言:"自降敕谕后，已将旬日，未一视朝，诸论奏边军、番僧、义子数事，未见采纳。"武宗还是不理。③

正德十年二月，保安寺大德法王绰吉我些儿欲遣其徒领占绰节儿、绰供札失为正副使，还乌思藏，然后仿照大乘法王事例入贡，并为两人请国师诰命及赦设广茶许可。事下礼部，尚书刘春议不可，说这样会沮坏茶法，骚扰道路。武宗令复议。刘春执奏:"乌思藏远在西方，性极顽扩，虽设四王抚化，而其来贡必为之节制，务令各安其所，不为边患而已。若遣僧赍茶以往，给之诰敕，万一假上旨以诱羌胡，妄有所请求，因欲以自利，不从便为失异俗意，从之则无益事兴，其害有不可胜言者。"武宗诏仍给诰命而不给制茶之敕。"是时，上诵习番经，崇尚其教，尝被服如番僧演法内厂。绰吉我些儿辈出入豹房，与诸权贵杂处，及两人乘传归，辎重相属于道，所过烦

---

① 《明武宗实录》卷108，正德九年春正月癸未。
② 同上。
③ 《明武宗实录》卷108，正德九年春正月丁亥。

费，行道避之，无贵贱皆称两人国师云。"①

正德十年五月，礼部尚书刘春奏请节制对喇嘛的赏赐并严格入贡勘合查核制度："西番俗信佛教。故我祖宗以来，承前代之旧，设立乌思藏诸司，阐化、阐教诸王以至陕西岷岷、四川松潘诸寺，令化导夷人，许其朝贡。然每贡止许数人，贡期亦有定限。比年各夷僻远，莫辩真伪，至有逃移军匠人等习学番语，私自祝发，辄来朝贡马，希求赏赐，又或多创寺宇，奏乞名额，即为敕赐。朝贡希求不绝，以故营建日增，朝贡愈广，此皆藉民财以充宴赏，继续不已，难输馈运，其何能应无穷之用哉？乞酌为定例，严其限期，每寺给勘合十道，陕西、四川等处兵备仍给勘合底簿。每当贡期，比号相同，方许起送。其人数不得过多。自后再不得滥自营建。则远夷知戒，民财可省。"大致如所议而行。②

正德十年十一月，"命司设监太监刘允往乌思藏赍送番供等物。时左右近幸言西域胡僧有能知三生者，土人谓之活佛。遂传旨查永乐、宣德间邓成、侯显奉使例，遣允乘传，命往迎之。以珠琲为幡幢，黄金为七供，赐法王金印、袈裟，其徒馈赐以巨万计。内库黄金为之一匮。敕允往返以十年为期，得便宜行事。又所经路带盐茶之利，亦数千万计。允未发，导行相续已至临清，运船为之阻截。入峡，江舟大，难进，易以艭舻，相连二百余里。至成都，有司先期除新馆，督造旬日而成。日支官廪百石，蔬菜银亦百两，锦官驿不足，傍取近城数十驿供之。又治入番物料，估直银二十万，镇巡争之，减为十三万。取百工杂造，遍于公署，日夜不休，居岁余始行。率四川指挥千户十人，甲士千人俱西，逾两月至。其地番僧号佛子者，恐中国诱害之，不肯出。允部下人皆怒，欲胁以威。番人夜袭之，夺其宝货器械以去。军职死者二人，士卒数百人，伤者半之，允乘良马疾走，仅免。复至成都，仍戒其部下讳言丧败事，空函驰奏乞归，时上已登遐矣。"③ 沈德符对实录中的这条记载的真实性表示怀疑，他认为："此事颇涉妖妄，虽见国史，疑非实录。"④《明史》则取为可信，并载有阁臣梁储等当时言论："西番之教，

---

① 《明武宗实录》卷121，正德十年二月戊戌。
② 《明武宗实录》卷125，正德十年五月戊戌。
③ 《明武宗实录》卷131，正德十年十一月己酉。
④ 沈德符：《万历野获编》卷30，"外国""活佛"，第779页。

邪妄不经。我祖宗朝虽尝遣使,盖因天下初定,藉以化导愚顽,镇抚荒服,非信其教而崇奉之也。承平之后,累朝列圣止因其来朝而赏赉之,未尝轻辱命使,远涉其地。今忽遣近侍往送幢幡,朝野闻之,莫不骇愕。而允奏乞盐引至数万,动拨马船至百艘,又许其便宜处置钱物,势必携带私盐,骚扰邮传,为官民患。今蜀中大盗初平,疮痍未起。在官已无余积,必至苛敛军民,铤而走险,盗将复发。况自天全六番出境,涉数万之程,历数岁之久,道途绝无邮置,人马安从供顿。脱中途遇寇,何以御之?亏中国之体,纳外番之侮,无一可者。所赍敕书,臣等不敢撰拟。"礼部尚书毛纪、六科给事中叶相、十三道御史周伦等并切谏,武宗不听。① 刘允在西藏所做的事情恐难尽知,但该年武宗曾遣人往西藏迎活佛,应为确实之事。

刘允出发以后,朝中大臣仍在继续反对此举。十二月,监察御史徐文华言:"近太监刘允往乌思藏赍送番供,议者谓陛下本欲迎佛,复讳之耳,且西域岂真有所谓佛子者?特近幸欲售其奸而无由,乃神其术以动圣听,陛下以为实然,欲迎之,亦误矣。乌思藏远在西域,山川险阻,人迹少通,溪谷丛篁之间,多蝮蛇猛兽,瘴疠山岗之气,触之者无不死亡。臣恐迎佛有日,报命无期也。今盗贼甫宁,疮痍未愈,乾清被烬,营建方兴,天下苦之。而蜀土尤甚。今复益以迎佛之扰凋敝余黎,何以堪命?不转死沟壑,则复啸聚为盗而已。或有奸人伺衅鼓乱,如元季白云宗、弥勒教、白莲会之类,纷然而起,将何以救止之邪?伏望亟罢中使,将造言起事之人置诸刑戮,以正罔上之罪。"不报。②

礼部尚书毛纪言:"顷者乌思藏大宝法王违例,差大国师锁南坚参巴藏卜进贡,蒙恩不加深究,量减赏赐。本夷觖望,又求全赏及求五彩佛轴等物,复具赐给。今又奉特旨遣人赍送番供。大宝法王一番僧尔,何乃上廑宠遇之隆如此?且闻自京师至乌思藏约三万余里,往返动经三五年,供应烦费不可胜言。又闻自四川雅州出境,过长河西,迄西至乌思藏,约有数月程,皆黄毛野达子之地。无州县驿递,亦无市镇村落。一切供应钱粮、护送军马俱四川都、布二司并各土官衙门出办差拨。四川连年用兵,即今流贼稍平而

---

① 张廷玉:《明史》卷331,列传第219,"西域三",第8574页。

② 《明武宗实录》卷132,正德十年十二月丙辰。

西番蛮贼复起，其财用之乏，军民之困，比之他处尤甚。若重加此累，恐生意外之变，咎将谁归？伏望皇上轸念四川重地，追寝成命，将番供等物照例请敕，付原差大国师领还。生民之福也。"不报。六科都给事中叶相、十三道御史周伦等也上言："乌思藏本吐番羌戎地，迨唐贞观始通中国山川险阻，地里辽逖。今皇上远遣使求佛传播中外，人心眩惑。永乐宣德曾再遣使，不闻征验。比见番僧在京者，安之以居室，给以之服食，荣之以官秩。用其能习番教耳。请以其徒试之，今冬暖河流，天时失候彼能调燮二气以正节令乎？四方告伐，帑藏空虚，彼能神输鬼运以瞻国用乎？房冠不庭，警报数至，彼能说法咒咀以靖边难乎？试有征验则远求之可也。如其不然，请即罢止。"武宗不予理睬。①

正德十六年三月，武宗死于豹房。内阁辅臣请于太后，以遗旨名义令将"豹房番僧及少林寺和尚、各处随带匠役水手及教坊司人南京马快船非常例者俱放遣……皆中外素称不便，故厘革最先云。"② 正德时期，就宫廷势力而言，有明显地将藏传佛教作为信仰的倾向。

嘉靖时期，藏传佛教在朝廷中已无明显影响，喇嘛入贡也被限制到弘治以前的程度，大致依照礼节接待，显然是将藏传佛教重新归于边疆政策的一部分。这种转变，主要是皇帝本人的倾向所致，成化、弘治、正德时期朝廷中喇嘛活跃的程度激发了士大夫的群体反对，也是变化的重要原因。

嘉靖二年闰四月，四川董卜韩胡宣慰司起送番僧舍利卜等一千七百余人入贡。礼部奏："弘治以前，入贡番僧多不过千人，今数增至倍，日甚一日，若复照例给赏，恐将来愈不可继。请量裁其赏赐三分之一，仍行抚按官查提起送官吏治罪。上从之。命自今进贡人数悉如弘治以前例行。"③ 以后的实行，宽、严之际虽有差别，但总体上是加以限制，与前一时期相比，已经大为不同了。

嘉靖三年六月，"杂谷安抚司等处起送都纲剌麻头目番僧引旦藏等，贡贺抵京者一百六十七人，其存留境上者一千二百五十六人。"礼部言："其人数比先朝时多至十五，其中必有诡增之弊，当裁其赏，以示戒。上从之。仍

---

① 《明武宗实录》卷132，正德十年十二月庚申。
② 《明武宗实录》卷197，正德十六年三月丙寅。
③ 《明世宗实录》卷26，嘉靖二年闰四月癸亥。

命行各处镇巡官，凡起送番僧、番人，必会审验实，从与名数，不得过多。"① 嘉靖四年十月，"礼部言:乌思藏长河西、长宁安抚司各入贡，番僧过例额者九百四十三人，并应减赏。诏以各番既经边臣验入，听给全赏，自后毋得额外过多。"② 嘉靖五年四月，礼部奏:"董卜韩胡宣慰使司加渴瓦等遣都纲番僧七揝等入贡，共七百六十四名，内六百四十二名系原贡额数，给与全赏，余量减折绢二疋。"从之。③ 嘉靖十年七月壬申，礼部言:"西蜀番僧来贡，人数添增太多，赏赐冒滥，请以所进方物退还，仍行巡抚官查提起送官吏不遵旧制、交通贿赂情弊问拟具奏。今后贡人数不许过六百名，著为令。"从之。④ 嘉靖十二年八月，"四川乌思藏朵甘番僧七领札失等千余人来贡。礼部以旧例每贡不过百人，今数太多，该边并三司等官朦胧起送，通属有罪。七领札失等应薄示惩戒，其到京者，每名量减茶十斤，存留者每名量减绢二匹，茶十斤，仍行巡按御史逮治验放官罪，以戒来者。从之。"⑤ 嘉靖十五年正月，"乌斯藏辅教阐教大乘各王差国师短竹札失等，长河西鱼通宁远等处军民宣慰使司差寨官桑呆短竹等，各进贡凡四千一百七十余人，诏以人数逾额，如例减赏，并下四川巡按御史逮治都布按三司官违例验进之罪"。⑥ 嘉靖十五年十二月，四川杂谷安抚司遣都纲番僧叶儿监藏等进贡，来者一千二百六十四人。礼部以为违例，"请给赏至京十五人，及留边百五十人如例。余皆裁半。仍敕所司以后不许违例起送"。从之。⑦ 嘉靖十九年三月，"杂谷安抚司差都纲剌麻头目番僧定日藏等来朝贡方物，宴赏有差。内踰贡额至一千一百九名，诏颁赏递减。起送官员参治"。⑧

嘉靖二十二年三月，将世宗祖先安列于为修玄而修的大高玄殿配殿。因为禁苑北墙下的大慈恩寺，是西域群僧所居之处。"上以为邪秽，不宜迩禁

---

① 《明世宗实录》卷40，嘉靖三年六月己亥。
② 《明世宗实录》卷56，嘉靖四年十月己酉。
③ 《明世宗实录》卷63，嘉靖五年四月癸丑。
④ 《明世宗实录》卷128，嘉靖十年七月壬申。
⑤ 《明世宗实录》卷153，嘉靖十二年八月丙戌。
⑥ 《明世宗实录》卷183，嘉靖十五年正月庚午。
⑦ 《明世宗实录》卷194，嘉靖十五年十二月丁未。
⑧ 《明世宗实录》卷235，嘉靖十九年三月壬子。

地，诏所司毁之，驱置番僧于他所。"① 这个事件，反映出世宗本人对藏传佛教的态度。

嘉靖二十八年五月，以乌思藏等处番僧领占坚等三十八名各袭国师、禅师、都纲、剌麻职事，驳回查勘喃哈坚参等三十一名。礼部因奏："今岁入贡番僧中，多去年已来赏，今次复来，或同一师僧而袭职异名，或同一职衔而往来异地。请以后新袭诰敕，俱开住坐地方及某师某名，不得混冒。又诸番节年袭职，守候诰敕日久，辄令带原赍诰敕回番，待后入贡之年，赴京补给。以故诸番得假借冒顶，夤缘行私。及今不处，则旧诰旧敕终无销缴之期，非但夷情怠玩，抑且国体未尊。请以后番僧袭职，令将原赍诰敕纳还内府，不得如故赍回。其新给诰敕，速与关领，庶绝弊端。又各处番僧，袭职进贡，本部立文簿一扇，将各僧赍到旧给诰敕所载师僧职名、颁给年月及今袭替僧徒名字、住坐地方，分别已、未领有新诰、新敕，逐一登记备行，布政司照式置造，如系应贡年份，即以前册查封，如系年代久远，果有老病，方得起送承袭。如已袭未领诰敕，许起送一二人，其余无得滥放。报可。"②

四川威州保县金川寺喇嘛，每三年一贡，例用五百五十人，由来已久。至嘉靖三十六年，礼部据会典中所载永乐初例，裁其四百人。嘉靖四十年，复当贡期，该寺仍派遣都纲番僧郎哈等五百五十人来贡。"执称自永乐间敕本寺贡方物一百五十分，其都纲莽葛剌等寨方物共五百五十分，俱认守各山界隘口，又系旧数，原非后来增添，势难减革，乞准如旧。守臣以闻。只令郎哈等百五十人入京，余四百人留境。"世宗待命礼部以会典额内 150 人给全赏，其余 400 人亦准给赏，于中各减绢二匹。③

嘉靖四十二年十月，乌思藏阐化等王请封。朝廷根据故事，派遣喇嘛远丹班麻等二十二人为正副使，以通事序班朱廷对监督，赴藏授封。中途，班麻等骚扰地方，不受朱廷对约束。朱廷对回来后报告其状。"礼部因请自后诸藏请封即以诰敕付来人赍还。罢番僧勿遣无已，则下附近藩司选近边僧人

① 《明世宗实录》卷 272，嘉靖二十二年三月癸酉。
② 《明世宗实录》卷 348，嘉靖二十八年五月壬辰。
③ 《明世宗实录》卷 495，嘉靖四十年四月丙午。

赉赐之。上以为然。令著为例，封诸藏之不遣京寺番僧自此始也。"① 嘉靖四十三年十二月，再次重申:"边臣起送番僧入贡，悉遵成化、弘治故事，限数入边，如有违例滥送者罪之。"②

隆庆时期，基本沿袭嘉靖时期的对藏传佛教政策。隆庆三年，还曾经"以番僧违例进贡，坐起送官罪"。③ 但后来西藏藏传佛教上层在加强和改善明朝与蒙古鞑靼部关系中起了重要的作用。

隆庆六年正月，"顺义王俺答请给文字番经及遣喇嘛番僧传习经咒。总督尚书王崇古以闻。因言虏欲事佛戒杀，是即悔过好善之萌。我因明通弊，亦用夏变夷之策，宜顺夷情以维贡市。礼部亦以为可许。上从之"。④ 十月，王崇古奏:"顺义王俺答纳款之初，即求印信，互市之后，累求经僧。节蒙朝廷允给，既足夸示诸夷，尤可大破夷习。虏王既知得印为荣，必将传示各部落，珍重守盟，永修职贡。虏众既知奉佛敬僧，后将痛戒杀戮，自求福果，不敢复事凶残。是朝廷给印赐经之典，真可感孚虏情，转移化导之机，尤足永保贡市。议者乃谓印器不可轻假，佛教原非正道，岂知通变制夷之宜？查祖宗朝敕建弘化阐教寺于洮河，写给金字藏经，封以法王、佛子，差发阐教等王分制西域，无非因俗立教，用夏变夷之典。今虏王乞请鞑靼字番经，以便诵习，似应查给，昭天朝一统之化。其喇嘛西番等僧开导虏众，易暴为良，功不在斩获下，宜各授僧录司官，仍给禅衣、僧帽、坐具等物，以忻虏众。庶诸虏感恩遵教，贡盟愈坚，边围永宁。"⑤ 礼部赞同王崇古的意见，只是当时尚无经书可给。至万历元年三月，顺义王俺答奏已选得金字番经并喇嘛僧。礼部题行顺天府造金字经二部，旧金字经四部，黑字经五部，并选得喇嘛僧送往蒙古部。⑥

俺达王在万历初年将藏锁南坚错迎至蒙古，奉为活佛。据《明史》，"嘉靖中，法王犹数入贡，迄神宗朝不绝。时有僧锁南坚错者，能知已往未来

①　《明世宗实录》卷 526，嘉靖四十二年十月癸丑。

②　《明世宗实录》卷 541，嘉靖四十三年十二月甲申。

③　《明穆宗实录》卷 34，隆庆三年闰六月辛酉。

④　《明穆宗实录》卷 65，隆庆六年正月丙子。

⑤　《明神宗实录》卷 6，隆庆六年十月庚申。

⑥　《明神宗实录》卷 12，万历元年四月丁巳。

事，称活佛，顺义王俺答亦崇信之。万历七年，以迎活佛为名，西侵瓦剌，为所败。此僧戒以好杀，劝之东还。俺答亦劝此僧通中国，乃自甘州遗书张居正，自称释迦摩尼比丘，求通贡，馈以仪物。居正不敢受，闻之于帝。帝命受之，而许其贡。由是，中国亦知有活佛。此僧有异术能服人，诸番莫不从其教，即大宝法王及阐化诸王，亦皆俯首称弟子。自是西方止知奉此僧，诸番王徒拥虚位，不复能施其号令矣。"①

沈德符记迎活佛事在万历五年："及万历五年，俺答迎活佛于西海，求饮长生水。其人实乌思藏僧，姓锁南坚，其名曰错，或曰即阐化王，答赖喇嘛也。专以传经说法为教，戒淫杀，虏中尊礼之。虏酋顺义王俺答所部数十万众，出灵夏边外河套之间，以奉坚错教，不戕杀汉人，不轻戮部卒，往来寂然。至七年，锁南坚错献书于江陵张相公，馈以四臂观音大士、金刚结子及氍毹等异物，有'阁下分付顺义王早早回家，我就分付他回去'等语。张转闻于上，命纳之。俺答自此仁懦恶杀，而势亦渐衰……"②

万历六年二月，"乌思藏阐化王男札释藏卜差番僧来西海，见其师僧活佛在西海与顺义王子孙等说法，劝化众达子为善，因托顺义王俺答代贡方物，请敕封"。经礼部讨论，神宗下旨，"各授大觉禅师及都纲等职，赐僧帽、袈裟及表里食茶、彩缎有差"。③

万历七年二月，锁南坚错有礼物送给首辅张居正，"实录"载："僧锁南坚错即虏酋顺义王俺答所称活佛者也。去年虏酋以迎见活佛为名，意图西抢，因教以作善、戒杀，阻其西掠，劝之回巢。又因而连合西僧，向风请贡，且以番书一纸并压书礼物遗居正……上以居正辅理勋猷，宣播遐迩，戎狄宾服，宜勉纳所馈，以慰远人向风慕义之诚。"④ 万历八年十二月，顺义王俺答遣使请敕赐所盖造寺名，并加西番僧觉义为大觉禅师。从之。⑤

自俺答汗建寺之后，河套以东部族借口礼拜迎佛，肆行抢掠，与明朝军

① 张廷玉：《明史》卷 331，列传第 219，"西域三"，第 8575 页。
② 沈德符：《万历野获编》卷 30，"外国""活佛"，第 779—780 页。
③ 《明神宗实录》卷 72，万历六年二月甲辰。
④ 《明神宗实录》卷 84，万历七年二月辛卯。
⑤ 《明神宗实录》卷 107，万历八年十二月辛丑。

队曾有冲突。经略郑雒议将所建佛寺尽行烧毁,"以绝二虏西牧之念"。① 不过,这些事情没有改变明朝与鞑靼部蒙古关系改善的总局面。万历二十一年正月,礼部尚书罗万化题:"顺义王并忠顺夫人请讨番僧,学习经典,无非戒杀之意,督臣代为咨取,今将前项番僧领占班麻等四名,令其随带番经,刻限起程,仍咨总督衙门差人转发虏送,听其事完日送回该镇。"神宗也从之。②

万历前期乌思藏等地各寺与明朝的敕书贸易大致如嘉靖、隆庆时期同样进行。万历十三年十二月,"乌思藏大乘法王及长河宣慰使司番僧邑蜡领真等入贡。例赏约九千三百两有奇,工部以节慎库空虚,议移之四川藩司,僧番诉于礼部,引万历六年奉旨事例为言。诏仍于工部给之"。③ 万历中期以后,来贡范围缩小。万历三十七年四月,"议复乌思藏等八番入贡。先是,四川巡按御史以番人混冒,方物滥恶,所奉敕书洗补可疑,而通使岁诱为奸,于是尽革乌思藏大乘、大宝、长河西、护教董卜等八番,而止存阐教、辅教三番。抚按乔璧星等复言,各藏主旨以不得贡为辱,呶呶苦辨,实滋疑畏,但令贡有完期,人有定数,物有完品,印信有定据,毋失祖宗羁縻之意,而十番不至于阻化。礼部覆上之"。④ 天启五年二月,"遣兵部郎中董象恒赍敕命、图书,颁给西僧喇嘛王桑吉叭藏等"。⑤ 至崇祯时期,西藏喇嘛仍来入贡,但明朝国力削弱,赏赐不丰,相互关系已经淡漠。

不过,直至明末,宫中一直保持有番经厂,为内官习念藏传佛教经典处,遇事且行跳鬼仪式。据明末人记载:"宫中英华殿所供西番佛像,皆陈设近侍,司其灯烛香火。其隆德殿、钦安殿亦各有陈设近侍也。凡做好事,则悬设幡榜。惟此番经厂,仍立监斋神于门傍。本厂内官,皆戴番僧帽,穿红袍,黄领,黄护腰。一永日或三昼夜圆满。万历时,每遇八月中旬,神庙万寿圣节,番经厂虽在英华殿做好事,然地方狭隘,须于隆德殿大门之内跳步叱,而执经诵念梵呗者十余人;妆韦驮像,合掌捧杵,向北立者一人;御

---

① 《明神宗实录》卷 233,万历十九年三月癸卯。
② 《明神宗实录》卷 256,万历二十一年正月丁卯。
③ 《明神宗实录》卷 169,万历十三年十二月辛巳。
④ 《明神宗实录》卷 457,万历三十七年四月丙寅。
⑤ 《明熹宗实录》卷 51,天启五年二月丁未。

马监等衙门，牵活牛、黑犬围待者十余人。而习学番经跳步叱者数十人，各戴方顶笠，穿五色大袖袍，身披缨络。一人在前，吹大法螺；一人在后，执大锣；余皆左持有柄圆鼓，右执弯槌，齐击之。缓急疏密，各有节奏。按五色方位，鱼贯而进。视五方五色伞盖下诵经者以进退，若舞焉。跳三四个时辰方毕。神庙时，亦选老成有行者，教宫女数十人，亦如汉经厂能做法事，惟弓足不能跳步叱耳。监斋神者，傀儡体制法真，盔甲器械，高与人等，犹门神焉。黑面竖须，灵威可怖，于本殿门宫门安之，事毕即收于本殿库中。"①

---

　　① 刘若愚：《明宫史》卷 2，北京出版社 1963 年排印本，第 47 页。按该《明宫史》为明人吕毖据刘若愚《酌中志》编选而成，收入《四库全书》，今所据本径题"刘若愚著"。

第 六 章

诸教政策分说三：道教

　　宋、元、明时代儒、佛、道三教相互渗透，关系错综复杂。明朝以儒教为立国主要指导思想，以为常经，同时兼用佛教、道教"阴翊王度"。此原则作为基本政策，载在"会典"："释道二教，自汉唐以来，通于民俗，难以尽废。惟严其禁约，毋使滋蔓。令甲具在，最为详密云。"① 对于道教，利用而不使嚣张，是明太祖本人一贯思想，也是明初道教政策基本原则。该政策通洪武时期，无实质性更革。与这种基本原则一致，如前所述，明朝将佛教、道教行政管理化，从而两教人士多谋求政府职位者。两教相比，佛教中除姚广孝这一特殊人物以外，毕竟保持僧人身份而入仕者少。朝廷所封各种佛子、法王之类，都非朝廷职官名目，用以优礼笼络佛教上流人物而已，并不参与朝廷事务。道教中则直接任职者多于佛教。究其原因，一在朝廷所持儒家礼仪本来与道教的多神崇拜同源，因而道教中人可以直接成为朝廷祭祀典礼中的专业人员；第二是因为，明朝皇帝用民间宗教信仰的惯常心态看待佛道二教，注意其解决现实问题的超常能力而不甚理会其超越现世的修养功夫，本质上是重其术而轻其教。明朝道教比内地佛教更近于方术，因而相比之下，对政治上层更有吸引力。藏传佛教中"术"的因素也多，故从文献上看，出入宫廷中接近皇帝的喇嘛远多于内地的和尚。明代方士名目虽多，但最能眩惑人心者和道教的法术及修炼长生已经难以区分，故方士在朝廷中的表现，也在本章一起讨论。与佛教相比，这里还有一个区别：修建寺院，使

---

　　① 申时行等：《明会典》卷104，"礼部六十二"，第568页。

明初所定规矩完全破坏的是整个皇室，其中后妃之属大有干系；引用道士和方士的却突出地集中在皇帝本人。这也可以看出两教影响国家与社会的方式和程度其实有大不同。此点以后深入讨论。

洪武元年八月，太祖接见正一派道教首领张正常。张正常当时沿前代说法称"天师"。太祖谓群臣曰："至尊惟天，岂有师也？以此为号，亵渎甚矣！"命去其正一教主天师之称，改天师印为真人印，秩正二品。其僚佐曰赞教，曰掌书。制曰："朕惟道家者流，本于清净无为，其来已久。张氏自汉而下，宗派相承。尔四十二代孙正常存心冲淡，葆德纯和，远绍祖传，以守正一，朕用嘉之，赐以名号。尔其益振宗风，永扬玄教。可［封］正一嗣教护国阐祖通诚崇道弘德大真人，领天下道教事。"① 除去张正常天师称号，用意在"敬天"，而敬天亦是尊君。皇帝为"天子"，道教首领却为"天师"，政权落于教权之下，此种倾向，其实挑战中国世俗政治传统，两字之用关系非轻。洪武二十四年，嗣真人张宇初言符箓印信："前代尝给正一玄坛符箓之印。今授二品银印，止用于表笺文移，于符箓不敢轻用。乞更别授。"遂赐以"龙虎山正一玄坛之印"，制同六品。② 以后各朝，续有赐印事。③ 可见道教首领拥有国家颁发的两种印信，其一用于对政府的公文，另一用于宗教活动。其宗教权力明显与国家权力结合。

明太祖对于道教，取容纳、利用、控制方针，其本人或者也有惑于其说的时候，但始终不使道教左右国家政治。后来诸帝中，则多有特别崇奉道教者，尤以宪宗、世宗为著。他们并没有恢复道教首领"天师"称号，但从利用道教转为信奉道教，对明朝的国家政治生活产生了强大的冲击。

太祖封张正常为大真人，掌天下道教。当时全真派衰落，正一派兴盛，但此种"掌教"，也只是精神、名义上的，并非使此大真人实际管理天下道士和道观，朝廷还会封其他道士为真人、大真人。张正常死后，其子张宇初袭职，封为正一嗣教道合无为阐祖广范真人。张宇初在永乐间逝世，其弟张宇清嗣宇初掌教事，授正一嗣教清虚冲素光祖演道真人。张宇清在宣德初入朝，当时道士刘渊然已赐号大真人，张宇清欲与之并列，"恳求当道为之请。

---

① 《明太祖实录》卷34，洪武元年八月甲戌。
② 《明太祖实录》卷211，洪武二十四年八月丁巳。
③ 郎瑛：《七修类稿》卷11，"国事类，天师印"，第169—170页。

上曲从之，赐号崇谦守静洞玄大真人。盖示训也"。① 张宇清死后，其侄子张懋丞于宣德三年三月被封为正一嗣教崇修至道葆素演法真人，领道教事。②

前文所说刘渊然在洪武二十六年十月得明太祖赐号"高道"，馆于朝天宫。该朝天宫在吴冶城，南宋时始置聪明观，唐代在该地建紫极宫，宋真宗大中祥符间改名祥符宫，不久改名天庆观。元元贞时，改称玄妙观。文宗时，又改名永寿宫。至洪武十七年重建，赐名朝天宫，道录司即在此观内。

至仁宗、宣宗时，受封为大真人、高士者渐多。洪熙元年，命道士沈道宁为混元纯一冲虚湛寂清净无为承宣布泽助国佑民广大至道高士，阶正三品，仍赐道服。③ 仁宗还升授刘渊然为冲虚至道玄妙无为光范演教庄靖普济长春大真人，封道士沈道宁为混玄纯一冲虚湛寂清净无为承宣布泽助国佑民广大至道高士，阶正三品。宣德元年，封正一嗣教清虚冲素光祖演道崇虚守净洞玄真人张宇清为大真人，领天下道教。宣德三年，又封张懋承为正一嗣教崇修至道演法真人，封周思得为履和养素高士。诚如沈德符所说"盖道教之崇，仁宣二朝已然。世宗朝之邵元节，陶仲文已权舆于此矣"。④

明朝政府的大规模崇奉道教活动应起于成祖之重修武当山玄宫。永乐十六年十二月，重修武当山宫观成，赐名为太岳太和山。武当山有七十二峰，三十六崖，二十四涧。紫霄、南崖等峰旧皆有宫，元季兵毁。永乐中全面新建。"五龙之东十余里，名玄天玉虚宫，紫霄曰太玄紫霄宫，南崖曰大圣南崖宫，五龙曰兴盛五龙宫。又即天柱峰顶冶铜为殿，饰以黄金，范真武像于中。选道士二百人供洒扫，给田二百七十七顷并耕户以赡之。仍选道士任自垣等九十为提点，秩正六品，分主宫观，严祀事，上资太祖高皇帝、孝慈高皇后之福，下为臣庶所弭灾疹。凡为殿观，门庑享堂厨库千五百余楹。上亲制碑文以纪之。"⑤ 这实际上是建立起了一个兼为道教核心区与皇室私家道观的中心。道教之依附于皇室，至此已经无以复加。这样大规模，极尽豪奢

① 《明宣宗实录》卷30，宣德二年八月戊辰。
② 《明宣宗实录》卷39，宣德三年三月戊子。
③ 《明仁宗实录》卷6下，洪熙元年春正月丁丑。
④ 沈德符：《万历野获编》补遗卷4，"释道""道官封爵"，第914页。
⑤ 《明成祖实录》卷112，永乐十六年十二月丙子。

之能事的道观群修建，无论如何，已经超出了以道教"阴翊王道"的程度，是公开的道教崇拜活动，其社会暗示作用，自然不可小觑。此后，所谓太岳太和山宫观的维持冠冕堂皇地列于国家事务中。宣宗对佛教和道教的热情不及成祖，其宣宗皇后信佛教，在英宗时期颇推行佛教尊崇活动，武当山似乎略遭冷落。成化三年，乃定对太岳太和山宫观再加修葺。该年五月，提督太岳太和山宫观司礼监太监奉御韦贵等言："本山宫观严庙凡三十有三处，殿宇房舍岁久不葺，损者十六七，臣等顷已勘修，其绘饰所需，欲取之旁近郡邑。"奏上，工部请命湖广布政司委堂上官查勘区处，从之。① 成化五年四月，韦贵再奏："奉敕修理太岳太和山宫观及桥梁道路，乞免守御所、旗军差役，兼同余丁，专给工役。"允之，"仍敕贵及参议王豫督工，务在完固，其调用官军，一应差役，悉与优免。"②

这类以国家之实力与权威支持道教的做法，一方面维持了道教的地位，同时也强化了道教对于国家，尤其是皇帝的依附性。大批道教人士将精神用在到朝廷讨生活上去，道士谋取世俗地位、名誉成为风气。

景泰四年十月，"赐守玄冲静高士兼道录司左正一邵以正诰命"。以后，给道士诰命事日多。③ 景泰五年八月，"加封正一嗣教冲虚守素绍祖崇法真人领导教事张元吉为正一嗣教清虚冲素光祖演道崇谦守静洞玄大真人掌天下道教事，赐之诰命"。④ 天顺元年六月，"改封正一嗣教冲虚守素绍祖崇法妙契玄机弘悟大真人掌天下道教事张元吉为正一嗣教冲虚守素绍祖崇法安恬乐静玄同大真人掌天下道教事，其妻胡氏志和履善冲静玄君为冲和恭静玄君，给以诰命"。⑤ 天顺元年八月，"升道录司左正一邵以正为悟玄素凝神冲默阐教振法通妙真人，仍掌道教事。以正早得法于长春真人刘渊然，渊然器重之，宣德间荐于上，遂被召用。景泰间升真人，后具疏辞，仍任左正一闲住。至是，正一嗣教大真人张元吉奏保其戒行真诚，复有是命"。⑥ 先前，

---

① 《明宪宗实录》卷42，成化三年五月甲申。
② 《明宪宗实录》卷66，成化五年四月庚辰。
③ 《明英宗实录》卷234，《景泰附录》卷52，景泰四年冬十月丙戌。
④ 《明英宗实录》卷244，《景泰附录》卷62，景泰五年八月丙申。
⑤ 《明英宗实录》卷279，天顺元年六月丁巳。
⑥ 《明英宗实录》卷281，天顺元年八月乙巳。

正一嗣教真人张元吉每来京与庆贺事赐宴,列于二品班之末。邵以正在景泰间仅列于祭酒班之次,复封为真人后,通过礼部乞定筵宴坐次。英宗曰:"殿上宴文武官,邵以正只送宴馔与之。"① 于此事观之,当时礼部似乎倾向于在朝廷筵宴中给予邵以正席位,如此则朝廷宴会常有两名道士在座。英宗本人略减杀其地位,不使到场,这对于不使宗教领袖向国家行政体系渗透,略有防微杜渐意义。

张元吉接掌道教时年幼,朝廷尝敕其祖母护持。天顺四年,张元吉已长大,继续向朝廷乞请对其家人的特殊待遇,包括为其妾朱氏求封赠。礼部对他的一次答复是:"元吉既长,不须更赖母护持,其妻吴受封玄君见在,无缘别敕朱氏。情理乖私,难以施行。"② 事遂寝。不过四年以后,朝廷还是再次加荣对他及家人的封号。初,元吉封冲虚守洁绍祖崇法安恬乐静玄同太贞人,母加封太元君,俱赐诰命。至天顺八年六月,元吉乞加母封号为六字,改太元君为太夫人,并增已封号。事下吏部,吏部言:故事无改封太夫人之例。奏上,"赐正一嗣教真人张元吉诰命,改封体玄悟法渊默静虚阐道弘化妙应真人,嘉封其母高氏为慈和端惠贞淑太玄君"。③ 到成化六年十二月,元吉坐不法除名,遂下令"焚前正一嗣教体玄晤法渊默静虚阐道弘化妙应大真人张元吉并其妻冲和恭静元君吴氏诰命"。④ 成化七年十一月,刑部尚书陆瑜上奏:犯人张元吉等应当处罪。皇帝已经有旨,以其子玄庆荫封真人。应遣人驰驿至龙虎山,责限官司保勘袭封。宪宗是其奏。⑤ 张元吉自成化六年被逮,后遣戍肃州,至成化十一年,因其子张玄庆请求,被释为民。张玄庆在成化八年三月正式承袭为正一嗣教真人。⑥ 成化十三年十一月,从玄庆之请,赐其正一嗣教保和养素维祖守道真人号,其母吴氏封志顺淑静玄君,给诰命三道。⑦

成化以前,道士封赠需通过国家行政机关审核,经有关部门下达实行。

---

① 《明英宗实录》卷 299,天顺三年春正月丁亥。
② 《明英宗实录》卷 321,天顺四年十一月丙申。
③ 《明宪宗实录》卷 6,天顺八年六月戊申。
④ 《明宪宗实录》卷 86,成化六年十二月癸丑。
⑤ 《明宪宗实录》卷 98,成化七年十一月丁巳。
⑥ 《明宪宗实录》卷 102,成化八年三月丁巳。
⑦ 《明宪宗实录》卷 172,成化十三年十一月丁亥。

至宪宗成化时期，道士开始通过贿赂宦官、权要等私人途径获得皇帝直接封赠。据"实录"记载，成化元年春正月，"太监柴昇传奉圣旨，升左正一道玉为真人，给诰命。道士乞恩封膺黉缘受赏自此始"。① 此后，道士黉缘获得官职、诰命、真人等名目日多。宪宗初即位，即以道士孙道玉为真人，其后方士李孜省以符箓晋，官至礼部侍郎。邓常恩、赵玉芝、凌中、顾珏亦皆以方术得幸，官至太常卿。其他杂流加侍郎、通政、太常、太仆、尚宝卿者，不可胜计。每令中官传旨，一传至百十人，时谓之"传奉官"。是时李孜省尤得宠幸，朝臣毁誉，多出其口，士大夫遂多附之。不仅道教如此，佛教中人也多以私人渠道获得封赠。如僧人继晓，以秘术晋，赐号通元翊教广善国师。其后，授西天佛子、大国师、国师、禅师者亦不可胜计。服食器用，僭拟王者。出则金吾杖呵道，锦衣玉食者几千人。羽流加号真人、高士者，盈于都下。

宪宗好道教，用以祈祷，曾激起士大夫反对。如成化五年十二月，"六科给事中劾奏道录司左玄义许祖铭奉敕祈雪，秽言对天，仗剑斩风，亵天慢神，莫此为甚。乞将祖铭正典刑，以谢神人之怒，及乞敕礼部，禁约各观道士，不许擅自祈祷，以亵神明，庶天意可回，而雪泽自降矣"。疏入，宪宗曰："许祖铭祈祷不诚，非理妄为，本当逮治，今姑宥之，自后再犯不宥。"② 道士作法，多以符箓咒语行令，与儒家敬天之道大不相侔，所以对许祖铭进行弹劾。此外，这也反映士大夫对利用道士祈祷之类做法的否定倾向。国家机关官员对道教常常加轻视。成化十年三月，修真武庙工完成，内官监太监宿政上奏说，以前公差、御史、给事中、锦衣卫等官常于庙前、庙内集众理事，"诚为亵渎"。遂命都察院揭榜禁约，禁止军民妇女入庙搅扰。③

成化十二年八月，宪宗受道家之说迷惑，建祠祭祀道教和民间信仰中祭祀的玉皇大帝。户部尚书兼翰林院学士商辂等上疏，援引祖制，强烈反对，奏疏云："祖宗创为郊祀，岁一举行，极为慎重。迩者传闻皇上推广敬天之心，又于宫北建祠奉祀玉皇，取郊祀所用祭服、祭品、乐舞之具，依式制

---

① 《明宪宗实录》卷13，成化元年春正月庚申。
② 《明宪宗实录》卷74，成化五年十二月乙丑。
③ 《明宪宗实录》卷126，成化十年三月戊戌。

造，并新编乐章，内臣习之，欲于道家所言神降之日，举行祀礼。臣等窃详，皇上为此无非欲上为母后祝厘，下为生民祈福。圣心诚敬，人所共知。但稽之于故，未为合礼。昔傅说之告高宗曰，黩于祭祀，时谓弗钦。礼烦则乱，事神则难。况天者至尊无对，尤非他神可比。事之之礼，宜简而不宜烦，可敬而不可渎。今乃别立玉皇之祠祀，并用南郊之礼乐，则是相去一月之间，连行三祭，未免人心懈怠，诚意不尊。且郊祀所用执事并乐舞生，皆神乐观道士为之，但系刑丧病疾之人，一切不预。祖宗制礼，盖深意存焉。皇上为天之子，其于事天之礼岂可不斟酌典故而致有丝毫之不谨乎？伏望圣明将所建神祠停罢，神像送宫观侍奉，祭服、祭器、乐舞之具送太常寺收贮。凡内廷一应斋醮，悉宜停止，勿亵渎。庶几天心昭鉴，可以变灾而为祥，转祸而为福矣。"① 疏入，宪宗命拆除祠祭设施，送库收贮。

成化十九年，右至灵高宗谅、右玄义史宗信、左玄义陈得静、焚香序班龙应奎等因伪为丹药，称为神人所降，服之可以长生不死，将进呈宪宗服食，被内侍觇知。宪宗命将高宗谅革职发原籍当差，史宗信拘收度牒为民，陈得静降为道士，龙应奎革冠带为民。②

到成化末年，从主流士大夫的立场看来，国家政治生活中已经渗入了太多的佛教、道教因素，威胁到了明朝国家政治的基本精神。宪宗去世后，士大夫立即谋求借新君即位之机加以清理。成化二十三年九月，科道官员纷纷上疏，弹劾"左道"。所谓"左道"，包括佛、道"异端"，亦指各种方术。从这些奏疏中，可以看出成化末年朝中佛教、道教、方技与明朝初年所定体制精神的矛盾和纠缠。

礼科等科给事中韩重等上疏曰："通政司掌司事礼部左侍郎李孜省，奸邪小人，逋逃赃吏，潜住京邸，奔竞权门，以书符咒水蛊惑人心，托受录修斋，希求进用。始则交结太监梁芳、常典、陈善，以为援引之谋。继则依附外戚万喜、万达、万祥以通悻进之路。误蒙先帝滥受亚卿。又如太常寺卿等官邓常恩、赵玉芝、凌中、顾环、顾经、曾克彰、黄大红、江怀、李成等，俱以市井庸流、穿窬小辈，或假金丹为射利之策，或作淫巧为进身之媒。所

① 《明宪宗实录》卷156，成化十二年八月乙酉。
② 《明宪宗实录》卷242，成化十九年秋七月甲午。

引奸邪，不止此辈……"①

监察御史陈毅等上疏曰："李孜省以尸祝鄙夫，执鞭贱隶，寅缘内监，倚梁芳等为先容，交结外家，藉万喜等为内援。扶鸾招鬼，受录修斋，引市井之徒，称金丹之客。以邓常恩等为腹心，曾克彰等为羽翼，厕银台之要职，污宗伯之清衔。青紫多出其门，除拜或由其意，苞苴载道，请托盈门。书朱字符而入后宫，用玉图书而称旨，黄袄进誊写之妖书，硃砂养修炼之秘药，奏青词咒诅于便殿，建寺观震动于乾宫。气焰薰天，名教扫地。领占竹、札巴坚参等以妖髡而受法王之名，释迦哑儿答、著乩领占等，以胡丑而窃佛子之号，锦衣玉食，后拥前呵，斫骷髅以为法盉，行净至宫，穿朽骨而作念珠，登坛受戒。遂使术误金丹，气伤龙脉，一时寝庙不宁。旬日宫车晏驾，百官痛心，万姓切齿，虽擢发莫数其罪，粉身犹有余辜……"②

孝宗对被告诸人一一发落，其中李孜省等谪戍甘州等卫，梁芳等降南京御用监闲住，诸法王、佛子、国师、禅师、番僧等命礼部审处以闻。并"汰传奉官千百人"，又诏礼官议汰诸寺法王至禅师 437 人、喇嘛僧 789 人、汉人为禅师及善世、觉义诸僧官者 112 人、真人、高士及正一、演法诸道官 123 人。可见成化时期授官之滥。③

皇帝即位之初的做法大多依从朝臣主张，并为了示天下以更新气象，笼络人心。待新君控制局面和熟悉了朝廷政治游戏规则之后，自己的真实意图、倾向便更多地体现在朝廷政策、措施中。孝宗初年，朝政为之一清，稍后，也逐渐惰于朝政，不过，虽然他对僧、道、方术的态度与宪宗的其实没有根本不同，但还是知道收敛限制，而且比较能够听从大臣劝谏。

弘治元年四月，礼科给事中张九功上疏请正祀典。其中说到，当时"朝廷常祭之外，尚有释迦牟尼、文佛、三清、三境九天、应元雷声、普化天尊之祭，又有金玉阙真君、元君、神父、神母之祭，诸宫观中又有水官星君、诸天诸帝之祭。乞敕礼部尽为厘正，及一切左道惑人之事，通为禁止"。④孝宗命礼部会官考详何神立于何代，何神有功于国，何神泽及生民，今何神

① 《明孝宗实录》卷 2，成化二十三年九月丁未。
② 同上。
③ 赵翼：《廿二史札记》卷 34，中华书局 1984 年校点本，第 779—780 页。
④ 《明孝宗实录》卷 13，弘治元年四月庚戌。

应祀与否，明白具奏。于是礼部尚书周洪谟等会议，详细说明阑入朝廷祭祀的各种杂神来路，力请清除。此疏反映弘治初之前，各种明朝法定祭祀典礼之外的杂神阑入朝廷祭祀体系的历史，从中尤其可见道教与民间杂神信仰与朝廷祭祀体系的纠缠关系。疏长，略为删节：

"我太祖高皇帝稽古定制，凡前代所加岳镇、海渎封号，郡县城隍神号，尽行革正。其忠臣烈士，亦止以当时封号称之。凡异端乱正之术，一切有禁。所以正风俗，晓人心者至矣。伏望皇上以祖宗为法，敬事天地，孝事宗庙，严事山川百神。此外，凡有斋醮、祷祀之类，通行罢免。不惟绝异端之奸，亦可省无益之费。仍敕中外，凡宫观祠庙，非有功德于民，不合祀典者，俱令革去。间有累朝崇建，难于辄废者，亦宜厘正名号，减杀礼仪。庶尽以礼事神之心……佛老之徒，妄相称述，惑世诬民，莫之能废，不合祀典，莫此为甚。伏望自今以始，凡遇万寿千秋等节，不令修建吉祥斋醮，或遇丧礼，不令修建荐扬斋醮，俱不先期遣官祭告释迦牟尼、文佛于大兴隆寺，及三清、三境天尊于朝天宫，则祀典正矣。

"所谓北极中天星主紫微大帝者，盖北极五星在紫微垣中，其北第五星名曰天枢，是为天文之正中，又曰紫微大帝之座，乃朝廷宫殿之象。正统初建紫微殿于大德观东，设大帝之像，每节令亦遣官祭告。夫幽祭星，古礼也。祖宗以来，每岁南郊，已有星辰坛合祭之礼。今乃像之如人，称之为帝，以极星之正，祠于异端之宫，稽之祀典，诚无所据。其祭告乞罢免。

"所谓九天应元雷声普化天尊者，凡阴气凝聚，阳气在内，不得出，则奋击而为雷霆。今道家妄以为玉霄一府，总司五雷，雷部诸神，皆其所主，而又以六月二十四日为天尊示现之日，故朝廷岁以是日遣官诣显灵宫致祭。夫风云雷雨，每岁南郊已有合祭之礼，而山川坛复有秋报之祭，况自二月发声之后，无非雷霆震奋之日，今乃以六月二十四日为示现日，于义何取？设像名称，礼亦何所据哉？其祭告亦乞罢免。

"又有所谓祖师三天，扶教辅玄大法师真君者，传记云：汉张道陵，光武时人，善以符治病，至桓帝永寿元年，百二十岁而没，人传白日上升。唐天宝、宋熙宁、大观间，累号正一靖应真君，子孙亦有封号。国朝仍袭正一嗣教大真人之封，秩视二品。然宋邵伯温《闻见录》云：汉建安二十年，曹操破张鲁，定汉中。鲁祖陵，父衡，以符法相授受，自号师君，其众曰鬼卒，曰祭酒，大抵与黄巾相类。朝廷不能讨，就拜鲁汉宁太守，镇夷中。盖陵本非异人，而道家祖陵为天师者，特因天宝之稱而云尔。今岁以正月十五日为陵生辰，遣官诣显灵宫祭告。夫生辰自宜使其子孙祭于家，而乃遣官祭告，尤非祀典，亦乞罢免。

"所谓大小青龙神者，记云：昔有僧名卢，自江南来寓，居今京师西山。一日，有二童子来拜于前，卢纳之，供奉无怠。时久旱不雨，二童子白于卢，请限雨期，即委身龙潭，须更化二龙，遂得雨。后赐卢曰感应禅师，建寺设像，又别设二青龙祠于龙潭之上。宣德中，敕建大圆通寺，加二青龙以封号。今春秋祭之。夫妖由人兴，久自衰息，况今连年亢旱，祈祷二龙，杳无应验，则怪诞不足崇奉明矣。

"又有所谓梓潼帝君者，记云：神姓张，讳亚子，其先越嶲人，因报母仇，徙居梓潼之七曲山。仕晋，战没，人为立庙。唐玄宗、僖宗、宋咸宁中，屡封至英显王，道家为上帝，命梓潼掌文昌府事及人间禄籍，故元加号为帝君，而天下学校亦有立祠祀之者。景泰中，因京师旧庙辟而新之，岁以二月三日为帝君生辰，遣官致祭。夫梓潼神显灵于蜀，则庙食其地，于礼为宜。祠之京师何也？况文昌六星为天之六府，殊与梓潼无干，今乃合而为一，是诚附会不经。乞并与大小青龙神之祭俱敕罢免。其梓潼祠在天下学校者，俱令拆毁，庶足以解人心之惑。

"又道家有所谓北极佑圣真君者，盖真武乃北方玄武七宿，后人乃以玄武为真圣而作龟蛇于下。宋真宗避讳，改玄武为真武。靖康初，加号曰佑圣助顺灵应真君，及考图志，乃云真武为净乐王太子，得道术，修炼武当山，功成飞昇，奉上帝命往镇北方，被发跣足，建皂纛玄旗，摄玄武位。此则道家附会诞妄之说。再考国朝御制碑，谓太祖平定天下，兵戈所向，阴祐为多，尝建庙南京，载在祀典。及太宗入靖内难，以神有显相功，又于京城艮隅并武当山重建庙宇，两京岁时朔望，各遣官致祭，而武当山又专官督视祀事。至我宪宗，尝范金为神像，屡遣内官安奉于武当山。盖亦承列圣崇奉之意以祈神休耳。而内官乃援引左道邓常恩辈，荧惑圣听，虐害生民。奏请重修京城庙宇，改号灵明显佑宫，日进邪术，遂使香火之地，几为奸盗之区。今常恩辈已伏其罪，而其所遗蠹国害民之事，尚未止息。如频年赍送神像，及多给武当道士衣布，滥费香蜡之类是也。请止照洪武间例，每年以三月三日、九月九日，用素羞，遣太常寺官致祭，其余祭祀，悉皆停免。继后神像，再不赍送。凡府县应给办衣布并香蜡诸物之劳民者，俱量为裁省。庶几国用少节，而于累朝崇报之礼亦未尝废也。

"所谓崇恩真君、隆恩真君者，道家相传以崇恩真君姓萨，名坚，西蜀人。宋徽宗时，尝从王侍宸、林灵素辈学法有验，而隆恩真君则玉枢火府天将王灵官也。又尝从萨真君传符法。永乐中，以道士周思得能传灵官法，乃于禁城之西建天将庙及祖师殿。宣德中，改庙为大德观，封二真君。成化初，改观曰显灵宫。每年换袍服。三年一小焚，十年一大焚。复易以新珠玉锦绮，所费不訾。每节候岁时，皆遣官致祭。夫萨真君之法，因王灵官而行，王灵官之法，因周思得而显，而其法之所自，又皆林灵素辈所附会。况近年祈祷，杳无应验。今若以累朝创建之故，难于废毁，其祭告之礼，宜令罢免。四时袍更换，宜令收贮勿毁，此后不必再焚，亦不必再制。如此则妄费可少省，而邪术可贬矣。

"所谓金阙上帝、玉阙上帝者，志云：福建闽县旧有洪恩灵济宫，即祀今之金玉阙二真人者。五代时，吴徐温子曰知证，封江王，曰知谔，封饶王，尝提兵平福州。福人德之，图像以祀。宋赐今额。又考国朝御制碑，谓太宗尝弗豫，药罔效，祷神辄应。因大新闽地庙宇，令春秋致祭、易衣，给户洒扫，又立庙祀于京师，加封知证金阙真君，知谔玉阙真君。正统、成化年，累加号为上帝，每朔望节令，俱遣官祀，及时荐新食，四时致皮弁、冠、红金云龙朝服，近又加平天冠、明黄锦绮服。其黄服五年一换焚，红服十年一换焚。夫神之世系、年代、事迹，本非有甚异也，而兄弟并称上帝，本处既有春秋祀，而京师复一年数祀，袍服在京换焚，费已不訾，闽之袍服，又数劳人赍送，其僭号既宜革正，而妄费亦宜节损。请仍存闽之庙祀，废京师之诸祀，革其帝号与服色，止称真君，服旧服，其衣服更换，俱令本官收贮，不必再焚，每岁亦不得再制。若在闽而敝者，令府县量为修补，不必赍送。如此则于礼庶不为渎，而报功之典，亦未尝不存也。

"所谓神父圣帝、神母元君及金玉阙元君者，即二徐之父母及其配也。宋封父齐王为忠武真人，母田为仁寿仙妃，配皆为仙妃。我朝永乐至成化间，屡加封其父为圣帝、母，及二配皆为元君。每岁时节令，俱遣官祀，而金玉阙元君又有诞辰之祭，僭渎以至于此。载考徐温，乃五代时吴国专权弑主之贼，殊无功德可录，但缘二徐为子，有一时祷应之功，故滥恩致此。伏乞削去上帝元君之号，一切滥祀，俱宜罢免。

"所谓东岳泰山之神者，泰山为五岳之首，庙在山东泰安州山之下。唐、宋、元皆加号曰王，或曰帝，若祀人鬼然哉。我太祖正祀典，止称东岳泰山之神，有司春秋致祭，有事则遣官祭告，每岁南郊并二八月，山川坛俱有合祭之礼。盖以山川灵气，有发生之功故也。今朝阳门外有前元东岳旧庙，国朝因而不废，其后岁以三月二十八日及万寿圣节，遣官致祭。夫既专祭于封内，又合祭于郊坛，则此庙之祭，实为烦渎，亦乞罢免。

"所谓京师都城隍庙之神者，盖建国者必设高城深隍以保其民人，其制自黄帝始。今天下府州县各有城隍庙，在京师者谓之都城隍庙，旧在顺天府西南，俗以五月十一日为神诞辰，故是日及节令，皆遣官祀。夫城隍之神非人鬼也，安有所谓诞辰者？况南郊秋祀，亦宜罢免。"①

议既上，孝宗曰："卿等言是。修建斋醮、遣官祭告，并东岳、真武、城隍庙、灵济宫俱仍旧，二徐真君并其父母、妻宜革出帝号，止仍旧封号，原冠袍等物换回焚毁，今后福建冠袍每六年一赍送。余如所议行之。"② 如此，则弘治初年确将上列杂神中大多数清除出朝廷祭祀体系。这是明朝自永乐以后，对道教向朝廷渗透倾向的最为严厉的一次打击。

随后，巡抚湖广都御史梁璟又进一步建议，根据登极诏中停止一切额外贡献的精神，应将提督武当山太监韦贵等贡茶梅、黄精、竹笋等事依照永乐十四年所定常贡之数规定停免，"永乐中武当山食粮道士不过四百，近至八百余人，道童亦有千余。乞照额放免，以省冗食。又太监陈喜别带道士三十余人，俱领敕护持，往往离本宫百余里外深山之中，或擅创庵观，或寄住民家，甚至招集无赖，强占土田，不遵提督等官约束。恐岁月滋久，酿成他患，乞追回原敕，额外者，递还原籍，庵观拆毁，田土归之旧主"。孝宗也皆允准执行。③

不过，此后孝宗对道教兴趣增强，许多崇奉道教的事情重新发生。弘治十年四月，礼科左给事中叶绅等陈修省八事，其一为"黜异端"，谓："太监

<hr />

① 《明孝宗实录》卷13，弘治元年四月庚戌。
② 同上。
③ 《明孝宗实录》卷25，弘治二年四月壬子。

李广荧惑圣心,召集道流,以致黄白修炼之术,丹药符录之伎,杂进并兴,伤风坏教,乞加黜罢。"又云太监李广有大罪条,其一为"诳陛下以烧炼之名而进不经之药",且曰:"太常卿崔志端、真人王应祒皆称广为教主主人,而广为传升官职,求赐玉带,要结邪人,玷辱名器……"御史张缙等亦以为言。孝宗令"姑置之"。① 这时孝宗疏于上朝、经筵不讲,对道教、方士的兴趣却已经日高一日。弘治十二年八月,户部主事陈仁言八事,"一谓缁黄之流充斥都城,锦衣肉食,淫荡无制。而太常掌祭之秋,亦以道流处之,非所以崇正道。乞别选文学道义之臣以主太常之礼,沙汰僧道,禁其游荡"。孝宗亦不理会。②

　　万历间人沈德符评论说:"道士为大宗伯者自蒋守约始。继之者成化四年之李希安。弘治十七年之崔志端以黄冠领夔伯之寄,不谓乃见之清朝。李文达、陈莊靖、刘文靖诸公能辞责乎?"③ 这里所说的蒋守约,字德简,直隶宜兴县人,少孤,养于祖母王氏,"有黄冠师见而异之,授以所业,既而选为神乐观乐舞生。永乐庚寅,授太常寺赞礼郎。秩满,升协律郎。甲辰,升寺丞。宣德中,以礼部尚书胡濙荐,诣行在。丙辰,上嗣位,升少卿,掌寺事。越三载,升本寺卿。景泰壬申,进升礼部尚书,仍掌太常寺。天顺元年,上复位,以例致仕归。是年秋,复召至京,命莅事如初"。至天顺二年二月卒。④ 李希安原为乐舞生,历官至礼部左侍郎,掌太常寺事。成化四年二月,援引蒋守约例,得为礼部尚书。⑤ 崔志端,顺天宛平县人,由神乐观道士充乐舞生。成化中,授太常寺赞礼郎,后补寺丞、少卿。弘治中,迁太常寺卿,复晋为礼部尚书,仍掌太常寺事。崔志瑞居官期间屡遭弹劾,然诸帝皆尽力保全,不令去职。至正德九年六月死去。⑥

　　弘治十四年闰七月,孝宗欲派遣内监前往武当山送像、挂幡、设斋醮。御用监王瑞等奏请带随行官舍勇士80余人、黄马快船60余艘前往。给事中

①　《明孝宗实录》卷124,弘治十年四月丁亥。

②　《明孝宗实录》卷153,弘治十二年八月癸巳。

③　沈德符:《万历野获编》补遗卷1,"列朝""天顺初元盛德",第791页。

④　《明英宗实录》卷287,天顺二年二月癸巳。

⑤　《明宪宗实录》卷51,成化四年二月戊戌。

⑥　《明武宗实录》卷113,正德九年六月己未。

宁举、监察御史顾潜等上疏谏止，不听。吏部尚书倪岳、兵部尚书马文升等也力言不可。孝宗回复说：事既举行，难以中止，令差去官员等不许沿途生事扰人就是。① 随后，孝宗命内阁大学士刘健等为此次斋醮撰写敕书及祝文。刘健等抗命上疏："臣等闻命惊惕，莫知所指。其神之有无，事之可否，臣等姑未暇陈。窃闻此山宫观像设，富丽已极，增添易换，徒见劳扰，实为无益。况今四方灾异迭出，顺天、河南、山东等处沿河一带，雨水泛涨，田禾淹没，人民穷困。州县驿递，本当应付尚不能堪。湖广地方苗贼肆乱，军旅方兴，粮饷供馈尤恐不给。如又动此大役，拨给船只，必至千百。差拨人夫，何止千万？非惟逼迫逃亡，抑恐激成祸变。又况陕西、辽东虏贼猖獗，军饷尤急。外患方殷，而内地先困。其间生民愁苦之情，地方凋弊之状，君门万里，恐皇上不得而知。臣等备员辅导，深切忧惧。近因边需窘急请节用，亦尝论及此事。荷蒙圣明，特赐采纳。不数日间，乃有是命。臣等平时无格心之学，上启圣聪，斥绝邪妄，若有阿谀承顺，为此劳民伤财之举，以负委任之重，罪将何逃？伏乞收回成命，停止无益，专务内修外攘，以安宗社，天下幸甚。"② 疏入之后，孝宗"纳之"。次月，孝宗命给太岳太和山诸宫观提点照神乐观提点事例，月支粳米三斗三升。似乎是对取消斋醮事略做补偿。③

　　武宗即位，照例有一番清理。弘治十八年八月，户部据言官所奏节财裕民事宜上言："今内库之藏，无以充登极之赏。请如原议催取各处银钱……至若营建山陵，悉遵先帝遗命，而建塔造像，将来斋醮夫额外供应，不时繁刑，俱当禁止。其称考察天下官员，沙汰僧尼道士，挨查在京游民，清理匠役、勇士等项，请议处。"武宗传旨：一应节财事宜，各该衙门查议以闻。于是，礼部言塔像斋醮蠹财，宜革。武宗曰："塔像斋醮，何益于事？其即已之，惟春祈秋报如故。"④ 九月，监察御史陈文试弹劾掌太常寺事礼部尚书崔志端，"累为言官论列，居位如故，宜亟斥之，以裨新政"。武宗即令崔

① 《明孝宗实录》卷 177，弘治十四年闰七月甲午。
② 《明孝宗实录》卷 177，弘治十四年闰七月己巳。
③ 《明孝宗实录》卷 178，弘治十四年八月癸丑。
④ 《明武宗实录》卷 4，弘治十八年八月癸亥。

志端致仕。如此，崔志端前后凡被弹劾达十七次，到武宗即位方才罢去。①武宗在位期间，多做荒诞无稽之事，包括倾心藏传佛教。但对道教，却无特别兴趣，道士者流于正德期间，在朝廷中行迹不彰。

弘治十八年十一月十七日，灵济宫当照例祭祀金阙真君、玉阙真君，先期通知尚书李东阳等前往行礼。大学士刘健等上疏："佛老二教，圣王所必禁，儒者所不谈。中世以来，正道不明，人心久溺。如秦始皇、宋徽宗好仙，汉楚王英、梁武帝好佛，唐宪宗仙佛俱好，求福未得，皆以得祸，载在史册，事迹甚明。若灵济宫所奉二真君，乃南唐徐温二子知证、知谔。谨按正史所载，徐温养子知诰篡位，吴王杨氏诸子皆为节度使，知证夭死，知谔病死。五代石晋时，无故立庙，称之为神。国朝虽有庙宇，然亦止称为真人，令道士供奉香火。成化末年，加为上帝。礼官失职，不能规正。先帝初年，革去帝号，天下传闻，以为圣政。真君旧称，尚未尽革，至于神父、神母、仙妃，皆是借叛家属滥冒美名。尤为非礼，每岁三大节分官祭祀。不知何时，复遣内阁儒臣。臣等初承遣命，未敢固违，因循至今，勉强从事。恭遇孝宗皇帝崇儒访治，舍己听言，方欲具奏论列，而龙驭上宾，徒深怅慕。近者文华殿所供佛像，有旨见新，令臣等撰文祝告。臣等以为事关治体，据礼上陈，荷蒙圣断，即时撤去。仰见陛下聪明正大，远过百王，善推所为，虽尧舜之治不难致矣。灵济真君生为叛臣，死为逆鬼，而冒名借礼，享祀无穷，惑世诬民，莫此为甚。臣等读圣贤之书，当劝陛下行帝王之道。心知邪伪而身与周旋，则讲读者皆成虚文，辅导者更为何事？且有其诚则有其神。无其诚则无其神。纵使有之，亦须诚心对越，乃能感格。臣等心既不信，诚从何生？强使驱驰，虽祭无益。若先师孔子遣祭旧规，臣等自当竭诚奉命。其一应寺观祭告，自来并不干预。伏乞圣明洞察，俯听愚言，将前项祭祀通行革罢，免令臣等行礼。先帝革号于莅政之初，陛下革祭于嗣位之始，传之后世，于前有光。庶祀典不愆，治体无累，而臣等瘝官失职之咎，亦少逭于万一矣。"武宗欣然采纳，且曰："二真君之祭，据礼当革。但先朝行之已久，姑仍其旧。今后不必遣内阁重臣，止令太常寺官行礼。"② 如此处置，

---

① 《明武宗实录》卷 5，弘治十八年九月甲辰。
② 《明武宗实录》卷 7，弘治十八年十一月庚寅。

算得开明。正德元年夏四月，又曾重申"天下僧道潜住京师之禁"。① 正德四年十二月，严令各王府不得于疾病、丧葬时修斋设醮，并严禁僧、尼、道士、女冠、巫祝之流出入王府，各王府亦不许修建寺院及请额名。"违者承奉长史以下俱罪不宥。"②

不过，武宗并无特意压制道教的意图和做法。正德七年三月，吏部尚书杨一清等据科道官奏疏建议裁汰冗员。其中包括"僧、道录司号称国师、真人、法王、佛子者，出入禁闼，供馈之盛，拟于王侯，尤为奸蠹。惟大奋乾刚，速赐裁降，勿令溷渎左右"。武宗应付局面，冗员数千，裁退者五人而已。③ 正德九年春正月，赐给真人张彦頨度牒二百道。④ 正德十三年八月，玄应庵女道士叶崇真请敕赐观名，并请以其徒赵演钟住持。礼部以非例执奏。特旨与之。此叶崇真尝为武宗近臣钱宁诵经，通过钱宁求请，故能得之。⑤ 正德十六年正月，大学士杨廷和、梁储、蒋冕、毛纪上疏，请武宗收回于太常寺现有道士出身人员内推举太常寺少卿一员的指令，改由吏部推举士大夫中人任职。武宗不理。⑥

嘉靖时期，羽流在朝廷取得了极高的地位，其中有两个关键性的人物，邵元节和陶仲文。

邵元节原籍贵溪，为龙虎山上清宫道士。正德时，宁王朱宸濠曾召请他前往，他推辞不去。世宗嗣位后，最初不过惑于内侍，信鬼神，事斋醮。嘉靖三年，世宗召见邵元节，对他大加宠信，令居于显灵宫，专司祷祀。据信他曾祈祷雨雪而得之，遂被封为"清微妙济守静修真凝元衍范志默秉诚致一真人"，统辖朝天、显灵、灵济三宫，总领道教，赐给金、玉、银、象牙印各一枚。后来，他曾参与南郊祭祀大典，主风云雷雨坛献祭。前文提到，英宗天顺间曾不准真人邵以正参与朝廷宴会，止"送宴馔与之"。邵元节则得与宴奉天殿，班于二品，紫衣玉带，其父得赠太常寺丞，母亲得赠为安人。

---

① 《明武宗实录》卷12，正德元年夏四月庚申。
② 《明武宗实录》卷58，正德四年十二月庚戌。
③ 《明武宗实录》卷85，正德七年三月癸丑。
④ 《明武宗实录》卷108，正德九年春正月庚寅。
⑤ 《明武宗实录》卷165，正德十三年八月庚辰。
⑥ 《明武宗实录》卷195，正德十六年春正月辛巳。

嘉靖九年九月，兵科给事中高金奏曰："陛下龙御之初，凡法祖、法师、国师、佛子有害正道者，尽从屏斥。近又谕礼官革姚广孝之配享，以其为释氏之徒，不合并诸功臣也。臣每心悦叹服，以为大圣人之崇正黜邪，有如此者。岂意有所谓真人邵元节者，误蒙殊恩，以为圣治累耶？夫官禄者，劝贤之资，爵赏者，励世之具。元节一道家流耳，因真人李得晟之请而波及之。纵使二人有恪修宗典、阴翊皇度之功，赏以金帛足矣。岂可既显其师而赐之赠祭，复荣其身而使之衣紫腰玉乎？广孝既不可配享于太庙，则二人亦不可爵禄于圣朝。伏望削去真人之号，褫其紫玉之贵，夺其亲师赠祭之典。庶乎异端辟而正道崇也。"① 世宗回复说："真人之封赠赐祭已久，何至今日乃言此？必有使之者。其令锦衣卫逮问。且因姚广孝配享之事，谓朕不自克治之意。礼部再议以闻。"② 礼部尚书李时等议奏："陛下撤广孝之配位，正祀典也。容元节等之供事者，存祈禳也。祀典当正。故虽以功臣之重，去之而不疑。祈禳可存，故虽以道流之微，用之而不避高金。因广孝之事遂论及元节，固因事献忠之心而未知其事之不同也。予夺之宜。惟上裁之。"③ 于是，世宗令仍改正姚广孝配享太庙事，并命邵元节安心供事，勿以人言介意。当时世宗固然执意扶植邵元节，坚持用道士辅助左右，礼部尚书李时的说法尤为圆滑，实际在为世宗提供按照己意行事的合理依据。这正是世宗刚刚赢得了围绕大礼仪的政治斗争的时候，朝廷上下都领教了世宗的执拗和手段。李时的圆滑，是这个时期朝臣与君主关系发生意义深远变化的许多表现之一，透露出一种通过迎合皇帝心思来保持士大夫朝廷政治地位的无可奈何的思路。

嘉靖十一年二月，已经成为大学士的李时等，以皇帝尚无子，请皇帝亲制祝文，遣廷臣奉香帛往岳镇名山祝祷。这可能包含两重用意，一是为早立"国本"做打算，二是迎合世宗求子的意愿。世宗果然夸奖诸臣"所言出于忠恳至诚"，但却即此提出：朝臣出去未免扰民，要改派道士去祈祷，所到之处，守土之臣诚竭行礼，朝臣则可在京师到地祇坛祈告。其实，道士往天下各地为皇帝求子，如何能不扰民？世宗的本意当然是倚重道士而不信任朝

---

① 《明世宗实录》卷117，嘉靖九年九月壬辰。
② 同上。
③ 同上。

臣。此事交礼部讨论回复，经礼部尚书夏言等主张，最后决定派武定侯郭勋、大学士李时、翟銮、尚书王琼、汪宏、夏言诣各坛分别望祀。① 望祀不出京师，还是比较约束的办法。这个时期曾几次命邵元节建醮，以夏言为监礼使。后来，"皇子叠生。帝大喜，数加恩元节，拜礼部尚书，赐一品服"。②

邵元节势力持续增长，达到道士在国家政治中心取得崇高地位和实质性国家行政管理权力的局面。起初，朝臣中还有试图改变局面者。嘉靖十一年十月，翰林院编修杨名上疏："真人邵元节猥以末术，过蒙采听，常于内府修建醮事。此虽皇上祈天永命之心不能自已，但祷祠之说自古无验，今乃不惜糜费，使之频举，且命左右大臣奔走供事，遂致不肖之臣，妄为依托。且闻有昏夜乞哀出其门下者，恐为市恩播威寅缘债事之渐也。夫以皇上敬一之心，臣民祝愿之念，感格天地，万寿之福，百男之祥，可以坐致。乃使异端小术，攘以为功，书之史册，后世其将谓何？凡此皆圣心之少有所偏者。故臣敢为内照自省及戒谨恐惧之说，盖欲皇上远稽尧舜，务以德高群圣，治冠百王耳……伏望……祷祠之事，一切远却。如此而民心有不响应，天心有不潜孚者，臣未之闻也。"③ 奏上，世宗大怒，说杨名"罔上怀奸，沽名卖直，托言星异，胁制朝廷"，令锦衣卫执送镇抚司用刑拷讯。④

此前，邵元节的孙子邵启南以道录司右正一改太常寺寺丞，曾孙魏时雍以道录司左至灵升太常寺博士。邵元节等各疏辞。世宗令带衔，准免支俸。至嘉靖十二年九月，"复加真人岁支米一百石，拨校尉四十名按季更用，仍加掌道教事，赐之诰命"。⑤ 世宗又在北京城西为邵元节修建真人府，赐给庄田三十顷，并免其租税。又派遣太监前往邵元节老家贵溪修建道院，赐名仙源宫。嘉靖十三年十月，仙源宫建成之后，邵元节回去省视。中途上奏称在山东鲁桥驿遇到驿丞王廷"矫抗"，并率居民毁辱。至谷亭时，又遇李员外舟，悬内阁牌，为其舟人侵侮。乞赐查究。世宗命逮王廷、李员外及其舟人并逮地方首事者,执送京师下镇抚司拷讯。李员外是大学士李时从弟户部员外郎李旼,李时上疏引罪。世宗颇加安慰。邵元节复上疏乞退伏山林。世宗安慰乃止。① 邵元节返回京师的时候,世宗命中官出城迎接,再赐蟒服及"阐教辅国"玉印。这个事件背后,是朝臣与道士争夺权力的角逐和相互之间的敌对情绪。

嘉靖十八年,邵元节病死。世宗为之落泪,赠少师,赐祭十坛,遣中官锦衣护丧还乡,地方政府为之营葬,用伯爵礼。礼官拟谥为"荣靖",世宗不满意,再拟为"文康"。世宗合两谥为"文康荣靖"。明朝重臣中,罕有死后得四字谥者。不过到世宗死后,邵元节的秩谥就全被削夺了。

陶仲文是一方士,黄冈人,嘉靖中,由黄梅县吏升为辽东库大使。秩满后,前往京师,寓于邵元节邸舍。当时邵元节年老,宫中出现黑眚,他无法除治,遂将陶仲文推荐给世宗。他除妖去病,几次作法,据说灵验,遂得世宗宠信。嘉靖十八年,陶仲文伴世宗南巡,到卫辉这个地方,有旋风绕驾,陶仲文说这是火灾的征兆。当晚行宫果然失火,宫人死者甚众。世宗因此更觉陶仲文有异能,授为"神霄保国宣教高士",不久又封为"神霄保国弘烈宣教振法通真忠孝秉一真人"。从无神论观点看,根据旋风预言火灾是无稽之事,如果不是巧合,就是故意放火。故陶仲文一类方士在朝,不能不说意味着某种潜在的危险。

同年十一月,世宗对吏、礼二部官员说:"我皇祖定制,岁举祈谢天地神祇大醮,为民之心,如此切至。乃者邵真人没,此典似不可久旷。其以高士陶典真进封神霄保国弘烈宣教振法通真忠孝秉一真人,领道教事,总各宫观住持,知道录事。给诰印,赠其父母,封其妻,各给与诰敕。"② 陶典真即陶仲文。这实际上把原来属于礼部的一部分礼仪和管理道教行政的权责转交给了陶仲文。

后来,世宗进一步沉迷于道教,欲令太子监国,自己专事静摄。太仆寺卿杨最上疏劝谏,被廷杖死。群臣震慑,神仙祷祀益盛,无所顾忌。陶仲文的儿子陶世同升为太常寺丞,女婿吴浚,从孙陶良辅成为太常博士。世宗一

① 《明世宗实录》卷168,嘉靖十三年十月辛酉。
② 《明世宗实录》卷229,嘉靖十八年九月己酉。

次患病，既而痊愈，便认为是陶仲文祈祷之功，授他为少保、礼部尚书。后来又加少傅，仍兼少保。陶仲文请在其家乡黄州建立雷坛，为世宗祈祷长寿，督工甚急，公私骚然。御史杨爵、郎中刘魁、给事中周怡等有所劝谏。世宗大怒，"悉下诏狱，拷掠长系。吏部尚书熊浃谏乩仙，即命削籍。自是，中外争献符瑞，焚修、斋醮之事，无敢指及之者矣"。①

嘉靖二十年，世宗险些遭宫女谋杀，后移居西内，日求长生，郊庙不亲，朝讲尽废，不见群臣。这时独陶仲文仍得时召见，见时辄赐坐，称之为师而不称其名。大同捕获间谍王三，世宗认为是修玄之功，加陶仲文少师，仍兼少傅、少保。一人兼领三孤，通明一代，只有陶仲文一人而已。后来又授陶仲文特晋光禄大夫、柱国，兼支大学士俸。荫其子陶世恩为尚宝丞。其徒郭弘经、王永宁也被封为高士。万历间人沈德符说：世宗自从"遭宫婢之变，益厌大内，不欲居，或云逆婢杨金英辈正法后，不无冤死者，因而为厉，以故上益决计他徙。宫掖事秘，莫知果否。上既迁西苑，号永寿宫，不复视朝，惟日夕事斋醮。辛酉岁永寿宫火后，暂徙玉熙殿，又徙元都殿，俱湫隘不能容万乘。时分宜首揆，请移驻南城，盖故英庙为上皇时所居也，天顺间修饰完整，实远胜永寿。上以当时逊位受锢之所，意甚恶之"。② 看来，世宗的沉迷道教与在宫廷中感觉孤独，甚至危险，进而趋向独处有些关系。

嘉靖中，都御史胡缵宗下狱，株连数十人。嘉靖二十九年春，京师灾异频见。世宗咨询陶仲文。陶说可能是因为有冤狱，要到下雨时才表明其冤已平。不久，法司将胡缵宗等人案件文书呈交上来，世宗都从轻发落，果然得雨。世宗遂以平狱之功，封陶仲文为恭诚伯，岁禄 1200 石。给事中张秉壶遂言："皇上虑先民瘼，躬荐德馨，休征之应，良不偶然。仲文安得贪天功为己力？"于是仲文上疏辞其所得赏赐。世宗曰："卿祝厘保国，祷祈雨阳，累累效职。若鞫狱，非卿事也。果专恭尽诚玄修，虽数爵亦未克酬。今以平狱谢，似非宜者，且准辞，待教奉另行。"③ 嘉靖二十九年八月，还是封陶仲文为恭诚伯，岁加禄米 100 石。④ 十月，陶仲文将所得赏赍俸银 1 万两、

① 张廷玉：《明史》卷 307，列传第 195，"佞幸"，第 7896 页。
② 沈德符：《万历野获编》卷 2，第 49—50 页。
③ 《明世宗实录》卷 359，嘉靖二十九年四月壬戌。
④ 《明世宗实录》卷 364，嘉靖二十九年八月乙丑。

缎 200 疋捐助边防，世宗嘉奖其忠心。① 嘉靖三十一年十月，以仇鸾就戮，下诏称秉一真人陶仲文有"即玄代虏之功"，命岁加禄米 100 石，仍荫其子陶世昌为国子监监生。②

嘉靖三十年十一月，世宗对严嵩表示对朝臣严重缺乏信任："今之为臣者，一律谓之奸固不可，皆为之忠，尤不可。为心各亦 [异]，为类亦多。至于卿等直赞事玄，尚目之为奸佞，或有口同心异，对人自解者，今已死二三矣。今日奏告曰谢赫矣，天地神祇也，寅前小露，礼大雾。雾乃百邪之祟，占曰：臣蔽主明，天地不享，甚昭昭矣。若谕谢原是祷于祖宗，先圣帝王祈助玄威，果贼不敢犯……至于有祈必谢，帝师、雷师当举法事，不可欺玄背恩也。"③

嘉靖三十二年十月，世宗特地为陶仲文所建庙、桥赐额，"黄州府城隍庙曰威灵，徽州府寿狮山三官庙曰显应，黄冈县三台河桥曰通济"。④ 嘉靖三十二年十二月，陶仲文奏称，"山东济南府齐河县有道士张演升建大清桥，臣已募银一万五千两助工，近闻浚河得龙骨一，重千斤，又突出石沙一脉，长数丈，若有神助。迄今尚未报完，乞捐内帑以终大工"。世宗令给银 1.4 万两。⑤ 嘉靖三十三年七月，因为陶仲文请求，世宗命发内帑银 1 万两，修东岳泰山神庙。⑥ 嘉靖三十三年十一月，"举谢玄大典于内殿，遣文武大臣英国公张溶等祭告各宫庙"。同日，再增陶仲文岁禄米 100 石。⑦ 嘉靖三十四年七月，因卢沟桥建筑完工，陶仲文先前曾献银万两助工，诏岁加其禄米 100 石。⑧

嘉靖三十五年，世宗为陶仲文之父上道号为"三天金阙无上玉堂都仙法主玄元道德哲慧圣尊开真仁化大帝"，其母为"三天金阙无上玉堂总仙法主玄元道德哲慧圣母天后掌仙妙化元君"，世宗自己则号称"灵霄上清统雷元

---

① 《明世宗实录》卷 366，嘉靖二十九年十月癸亥。
② 《明世宗实录》卷 390，嘉靖三十一年十月庚申。
③ 《明世宗实录》卷 379，嘉靖三十年十一月庚寅。
④ 《明世宗实录》卷 403，嘉靖三十二年十月丙申。
⑤ 《明世宗实录》卷 405，嘉靖三十二年十二月乙亥。
⑥ 《明世宗实录》卷 412，嘉靖三十三年七月己未。
⑦ 《明世宗实录》卷 416，嘉靖三十三年十一月癸卯。
⑧ 《明世宗实录》卷 424，嘉靖三十四年七月壬戌。

阳妙一飞玄真君"，后来加改为"九天弘教普济生灵掌阴阳功过大道思仁紫极仙翁一阳真人元虚圆应开化伏魔忠孝帝君"，再加号"太上大罗天仙紫极长生圣者昭灵统元证应玉虚总掌五雷大真人玄都境万寿帝君"。① 这种做法表明，明世宗自己中年以后实际已经成为一个道士。这表明，明代国家转向宗教政制的可能性不仅存在，而且曾一度接近成为事实，只是未及推行到社会政策中去而已。其原因既在于多种宗教向国家权力机关的积极渗透，也在于君主权力过于集中，以致一人之倾向，动辄牵动国体。

嘉靖三十六年六月，陶仲文病重，他将历年所赐蟒玉、金宝冠及银万两送还皇帝，并表示担心他的子孙甥婿都是因他的地位而得显荣，恐在他死后，不能保全。世宗接受他的奉献，并加以安慰。② 嘉靖三十八年六月，世宗发布上谕："礼部秉一真人恭诚伯陶仲文职掌玄教，屡尽忠诚，在舍，年踰八十，其降敕遣锦衣卫千户一人往存问，赐白金百两，彩币四表里及宝钞羊酒，以示眷怀。仍令有司时加存问。"并改陶仲文子带俸尚宝司少卿陶世恩为太常寺寺丞，兼道录司右演法，在真人府供事，仍与五品服俸。③

嘉靖三十九年十一月，陶仲文卒。世宗痛悼，谕礼部曰："秉一真人秉领玄教，为国祝修，恭勤久著。兹以疾故，朕心悯悼。其加赠特进光禄大夫，谥荣康惠肃，赐祭十坛，如致一真人邵元节故事，葬以伯礼，仍给斋粮、麻布与其子世恩，为送终费。"④ 自古方士在朝廷中之际遇，无如陶仲文之盛者。但世宗一去世，隆庆改元，即将邵元节、陶仲文一并削夺官爵及诰命，并毁其墓、牌坊，籍其田宅。⑤ 陶仲文子陶世恩也被削籍。《明史》将邵元节和陶仲文都列于佞幸传，但称仲文"得宠二十年，位极人臣。然小心慎密，不敢恣肆"。⑥

明朝人对于嘉靖、万历时期道流在朝廷中地位的隆崇早就议论纷纷。沈德符比较宋徽宗与明世宗两朝情况，认为世宗尤滥："宋道君崇道教，至有

① 张廷玉：《明史》卷307，列传第195，"佞幸"，第7898页。
② 《明世宗实录》卷448，嘉靖三十六年六月辛丑。
③ 《明世宗实录》卷473，嘉靖三十八年六月甲辰。
④ 《明世宗实录》卷490，嘉靖三十九年十一月丙戌。
⑤ 《明穆宗实录》卷3，隆庆元年正月丁丑。
⑥ 张廷玉：《明史》卷307，列传第195，"佞幸"，第7898页。

道家两府之目，谓其尊贵如中书省枢密院也。然林灵素署衔不过曰大中大夫冲和殿侍宸金门羽客通真达灵元妙先生。在京神霄、玉清、万寿宫，简辖提举通真宫。其官称本与朝士迥异。而侍宸视待制，亦正四品而已。至陶仲文于真人之外，加至少师兼少傅少保，并拜三孤，带礼部尚书，封恭诚伯，则文武极品矣。林灵素尚守本教，不畜妻子。仲文之子既比执政受京堂荫矣，至仇鸾死后败僇，仲文亦以元功，荫次子世昌为国子生。其义何居？陶仲文先拜真人，即封父母，并妻给诰命。盖用龙虎山张氏故事。而其妻封诰，乃得一品夫人，不称元君，又张氏所不敢望。"①沈德符又说："故事，文臣一品，始得祭九坛，至于杂流，则不在此例，本朝惟嘉靖间，邵元节、陶仲文以方士得一品之恩，此最为滥典，末岁而削夺及之矣。近日癸卯、甲辰间，龙虎山真人张国祥以斋醮久留京师，其母亦随在邸中，病死请恤，上特赐祭九坛，盖视文臣之品。然妇人贵至一品夫人止得一祭，公侯母、妻则二祭，即各藩亲王正妃仅得祭四坛耳。且真人母、妻俱称元君，又非夫人可比，而滥恩至此，真堪扼腕。按元节絓衔宗伯，而仲文则又以礼卿并兼三孤，陶妻又先封一品夫人，其僭拟文臣犹为有说。国祥列秩黄冠，衔名不登仕版。且今上初年，以其异服不雅，不许入班朝参。今乃得此，而礼官亦不闻坚执，何耶？先是，辛巳年，上命修张真人府，言官俱谓非宜，疏谏不听。有质之江陵公者，江陵云：此圣母慈圣太后之意，即主上亦不能遏止，时咸谓信然。无何，内传收前所下旨，并遣去内臣取回，竟不果修。即政府亦不知其故也。国祥即隆庆间革爵，降为上清宫提点其人是也。今上初年，复其真人，近又叨恩至此。"②又云："世宗奉玄诸典，不可胜纪，惟嘉靖二十五年，以永禧仙宫成，命成国公朱希忠祭告朝天等宫，首揆夏贵溪告纯阳孚祐帝君，而工所告成，则用次揆严分宜。近吕洞宾屡著灵异，然爵以帝号，则始见于此，但人间未有称之者，即羽流辈，亦未之知也。"③

沈德符称陶仲文所以得世宗宠信是因为献房中秘方。说："时大司马谭二华（纶）受其术于仲文，时尚为庶僚，行之而验。又以授张江陵相，驯致通显，以至今官。谭行之二十年。一夕御妓女而败。自揣不起，遗嘱江陵慎

---

①　沈德符：《万历野获编》补遗卷 4，"释道""道家两府"，第 913—914 页。

②　沈德符：《万历野获编》卷 13，第 344—345 页。

③　沈德符：《万历野获编》卷 14，第 362 页。

之，张临吊痛苦，为荣饰其身后者大备。时谭年甫踰六十也。张用谭术不已。后日以枯脊，亦不及下寿而殁。盖陶之术，前后授受三十年间。一时圣君哲相，俱堕其彀中。叨忝富贵如此，汉之脊恤胶，唐之助情花，方之蔑如矣。谭差有军工，故恤典俱无恙。陶在隆庆初元已尽削夺。陶之前则有邵元节，亦至封伯，官三孤，亦得四字谥。但以年稍不久，故尊宠大逊陶。同时又有梁指甲者，封通妙散人。段瘸子亦封宣忠高士。恩礼不过十之一耳。成化间方士李孜省，官通政使，礼部左侍郎，掌司事。妖僧继晓。累进通玄翊教广善国师。正德间色目人于永，拜锦衣都指挥。皆以房中术骤贵。总之皆方技杂流也。至士人则都御史李实，给事中张善，俱纪于《宪宗实录》中。应天府丞朱隆禧，都御史盛端明，布政司参议顾可学，皆以进士起家，俱以方药受知世宗，与邵、陶诸人并列，虽致仕卿贰宫保，俱无行之尤矣。又若万文康，以首揆久辅宪宗，初因年老病阴痿，得门生御史倪进贤秘方，洗之复起，世所传为洗吊御史是也。万以其方进之上，旁署臣万安进，宪宗升遐，为司礼大珰覃昌所消责。此其罪又浮于嘉靖朱、盛、顾诸人，即严分宜亦未必肯为。"① 术士靠房中术而得进入政权核心在官方记载中的确留有痕迹，如《明世宗实录》记载，嘉靖二十一年闰五月，"郭勋党术士唐珠珊与其子举人唐辅具狱。上曰：唐珠珊久挟邪术，潜住京师，交结权奸，妄言祸福，又假修炼御女等术，媚惑朝臣，害政罔利，怀奸蔑法，本当处死，姑从轻锦衣卫杖五十，永戍极边烟瘴地，财产没官。唐辅发口外为民"。②

　　清人赵翼对此也有评论："是嘉靖时之优待方技，较成化更甚。其故何也？盖宪宗徒侈心好异，兼留意房中秘术，故所昵多而尚非诚心崇奉。世宗则专求长生，是以信之笃而护之深，与汉武帝之宠文成、栾大遂同一辙。臣下有谏者，必坐以重罪。后遂从风而靡，献白兔、白鹿、白雁、五色龟、灵芝、仙桃者，几遍天下。贻讥有识，取笑后世，皆贪生之一念中之也。"③

　　无论是何原因使得邵、陶者流得到世宗信任，道士在世宗朝如此气势，自然影响到嘉靖时期的国家政治。《明史》称，世宗朝奏章有前朝、后朝之分。"前朝所奏者，诸司章奏也；他方士杂流有所陈请，则从后朝入，前朝

① 沈德符：《万历野获编》卷21，第546—547页。
② 《明世宗实录》卷262，嘉靖二十一年闰五月庚午。
③ 赵翼：《廿二史札记》卷34，第779—780页。

官不与闻，故无人摘发。赖帝晚年渐悟其妄，而政府力为执奏，诸奸获正法云。"① 章奏分前后两朝，而世宗又近后朝而远朝臣，儒家士大夫在国家体系中的权力地位整体地受到严重威胁。世宗晚年虽然曾处罚一些道士、方士者流，但原因多是其术无验，并非真正认识到了道教与国家政治纠缠一起会产生怎样的弊端。因世宗崇拜道教，国家制度实际形成了一些变化。例如，嘉靖二十七年六月，许正一嗣教大真人张彦頨、子永绪承袭父职。这是将"大真人"之类因人而封的名号当作国家正式官员来对待。于是吏部反对说："正一嗣教大真人乃诰封时所加，其初袭止当授真人，不宜滥封号"。世宗则坚持说："此系见职，无革夺理，仍令诰封时别赐之。"② 世宗在西苑建成后，不在正殿处理国家事务，但并未放松对于权力的控制，相当于把政治中心转移到了自己的修炼之所，可以说是在他的私人道观中掌控国家权力。嘉靖三十四年二月，调吏部左侍郎兼翰林院学士掌詹事府事程文德为南京工部左侍郎。"初，文德奉诏供撰玄文，上疑其所撰有暗欺者，会南京吏部尚书缺，吏部以文德名上，上意文德欲自脱也，愈疑之。遂命调是职。已，具疏辞，有'瞻望阙廷，彷徨踯躅，欲去不忍'之句。上谓其犹怀欺讪，命黜为民。"③ 中国传统政治体制中的官员处于君主政治体系中，不能不服从君主意志，但为皇帝修炼而撰写"玄文"并非朝臣的合理职责，也不是这些人教育知识背景中的普遍内容。世宗升黜朝廷大臣，竟以所撰"玄文"是否合于己意为根据，士大夫的立朝，实在尴尬。

嘉靖三十五年四月丁巳，"诏升翰林院侍读严讷、修撰李春芳俱翰林院学士。右春坊右中允董份供撰玄文，时上以讷等供撰效劳，特谕辅臣曰：今大小官以私情乘空，铨除无数，侍上者乃千百人中之一二耳，纳、春芳各升学士，以重玄场供事者份补撰文。然自是官词林者多舍其本职，往往骛为玄撰，以希进用矣"。④ 士大夫风气，显然因世宗的宗教倾向而发生了转变。

谏止世宗修玄的朝臣屡遭摧折，而世宗在他的西苑政治中特别倚重严嵩，士大夫对直接批评世宗日益不敢为，对严嵩的抨击则持续不断，有些方

---

① 张廷玉：《明史》卷 307，列传第 195，"佞幸"，第 7900 页。
② 《明世宗实录》卷 337，嘉靖二十七年六月丙辰。
③ 《明世宗实录》卷 419，嘉靖三十四年二月癸未。
④ 《明世宗实录》卷 434，嘉靖三十五年四月丁巳。

士也因权力斗争而攻击严嵩。嘉靖四十一年，严嵩父子皆得罪。世宗"追思嵩赞玄功，意忽忽不乐，乃谕大学士徐阶等，欲遂传位，退居西内，专祈长生。阶等极言不可。上曰：'卿等既不欲违大义人情，必天下皆仰奉君命，同辅君阐玄修仙乃可。严嵩已退，伊子伏罪，敢有再言者，同邹应龙俱斩。'嵩知上意已动，乃密赂上左右各千万金，令发道行怙宠招权及矫称王诏诸奸利不法事，道行遂得罪。"① 朝廷政治倾轧，历代皆有，其实并不是最重要的事情，最值得注意的是这个时候世宗的精神世界已经彻底道教化，但却把持着专制性国家体制的最高权力。他以退位要挟，迫使士大夫同意辅佐他"阐玄修仙"。这是明代道教乃至所有非儒家信仰体系与国家权力结合局面的顶峰状态。

世宗"摆平"了中枢体系之后，更为大张旗鼓地将国家机关作为修道的资源。嘉靖四十一年十一月，"命御史姜儆、王大任分行天下，访求法士及秘书"。② 嘉靖四十二年九月庚辰，"诏锦衣卫逮讯道士龚中佩及刑部员外郎邵峻，各杖六十，黜为民。中佩供事陶真府，官至太常寺少卿。是日，上偶遣官至坛巡检咒帙，而中佩适出，上怒，命锦衣卫捕中佩问状，会有言佩同峻夜饮者，因并逮峻，杖之。"③ 在这个时期，世宗对朝臣的态度常取决于其宗教立场。嘉靖四十四年四月，"少傅兼太子太傅户部尚书建极建殿太学袁炜卒。炜，浙江慈溪人，嘉靖戊戌进士及第，授翰林院编修，迁侍读，寻简撰玄文甚称上旨，自是眷遇日隆，后以次迁掌南京翰林院事。炜疏愿留。上悦，擢侍讲学士。甫数月，手诏进礼部右侍郎，寻加太子宾客兼学士，赐一品服。会日食，阴云不见，炜言不宜行救护礼，礼卿吴山不从，竟循例救护，上以是不悦山而以炜为尊"。④ 日食救护是被儒家认可的做法，因而纳入礼的范畴，道家则别有说法。其实救与不救，都不产生任何后果，但做出哪一种反应，却有宗教立场的含义。以道教原则、思想"事天"，对儒家的"礼"乃至儒家信仰的主导地位，是根本性的威胁。

嘉靖四十年四月，世宗要修理其生父等人陵寝，派出锦衣卫千户任恩等

---

① 《明世宗实录》卷 509，嘉靖四十一年五月丙午。
② 《明世宗实录》卷 515，嘉靖四十一年十一月乙酉。
③ 《明世宗实录》卷 525，嘉靖四十二年九月庚辰。
④ 《明世宗实录》卷 545，嘉靖四十四年四月壬午。

六人，分建万寿醮典于玄岳、鹤鸣、龙虎、齐云、三茅、王屋六山。神乐观道士十一人分赍香帛，即命各省抚臣祭岳镇海渎山川之神，仍命镇守湖广安远侯柳震建醮于承天府玄佑宫。① 如果想像一下当时的情景，从京城到湖广，许多朝廷官员与道士奔走途中，出入道观，在香烟缭绕中庄严肃穆地为当朝皇帝的父亲祭祀祈祷。另有一些把道教看作异端的知识分子在一旁扼腕叹息，还有一些老臣，揣摩着太祖朱元璋时留下的规矩，无可奈何。

嘉靖时期的种种政治弊端都与世宗皇帝迷信道教有直接或者间接的关系，故世宗之死，成为明朝国家政策方针改变的一个重要契机。嘉靖四十五年十二月十四日，世宗死去。由徐阶起草的遗诏对修玄事表示追悔愧疚："本惟敬天勤民是务，只缘多病，过求长生。遂致奸人乘机诳惑，祷祠日举，土木岁兴。郊庙之祀不亲，朝讲之仪久废。既违成宪，亦负初心。迩者天启朕衷，方图改辙，而遽婴痰疾，补过无由，每一追思，惟增愧恨。盖愆成美，端仗后贤……自即位至今，建言得罪诸臣存者召用，殁者恤录，见监者即先释放复职。方士人等查照情罪，各正刑章。斋醮、工作、采买等项不经劳民之事，悉皆停止……"②

随后发布的隆庆登极诏中宣布："方士人等，遵奉遗诏，查照情罪，各正刑章。王金、陶仿、申世文、刘文彬、高守中、陶世恩妄进药物，至损圣躬，着锦衣卫拿送法司，从重究问。唐秩、章冕等各以符法滥叨恩赏，着押发原籍为民。书造局真人府官道，礼部查系在京宫观取用者，发还宫观。系在外龙虎等山取来者，遣回本处焚修。其所受太常寺官职及真人、高士名号，尽行革去。"③

世宗耽于丹药，一意追求长生不死，久不立太子。嗣君久在王府，直至世宗去世后才因为是世宗唯一儿子而被确定为皇位继承人。这种经历其实颇为凶险，隆庆皇帝本人和朝廷大臣都对世宗亲信的道士、方士等深恶痛绝，着意清除此类人物在朝政中的地位影响。此后，明代政治权力中心再未出现嘉靖时期那种羽流泛滥的局面。"洪武中，革前代所称天师，止称正一真人。

① 《明世宗实录》卷495，嘉靖四十年四月戊午。
② 徐阶"拟遗诏"，见《世经堂集》卷5，四库全书存目丛书本，集部第79册，第439页。
③ 《明穆宗实录》卷1，嘉靖四十五年十二月壬子；徐阶"拟登极诏"，见《世经堂集》卷5，第440—441页。

隆庆二年题准,革正一真人名号,勒令缴纳真人府印,止许承袭上清观提点。万历五年,仍准复真人名号。"①

不过,万历时期,佛教和道教在社会上的地位影响并未削弱,朝廷利用道教行祈祷之事以及"阴翊王道"的方针,也皆照旧,只是不再直接对朝廷政治发生重大影响而已。如前章所述,万历时期的佛教寺院与宫闱、太监多有牵连。万历十三年,神宗曾下诏毁去天下私建寺观,未果。② 万历二十八年六月,阁臣沈一贯题久旱酷热,诸谷焦枯,疫痢流行,乞敕抚臣竭诚祈祷,并令张真人醮龙行雨。③ 万历三十八年二月,真人张国祥以龙虎山宫殿被水,恳求朝廷拨款修理。有旨留本省税监潘相三十八年应解内外税银三万两,令张国祥自行修理,工完造册具奏。当时明朝财政匮乏,户科给事中孟成已等上言劝阻,称"财者百姓之膏血,国家之命脉,即物力充盛尚不可稍越。今太仓库藏出浮于入,大司农方苦不支,兼以饥馑相望,边饷告急,即岁底有当年税银二分,解部充饷一分,留赈饥民之旨不过四海一滴,有何大济。他若三殿未兴,三门未竣,藩封尚未告成,其近里着已必不可已之费,尚难枚举。乃荒远无益道院以一黄冠羽流,轻三万金掷之,徒恣市井冒破之需,甚为无谓。胡不移之灾地穷乡?又胡不移之三殿三门、藩王府第为亲近肘腋之用?且与其媚鬼,孰若爱民?以此三万金拯救赈恤,则所全活者功德甚大,运祚自长。安用羽人方士祈祝为?请收成命,停止税银"。④ 神宗不听。

张居正撰"敕修东岳庙碑文"云:"自古帝王建国,肃恭群祀,列在祀典。大祝颂之,士民不得奉,而民间所为号祝歌舞,其事诞漫,祠官不主也。惟岱宗之神,自绳契以来,秩在祝史,通乎上下。今天下郡国皆有东岳庙,而京师则庙朝阳门之东,相传唐宋时已有。国朝正统中,益恢崇之,岁遣太常致祭,旱则祷焉。而都人士女,祈祉禳灾,亦各自财以祠云。臣尝读睿皇帝所制庙碑,大要归于厚民生,顺民欲,明德远矣。百余年来,庙寝倾圮,神将弗妥,士女兴嗟。圣母慈圣皇太后闻之曰:'吾甚重祠而敬祀。其

---

① 俞汝楫:《礼部志稿》卷 34,影印文渊阁四库全书本第 597 册,第 641 页。
② 《明神宗实录》卷 157,万历十三年正月壬辰。
③ 《明神宗实录》卷 348,万历二十八年六月辛卯。
④ 《明神宗实录》卷 467,万历三十八年二月乙卯。

一新之。然勿以烦有司。'乃指膏沐资若干缗。皇上祗顺慈意,亦出帑储若干缗,命司礼监太监冯保择内臣廉干者董其工役。始于万历乙亥八月,迄周岁而落成。其殿寝门闼之右,廊庑庖湢之制,大都不易其故。而挠者隆之,毁者完之,恶者藻饰之,又于左右建鲸鼍楼,东为监斋堂,规模环丽迥异畴昔,岿然若青都紫极矣。既告成事,上以圣母意诏臣为之记。臣闻圣王先成民而后致力于神,亦有为民而徼福于神者。故御灾捍患,祭法所载,何可忍诸?且圣人以神道设教,贷居东方,其德曰生。往牒所称触石生云,膏雨天下生也。冥运阴陟,赫如雷霆,使人弗罹于天宪,亦生也。君人者,恩则庆云,威则迅雷,要归于永底,蒸民之生,而愚夫愚妇,刑赏所不及者,神实司其祸福之柄,盖亦有阴翊皇度者焉。祀之非黩也,不宁惟是。"① 这种论调,基本回复到明朝初年对道教有节制地利用的轨道。

---

① 张居正:《张太岳集》卷12,第148页。

第 七 章

诸教政策分说四：伊斯兰教、天主教

一　伊斯兰教

伊斯兰教在公元 8 世纪传入中国。到了元代，穆斯林普遍分布在中国各地，一般社会地位高于汉人。朱元璋反元，以"复汉官威仪"为号召，建国以后，禁止"胡"人从汉姓、汉人从胡姓，以强化"华夷"之辨。到洪武末年颁布《大明律》，则禁止蒙古、色目人自相婚配，"听与中国人为婚姻"，以便同化。同时，明代除永乐时期外，基本实行内向保守政策，对外交通、贸易限制颇多。中国穆斯林多从事贸易者，至明代则因国家海外政策而与境外穆斯林联系减少。

综明一代，主要由于明朝初年恢复汉族传统文化的政策、保守的海外政策，以及同化内地"胡人"的政策，伊斯兰教在中国并不兴盛。同时，伊斯兰教和中国原有的佛教、道教不同，佛教和道教的信仰者与非信仰者之间在社会生活的意义上融合密切，相互之间亦无明确的社区、习俗分野，伊斯兰教教徒则与其他所有非本教信徒有严格的区别，这种区别甚至比后来再度传入的天主教与当地其他人群的分别还要明确，故其在中国内地的传播并未呈现引人注目的潮流。明朝政府在一般地实行汉族文化本位主义和儒家意识形态主流政策之外，对其他主要宗教尚为宽容，通明一代，并无政府与伊斯兰教的冲突。明朝内地的穆斯林大致被看作一个民族群体，而不是宗教组织成员。这样，明代国家宗教制度与政策中罕见直接针对伊斯兰教的内容，明朝各类官书皆于政府与伊斯兰教的关系语焉不详。这可以被理解为:明朝政府对伊斯兰教持完全不干预政策。其他一些情况与宗教问题相关,但并非直接属于宗教制度、政策内容,略述以为参考。

明朝建立以后,相当一部分来自西域的穆斯林返回了边疆地区,或者迁移境外。十三布政使司范围内穆斯林聚居的地区主要是甘肃、陕西一带,其他各地则较分散。与元代相比,与汉族等其他民族混居于内地的穆斯林有所减少,相当数量的穆斯林迁往西北穆斯林人口主导的聚居区而与明朝政府结成朝贡贸易关系。

据《明史》,洪武时期,明太祖欲通西域,多次派遣使者到撒马儿罕。洪武二十年九月,撒马儿罕驸马帖木儿“首遣回回满剌哈非思等来朝,贡马十五,驼二。诏宴其使,赐白金十有八锭。自是频岁贡马驼。二十五年兼贡绒六匹,青梭幅九匹,红绿撒哈剌各二匹及镔铁刀剑、甲胄诸物。而其国中回回又自驱马抵凉州互市。帝不许,令赴京鬻之。元时回回遍天下,及是居甘肃者尚多,诏守臣悉遣之,于是归撒马儿罕者千二百余人”。① 洪武二十一年八月,“撒马儿罕驸马帖木儿遣回回答术丁等五十九人来朝贡马三百匹,驼二只。诏赐白金人六十两及钞有差”。② 洪武二十二年八月,“撒马儿罕驸马帖木儿遣回回满剌哈非思来朝贡马二百五匹。诏赐白金四百两及文绮、钞锭,从者俺都儿等八人白金七百两,文绮、钞锭有差”。③ 以后撒马儿罕朝贡不绝。洪武二十三年二月,“默剌国回回麻哈马等来朝,诏赐钞锭”。④ 洪武二十五年十二月,“哈梅里兀纳失里王遣回回哈只阿里等来贡马四十六匹、骡十六只。诏赐使者白金、文绮有差”。同月,诏陕西都指挥使司:“甘肃等处回回军民愿还西域者,悉遣之还撒马儿罕之地,凡千二百三十六人。”⑤ 洪武末,“西洋回回哈只等在暹罗,闻朝使至,即随来朝”,永乐元年遣归,命“礼部给文为验,经过官司毋阻,自今诸番国人愿入中国者听。”⑥ 永乐

① 张廷玉:《明史》卷332,列传第220,“西域四”,第8598页。事亦见《明太祖实录》卷185,洪武二十年九月壬辰。
② 《明太祖实录》卷193,洪武二十一年八月丙戌。
③ 《明太祖实录》卷197,洪武二十二年八月乙未。
④ 《明太祖实录》卷200,洪武二十三年二月戊子。
⑤ 《明太祖实录》卷223,洪武二十五年十二月辛未。
⑥ 《明成祖实录》卷24,永乐元年冬十月辛亥。

元年十月，"西洋剌泥国回回哈只马哈没奇剌泥等来朝贡方物，因附载胡椒与民互市，有司请徵其税。上曰：商税者，国家以抑逐末之民，岂以为利？今夷人慕义远来，乃欲侵其利，所得几何？而亏辱大体万万矣。不听"。①永乐间，火州回回、西干达哩耶回回、别失八里回回、撒来撒里回回、哈实哈儿回回、哈密等处回回、阿端回回、哈的兰回回、肉速回回、乞列马尼回回等都屡屡进京朝贡、互市。②

明朝翰林院下设四夷馆，教习翻译并负责外语文书撰写，起初每馆有三四员或五六员教师，至成化时，"惟回回馆见有教师四员，其余多缺"。③弘治三年五月，增补四夷馆人员并定考选之法，当时实际已有八馆，所定名数："鞑靼馆监生五名，子弟二十五名；女直馆监生四名，子弟十八名；西番馆监生二名，子弟十五名；西天馆监生一名，子弟二名；回回馆监生二名，子弟十名；百夷馆监生二名，子弟十四名；高昌、缅甸馆各监生二名，子弟八名。"④

尽管部分穆斯林在明朝初年迁徙到边疆或者境外，留在内地的穆斯林仍然为数众多。而且通明朝一代，远自"天方国"，近至哈密，穆斯林到明朝京城朝贡络绎不绝，来者中有许多留在了内地，此外也有特意归附内地者。洪武十四年十一月，常德地方有虎为患，太祖命"选留守中、左、右三卫勇敢之士凡百八十三人，从唐哈散往捕之。哈散，回回人，善捕虎"。⑤见诸记载者以宣德、正统时期为更多。如：宣德八年正月，"鞑靼撒剌苦来归，奏愿居京，自效命为头目；土鲁番城回回僧海失都来归，奏愿居甘州。皆从之，赐纻丝、袭衣、钞布有差。仍命顺天府及陕西行都司给房屋、器物如例"。⑥正统三年八月，"命给浙江观海诸卫新徙回回月粮。时归附回回二百二人自凉州徙至浙江。上谕行在户部臣曰：'远人不习水土，宜复其役，仍

---

① 《明成祖实录》卷24，永乐元年冬十月甲戌。

② 注意，明代文献中的"回回"是比较笼统的对穆斯林的称谓，包括不同人群，与今天所说的"回回"特指回族不同。

③ 《明宪宗实录》卷56，成化四年秋七月丙戌。

④ 《明孝宗实录》卷38，弘治三年五月戊午。

⑤ 《明太祖实录》卷140，洪武十四年十一月丁巳。

⑥ 《明宣宗实录》卷98，宣德八年春正月丁丑。

计口，月给米四斗赡之。二岁后，该卫具其生业以闻。'"① 正统十二年二月，"回回迭力必失随瓦剌使臣入贡，既还至榆河驿，逃归。愿在京居住。上命为头目，给钞布、袭衣、柴米、房屋"。② 正统十二年四月，"撒马儿罕回回哈肥子来归，奏愿居京，自效命为头目。隶锦衣卫，给赐布钞、房屋、器皿"。③ 正统十二年十月，"撒马儿罕回回哈只等来归。上命隶南京锦衣卫，月支米二石，赐钞布、纻丝、袭衣，并房屋、床榻、器皿等物"。④ 景泰二年十一月，"江宁县寄住回回哈只乌赤出米六百石，助官振济。不愿冠带，止欲附籍江宁，就于佛寺焚香诵经，以图补报。从之"。⑤

一般朝贡者以外，还有一些穆斯林参与开中，经营食盐专卖。宣德五年六月，"行在户部奏：坤城回回者马儿丁等朝贡至京，输米一万六千七百六十石于京仓中盐"。⑥ 正统十一年六月，"先是，回回人马黑木纳马宁夏中云南盐，一向未支。巡抚官奏：马黑木往来宁夏、云南，熟知道路，虑其怀恨为害，乞将所中盐每引给与钞一百贯。从之"。⑦

永乐十三年十月，中官李达、吏部员外郎陈诚等使西域还。西域诸国哈烈、撒马儿罕、火州土鲁番、失剌思、俺都淮等处各遣使贡文豹、西马、方物。陈诚上《使西域记》，将所历西域凡十七国山川、风俗、物产详加描述。⑧ 如此，则明朝前期的政府对西域穆斯林各部、各国的情况大致还是了解的。后来，郎瑛《七修类稿》称："回回祖国，《世史正纲》以为大食，《一统志》以为默啜那国。据其教，崇奉礼拜寺，四夷惟天方国有其寺，或实天方也。入中国乃隋时。自南海达广，其教有数种，吾儒亦有不如。富贵，贫贱，寿夭，一定也。惑于异端而信事鬼神矣。彼惟敬天事祖之外，一无所崇。富贵者亦不少焉。吾儒虽至亲友之贫者多莫尚义，他人不问矣。彼于同郡人贫，月有给养之数，他方来者，亦有助仪。吾儒守圣人之教，或在

① 《明英宗实录》卷45，正统三年八月戊辰。
② 《明英宗实录》卷150，正统十二年二月戊戌。
③ 《明英宗实录》卷152，正统十二年夏四月癸卯。
④ 《明英宗实录》卷159，正统十二年冬十月庚辰。
⑤ 《明英宗实录》卷210，《景泰附录》第28，景泰二年十一月癸亥。
⑥ 《明宣宗实录》卷67，宣德五年六月庚辰。
⑦ 《明英宗实录》卷142，正统十一年六月乙丑。
⑧ 《明成祖实录》卷169，永乐十三年冬十月癸巳。

或亡。彼之薄葬把斋，不食自杀，终身无改焉。道、释二教，又在吾道之
下，不论也。"①

万历间人严从简说："默德那，即回回祖国也，其地接天方……本朝洪
武元年，上改太史院为司天监，又置回回司天监。二年，上徵元回回历官郑
阿里等十一人至京师议历法，占天象，给廪赐服有差。"② 洪武十六年三月，
"召回回珞珞至京，赐以衣巾、靴袜。珞珞明天文之学，寓居宁波府鄞县。
有以其名闻者，故召之。"③ 明朝建立以后，马上将一些回回天文学家召集
到京师，参与天文历法工作。洪武元年九月，"诏徵元太史院使张佑、张沂、
司农卿兼太史院使成隶、太史同知郭让、朱茂、司天少监王可大、石泽、李
义、太监赵恂、太史院监候刘孝忠、灵台郎张容、回回司天太监黑的儿阿都
剌、司天监丞迭里月实一十四人至京"。④ 十二月，"改太史院为司天监……
又置回回司天监，设监令一人，正四品，少监二人，正五品，丞二人正六
品"。⑤ 洪武二年四月，"徵故元回回司天台官郑阿里等十一人至京师，命给
饩廪，赐衣服有差"。⑥ 洪武十八年十月，"筑钦天监观星台于鸡鸣山，因雨
花台为回回钦天监之观星台"。⑦ 明初所设"回回司天监"，有正仪大夫、司
朔答复、司元大夫等官。⑧ 至洪武三十一年，"罢回回钦天监"。⑨ 但其后仍
兼用回历。万历十二年九月，"钦天监题推算万历十二年十一月初一日癸酉
朔日食，依《大统历》，日食九十二秒；依回回历，不食。已而回回律果
验。"⑩ 万历十五年三月，礼部覆礼科给事中侯先春奏，建议修订历法，"自
洪武迄今二百二十年未尝更造，年远数盈，渐差天度……且该监见有回回历
科，其推算日月交食及五星凌犯最为精细。曩者月食时刻，分秒并不差舛，
只以原非大统历法，遂置不用。臣以为《授时历》可采，回回历亦可采，取

① 郎瑛：《七修类稿》卷18，"义理类，回回教"，第263页。
② 严从简：《殊域周咨录》卷11，"默德那"，中华书局1993年点校本，第389页。
③ 《明太祖实录》卷153，洪武十六年三月己巳。
④ 《明太祖实录》卷35，洪武元年九月甲午。
⑤ 《明太祖实录》卷37，洪武元年十二月壬申。
⑥ 《明太祖实录》卷41，洪武二年夏四月庚午。
⑦ 《明太祖实录》卷176，洪武十八年冬十月丙申。
⑧ 沈德符：《万历野获编》卷20，"历学"，第524页。
⑨ 《明太祖实录》卷257，洪武三十一年夏四月丁丑。
⑩ 《明神宗实录》卷153，万历十二年九月壬寅。

其能合天度，如果吻合，即将采入大统历中，以成一代之制。"报可。①

在明朝政府中任职的穆斯林也有许多，著名的太监郑和是其中之一。此外如：永乐二十二年十月，"升锦衣卫指挥佥事徐晟为本卫指挥同知，鸿胪寺左少卿哈的为指挥佥事。晟，鞑靼人，初名七十五，哈的，回回人。二人自永乐初以翻译外夷文字召用，后凡西北二虏及南夷之事，二人悉与闻之。晟颇机警，哈的诚确，屡见收用。至是，以其更事久故，复升之"。② "都督喜信，回回人；两广游击将军、都督同知和勇，达达人，阿鲁台之孙也。两人不供佛，不礼神，不拜尸殡，曰：'吾回回俗皆然。'"③ 正德中，御马监清河寺西海子有虎豹鹰犬等物，各处设有养虎回回。成化五年五月，"命故陕西行都司回回都指挥佥事哈三子法虎儿丁袭父原职甘州中卫指挥使"。④ 成化间，"回回人有仕中国者，每岁与彼使私交，诱其乞茶营利……"⑤ 正德间，锦衣卫都指挥同知于永得幸于武宗，"左右皆畏避之。又言回回女皙润瑳粲，大胜中国。上悦之。时都督昌佐亦色目人，永矫旨索佐家回女善西域舞者十二人以进，又讽请召侯伯故色目籍家妇人入内教之。内外切齿。后上欲召永女人，永以邻人白回子女充名以入，惧事觉，乃求致仕"。⑥ 回回把部利朵思麻自嘉靖四十一年到京进贡，令留下养狮，娶妻生子，至万历二年二月，请比照宣德、景泰年间哈密进贡回回升授官职事例授官，"准与做指挥佥事，着在锦衣卫带俸"。⑦

一些明人笔记说到穆斯林习俗，多少尚觉稀奇，如："人尤重杀，非同类杀者不食。不食豕肉，每岁斋戒一月，沐浴更衣。居必异常处，每日西向拜天。国人尊信其教，虽适殊域，传子孙累世，不敢易。今广东怀圣寺前有番塔，创自唐时。轮囷直上凡十六丈有五尺，日于此礼拜。其祖浙江、杭州亦有回回堂，崇峻严整，亦为礼拜之处焉。主其教者或往来京师，随路各

---

① 《明神宗实录》卷184，万历十五年三月癸卯。
② 《明仁宗实录》卷6，永乐二十二年十月己未。
③ 叶盛：《水东日记》卷6，第63页。
④ 《明宪宗实录》卷67，成化五年五月戊戌。
⑤ 《明宪宗实录》卷90，成化七年夏四月辛未。
⑥ 《明武宗实录》卷33，正德二年十二月辛卯。
⑦ 《明神宗实录》卷22，万历二年二月丙辰。

回，量力赍送如奉官府云。"① "近日一番僧自西域来……予亲见之雨花台南回回寺中。"②

由这些记载中，还可得知明朝穆斯林可自由礼拜于清真寺，并无来自政府的约束。穆斯林既为少数族群体，同族认同意识较强，其例如："尝闻景泰间，京师隆福寺落成，纵民入观。寺僧方集殿上，一回回忽持斧上殿杀僧二人，伤者二三人。即时执送法司鞫问。云：见寺中新作轮藏，其下推转者，皆刻我教门人像。悯其经年推运辛苦，仇而杀之，无别故也。"③ "实录"记其事略简：景泰七年春正月，"大隆福寺修佛会，有回回速来蛮法狂持斧入寺，砍众僧头，一僧死，遂上佛殿放火，烧毁佛经，并坏门窗等物，捕获斩之"。④ 陕西一带穆斯林贫苦务农者多，萧廪在万历九年以右佥都御史巡抚陕西，"境内回回部常群行拾麦穗，间或草窃，耀州以变告。廪抚谕之，戮数人，变遂定；令拾麦毋带兵器，侪偶不得至十人"。⑤

明朝为保护农业生产，禁止随意杀牛，违者有严惩。这种规定，虽然并非针对穆斯林而定，但官员有时不加区分，导致冲突。万历十四、十五年间，有一巡城御史名杨四知者，出榜禁止杀牛。引太祖所定充军律，悬赏购人告发。"时九门回回人号满剌者，专以杀牛为业，皆束手无生计。遂群聚四知之门，俟其出剚刃焉。四知惴甚，命收其榜，逾月始敢视事。"⑥

二 天主教

基督教聂斯脱利派在唐代就已传入中国，中唐以后在内地销声匿迹，仅于西北边疆地区，有分散的信奉者。蒙古上层在宋初就由中亚接触基督教，不乏信奉者，到元朝建立，基督教涌入内地，并得到朝廷的庇护，但信奉者主要是色目人、蒙古人和来中国的外国人，并没有在中国社会下层生根。反

① 严从简：《殊域周咨录》卷11，"默德那"，第391页。
② 姚福：《青溪暇笔》卷上，四库全书存目丛书本，子部第109册，第694—695页；其事亦见《客座赘语》卷6。
③ 陆蓉：《菽园杂记》卷6，中华书局1985年排印本，第76页。
④ 《明英宗实录》卷262，《景泰附录》，第80，景泰七年春正月丁亥。
⑤ 张廷玉：《明史》卷227，列传第115，"萧廪"，第5959页。
⑥ 沈德符：《万历野获编》卷20，"禁嫖赌饮酒"，第516—517页。

元战争大体将随元朝的建立而涌入中国内地的基督教徒驱逐殆尽。明前期中国内地无有组织的基督教活动，明朝前期制定宗教制度与政策时，也未提到基督教、天主教之类。

至正德时期，葡萄牙人在中国南部沿海地区谋求建立势力范围，吞并受明朝敕封的满剌加，随后要求与明朝建立贸易关系。正德十五年，朝臣上奏："海外佛朗机前此未通中国，近岁吞并满剌加，逐其国王，遣使进贡，因请封，诏许来京，其留候怀远驿者遂略买人口，盖房立寨，为久居计。满剌加亦尝具奏求救，朝廷未有处也。"监察御史丘道隆主张：满剌加是朝贡诏封之国，佛朗机并之而后邀求封赏，"于义决不可听。请却其贡献，明示顺逆，使归还满剌加疆土之后，方许朝贡"。御史何鳌则强调葡萄牙人在地方嚣张不法，主张"悉驱在澳番舶及夷人潜住者，禁私通，严守备。则一方得其所矣"。最后决定"俟满剌加使臣到日，会官译诘佛朗机番使侵夺邻国、扰害地方之故，奏请处置。广东三司掌印并守巡、巡视、备倭官不能呈详防御，宜行镇巡官逮问。以后严加禁约夷人留驿者，不许往来私通贸易。番舶非当贡年，驱逐远去，勿与抽盘"。① 因葡萄牙商业殖民活动在中国受到挫折，随商业殖民者来到东南沿海的天主教传教士的活动也被阻于大陆以外，未引起关于对天主教政策方面的反应。

到万历九年，利玛窦到达广州香山澳，尤其是在万历二十九年进入京师的时候，因为长期缺乏直接接触，明朝士大夫已经把天主教看作新鲜事情。当时礼部言："《会典》止有西洋琐里国，无大西洋，其真伪不可知。又寄居二十年方行进贡，则与远方慕义特来献琛者不同。且其所贡天主及天主母图，既属不经，而所携又有神仙骨诸物。夫既称神仙，自能飞升，安得有骨？则唐韩愈所谓凶秽之余，不宜入宫禁者也。况此等方物，未经臣部译验，径行进献，则内臣混进之非，与臣等溺职之罪，俱有不容辞者。及奉旨送部，乃不赴部审译，而私寓僧舍，臣等不知其何意。但诸番朝贡，例有回赐，其使臣必有宴赏，乞给赐冠带还国，勿令潜居两京，与中人交往，别生事端。"神宗未与理会。八月，礼部再度催促："臣等议令利玛窦还国，候命五月，未赐纶音，毋怪乎远人之郁病而思归也。察其情词恳切，真有不愿尚

_____

① 《明武宗实录》卷194，正德十五年十二月己丑。

方锡予，惟欲山楼野宿之意。譬之禽鹿久羁，愈思长林丰草，人情固然。乞速为颁赐，遣赴江西诸处，听其深山邃谷，寄迹怡老。"亦不报。稍后，"帝嘉其远来，假馆授粲，给赐优厚。公卿以下重其人，咸与晋接。玛窦安之，遂留居不去，以三十八年四月卒于京。赐葬西郭外"。① 自利玛窦入京以后，因为明确执行了与儒教融合，排斥佛教的战略，明朝政府上下实际准许了天主教耶稣会在中国内地进行传教活动。

万历三十八年十一月朔日食。历官推算时刻有差。次年五月，礼部请修订历法。钦监官正周子愚言："大西洋归化庞迪峨、熊三拔等携有彼国历法，参互考证，固有典籍所已载者也，亦有典籍所未备者。当悉译以资采用。乞照洪武十五年命翰林李翀、吴伯宗及本监灵台郎海达儿兀丁、回回大师马黑亦沙、马哈麻等译修西域历法例，取知历儒臣，率同监官，将诸书尽译，以补典籍之阙。"从之。② 这时除庞迪我、熊三拔等以外，龙华民、邓玉函、汤若望等也都得知于明朝政府。翰林院检讨徐光启、南京工部员外郎李之藻等皆参与修订历法。③

参与修订历法，使得中国士大夫中的一部分人了解了欧洲的一些科学技术，也增强了他们对耶稣会士的信任。从而使得天主教在中国的传播大为顺畅起来。到崇祯时，旧历法显示出来的问题更多，已经成为礼部尚书的徐光启请吸收罗雅谷、汤若望等，"以其国新法相参较，开局纂修"。④ 该历以崇祯元年戊辰为历元，名为《崇祯历》。书未颁行，但其法视较原来的《大统历》缜密。当时与士大夫交往的耶稣会士"大都聪明特达之士，意专行教，不求禄利。其所著书多华人所未道，故一时好异者咸尚之。而士大夫如徐光启、李之藻辈首好其说，且为润色其文词，故其教骤兴。时著声中土者，更有龙华民、毕方济、艾如略、邓玉函诸人"⑤。当时士大夫对传教士携带之物，及其学术、人品都觉新奇。顾起元说：西人"所制器有自鸣钟，以铁为之，丝绳交络，悬于虞，轮转上下，戛戛不停，应时击钟有声。器亦工甚，

① 张廷玉：《明史》卷 326，列传第 214，第 8459—8460 页。
② 《明神宗实录》卷 483，万历三十九年五月庚子。
③ 张廷玉：《明史》卷 31，志第七，"历一"，第 528 页。
④ 张廷玉：《明史》卷 326，列传第 214，第 8460 页。
⑤ 同上书，第 8461 页。

它具多此类。利玛窦后入京，进所制钟及摩尼宝石于朝。上命官给馆舍而禄之。其人所著有《天主实义》及《十论》，多新警，而独于天文、算法为尤精。郑夹漈《艺文略》载有婆罗门算法者，疑是此术。士大夫颇有传而习之者。后其徒罗儒望者来南都，其人慧黠，不如利玛窦，而所挟器画之类亦相埒，常留客饭，出蜜食数种，所供饭类沙谷米，洁白踰珂雪，中国之粳糯所不如也。"①

在克服了万历前期最初的困难之后，明末天主教在中国的传播大致顺利，只是在万历末曾经历了南京教案的一场波折。当时耶稣会士王丰肃在南京传教，"士大夫暨里巷小民，间为所诱"。礼部郎中徐如珂召来两名传教者，授以笔札，令各书写本国情况，觉得"悉舛谬不相合"，遂倡议驱斥。万历四十四年，徐如珂与侍郎沈㴶、给事中晏文辉等合疏指斥耶稣会士邪说惑众，并且怀疑其为佛郎机假托，要求马上驱逐。礼科给事中余懋孳更将之比为白莲教、无为教："自西洋利玛窦入贡而中国复有天主之教，不意留都王丰肃、阳玛诺等煽惑百姓，不下万人。朔望朝拜，动以千计。夫通夷有禁，左道有禁，使其处南中者，夜聚晓散，效白莲、无为之尤，乃左道之诛，何可贷也？使其资往侦来，通濠镜澳夷之谋，乃通番之戮，何可后也？故今日解散党类，严饬关津，诚防微之大计。"② 到该年底，神宗终于下令，命押发王丰肃等到广东，听归本国。"实录"记载："先是，远夷利玛窦偕其徒庞迪峨入京。上嘉其向化之诚，予之饩廪。玛窦死，复给以葬地，而其徒日繁，踪迹亦复诡秘。王丰肃等在留都以天主教扇惑愚民，一时信从者甚众。又盖屋于洪武冈，造花园于孝陵卫寝殿前。南礼部特疏参之，南府、部、台、省合疏参之，北科道诸臣参之，故南科臣晏文辉有速赐处分之请，而迪峨等亦刊揭逞辩，千里之远，数日可达，人益疑丰肃等为佛郎机夷种。及文辉疏下，礼部覆言：'此辈左道惑众，止于摇铎鼓簧，倡夷狄之道于中国，是《书》所称蛮夷猾夏者也。此其关系在世道人心，为祸显而迟。但其各省盘踞，果尔神出鬼没，透中国之情形于海外，是《书》所称寇贼奸宄者也。此其关系在庙谟国是，为祸隐而大。'

① 顾起元：《客座赘语》卷6，"利玛窦"，第194页。
② 《明神宗实录》卷547，万历四十四年七月戊子。

阁臣亦力言之。有旨：王丰肃等立教惑众，蓄谋叵测，可递送广东抚按，督令西归。其庞迪峨等，礼部曾言晓知历法，请与各官推演七政，且系向化来，亦令归还本国。"①

令下之后，传教士逗留不去，有司也不认真催促。到万历四十六年十月，庞迪我等奏："臣与先臣利玛窦等十余人，涉海九万里，观光上国，叨食大官十七载。近见南北参奏，要行驱逐。念臣等焚修学道，尊奉天主，宁有邪谋，甘堕恶业？乞圣明怜察，候风便归国。若寄居海屿，愈滋猜疑。并南京等处陪臣，一体宽假。"② 朝廷不理，只得离京。王丰肃不久改换姓名，复入南京，行教如故。这次教案，使耶稣会传教活动受到挫折，但朝野仍有许多人士认可西学，甚至接受天主教，传教活动并未停止。

至崇祯时期，朝廷为北部边疆战事，经徐光启建议，召用葡萄牙人铸造大炮。士大夫中反对天主教的主张再度兴起，其理由主要还不在于反对天主教教义，而在于葡萄牙人在广东地区引起的社会问题和对葡萄牙人野心的担忧。崇祯三年五月，礼科给事中卢兆龙上言："闻中国尊则四裔服，内忧绝则外患消，未闻使骄夷酿衅荤毂也。堂堂天朝，精通火器，能习先臣戚继光之传者亦自有人，何必外夷教演，然后能扬威武哉？臣生长香山，知澳夷最悉。其性悍桀，其心叵测，其初来贸易，不过泊船于浪白外洋耳，厥后渐入澳地。初犹搭篷厂栖止耳，渐而造房屋，渐而筑青州山，又渐而造铳台，造坚城为内拒之计。蓄夷众，聚兵粮，为颜行之谋。时驾番舶，擅入内地，拒杀我官兵，掠我人民，掳我子女，广收硝黄铅铁，以怀不轨。闽之奸徒，聚食于澳，教诱生事者，不下二三万人。粤之盗贼亡命，投倚为患者，不可数计。粤人不得安枕，数十余年于兹矣！其岁输课税虽二万金，然设将添兵以为防御，所费过之。时而外示恭顺，时而肆逞凶残。其借铳与我也，不曰彼自效忠，而曰汉朝求我，其鸣得意于异域也。不曰寓澳通商，而曰已割重地，悖逆之状，不可名言。粤地有司与之为约，入城不得佩刀，防不测也。今以演铳之故，招此异类，跃马持刀，弯弓挟矢于帝都之内，将心腹信之乎？将骄子豢之乎？犹以为未足，不顾

---

① 《明神宗实录》卷552，万历四十四年十二月丙午。
② 《明神宗实录》卷575，万历四十六年十月乙亥。

国体，妄奏差官，而夷目三百人是请。夫此三百人者，以之助顺则不足，以之酿乱则有余。奈之何费金钱、骚驿递，而致之也？谓其铳可用乎？则红夷大炮，闽粤之人有能造之者，昨督臣王尊德所解是也。其装药置铅之法与点放之方，亦已备悉矣。臣计三百夷人，自安家犒劳以及沿途口粮，夫马到京供给，所费不赀。莫若止之不召，而即以此钱粮鸠工铸造，可得大铳数百具。孰有便焉？中国将士如云，貔貅百万，及今教训练习，尚可鞭挞四裔，攘斥八荒，何事外招远夷，贻忧内地，使之窥我虚实，熟我情形，更笑我天朝之无人也？且澳夷专习天主教，其说幽渺，最易惑世诬民。今在长安大肆讲演，京师之人，信奉邪教，十家而九。浸淫滋蔓，则白莲之乱可鉴也。查成化年间，番僧领占竹诱惑汉人，演习番教，为礼科纠劾遣还。万历年间，番人庞迪峨、王丰肃等煽惑京师，为礼部疏参驱逐。礼臣徐光启夙擅谈兵，臣嘉其志，素负清望，臣重其人。而今忽取夷人入京，岂子仪借回纥之兵，但与夷人说天主也？"崇祯帝谓："朝廷励忠柔远，不厌防微。此奏亦为有见。所司其酌议以闻。"① 六月，卢兆龙再次上言，"臣自幼习读孔孟之书，改过迁善，省身克己之事，经文备之矣。不识世间有天主一教与所谓唐朝景教者，贞观以后之唐碑，恐非尧舜以来之圣揆。微臣以白莲为鉴戒，恐异教流行。礼臣以玛窦为常师，恐异教不流行。又臣所未解也。昔江统论着徙戎，韩愈疏谏佛骨，至今人且称之。臣前疏虽迂，其说颇正。愿存此段议论，以为国家防微，以俟政府参酌。毋以部覆不行，遂委信远夷，而主盟邪教，以贻衅无穷也。臣言夷人不可用，非言火炮不可用。乞皇上责成光启，始终力任，竟展其二年成功之志。勿因臣言，以为卸担，则臣之言未必非他山之助也"。报闻而已。②

大学士蒋德璟为《破邪集》作序，讲到，他最初与西人接触，只注意其"历法与天地球、日圭、星圭诸器，以为工，不知其有天主之教也"。读其书后，认为其"天主"之称，是窃用"吾中国所奉上帝"之说法而实际信奉的是"汉哀帝时耶稣，为天主也"。他说道，有传教士见其祭祀家庙者，对他说："此君家主，当更有天主，公知之乎？予笑谓：天主则上帝也，吾中国

---

① 《崇祯长编》卷 34，崇祯三年五月丙午，台湾中央研究院历史语言研究所校印《明实录·附录》本，第 2053—2057 页。
② 《崇祯长编》卷 35，崇祯三年六月辛酉，第 2094—2095 页。

惟天子得祀上帝，余无敢干者。若吾儒性命之学，则畏天、敬天，无之非天，安有画像？即有之，恐不是深目高鼻一浓胡子耳。"此事后不久，"当道檄所司逐之，毁其像，拆其居，而株擒其党。事急，乃控于予。予适晤观察曾公曰：其教可斥，远人则可矜也。曾公以为然，稍宽其禁。而吾漳黄君天香，以《破邪集》见示，则若以其教为必乱世而亟为建鼓之攻，又若以予之斥其教而缓其人为异于孟子距杨墨之为者。予谓：孟夫子距邪说甚峻，然至于杨墨逃而归，则受之，而以招放豚为过。今亦西士逃而归之候矣，愚自以为善学孟子，特不敢似退之所称功不在禹下耳。且以中国之尊，贤圣之众，圣天子一统之盛，何所不容？四夷八馆，现有译字之官，西僧七王，亦赐阐教之号。即近议修历，亦令西士与钦天，分曹测定，聊以之备重译一种，示无外而已，原不足驱也。驱则何难之有？李文节曰：退之原道，其功甚伟，第未闻明先王之道以道之而辙庐其居，亦不必。予因以此意广黄君，而复叹邪说之行，能使愚民为所惑，皆吾未能明先王之道之咎而，非邪说与愚民之咎也。白莲、闻香诸教，入其党者，骈首就戮，意窃哀之。然则黄君破邪之书，其亦哀西士而思以全之欤？即谓有功于西士可矣"。① 此说颇不简单，既正视天主教与本土文化观念的深刻差异，明白论战，又能容其存在，尽量保全。比起盲目信从与盲目排斥，都更有理性。

按《大清一统志》，北京宣武门内有天主堂，"明万历中，利玛窦自欧罗巴国航海入中国，神宗命建第于此，其左建天主堂，祀耶稣。本朝以来，西洋人之来京师者授为钦天监监正、监副等官居此……（按：西安门内光明殿后，亦有天主堂。）"② 《钦定日下旧闻考》称："时宪书局在宣武门内天主堂西，即明天启二年都御史邹元标、副都御史冯从吾所建首善书院。后礼部尚书徐光启借院修历，名曰历局。本朝仍令西洋人居此治理时宪书等。谨按天主堂，明万历二十八年建。"③ 清雍正九年，浙江总督李卫毁西洋天主堂有"改天主堂为天后宫碑记"云："自明季万历间大西洋利玛窦入中国，造为天主之名，而其教遂蔓延于愚夫愚妇之口，其徒之入中国者，遂大兴土木，营

① 孙承泽：《春明梦余录》卷 66，第 240—241 页。
② 和珅等撰：《大清一统志》卷 6，影印文渊阁四库全书本第 474 册，第 145 页。
③ 于敏中、英廉等：《钦定日下旧闻考》卷 49，影印文渊阁四库全书本第 497 册，第 688 页。

建居室于通都大邑之中。"① 据一些明末野史说法，崇祯皇帝也曾信奉天主教。《烈皇小识》说:"上初年崇奉天主教。上海（徐光启），教中人也。既入政府，力进天主之说，将宫内供养诸铜佛像，尽行毁碎。"后乃悔之。②到崇祯末年，中国境内信奉天主教者大约达到了 50 万人。

---

① 沈翼机等:《浙江通志》卷 217，影印文渊阁四库全书本，第 525 册，第 8—9 页。

② 文秉:《烈皇小识》卷 6，台湾大通书局，文献史料丛刊第五辑，第 147 页；亦见李逊之辑《崇祯朝野纪》，台湾大通书局，文献史料丛刊第三辑，第 121 页。

第 八 章

萨满教、民间宗教性习俗政策

　　中国民间社会一直保持有大量与宗教性信仰紧密相关的习俗。如果使用广义的宗教概念，这类信仰和习俗也应该纳于社会宗教问题研究的范围中。中国民间泛神论信仰存在在先，后来才出现制度化的宗教。所以，佛教、道教都在原来民间泛神论信仰的土壤上生长。就信仰的心理倾向来说，泛神崇拜、佛教、道教的崇拜对象对于绝大多数民众说来都是能够干预人间事务的超凡力量，与哪些神建立起关联感只是机缘问题。佛教和道教也早就适应了这种土壤，并不与民间信仰的神祇直接冲突，甚至常常相互混同、"杂交"。相比之下，伊斯兰教和天主教在中国没有广泛传播，主要也在于其信仰的排他性（exclusiveness），无法与泛神崇拜兼容。这就是说，中国大众以崇拜民间宗教性信仰中神祇的方式来对待所有宗教的神，中国大地上各类宗教都在相当的意义上被泛神崇拜心理过滤，在民间心理中具有很相似的意义。所以，在国家与社会关系的意义上，明代国家对民间宗教性信仰、习俗的政策与对佛教、道教、伊斯兰教、天主教的政策同样重要。

　　对于民间宗教性信仰、习俗，学术界常称为"民间宗教"（popular religion）。我们可以在约定宽泛"宗教"概念的前提下使用这个词汇。明代中国的民间宗教十分庞杂，其中的大量成分与佛教、道教混杂，并且与世界性普遍存在的原始性宗教习俗萨满相关联。萨满信仰并无系统化的组织，也没有统一的成文教义，但却流行于中国城乡社会。明代文献中所说的"巫"，多属于萨满信仰范围。

　　根据明末宛平县令沈榜的记载，明朝末年宛平县除了官方祭祀的建置以外，有 604 处宗教祭祀的场所。[①] 这些场所可以被分为以下 7 类：

宛平县民间宗教祭祀场所名称分类表

名称类别	总数	在城镇数	在城市数占总数比例（%）	在乡村数	在乡村数占总数比例（%）
寺	211	72	34	139	66
庵	140	77	55	63	45
堂	13	4	31	9	69
宫	6	3	50	3	50
观	21	7	33	14	67
庙	206	77	37	129	63
祠	7	2	29	5	71
合计	604	242	40	362	60

　　按照沈榜的说明，被列在这个表中的前 3 类是佛教建置。第 4 类和第 5 类是道教建置。最后两类是杂神崇拜的场所。设道教总数 27 为 1，则佛、道、杂三类宗教祭祀场所总数的比为 13.48：1：7.9，显然其中佛教势力最大，杂神崇拜次之，道教居其末。我们根据他对各教的分类再区分其地点做出下表。[②]

宛平县宗教祭祀场所之宗教类别统计

宗教派别	总数	在城市	在乡村	在城市者比例(%)	在乡村者比例（%）
佛教	364	153	211	42.03	57.97
道教	27	10	17	37.04	62.96
杂神崇拜	213	79	134	37.09	62.91
合计/平均	604	242	362	40.07	59.91

　　比较这三类宗教所在的地点，可以得到以下印象：杂神崇拜和道教在乡

---

　　① 沈榜统计的合计数字是 575。但根据所有开列出来的名称合计得结果为 604。参见沈榜《宛署杂记》卷 19，北京古籍出版社 1982 年排印本，第 223—235 页。
　　② 沈榜所说的应该是他在宛平任职时当地的情况。这些名称的用法在清代有例外。如，北京的雍和宫称"宫"但却是藏传佛教寺院，承德的八所喇嘛教寺院习惯上被统称为"八大庙"。

村比在城市更普遍。这表明杂神崇拜在乡村比在城市更为流行。但是即使在乡村，佛教的势力仍然超过道教和杂神崇拜的和。

这样众多而且多样化的宗教崇拜建置只是当时中国民间宗教生活中的一部分。其他一些宗教信仰从来没有在民间以规范制度化的方式存在，但却处于十分普遍的实践中。如遍布乡村的土地庙因其渺小，不列在以上祭祀场所中。在家庭中祭祀的财神、门神、灶神等种种杂神无法罗列。属于萨满教的"巫"一般没有制度化的祭祀场所和组织，但是被普遍信奉。比如在真定，民间信奉鬼神，有病不求医而招巫驱邪。在顺德，民间信巫崇鬼，邪教众多。在广平，民间信巫崇鬼，杂庙众多。在滑县，女巫为患。① 在滋阳，巫术盛行，其中之一称"端工戏"，男人扮女。在沂州，民人生病不求医而求巫。在郯城：半数以上民人崇鬼信巫，生病不服药而招巫者。女巫称为"姑娘"。② 除了上边提到的之外，风水、命相等等也十分普遍。吴廷举作顺德知县时曾发布禁淫祠条约，称该地方"野鬼淫祠，充闾列巷；岁时祭赛，男女混淆。甚至强盗打劫，亦资神以壮胆；刁徒兴讼，必许愿以见官"。③ 如此众多的宗教成分共存、相互吸收，却无经常性的冲突。其原因，在于各种宗教信仰都是在民间泛神崇拜习俗的土壤上生存的。此外，明代所谓"三教合一"说盛行，士大夫中有鼓吹者，民间历来有信仰综合倾向，对此类思想颇易接受。如福建林兆恩，"以艮背之法，教人疗病，因稍有验，其徒从者云集，转相传授，而吾郡人信之者甚众。兆恩死后，所在设讲堂香火，朔望聚会。其后，又加以符箓醮章，祛邪捉鬼。盖亦黄巾、白莲之属矣。兆恩本名家子，其人重意气，能文章，博极群书。倭奴陷莆后，骸骨如麻，兆恩捐千金，葬无主尸以万计，名遂大噪。其后著《三教会通》，授徒讲学，颇流入邪说而不自知。既老病，得心疾，水火不顾，颠狂逾年乃死。此岂真有道术者？而闽人惑之，至死不悟也。今其徒布满郡城，其中贤者，尚与士君子无别，一二顽钝不肖者，藉治病以行其私，奸盗诈伪，无所不有，其与邪巫、女觋又何别哉？余十三四时，见《三教》书，心甚不然，著论以辟之，

---

① 《古今图书集成·职方典》卷 8，第 1004、1005、1130、1243、1344 页。
② 《古今图书集成·职方典》卷 9，第 2138、2150 页。
③ 张萱：《西园闻见录》卷 106，"毁淫祠"，第 1962 页。

今亦不复记忆。及既长，入闽，观其行事，益自负前言之不妄也"。①

明朝对民间社会宗教性信仰、习俗有鼓励、禁止和听任自由之区别。其所鼓励者，为乡饮酒礼、祖先祭祀、地方土谷之祭、乡厉之祭祀等，以促成乡党伦序、和睦，祈祷丰年，慰抚灵鬼，兼以诫告官民。所禁止者，有"亵渎神明"、"淫祠"、"师巫邪术"、秘密宗教组织、迎神赛会等。对此外各地民间的大部分其他宗教性习俗，则一般放任自由。

放任自由者，从社会文化精神上讲，体现一般的宗教信仰自由。中国帝制时代的政府，虽然在权力结构建制中尽量实现专制，但却很少干涉个人生活中的信仰，宗教信仰不决定社会地位，宗教组织并无明确的特权。从国家政策角度讲，放任自由属于"无作为"，其理由是不将个人信仰看作政府需要干涉的事情。鼓励某些民间社会的宗教习俗，主要着眼于其与国家制度以及文化精神可以互补，这在前面已经多处涉及，大致明了，不赘。禁止某些民间宗教性活动与习俗的政策则相对复杂。

中国上古时代就形成了国家祭祀体系和祭祀权利的等级意识，不符合国家祭祀制度的公众祭祀，包括超越等级权利而对国家认可的神明的祭祀，都被看作"淫祀"。"淫"意为乱，淫祀即乱祀，"淫祠"则是进行"淫祀"的建筑场所。《礼记·曲礼》云："非其所祭而祭之，名曰淫祀。淫祀无福。"洪武末，宁波知府王琎"毁境内淫祠，三皇祠亦在毁中，或以为疑。琎曰：'不当祠而祠曰淫，不得祠而祠曰渎。惟天子得祭三皇，于士庶人无预，毁之何疑？'"② 但国家祀典本身不是一成不变的。前引《明会典》中开列各地应祭祀的神灵，相互不同，其根据一是历史渊源，二是被认定有"功德"于民。明朝地方官员可以以有功德于民为根据，申请朝廷将某些地方神祇列入官方祀典。如宣德七年，平江伯陈瑄上奏："高邮郡城西北湖中有神祠。古碑载神姓耿名遇德，宋哲宗时人，其天性忠实聪明，死而为神，屡昭灵感，累封至'灵应侯'，庙额曰'康泽'，至今其神有灵，人祷之者舟行无没溺之患，旱潦有甘澍之应。请令有司春秋祭祀。"宣宗说："神有功德及民，应在祀典。果如瑄所言有应，其令有司以时致祭。"③ 正统元年，江西按察使石

---

① 谢肇淛：《五杂俎》卷 8，中华书局 1959 年排印本，第 344—345 页。
② 张廷玉：《明史》卷 143，列传第 31，"王琎传"，第 4061 页。
③ 《明宣宗实录》卷 93，宣德七年七月乙酉。

璞等奏："所属诸县耆老言，唐江西观察使韦丹，教民陶瓦，修筑陂塘，蜀旌阳令许逊，尝至豫章诛蟒戮虳，皆有功德于民，宜在祀典。臣等议以许逊铁柱宫庙犹存，可举祀事。韦丹庙废已久，可于铁柱宫旁空庙内祀之，以慰民望。"事下行在礼部，覆奏，从之。① 这种实践，可以不断滋生出新的信仰、崇拜对象。

朝廷对泰山碧霞元君祭祀的政策反映的是所谓"淫祠"被国家认可的现象。正德十一年七月，镇守太监黎鉴请收泰山碧霞元君祠香钱，武宗许之。工科给事中石天柱等言："祀典惟东岳泰山之神，无所谓碧霞元君者，淫祀非礼，可更崇重之乎？况收香钱耗民财亏民体，启贪盗崇邪慢，请毁之便。"疏入，付所司知之而已。② 到万历时，泰山香税已经成为泰安州和明中央的一项重要财政收入。③ "泰山香税乃士女所舍物，藩司于税赋外资为额费。夫既已入之官，则戴甲马，呼圣号，不远千里，十步五步一拜而来者，不知其为何也？不惟官益此数十万，众当春夏间，往来如蚁，饮食香楮，贾人旅肆，咸藉以为生。视嵩山、庐岳、雁荡、武夷士大夫车骑馆谷专为邑中之累者，其损益何啻霄渊。"④ 不过，将民间祭祀列为正典的申请有时也会遭到朝廷拒绝。宣德八年，巡按福建监察御史张鹏上奏请将福州府宁德县地方供奉的土神黄岳赐以封号，以便"春秋飨祀"。礼部与翰林院讨论认为："神之功行，史无所载，况洪武中未入祀典。"于是宣宗责备张鹏："御史于民疾苦不以闻，而欲谄事鬼神求福，任风纪者当如是耶！勿听。"⑤

除淫祀、淫祠以外，明朝政府所禁止的还有两种：一是被认为会威胁既定统治秩序的社会性宗教崇拜和组织活动，如白莲教等，其着眼点不在信仰内容本身，而在防止颠覆社会秩序；二是某些巫术活动，其着眼点是移易恶俗并因为巫术活动常为秘密社会的温床。

洪武三年颁布《禁淫祠制》，不准民间祭天地、山川，令士庶各祭所宜，

① 《明英宗实录》卷15，正统元年三月戊寅。
② 《明武宗实录》卷139，正德十一年秋七月甲申。
③ 任弘烈：(万历)《泰安州志》卷2，"香税"，《中国方志丛书》本，第64页。
④ 王士性：《广志绎》卷3，"江北四省"，第54页。
⑤ 《明宣宗实录》卷102，宣德八年五月乙卯。

违者罪之。文见本书第二章第一节。明律规定："凡师巫假降邪神，书符咒水，扶鸾祷圣，自号端公、太保、师婆，及妄称弥勒佛、白莲社、明尊教、白云宗等会，一应左道乱正之术，或隐藏图象，烧香集众，夜聚晓散，佯修善事，扇惑人民，为首者，绞；为从者，各杖一百，流三千里。若军民装扮神像，鸣锣击鼓，迎神赛会者，杖一百，罪坐为首之人。里长知而不首者，各笞四十。其民间春秋义社，不在禁限。"①"凡左道惑众之人，或烧香集徒，夜聚晓散，为从者，及称为善友，求讨布施至十人以上，并军民人等，不问来历窝藏接引，或寺观住持容留、披剃冠簪，探听境内事情，及被诱军民舍与应禁铁器等项，事发，属军卫者，俱发边卫充军；属有司者，发口外为民。"②"各处官吏军民僧道人等，来京妄称谙晓扶鸾祷圣、书符咒水，一切左道乱正邪术，扇惑人民，为从者，及称烧炼丹药，出入内外官家，或擅入皇城，夤缘作弊，希求进用，属军卫者，发边卫充军；属有司者，发口外为民。若容留潜住及荐举引用，邻甲知情不举，并皇城各门守卫官军不行关防搜拿者，各参究治罪。"③"凡阴阳术士，不许于大小文武官员之家妄言祸福。违者，仗一百，其依经推算星命卜课者，不在禁限。"④

　　明朝虽然颁布了禁淫祠、淫祀的法律和制度，但是中央政府很少在某一时期采取行动进行查禁。原因是，明朝各种根本制度皆制定于洪武年间，过于严格而未能仔细考察实践过程中可能发生的复杂情况，其执行全都由比较严格逐渐走向比较松懈，乃至瓦解。而且，所禁止的范围界定模糊，与佛、道以及民间一般宗教性信仰活动难以准确区分。另外，可能更重要的原因是，按照以上定义，淫祀和淫祠不仅出现在民间，皇室中间乃至朝廷中更屡屡涌现出来。

　　制度既定，从未做整体的重新修订，各地官员如何具体理解和实行就有很大差别。罗冬阳先生曾将《明史》中所载地方官员禁毁淫祠的记载统计为下表：⑤

①　怀效锋点校：《大明律》卷11，"礼律一"，第89页。
②　舒化等辑：《问刑条例》，"礼律一"，见怀效锋点校《大明律》附录，第389页。
③　同上书，第388—389页。
④　怀效锋点校：《大明律》卷12，"礼律二"，第95页。
⑤　罗冬阳："明代淫祠之禁中的儒臣、皇权与民间社会"，《求是学刊》2006年第1期。

序号	姓名	官职	出身	时间	地点	所毁淫祠	出典
1	王琏	知府	儒士	洪武末	宁波	三皇寺	《明史》卷143
2	吴履	县丞	儒士	洪武中	南康	邑有淫祠，每祀辄有蛇出户，民指为神。履缚巫责之，沉神像于江，淫祠遂绝。为丞六年，百姓爱之	《明史》卷281
3	郭敦	知府	监生	洪武末到永乐初	衢州	衢俗，贫者死不葬，辄焚其尸。敦为厉禁，且立义阡，俗遂革。禁民聚淫祠。敦疾，民劝弛其禁。弗听，疾亦瘳	《明史》卷157
4	曹端	无	儒士	洪武中至永乐初	渑池	端初读谢应芳《辨惑编》，笃好之，一切浮屠、巫觋、风水、时日之说屏不用。上书邑宰，毁淫祠百余，为设里社、里谷坛，使民祈报。年荒劝振，存活甚众	《明史》卷282
5	张昺	知县	进士	成化中	铅山	有巫能隐形，淫人妇女。昺执巫痛杖之，无所苦。已，并巫失去。昺驰缚以归，印巫背鞭之，立死。尽毁诸淫祠	《明史》卷161
6	林锦	按察副使	乡贡	成化	灵山	锦在兵间，以教化为务。灵山尚鬼，则禁淫祠，修学校，劝农桑。其治廉、钦，皆饬学宫，振起文教。为人诚实，洞见肺腑，瑶蛮莫不爱信	《明史》卷165
7	张弼	知府	进士	成化中	南安	毁淫祠百数十区，建为社学	《明史》卷286
8	彭韶	按察使	进士	成化中	四川	尽撤境内淫祠	《明史》卷183
9	刘概	知州	进士	成化末弘治初	寿州	毁境内淫祠几尽，三年教化大行	《明史》卷180
#①	丁积	知县	进士	成化末	新会	俗信巫鬼，为痛毁淫祠	《明史》卷281
10	林俊	副使	进士	弘治初	云南	鹤庆元化寺称有活佛，岁时集士女万人，争以金涂其面。俊命焚之，得金悉以偿民逋。又毁淫祠三百六十区，皆撤其材修学宫	《明史》卷194

① 此则罗表未收，补入。

续表

序号	姓名	官职	出身	时间	地点	所毁淫祠	出典
11	吴廷举	知县	进士	弘治中	广东顺德	毁淫祠二百五十所，撤其材作堤，葺学宫、书院	《明史》卷201
12	陆震	知县	进士	正德前期	江西泰和	增筑学舍居诸生，毁淫祠祀忠节	《明史》卷189
13	欧阳铎	知府	进士	正德至嘉靖初	延平府	毁淫祠数十百所，以其材葺学宫	《明史》卷203
14	王科	知县	进士	正德至嘉靖初	蓝田	毁境内淫祠，以其材葺学宫	《明史》卷206
15	邹守益	州判官	进士	嘉靖初	德州	废淫祠，建复初书院，与学者讲授其间	《明史》卷283
16	霍韬	南京礼部尚书	进士	嘉靖中	南京	禁丧家宴饮，绝妇女入寺观，罪娼户市良人女，毁淫祠，建社学，散僧尼，表忠节。既去，士民思之	《明史》卷197
17	黄直	推官	进士	嘉靖中	漳州	以漳俗尚鬼，尽废境内淫祠，易其材以葺桥梁公廨	《明史》卷207
18	徐阶	推官摄知府	进士	嘉靖中	延平	出系囚三百，毁淫祠，创乡社学，捕巨盗百二十人	《明史》卷213

《明史》所载禁止淫祠事，系于著名人物传记者多，故并不反映明朝官员禁止淫祠做法的全部情况，但可见其大概。其中普遍情况是，在地方推行禁止淫祠的官员自然都有儒家知识分子的出身背景，而其着眼点都在于推行"教化"。其他文献记载尚多，其中许多反映出朝廷关于淫祠的争论以及官方与民间社会有关淫祠现象的各种关系。

景泰三年三月，按察佥事孙振望遭人劾奏，说他在巡察福建兴化、泉州、漳州三府时，"擅毁敕封天妃、东岳、关王、烈女等庙，弥勒、观音等五十余寺，并碎其神像，民其僧徒，且以未毁佛寺听民僦占为业，又以劝买耕牛为名，擅罚额外并被事僧徒白金三百余两，又令居民家畜母彘一、牝鸡五，蕃息生利，而滥役有过官民，为老人督之。请治其罪"。其奏下都察院讨论，都察院认为："振望毁淫祠，劝民买耕牛，畜彘鸡，皆厚俗富民之道；第毁敕封庙宇及役有过官军等，有戾于法，然未详虚实。请下巡按御史许仕达躬勘其状，如验，即令逮治。"[①] 此案审查结果不见记载。景泰四年四月，

[①]　《明英宗实录》卷214，《景泰附录》卷32，景泰三年三月戊戌。

孙振望以金事被贬为浙江临海县知县，"以巡抚右都御史等官洪英等考察其不称职也"。① 这时距离他被弹劾已经一年有余，其"不称职"当不是由于该弹劾之缘故。所以当时的结论多半是并未定其有重大过失。

成化元年二月，"巡抚湖广左金都御史王俭上言八事……一禁革淫祀。乞敕翰林院儒臣博采'三礼'及诸经传，自天子至于庶人当祭之神，纂集成书，刊示四方，凡天下鬼神，不系礼典所载及当代祀典者，并宜撤其庙宇，毁其象设，仍乞禁革塑绘人匠。敢有违者，并付法司论罪，则礼制明而民志定矣。一挨查僧道。我朝裁损二教，明示禁戒。今游手之徒，冒名僧道，动以万千，乞敕所司如律禁革。僧道私自簪剃者，勒令还俗，解发原籍当差。仍严官民人等布施之禁，及云游行脚亦必〔有〕所司批文，其寺观潜匿者，有司里老一体治罪。如此则人少游惰，户口可增矣……疏奏，下所司议之"。② 弘治元年，礼科给事中张九功上奏，请厘正祀典，除"间有累朝所建，难于辄废者，亦宜厘正名号，减杀礼仪"外，"凡官亲祠庙，非有功德于民，不合祀典者，俱令革去"。孝宗允之。③ 经礼部尚书周洪谟等商议，"凡有斋醮祷祀之类，通行罢免，不惟绝异端之奸，亦可省无益之费。仍敕中外，凡宫观祠庙，非有功德于民，不合祀典者，俱令革去。间有累朝崇建，难于辄废者，亦宜厘正名号，减杀礼仪，庶尽以礼事神之心"。他还提出十类朝廷崇祀的宫观祠庙应该革除或者厘正名号、减杀礼仪。孝宗保留其中五类，其余"如所议行之"。④

成化十二年八月，户部尚书兼翰林院学士商辂等上奏，援祖制反对宪宗建祠祭祀玉皇大帝。奏疏云："祖宗创为郊祀，岁一举行，极为慎重。迩者传闻皇上推广敬天之心，又于宫北建祠奉祀玉皇，取郊祀所用祭服、祭品、乐舞之具，依式制造，并新编乐章，内臣习之，欲于道家所言，神降之日，举行祀礼。臣等窃详，皇上为此无非欲上为母后祝厘，下为生民祈福。圣心

① 《明英宗实录》卷228，《景泰附录》卷46，景泰四年夏四月庚子。
② 《明宪宗实录》卷14，成化元年二月己卯。
③ 张廷玉：《明史》卷50，"礼四""诸神祠"，第1307—1310页；张萱：《西园闻见录》卷106，"毁淫祠"，第1963页。
④ 《明孝宗实录》卷13，弘治元年四月庚戌；按此疏出礼部右侍郎倪岳手，见倪岳《正祀典疏》，载《明经世文编》卷77，第658—663页。

诚敬，人所共知。但稽之于故，未为合礼。昔傅说之告高宗曰，黩于祭祀，时谓弗钦。礼烦则乱，事神则难。况天者至尊无对，尤非他神可比。事之之礼，宜简而不宜烦，可敬而不可渎。今乃别立玉皇之祠祀，并用南郊之礼乐，则是相去一月之间，连行三祭，未免人心懈怠，诚意不尊。且郊祀所用执事并乐舞生，皆神乐观道士为之，但系刑丧病疾之人，一切不预。祖宗制礼，盖深意存焉。皇上为天之子，其于事天之礼岂可不斟酌典故而致有丝毫之不谨乎？伏望圣明将所建神祠停罢，神像送宫观侍奉，祭服、祭器、乐舞之具送太常寺收贮。凡内廷一应斋醮，悉宜停止，勿亵渎。庶几天心昭鉴，可以变灾而为祥，转祸而为福矣。"① 疏入，宪宗命拆除祠祭设施，送库收贮。由此观之，朝廷祭祀中也有属于"淫祠"之类阑入。但成化时期，对类似玉皇大帝这样的神，并不禁民间祭祀，其不可行于朝廷的道理，是因为朝廷祀典体现国家文化精神，与对民间宗教性习俗的政策尚有不同。

禁革民间"淫祠"也非朝廷上下一致意见。万历二年十一月，"礼科给事中梁式言：迩来邪说浸淫，民习蛊坏，不经之祠宇日侈，异教之供事争先，转相幻诱，备极淫奢，遂有大干条宪如近日锦衣卫访获逆犯王志学者，更宜屏息奸宄，条议三款：一清祠宇，二革僧逾，三禁香醮。上谓：左道惑众之徒，严行禁革，其余亦从民俗，不必清查烦扰"。② 民间崇奉神仙，自然先有迷信蒙昧为观念基础，但与生存能力之不足，必假群体想象、传说中的超人力量而获得心理紧张的缓和也有很大关系。祈祷雨水、保佑平安、求得子女、惧怕鬼祟、群体娱乐等等都是民间社会在当时不能无各种神来飨人间贡献的原因。另一原因是医疗技术、条件不良，常常需要求乞于神灵。后者，即使士大夫者流也不能免俗。弘治正德间，"王云凤出为陕西提学副使，有汪公者语之曰：'君出振风纪，但尽分内事，勿毁淫祠、禁僧道。'云凤曰：'此正我辈事，公何以云然？'公曰：'君见得真确，则可，见之不真确，而一时慕名为之，他日妻妾子女有疾病，不得不祷祠，则传笑四方矣。'云凤叹服"。③

地方社会有时达成与政府一致的方针，通过乡里公约来规定宗教性行

① 《明宪宗实录》卷156，成化十二年八月乙酉。
② 《明神宗实录》卷31，万历二年十一月甲午。
③ 张萱：《西园闻见录》卷106，"毁淫祠"，第1963—1964页。

为。如《泰泉乡礼》中就有这样的条款："禁止师巫邪术，律有明条。今有等愚民，自称师长、火居道士及师公、师婆、圣子之类，大开坛场，假画地狱，私造科书，伪传佛曲，摇惑四民，交通妇女。或烧香而施茶，或降神而跳鬼。修斋则动费银钱，设醮必喧腾闾巷。暗损民财，明违国法。甚至妖言怪术，蛊毒採生，兴鬼道以乱皇风，夺民心以妨正教。弊固成于旧习，法实在所难容。尔等愚昧小民，不知死生有命，富贵在天。且如师巫之家，亦有灾祸病死，既是敬奉鬼神，何以不能救护？士夫之家不祀外鬼邪神，多有富贵福寿，若说求神可以祈福免祸，则贫者尽死，富者长生，此理甚明，人所易晓。今我皇上一新政化，大启文风，淫祠既毁，邪术当除。汝四民合行遵守。庶人祭先祖之礼，毋得因仍弊习，取罪招刑。一、禁约之后，师长、火居道士、师公、师婆、圣子、尼姑及无牒僧道各项邪术人等，各赴府县自首，各归原籍，别求生理买卖。故违者，上司定行拿问如律；一、民家只许奉祀祖宗神主，如有私自奉祀外神、隐藏邪术者，上司访出问罪，决不轻恕。"① 这些文字是官员黄佐退休家居时所作，直接反映的仍然是士大夫的观念和思路，但仍然可以看出，禁止某些宗教性信仰或者崇拜习俗可能成为地方社会中由某些乡绅倡导的自主行动，在这种情况下，政府与民间社会的观念冲突有所削弱。同时，地方社会的这类做法，可能是与地方治安、防止欺诈、劝谕节俭一起考虑的。

明朝初期的规定，大致确定了明代国家对于民间宗教习俗的政策。从有关文献中可以很清楚地看出，明朝政府对于民间宗教信仰习俗政策的内在原则其实不在信仰内容本身，而在其外化的社会性活动是否指向社会或者政治不稳定。但是这里其实包含许多不明确的事情。比如上段引《大明律》的说法中，如何区分"妄言祸福"与"依经推算星命卜课"，就不是人们在日常生活中能够轻易区分清楚的。而且，明朝国家宗教性活动频繁，对佛教、道教等制度化宗教采取包容政策，民间社会普遍的有神论、多神论信仰倾向不能不是主流。在这种情况下，禁绝巫术和秘密宗教性结社本来是不可能的。所以，在明代文献中可以看到与国家宗教政策有关的各类相互矛盾的现象。

---

① 黄佐：《泰泉乡礼》卷3，影印文渊阁四库全书本第142册，第622—623页。

有道士而行巫术却得国家支持者。如"国朝永乐间，杭州道士周思得居京师，以王灵官法降体附神。所谓灵官者，为玉枢火府天将，在宋徽宗时先从天师张继先及林灵素等传道法，又从师蜀人萨真君讳坚者学符术，因请于上，建天将庙于禁城之西。宣德间，改庙为大德观，封萨真人为崇恩真君，王灵官为隆恩真君。成化年间改观曰宫，又加'显灵'二字，每年四季递换袍服，焚化如灵济宫，而珠玉锦绣岁费至数万焉，据元人杂剧，有萨真人夜看碧桃花者盖祖此。至王灵官，今神庙俱有之，若武当山，则处处皆是，如释氏之伽蓝，不知何以独显于都城乃而，此二宫者，俱在京师兑隅，雄丽轩敞，不下宫掖，而他正神列在祀典者，顾寂寂无闻，岂神之庙食，亦有数歟"。[1]

方术大行。据张瀚所说，"今天下治方术者多矣。大都以乡曲庸师，指授陈言，得古人糟粕，未解其神理。间有精诣卓识，不遇异人之传，亦揣摩臆度，终囿于耳目沿习，安能超于耳目见闻之外？"[2]"嘉靖时有段朝用者，游方无籍，投郭勋家，畜炼丹砂，言黄白之术。勋荐于朝，上谓假此以储国用，遂留禁中。后勋败，朝用数为之解，上不之听。姑令进药点金，验其真伪，卒不验。后逼取勋家遗资为饰脱计，而殴人致死。事闻，上命锦衣卫送拿法司议死，无少假借。盖世宗英明果决，每每如此。仍籍设家资，遣其家口，以重惩妖妄云。"[3] 此类现象，前文已结合有关道教部分叙述不少，毋庸多言。

星命堪舆普及于上层与下层。政府亦用堪舆，已见前述，士大夫以下至于庶民，信奉者更多。朱国祯说："相法堪舆，三代前已有，唯星命起于唐之李师中，来自西域，在今日，士大夫，人人能讲，日日去讲。又大有讲他人命者，讲著甚的。"[4] 张瀚说："风水之说，自古有之，不始于郭璞。《书》云：'营卜瀍涧东西。'《诗》谓：'度其原隰，观其流泉。'盖不过远水患，处原避湿，得土之宜，而无浸淫之虞也，然皆为建都谋。至卜其宅兆，则葬埋以安亲体魄。孝子慈孙之心，惟欲得善地，永无崩蚀侵损患害是已。至璞

①　沈德符：《万历野获编》补遗卷 4，"释道""萨王二真君之始"，第 917—918 页。
②　张瀚：《松窗梦语》卷 6，"方术纪"，第 108 页。
③　同上书，第 113 页。
④　朱国祯：《涌幢小品》卷 25，第 595 页。

创为骸骨得气，而子孙受荫之说，指某山为发源，指某山为过峡，至某山而凝结为穴，某山为龙，某山为虎，龙昂而虎伏；某山为夐，某山为案，夐欲有力，案欲有情；必如是乃延福泽，不然则否。于是贪求吉地，不独愚昧细民，即缙绅士大夫亦惑于此。未葬，谋求不遗余力，甚至构讼结仇，各谋利己，暴露迟久，迁徙再三。呜呼，惑之甚矣！"① "近世技术之最足惑人者，莫胜于堪舆。即如其书所载方正学先茔事，谓九族被诛，乃其卜兆杀蛇之报。以忠臣之节，为凶人之孽，其说不经，而悖道害义，肆然梓行，有心者视之宁不悲愤填膺哉！此其罪当加于妄言祸福者一等矣。至分金布气之说，本于焦氏，占法鄙琐无据，又不足言也。"②

巫术虽有明令禁止，但仍活跃于下层社会，由来已久。明初方孝孺云："越巫自诡，善驱鬼物。人病，立坛场，鸣角振铃，跳掷叫呼，为胡旋舞禳之。病幸已，馔酒食，持其赀去。死则诿以他故，终不自信其术之妄。恒夸人曰：我善治鬼，鬼莫敢我抗。恶少年愠其诞，瞷其夜归，分五六人，栖道旁木上，相去各里所。候巫过，下砂石击之。巫以为真鬼也，即旋其角，且角且走，心大骇，首岑岑加重，行不知足所在。稍前，骇颇定，木间砂乱下如初，又旋而角，角不能成音，走愈急。复至前，复如初，手慄气慑不能角，角坠，振其铃，既而铃坠，惟大叫以行。行闻履声及叶鸣谷响，亦皆以为鬼号，求救于人甚哀。夜半抵家，大哭叩其门，其妻问故，舌缩不能言，惟指床曰：亟扶我寝，我遇鬼，今死矣。扶至床，死，肤色如蓝。巫至死不知其非鬼。"③ 朱国祯讲："杨范，字九畴，号栖芸。鄞县人，有学行。里中有巫，称曰龙神道人，谈祸福如响，家趋户迎，官不能禁。公作文，令人读以谕之，弗止。躬往见巫，捽其首，痛殴之，巫蒲伏，惟叩头求解。时拥巫者千百人，惊怪散去。"④

晚明小说《拍案惊奇》中有段议论，虽出说部，却能反映晚明巫术流行情况："话说男巫女觋，自古有之，汉时谓之'下神'，唐世呼为'见鬼人'。尽能役使鬼神，晓得人家祸福休咎，令人趋避，颇有灵验。所以公卿大夫都

---

① 张瀚：《松窗梦语》卷5，"堪舆纪"，第92页。
② 王宏：《山志》初集卷5，第123页。
③ 方孝孺：《逊志斋集》卷6，"越巫"，第188—189页。
④ 朱国祯：《涌幢小品》卷9，第207页。

有信着他的，甚至朝廷宫闱之中，有时召用。此皆有个真传授，可以行得去做得来的，不是荒唐。却是世间的事，有了真的，便有假的。那无知男女，妄称神鬼，假说阴阳，一些影响也没有的，也一般会轰动乡民，做张做势的，从古来就有了。

"直到如今，真有术的巫觋已失其传，无过是些乡里村夫，游嘴老妪，男称太保，女称师娘，假说降神召鬼，哄骗愚人。口里说汉话，便道神道来了，却是脱不得乡气，信口胡柴的，多是不囫囵的官话，杜撰出来的字眼。正经人听了，浑身麻木，忍笑不住的；乡里人信师活灵活现的神道，匾匾的信伏。不知天下曾有那不会讲官话的神道么？又还一件可恨处，见人家有病来求他，他先前只说救不得，直到拜求恳切了，口里说出许多牛羊猪狗的愿心来，要这家脱衣典当。杀生害命，还恐怕神道不肯救，啼啼哭哭的，及至病已犯拙，烧献无嫌，再不怨怅他，疑心他，只说不曾尽得心，神道不喜欢。见得如此，越烧献得紧了。不知弄人家多少钱钞，伤多少性命！不过供得他一时乱话，吃得些，骗得些罢了。律上禁止师巫邪术，其法甚严，也还加他'邪术'二字，要见还成一家说话。而今，并那邪不成邪、术不成术，一味胡弄。愚民信伏，习以成风，真是痼疾不可解，只好做有识之人的笑柄而已。"①

明朝对民间宗教性信仰、习俗的制度、政策有鼓励、禁止、放任自由三项基本内容，其制度并无根本修改，但其政策实践却向愈来愈放任自由的方向演变。民间社会必须拥有自由信仰的空间，否则其精神生活秩序亦无法达成。在科学不兴的时代，除了国家意识形态、制度化宗教的渗透以外，各种狭义迷信都会拥有存在的机会。后者的一般存在是合理的、必然的，但这并不意味着它们是无害的。明代地方官员所进行的禁止淫祠、淫祀的活动，也包含清除明显恶俗的意义。在文教不发达而又承认多种宗教存在的社会，把握排斥和化导恶俗与尊重自由之间的界线是非常困难的事情。明朝对于民间宗教性习俗的政策缺乏统一、一致性的原因还在于，国家的文化道统精神倾向于使社会观念整齐，在没有统一宗教的情况下，这个目标只能非常有限地实现。而且，维持全社会观念统一性的儒家士大夫本来也是从泛神信仰的民

---

① 凌濛初：《拍案惊奇》卷 39，上海古籍出版社 1982 年排印本，第 685—686 页。

间社会选拔出来的。掌握最高权力但却规律性地倾向于特殊化的皇帝及其家族也会不断地接受民间社会习俗的感染。

　　关于民间宗教性信仰、习俗与国家矛盾的极端情况，将在稍后专门讨论。

第 九 章

皇室及太监宗教活动的影响

　　讨论这个题目的意义是对明朝宗教管理制度与政策实践之间的一个重要的变异项有所了解。制度是以法律、法规形式确定的公共规则，明朝的宗教管理制度受"法祖"观念和道统力量的制约，很少修订。嘉靖时期的改订礼制所涉及的也主要在"礼"，而不在"教"。但是，明朝的宗教政策以及从中央到地方的宗教事务管理实践却如前面几章所述，发生了大量的，有时是深刻的变化。这就使得制度与政策、理论与实践的偏离愈来愈大。造成这种情况的原因主要有三：一是制度设计与社会实际本来存在偏离，难以在实践中实现完全吻合；二是世事民风、社会生活乃至外部环境总在变化，不断地使既定的制度"老化"；三是制度既定之后，保障制度落实的机制存在无法克服的弊病。关于这三种原因的详细分析，留到结论章，本章主要说明第三种原因中来自高级特权阶层的干扰。

　　帝制中国的国家权力体系是官僚制与贵族制的结合。国家主要社会制度和政策是通过官僚制度体系来落实的，因而官僚体系的运作体现国家行政的常经。贵族，实际是皇帝家族的延展系统——明代的军功贵族多与皇室联姻，总是倾向于特殊化，却始终没有完全纳入官僚体系行为权力的制约下。皇帝本人作为行政体系的最高首脑而兼贵族体系的首脑，需要调节贵族特权行为和违法行为与国家行政常规的冲突，使两者可以并行。但是作为国家领袖的皇帝维持国家制度、政策的自觉却是没有保证的。于是皇帝就可能与贵族一起来破坏国家行政常规，其行为又是官僚系统无法控制的。具体到本章的论题，其表现就是：明朝的许多皇帝和皇室成员，主要是后妃，以及附庸于皇室的太监，热衷于佛教、道教、藏传佛教、杂神崇拜活动，这些活动不断地凸显明朝国家宗教制度与政策实践的矛盾，成为政策实践方式蜕变的重要促进因素。

明代皇室及依附于皇室的宦官实为佛、道寺观最大的施主，尤以成祖、孝宗、武宗、世宗、神宗时期更为突出。各帝的宗教态度、行为前面已经多有论述，这里进一步考察后妃、太监与诸王的行为。

明初制度，对后妃限制颇严。"太祖以元末之君不能严宫闱之政，至宫嫔女谒私通外臣，而纳其贿赂，或施金帛于僧道，或番僧入宫中摄持受戒。而大臣命妇，亦往来禁掖，淫渎邪乱，礼法荡然，以至于亡。遂深戒前代之失，著为令典，俾世守之。"① 此令最迟到英宗时期已经被破坏。

何良俊称："北京功德寺后宫，像设工而丽。僧云：正统时张太后尝幸此，三宿乃返。英庙尚幼，从之游。宫殿别寝皆具。太监王振以为后妃游幸佛寺非盛典也，乃密造此佛。既成，请英庙进言于太后曰：母后大德，子无以报，已命装佛一堂，请致功德寺后宫，以酬厚恩。太后大喜，许之。复命中书舍人写金字藏经置东西房。自是，太后以佛及经在，不可就寝，遂不复出幸。当时名臣尚多，而使宦者为此。可叹也。"② 朱国祯认为何良俊此说不足信："英皇即位，尊祖母张为太皇太后。母孙为皇太后。太皇太后贤明贞肃，仅宣德中，上奉侍谒陵一次。正统中，检饬宫府，优礼大臣，知王振之奸，几欲赐剑，称女中尧舜，宁有幸寺之事，且有幸而三宿之理？况国朝家法至严，除山陵外，从无有后妃出幸者。即朝廷行幸有故事者，亦举朝力争，而况于后妃？此必僧寺张大孟浪，留此不根语而袭而书之耳。"③ 大功德寺在京郊，建于宣德中。何良俊称张太后（仁宗皇后）于正统时曾出宿该寺，并未提出切实根据，而且张太后为英宗祖母，所述英宗对张太后所说言语中却称张太后为"母后"，云"子无以报"等，不伦不类。其说可靠性可疑。但朱国祯要彻底推翻发生这件事情的可能性，却也完全靠推测。查实录，天顺八年三月，"少保吏部尚书兼华盖殿大学士李贤等言：《皇明祖训》内令，明有寺观烧香降香禳告之禁，违者领送之人皆处以死。高皇帝严宫禁

---

① 余继登：《典故纪闻》卷2，第32页。
② 何良俊：《四友斋丛说》卷10，"史六"，第89页。
③ 朱国祯：《涌幢小品》卷1，第9—10页。

之虑，至深至远，万世子孙所当遵守。近传番僧有入内诵经，晚乃出者，又有非上旨而传送银物于寺观者，盖左右之人不知祖宗明禁之故。伏望皇上自今谨守祖训，以正下人，以肃内庭，庶治体不乖而意外之虞可杜。臣等不胜惓惓。'上曰：'卿等言是。祖训具在，敢不祇率。'"① 这表明天顺间后妃有招僧人入宫者，有私自施舍于寺观者。据此，则后妃出宫并非不可能。正德二年三月，"太监李荣传旨：'大功德寺住持宗泽升僧录司左觉义，管事，僧人方绅令于大功德寺住持。'一时缁流，率赂近幸，号称门僧，自是传升、乞升充满官署，至不能容云"。② 可见大功德寺与宫中权贵的确有密切的关系。

　　嘉靖六年十二月，礼部建议令僧尼、道姑还俗，并将其所在庵寺拆毁："僧尼道姑，有伤风化，欲将见在者发回改嫁，以广生聚，年老者量给养赡，依亲居住。其庵寺拆毁变卖。敕赐尊经护敕等项追夺，戒谕勋戚之家不得私度。"世宗命如议而行。③ 不久，礼部尚书方献夫又请求保留皇姑寺："皇姑寺系祖宗敕建，宜留之，以安缉年老无依尼僧道姑。"④ 此事显然是由于皇太后干预、阻止。其中关节，从世宗的上谕中可以看得很清楚："尼僧与僧道不同，风俗之坏更甚。今因尚书桂萼奏，禁约尼僧，毁其寺宇，已行了。旨出之后三四日，不知何人哀奏两宫皇伯母，差人谕朕曰：'皇姑寺乃孝宗朝所建，似不可毁。吾心不安。尼僧逐日无处安身，皇帝可遵吾言。'圣母亦差人谕朕曰：'闻皇帝有旨，着拆毁尼寺。吾甚不安。其皇姑寺，闻是孝宗时所建，且其中佛像多，若毁之，恐不可。尼僧逐出，也无处安身，可不必拆。'朕谨听讫未对，意以为必是愚顽小人进以祸福之言，故两宫皇太后一时传谕。随即令回奏伯母云：'适奉慈谕，以奉禁治尼僧事宜，欲将皇姑寺留下，以称伯考建造之意。侄敢不将顺？但尼僧有伤治化，且于伊教有玷。况此寺虽有皇伯考赐予敕建，原非我皇伯考圣意所为，不过请乞之耳。今已令查处，伏请圣慈鉴之，安心勿虑。'而又差人回奏圣母同前。次日该朝，圣母又谕朕云：'昨说拆寺一事，恐不可动。其中佛像，作何处置？况

---

①　《明宪宗实录》卷3，天顺八年三月辛酉。

②　《明武宗实录》卷24，正德二年三月壬戌。

③　俞汝楫：《礼部志稿》卷89，"处尼僧寺"，第615页。

④　同上。

昭圣皇太后有谕，皇帝何不从之？吾今也要建一座寺，或将此寺与我亦好。'
朕闻，即面奏曰：'近日因礼部臣奏要禁僧尼寺，已从其请。两宫尊谕，子
敢不奉行？但尼僧甚坏风俗，若不先将皇姑寺首毁之，余难禁约。伏望圣母
勿听非人之言。祸与福惟天降之，惟人所召，岂释道所能干乎？有一等愚人
深信，故以惑奏，予亦闻之。两宫慈训，皇帝不遵，是为不孝，反依外臣之
言，惟圣母察之。'圣母云：'随皇帝与大臣议行。'朕退思两宫尊意，只是
恐致灾也。此寺中多皇亲、内官供给信施，而礼部必有请告之者。"杨一清
等回奏："献夫等疏词前后矛盾，皇上责之甚当。但皇姑寺既建自先朝，如
圣母坚欲留之，则姑从而命，将礼部本权且如拟存留，以全人子承颜顺志之
意，似亦无害。"世宗不听，曰："礼部本只管批出，庶见崇正之意。假四五
日间，再有谕及，见传旨留之，亦未迟也。"已而，世宗复谕曰："前日卿言
皇姑寺，今日皇伯母又差人谕朕留之。朕回奏云：'既尊训两颁，宜即顺命，
但惩恶须去本，庶免后患。今遵慈训，将此寺房留与无归尼僧暂住，止著终
身，不许复引此类。其我祖宗时所赐勅额追回，只可如此，伏惟尊鉴。'蒙
允曰：'若有他安身之地足矣。'朕并奏闻圣母，谕卿知。"杨一清等遂依世
宗旨意奉行。① 此事若非世宗一再坚持，则经两宫皇太后干预，尼寺自然保
留，可见后宫干预宗教管理之一斑。其全面禁毁尼寺是否合宜，则是另外的
事情。

　　不过，世宗后来日益沉溺道教，其勒令僧尼、道姑还俗，也并非完全出
于宗教信仰方面的考虑，而是出于整顿男女风化的目的，其中也可能不无遏
制后宫干政倾向的意图。以后，后宫宗教崇拜活动又大为活跃起来。《西园
闻见录》载，"夫斋醮之设，宜就寺观之中，而顾假之宫闱，修设之徒，例
用淄黄之流，而顾属之内竖乎？议者以先朝罪人各名下掌家，管家事人员，
自分不逞，挟此邪术以为尝试之计，而陛下耳熟诡诞之言，心游老释之教，
不觉堕其愚弄，曲奉淫诬，亲莅坛场，不以为异。流闻四方，播传后世，使
陛下负奉道之谤，蒙好佛之名，太监崔文等之罪，固有不容于死者"。② 据
万历时太监刘若愚所说，宫中各类法事都常举行："凡建醮做好事，亦于隆

---

① 俞汝楫：《礼部志稿》卷89，"处尼僧寺"，第615—617页。
② 张萱：《西园闻见录》卷105，"二氏后"，第1938页。

德殿或钦安殿悬幡挂榜，如外之羽流服色。而云璈清雅，俨若仙音。此厂掌厂林朝者，神庙时最有宠，如汉寿亭侯关君为敕封'三界伏魔大帝'之号，实朝所奏请也。光庙登极，升朝乾清宫管事。神庙初欲选宫女数十人，令习玄教，为女道士。而掌坛内臣李升、白忠、林朝执奏曰：'不可。佛教慈悲，凡些微简亵，尚或耽待；若玄教诸天神将，恐女子无知，惹咎不便。'是以中止。"①

万历时期朝廷修建寺院多与太后好佛有关。万历二年十月，神宗传圣母之意，要"停刑"。辅臣张居正奏曰："天虽好生，然春夏与秋冬并运，雨露与霜雪互施。"赦罪使小人幸免而，君子不幸。各囚所犯，皆情罪深重。如果概加怜悯，则于被其杀害者不公。神宗曰："圣母崇奉佛教，故不忍动刑耳。"居正对曰："佛氏虽慈悲为教，然其徒常言地狱有刀山剑树、椎舂炮烙等刑，比之于王法，万分惨刻苦楚，安在其为不杀乎？"上大笑。张居正遂为解释："嘉靖初年，法司奏应决死囚不过七八十耳。盖因有决不待时者，不在其中，及犯该秋后处决者必须系于狱中，待时方乃决耳。至中年后，世宗奉玄，又好祥瑞，每遇有吉祥事即停止行刑。故今审录重囚至四百余人，盖积岁免刑之故也。彼之所犯，万无生理，淹禁牢狱中，不纵徒费关防，放释有罪之人，则何以惩儆元恶大憝？臣窃以为宜如祖宗旧制，每岁一行为便。上深以为然，还宫奏之。圣母勉俯从。次日降旨，决常安等三十余人。"② 此事表明，后妃之宗教倾向，可能影响到国家各类政策之实行，非仅限于信仰而已。

张居正"敕建承恩寺碑文"曾言明朝皇子出生皆剃度一僧为替身事。"皇朝凡皇太子诸王生，率剃度幼童一人为僧，名'替度'。虽非雅制，而宫中率沿以为常。皇上替僧名志善，向居龙泉寺。慈圣皇太后、今上皇帝，追念先帝及其替僧，以寺居圮壤，欲一新之，而其地湫隘，且滨于河，势难充拓，乃出帑储千金，潞王、公主及诸宫眷所施数千金，命司礼监太监冯保贸地于都城巽隅居贤坊故太监王成住宅，特建梵刹。外为山门、天王殿，左右列钟鼓楼，中为大雄宝殿，两庑为伽蓝祖师殿，后为大士殿，左右库房、禅

---

① 刘若愚：《明宫史》木集"道经厂"，第48页。
② 《明神宗实录》卷30，万历二年十月癸丑。

堂、方丈、香积、僧房凡九十有五，庄严法事，靡不毕具。寺成，因官志善为僧录司左善世以住持之，而赐名曰承恩。"①

万历七年二月，张居正题："文书官口传圣母慈谕：前因皇上出疹，曾许天下僧人于戒坛设法度众。今圣躬万安，宜酬还此愿。窃惟戒坛一事，奉有世宗皇帝严旨禁革，彼时僧人聚集以数万众，恐有奸人乘之，致生意外之变，非独败坏风俗而已。隆庆以来，僧徒无岁不冀望此事。去年四月间，游食之徒街填巷溢，及奉明旨驱逐，将妖僧如灯置之于法，然后敛戢。今岂宜又开此端？窃惟圣躬康豫，合无敕下礼部遣官告谢郊庙、社稷，益助洪庥，斯名正言顺，神人胥悦。何必开戒坛而后为福利哉？"疏入，事遂寝。② 张居正一再阻止太后想法，时当皇帝幼小之时，可以做到，但仍有得罪太后、皇帝，为日后留下隐患的危险。他在与国家日常行政关系比较远的事情上多迎合太后，可能就是为了安慰其心。《张太岳集》中记有修建寺院碑文多处，其事当皆在万历10年之前。根据其中"敕建慈寿寺碑文"："寺在都门阜城关外八里许，先是，我圣母慈圣宣文皇太后常欲择宇内名山灵胜，特建梵宇为穆考荐冥祉。皇上祈胤遣使旁求，皆以地远不便瞻礼，乃命司礼监太监冯保卜关外地营之，出宫中供奉金若干两，潞王、公主暨诸宫眷助佐若干两，委太监杨辉等董其役。时以万历丙子春二月始事，以 月 日既望告竣，而有司不知也。外为山门，天王殿，左右列钟鼓楼，内为永安寿塔，中为延寿殿，后为宁安阁，旁为伽蓝祖师大士、地藏四殿，缭以画廊百楹，禅堂方丈有三所，又赐园一区，庄田三十顷食其众，以老僧觉淳主之，中官王臣等典领焉。寺成，上闻而喜曰：我圣母斋心竭虔，懋建功德，其诸百灵崇，护万年吉祥。恭维我皇上圣心嘉悦，因名之曰'慈寿'，而诏臣纪其事。"③ "敕建五台山大宝塔寺记"云："昔阿育王获佛舍利三十余颗，各建塔藏之，散布华夷。今五台山灵鹫山塔是其一也。我圣母慈圣宣文皇太后前欲创寺于此，为穆考荐福，为今上祈储，以道远中止。遂于都城建慈寿寺以当之。臣居正业已奉敕为之记。须我圣母至性精虔不怠始愿复遣尚衣监太监范某李友辈捐供奉余资，往事庄严，前为山门、天王殿、钟鼓楼，又内大雄宝殿，旁

---

①　张居正：《张太岳集》卷12，第146页。

②　《明神宗实录》卷84，万历七年二月癸未。

③　张居正：《张太岳集》卷12，第148页。

伽蓝殿，外为十方院延寿殿，诸围廊斋舍庖湢，罔不悉备，复赐园地以供常住之需。又始年月日，成于年月日，计费金钱若干计。圣母复命臣记之……我圣母诞育皇上，为亿兆主养成，圣德泽洽宇内，施及方外，日所出入，靡不怀服。至如宁静以奠坤维，建梁以拯垫溺，俭素以式，闱帷慈惠，以布恩德，合生之伦，有阴蒙其利而不知者。所种孰非福田，所证孰非菩提者，乃益建胜因广资冥福托象教以诱俗，乘般若以导迷斯，可谓独持慈宝默运化机者矣。先是，虏酋俺答款关效贡，请于海西建寺，延僧奉佛，上可之，赐名曰仰华。至是，闻圣母作五台寺，又欲令其众赴山进香……"①

17世纪现实主义小说《醒世姻缘传》第十五回有一段对话中说："这寺原是奉皇太后敕建，安藏经焚修的所在，周围有二三十顷赡寺的地，所以这和尚是钦授了度牒来的，甚是有钱，受用得紧，虽是素斋，却倒丰洁。"② 这反映出，明朝后妃庇护寺院是社会上司空见惯的事情。

宣德时期，宦官中有在宫中素食信佛者，有逃出为僧者。"宣宗闻各监局小内使多为僧人所惑，有长素食者，亦有潜逃削发为僧者，召监局之长谕之曰：人立身自有常道，为臣必忠，为子必孝。忠孝之人，自然蒙福，何必素食诵经乃有福乎？佛只教人存心于善，所论天堂地狱，亦只在心。心存善念，即是天堂。心起恶念，即是地狱。所以经云'即心是佛'。今后汝等戒之，但存心善，即是修行，敢有潜逃为僧者，皆杀不宥。"③ 正统时，宦官金荣等三人潜出宫廷，至密云县青洞口内剃发为僧。后被缉事人擒获，锦衣卫鞫实后，英宗命将三人处死。④ 就在同一时期，宦官信佛者如地位崇高，却可公开行事。"初，王振佞佛，请帝岁一度僧。其所修大兴隆寺，日役万人，糜帑数十万，闳丽冠京都。英宗为赐号'第一丛林'，命僧大作佛事，躬自临幸，以故释教益炽。"⑤ 大兴隆寺初名庆寿寺，在禁城西，金章宗时所创。太监王振言其朽敝，英宗命役军民万人重修，成于正统十三年二月，

---

①　张居正：《张太岳集》卷12，第151页。
②　西周生：《醒世姻缘传》第15回，上海古籍出版社1981年版，第225页。
③　余继登：《典故纪闻》卷10，第182页。
④　余继登：《典故纪闻》卷11，第209页。
⑤　张廷玉：《明史》卷164，第4457—4458页。

"既成，壮丽甲于京都内外数百寺，改赐今额，树牌楼，号'第一丛林'。"① 王振既然好佛，僧人们也依附于王振势力，如，"龚然胜，宛平县人，为僧，附太监王振得为右觉义"。② 王振死于土木之变，举朝以为罪人，但到天顺三年，僧录司右觉义兼智化寺住持然胜奏："故太监王振有功社稷，赐祠额名旌忠，已立旌忠碑于祠前，乞赐赠谥，实万世旌忠之劝。"③ 天顺六年十二月，又有僧录司觉义然智奏："智化寺成于太监王振，旧有赐经及敕谕，正统十四年散失无存。乞仍颁赐以慰振于冥漠。"英宗从之。④ 正德二年五月，"升僧录司闲住右觉义性道为右讲经金押管事，兼智化寺住持。寺乃故太监王振所建，天顺初，赐振碑文立'旌忠'祠于寺内，以僧官主之。至性道三传矣。时刘瑾方欲踵振所为，故从性道乞而升之"。⑤ 当然，并非所有宦官的此类行为都得到皇帝的支持。天顺元年二月，僧录司右阐教道坚通过太监陈祥请建大隆福寺，"且假祈禳入内殿诵经，费府库财。上命斩之。已而，刑科覆奏，命宥死发充铁岭卫军"。⑥

景泰间，太监有私自建立寺院者。景泰五年十二月，"内使阮绢阿附司礼监太监兴安，为嘱管工太监黎贤，擅于内府西海子边作佛庵及西山等处作生坟、佛寺，盗用官木等料万计。事露，安惧，以状闻，诿罪于绢。都察院收绢及贤。鞫得实，坐贤赎斩，绢赎绞，劾安怙恩罔上，宜置于法。诏安不问，贤、绢亦宥其罪，所造庵寺令内官监毁之，物料入官"。⑦ 英宗复辟以后，太监请建寺院的更多。景泰时宦官兴安佞佛，"临殁，遗命舂骨为灰，以供浮屠"。⑧

成化二十一年正月，吏科都给事中李俊等上疏请求节省皇室开支，其中条目，多与皇室宗教活动有关，如云："且一岁中传奉，或至千人，数岁中则数千矣。数千人之禄，其大者岁或千石，其小者不下数十百石。是能国之

① 《明英宗实录》卷163，正统十三年二月丁巳。
② 《明英宗实录》卷291，天顺二年五月乙卯。
③ 《明英宗实录》卷299，天顺三年春正月乙未。
④ 《明英宗实录》卷347，天顺六年十二月壬戌。
⑤ 《明武宗实录》卷26，正德二年五月癸卯。
⑥ 《明英宗实录》卷275，天顺元年二月己亥。
⑦ 《明英宗实录》卷248，《景泰附录》卷66，景泰五年十二月丁亥。
⑧ 张廷玉：《明史》卷304，列传192，"宦官一"，第7770页。

积贮，民之租税，可以养贤者，可以活饥民。今乃弃之以资冗食之徒，是诚可惜也……今都城佛刹，迄无宁工，京营军士，不遗余力。如国师继晓，假术济私，所费特甚，尤中外所切齿也。愿皇上内惜资财，外恤人力，于此不急之役，可已者已之，不可已者宜停之，以待丰年。仍乞借此财费，发被灾郡邑，赈贷流亡，则工役不烦，而天意可回矣……陕西、河南、山西之境，赤地千里，井邑空虚，尸骸枕藉，流亡日多……以今所给造寺银物，暂假以活饥民，则流亡复而天意可回矣。"① 浙江道监察御史汪奎等也上疏说："近时内官建寺徼福，掊克于民，而糜费于此。妖僧继晓，结太监梁方建寺，又给与度牒二百。江南富僧，一牒可售数十百两。当此凶荒之年，留赈饥民，不犹愈于继晓一人用乎？乞罢建寺而治梁方之罪，取回继晓，追夺度牒，斩首都市，以谢天下……"②

成化二十二年十月，"复建大永昌寺。先是，寺建于西市，已有成绪。及国师继晓以星命被谴，寺亦随废。至是，太监梁方请更择地建之。乃令工部右侍郎杜谦等相度地基，得故广平侯袁瑄宅。时瑄家已失侯，瑄妻因请以宅献而托方请袭侯，方言于上而许之。既又市其旁居数千家，大兴工役，视旧寺益加广矣"。③ 弘治三年七月，后军都督府带俸广平侯袁辂卒。"辂，凤阳寿州人，驸马都尉容之孙也。容以靖难功封侯，至其子革爵。辂附太监梁芳，献第宅为护国永昌寺，遂得袭封。"④

弘治十四年五月，"内宫监太监李兴请建僧寺一所于大兴县东皋村，以僧录司左觉义定錡住持，仍乞赐寺额护敕。又以寺西有官路，不便于寺，乞以其私地易路东菅蓿官地为之。得旨，仍升定錡为右讲经，兼本寺住持，赐寺额曰隆禧"。礼科给事中宁举等劾之。谓陛下自即位以来，未闻修建寺观庵院，亦未闻轻赐寺额，滥升僧官。今兴乃恃恩陈情，作俑建寺，有坏成宪，罪一；自知私创非宜，奏乞寺额，又请护敕，使天下后世讥议陛下崇此异端，有亏圣德，罪二；兴犹恐朝廷不信，乃以祝延圣寿、护国佑民为辞。窃惟内官修建寺观，不过自为身后香火之供、眼前福田之计。其于圣寿何

---

① 《明宪宗实录》卷260，成化二十一年春正月己丑。
② 同上。
③ 《明宪宗实录》卷283，成化二十二年冬十月丁酉。
④ 《明孝宗实录》卷40，弘治三年七月丙子。

预？似此欺诳，有负圣恩，罪三；且无故乞升僧官定錡职事，以致奸僧得志，有滥恩典，罪四；又苜蓿之地，乃我祖宗用以牧马之所。今以其私便辍欲易之，恐自今贵戚之臣，但有庄所接壤官地，皆将此例充易，其变乱成法，罪五。要求孝宗断自宸衷，毁所建寺，停罢寺额护敕，不许兑易苜蓿官地，将定錡撤职治罪。礼部覆奏，请如宁举所言实行，以彰国法。孝宗不听。随后户部又奏，结果只令将苜蓿地改正还官。① 弘治十五年六月，礼部上言请"辟异端"，说"迩年在京寺观时有斋醮，动经旬日，费有用之财，为无益之事，乞一切禁止，凡修建寺观，请赐额名者，即命拆毁，仍究问如律。"孝宗说："辟异端朕自有处置。"不予理会。② 太监还常被派遣出京，到外地举行斋醮。弘治十八年八月，翰林院编修毕济川言："祭祷名山，精诚感格，无远不至，固不必遣人亲诣其地也。如龙虎山、武当山，先朝尝遣内臣往建醮筵，有司并缘科敛，动以千计，欺上罔下，害不可言。"③ 这些主张，都不能实行。

前引宁举奏疏中说太监修建寺院是为自己身后香火、眼前福田打算，其说不虚。但寺院常是老病太监养老、寄骨之地，这可能是宦官喜建寺院的更主要原因。正德二年五月，"命户部查给最胜寺前马房草场地十顷，与寺作香火，且赡护太监钱喜、钱福、钱能坟茔。成化间喜、福卒，赐葬其地，已建寺。至是，能卒，刘瑾为治丧事，又奏乞寺傍之地，乃特给之"。④《明宫史》云："大护国隆善寺等寺、朝天宫等宫、东岳庙等庙，各有烧香内官十余员不等，及东西舍饭寺，亦各有内官十余员。或因年老有病，退居于此，止给本身柴米、冬衣、靴料，以终天年。此祖宗以来豢养之泽周详备至者也。"⑤

小说《明珠缘》中有一段文字，也反映明中叶以后宦官与寺院的关系密切："礼生引忠贤上殿，小内侍铺下绒毡，小道士用银盆捧水净手，上香。小内侍捧着香盒，礼生唱礼，上了香，拜了四拜。游览一遍，至方丈内坐

---

① 《明孝宗实录》卷 174，弘治十四年五月己巳。
② 《明孝宗实录》卷 188，弘治十五年六月。
③ 《明武宗实录》卷 4，弘治十八年八月丁丑。
④ 《明武宗实录》卷 26，正德二年五月癸亥。
⑤ 刘若愚：《明宫史》木集，"京城内外寺庙"，第 51 页。

下，知州引众道士一一参见。忠贤问道：'合庙多少道士？'住持跪下禀道：'共有四十二众。'又问道：'都有度牒么？'住持道：'只有十二名是有度牒的。'忠贤道：'你去把名字一个个都开了来，没度牒的，我都给与他做一个胜会，也不枉来此一遭。'道士答应去了。"①

明代诸王自"靖难"以后，衣租食禄，不与政事，且不可出仕，成为完全寄生性的贵族。其后，沉迷各类宗教活动者多。永乐十四年，蜀王朱椿告发谷王朱橞久怀异志，并奏其"大建佛寺，造天成阁，私度僧千人"。②据《明史》谷王"大创佛寺，度僧千人，为咒诅。日与都指挥张成，宦者吴智、刘信谋，呼成'师尚父'，智、信'国老令公'。伪引谶书，云：'我高皇帝十八子，与谶合。'橞行次十九，以数王杞早卒，故云。谋于元夕献灯，选壮士教之音乐，同入禁中，伺隙为变。"③

正德四年十二月，礼部奉旨检详累朝政令中涉及王府者，其中有："天下王府有无籍之徒，假以烧丹炼药为名，往来狂惑者，镇巡预为禁约"；"王府凡遇疾病丧葬，修斋设醮一切禁革"；"僧、尼、道士，女冠、巫祝之类，尤宜痛绝，勿容出入"；"寺观庙宇，徒耗民财，无益于事。自今各府不许修建并请额"。武宗批答曰："各王府勿容僧、尼、女冠出入宫禁及私建寺观。违者，承奉、长史以下，俱罪不宥。"④

皇室贵族所为常为迎合皇帝嗜好。如世宗好道教、方术而恶佛教，嘉靖间好道教、方术者多得崇，而好佛者则遭谴责。如，"辽废王宪㸅喜方术，性淫虐。时世宗奉玄，则亦假崇事道教，以请于上，得赐号清微忠孝真人，赐金印及法衣、法冠等。㸅每出，辄服所赐衣冠，前列诸神免迎牌及拷鬼械具，已可骇笑，乃至入齐民家，为之斋醮，自称高功，求酬谢，尤为无赖。又以符咒妖术，欲得生人首，适街有醉民顾长保者，被割丧元，一城惊怪。其他不法尤多。"⑤"徽王厚爝国钧州，性好琴，以与知州陈吉争斫琴事讼于朝，上为杖杀巡抚都御史骆昂，戍州守吉及巡按御史王三聘。时论不直王。

---

① 佚名：《梼杌闲评——明珠缘》第 29 回，成都古籍书店 1981 年排印本，第 302 页。
② 《明成祖实录》卷 178，永乐十四年秋七月辛亥。
③ 张廷玉：《明史》卷 118，列传 6，"诸王三"，第 3604 页。
④ 《明武宗实录》卷 58，正德四年十二月庚戌。
⑤ 沈德符：《万历野获编》卷 4，"宗藩""辽王封真人"，第 121 页。

王心不安，因以重贿，赂上所幸真人陶仲文，言王忠敬奉道。上悦，封为太清辅玄宣化忠道真人，铸金印赐之。薨，谥恭王。次子载埨嗣位，用南阳人梁高辅者修房中药，取红铅梅子，配以生儿未啼时口中血，名为含真饼者，服之而效，遂以药达之上，并遣高辅因陶仲文以进。上又悦，封高辅为通妙散人。"① 后因载埨"所为多不法"，嘉靖三十五年八月，"诏追徽恭王厚爝原赐真人印"。② 嘉靖二十年四月，"汝王佑樟自修佛刹，援弘治中赐崇府清戒寺额例请名。上不许，曰：寺额近来有赐崇府例，未可拟入，王自名之"。③

① 沈德符：《万历野获编》卷 4，"宗藩""徽王世封真人"，第 120 页。
② 《明世宗实录》卷 438，嘉靖三十五年八月戊子。
③ 《明世宗实录》卷 248，嘉靖二十年四月己卯。

第 十 章

度牒制度及僧道人口控制问题

明代僧、道被列为专门一类户口，是民、军、匠户之外的特殊人群。《明史》称："凡户三等：曰民、曰军、曰匠。民有儒、有医、有阴阳。军有校尉、有力士、弓、铺兵。匠有厨役、裁缝、马船之类。濒海有盐灶。寺有僧，观有道士。毕以其业著籍。"① 管理僧道户籍的主要是度牒制度。

该制度开始于洪武五年，到洪武十五年建立僧、道录司后，略近完备，但后来还有更改。洪武五年三月，"给僧道度牒"。② 该年底，明政府统计"时天下僧尼道士女冠，凡五万七千二百余人"。当时礼部称："前代度牒之给，皆计名鬻钱，以资国用，号'免丁钱'。"明太祖下诏废除前代出卖度牒以增加财政收入的做法，发给僧道度牒，并著为令。③ 这时明朝政府的度牒发放完全出于对僧道人口进行的控制的意图，和财政问题无关。

洪武五年给僧道度牒时，天下僧、尼、道士、女冠 57200 余人，"皆给度牒，以防伪滥"。④ 当时所发度牒总数当即现有僧道总数。

洪武六年八月，"礼部奏度天下僧尼道士凡九万六千三百二十八人"⑤。这个数字如果是截止当时的僧尼道士总数，则一年间增加 39128 人，相对于洪武五年僧尼道士女冠总数增加了 68.29%。如果是洪武六年新度人数，则

---

① 张廷玉：《明史》卷 77，"食货一"，第 1878 页。
② 释大闻：《释鉴稽古略续集》卷 2，第 19 页。
③ 《明太祖实录》卷 77，洪武五年十二月己亥。
④ 俞汝楫：《礼部志稿》卷 89，第 605 页。
⑤ 《明太祖实录》卷 84，洪武六年八月戊子。

一年间增加 168.41％。这个情况肯定受到了明太祖的注意，他在看到上述统计报告 3 个月后，即在洪武六年十二月，下令："府州县止存大寺观一所，并其徒而处之，择有戒行者领其事，若请给度牒，必考试精通经典者方许。又以民家多以女子为尼姑女冠，自今四十以上者听，未及者不许。著为令。"① 简单看去，似乎这是对僧道人口加以限制的一个很严厉的措施，但是寺观裁并之后，是不是所有的出家人都需要有度牒呢？看来不是。因为上引诏令中有一个"若"字。并没有说未经发给度牒者就必须还俗。度牒只是"精通经典"的僧道人士的由官方认可的身份，并不是所有僧道人口必须拥有的合法身份证件。另外，40 岁以上的女子出家既然是听任而不加限制的，那么她们也就无须考试经典和领取度牒。这样，度牒数量只反映部分僧道人口数量，而非全部。明太祖的这项措施，一方面毕竟构成了对僧道人口的一定控制，但其对于控制寺院数量的作用比控制僧道人口的作用更大些。从一开始，政府就没有完全控制全部僧道人口的增加。此后的僧道人口增长自然难以由政府来掌握。

洪武十年，明太祖诏天下沙门讲《心经》、《金刚经》、《楞伽经》，命宗泐、如玘等注释颁行。是年三月十三日，太祖批："着落礼部知道：一切南北僧道，不论头陀人等，有道善人，但有愿归三宝，或受五戒十戒，持斋戒酒，习学经典，明心见性，僧俗善人，许令斋持戒牒，随身执照。不论山林城郭、乡落村中，恁他结坛上座，拘集僧俗人等，日则讲经说教，化度一方，夜则取静修心。"② 洪武十一年正月，"礼部郎中袁子文建言度僧，许之"。③ 洪武十四年，"蒋山寺住持仲羲奏迁蒋山寺及宝公塔于东冈，改赐寺额曰灵谷寺，榜外门曰'第一禅林'。命度僧一千名，悉给与度牒。赡僧田若干顷。"④ 洪武十五年，设僧录司、道录司，规定以后申请度牒要经过僧、道录司上报礼部办理，定"各寺观住持有缺，从僧道官举有戒行、通经典者，送僧录司、道录司考中，具申礼部，奏闻方许。州县僧道未有度牒者，

① 《明太祖实录》卷 86，洪武六年十二月戊戌。
② 释大闻：《释鉴稽古略续集》卷 2，第 22 页。
③ 同上。
④ 同上书，第 24 页。

亦从本官申送，如前考试，礼部类奏，出给。"① 当时度牒发放并无定期，到洪武十七年闰十月，"礼部尚书赵瑁言：'自设置僧道二司，未及三年，天下僧道已 20954 人，今来者益多，其实假此以避有司差役，请三年一次出给度牒，且严加考试，庶革其弊。'从之。"② 所谓设二司后未及三年，天下僧道已 20954 人之说，当指这三年间所度僧道数，而非天下僧道总数。因为洪武六年八月一次就度过天下僧道 96328 人，此间并无大规模裁抑僧道的举动，不会减少了三分之二强而礼部尚争论僧道增长太快。

洪武二十年八月，明太祖下诏对出家年龄加以限制："诏民年二十以上者，不许落发为僧，年二十以下者，来请度牒，俱令于在京诸寺，试事三年，考其廉洁无过者，始度为僧。"③ 这项限制，显然出发于对男丁出家对社会劳动人手数量形成了影响的考虑，并且也涉及对持有度牒的僧人的品行的要求。另一个迹象是，这份诏令提到僧人的品行要求，却没有再提到要对他们对经典的知识水平的考核。如果这不是由于记载的疏漏，似乎对僧人进行知识水平考试的政策已经放松了。洪武二十一年三月，"僧录司左善世弘道等于中右门钦奉圣旨：恁僧录司行文书各处僧司去，但有讨度牒的僧，二十已上的，发去乌蛮曲靖等处，每三十里造一座庵，自耕自食，就化他一境的人。钦此"。④

洪武二十四年，明太祖进一步对佛道二教进行清理。是年六月，对礼部下达敕书曰："佛本中国异教也，自汉明帝夜有金人入梦，其法始自西域而至，当是时，民皆崇敬，其后有去须发出家者，有以儿童出家者，其所修行，则去色相，绝嗜欲，洁身以为善。道教始于老子，以至汉张道陵，能以异术役召鬼神，御灾捍患，其道益彰。故二教历世久不磨灭者以此。今之学佛者，曰禅、曰讲、曰瑜珈，学道者曰正一、曰全真。皆不循本俗，污教败行，为害甚大。自今天下僧道，凡各府州县寺观虽多，但存其宽大可容众者一所并而居之，毋杂处于外，与民相混。违者，治以重罪。亲故相隐者流，

① 俞汝楫：《礼部志稿》卷 89，第 605 页。
② 《明太祖实录》卷 167，洪武十七年闰十月癸亥。《明会典》卷 104，"礼部六十二""僧道"条记载"太祖洪武二十六年定三年一度之制"。两者不合。俞汝楫编《礼部志稿》卷 89 所记则与实录相同。
③ 《明太祖实录》卷 184，洪武二十年八月壬申。
④ 释大闻：《释鉴稽古略续集》卷 2，第 27 页。

愿还俗者听。其佛经番译已定者，不许增减词语。道士设斋醮，亦不许奏青词。为孝子慈孙演诵经典，报祖父母者，各遵颁降科仪，毋妄立条章，多索民财，及民有效瑜珈教，称为善友，假张真人名私造符录者，皆治以重罪。"① 这道敕书承认佛道二教本义都是无害或者有益于社会的，但是明朝初年的佛道人士却已经在多种名目下背离了"本俗"，行为败坏，严重危害社会。作为国家的对策，明太祖重申了洪武六年限制寺观数量的规定。这种对于原有政策的重申，表明该政策没有得到很好的落实。所以重申之外，又增加了几项限制措施：1. 僧道人士与世俗人口分离，显然当时僧人道士与民杂居的很多，诸如"火居道士"之类。这个隔离政策出发于对僧道人士的极端不信任，但是却并非对于佛道二教本身的否定。僧道人士和国家的关系与佛教、道教与国家的关系并不是一回事情。2. 不许改译佛经和撰作青词。这应该是为了保持二教的原旨，免为被堕落的僧道篡改。3. 僧道人士为民间的宗教服务必须保持旧有规范，不增不减。这是为了限制僧道诈取民财的行为。4. 世俗的人不准从事对他人的宗教活动。总起来看，这道敕书主要是为了把僧道行为限定在与其他方面的国家社会政策一致的范围内，着眼点不是宗教信仰，而是社会控制。

次年，洪武二十五年，颁度僧之令，结果有 3000 人冒请。太祖一怒之下，要将这 3000 人全部杀掉，僧永隆自焚始贷其死。② 同年十二月，明太祖下令僧录司编造《周知册》，颁于天下僧寺。编造这个僧人册籍的原因是"时京师百福寺隐囚徒逋卒，往往易其名姓为僧，游食四方，无以为验其真伪。于是命造《周知文册》。自在京及在外府州县寺院僧名以次编之。其年用姓名字行，及始为僧年月与所授度牒字号，俱载于僧名之下。既成，颁示天下僧寺。凡游方行脚至者，以册验之。其不同者，许获送有司械至京，治重罪。容隐者罪如之"。③ 这个措施应该被看作是洪武二十四年敕书方针的继续，但是更强调寺院容隐逃亡囚徒和军人问题，以及对没有度牒的游方僧

---

① 《明太祖实录》卷 209，洪武二十四年六月丁巳。

② 傅维鳞：《明书》卷 160，"异教"传、"永隆"传，上海：商务印书馆民国二十六年本，第 3154页。

③ 《明太祖实录》卷 223，洪武二十五年十二月甲午。《明会典》（万历）卷 104，"僧道"条将造《周知册》事系于洪武五年。当以《实录》为是。

人和私自剃度为僧的人的限制。在这种情况下，试图冒领度牒的人自然受到惩处。洪武二十六年五月，道士仲守纯等 125 人请给度牒，礼部审查的结果，判定这些人"皆逃民避徭役者"，结果把这些人都发到锦衣卫编管去做工匠。① 洪武二十六年，"令各司每三年考试能通经典者申送到部具奏出给度牒"。②

《周知册》的颁行并没有能够收到预期的效果，一年以后，即洪武二十七年正月，明太祖又"命礼部榜示天下僧寺道观，凡归并大寺设砧基道人一人，以主差税。每大观道士编成班次，每班一年高者率之。余僧道俱不许奔走于外及交构有司，以书称为题疏，强求人财。其一二人于崇山深谷修禅及学全真者听，三四人勿许。仍毋得创庵堂。若游方问道，必自备道里费，毋索取于民，民亦毋得辄自侮慢。凡所至僧寺，必揭《周知册》以验其实，不同者，获送有司。僧道有妻妾者，诸人许捶逐，相容隐者罪之，愿还俗者听。亦不许收民儿童为僧，违者并儿童父母皆坐以罪。年二十以上，愿为僧者，亦须父母具告有司奏闻方许。三年后，赴京考试，通经典者始给度牒，不通者杖为民。有称白莲、灵宝、火居及僧道不务祖风者，妄为论议沮令者，皆治以重罪"。③

这大致还是对以前颁布的宗教人口管理政策的略为严厉化的重申。次年，礼部又由于"天下僧道数多，皆不务本教"，建议召他们赴京考试，把不通经典的人黜革。朱元璋批准了这个建议，惟决定对年六十以上者免试。④ 当时"命僧录司设上中下三科，考试天下沙门"。⑤ 洪武二十八年，规定凡颁给僧道度牒，礼部需上奏定夺："洪武二十八年定……礼部合奏启：赏赐军官、祭祀、建言、表笺、灾异、旌表……僧道度牒。"⑥

经过反复修订而在洪武三十年（1397）正式颁行的《大明律》对违反国家规定的僧道管理制度、政策的行为规定了惩处办法，其中包括："凡寺观

---

① 《明太祖实录》卷·227，洪武二十六年五月乙丑。
② 俞汝楫：《礼部志稿》卷 34，第 637 页。
③ 《明太祖实录》卷 231，洪武二十七年春正月戊申。
④ 《明太祖实录》卷 242，洪武二十八年冬十月己未。
⑤ 释大闻：《释鉴稽古略续集》卷 2，第 30 页。
⑥ 俞汝楫：《礼部志稿》卷 10，第 137 页。

庵院，除现在处所外，不许私自创建增置。违者，杖一百，还俗。僧道，发边远充军；尼僧女冠，入官为奴。若僧道不给度牒，私自簪剃者，杖八十。若由家长，家长当罪。寺观住持，及受业师私度者，与同罪，并还俗。"① 万历十三年编订的《问刑条例》中录有此前为落实《大明律》此类规定而制定的实施办法："凡僧道擅收徒弟，不给度牒及民间子弟，户内不及三丁，或在十六以上而出家者，俱枷号一个月，并罪坐所由。僧道官及住持知而不举者，各罢职还俗。僧道犯罪虽未给度牒，悉照僧道科断，该还俗者，查发各原籍当差。若仍于原寺观、庵院或他寺观、庵院潜住者，并枷号一个月，照旧还俗。僧道官及住持知而不举者，各治以罪。凡汉人出家习学番教，不拘军民、曾否关给度牒，俱问发原籍各该军卫有司当差，若汉人冒诈番人者，发边卫充军。"②

　　太祖对私度者的惩罚是"杖八十"。成祖时定的惩罚是做苦役。英宗天顺年间的惩罚措施是充军。③ 洪武三十五年十一月，时成祖已经即位，"命礼部清理释道二教。凡历代以来，若汉晋唐宋金元及本朝洪武十五年以前寺观有名额者，不必归并，其新创者悉归并如旧"。④ 成祖时期基本继承了太祖时期关于僧道人口的政策，僧道人口虽有增长，僧道的社会行为也继续引起政府的忧虑，但总的局面基本在国家的控制下。

　　永乐元年正月，"礼部请循例三年一给僧道度牒，从之"。⑤ 《明会典》记载，"永乐元年，令三年一给度牒"。⑥ 这应该是将度牒发放规范化的努力的一部分。该年七月，"给僧度牒三百五十二"。⑦ 这和后来每次发放的度牒的数量比较，是相当节制的。永乐五年正月，直隶、浙江几个郡有 1800 余人私自披剃为僧，赴京冒请度牒。成祖得知以后勃然大怒，曰："皇考之制，民年四十以上始听出家。今犯禁若此，是不知有朝廷矣。"命悉付兵部编军籍、发戍辽东、甘肃。又叹曰："朕遵承旧制，一不敢忽，下人尚纵肆如此，

① 怀效锋点校：《大明律》卷 4，"户律一"，第 46—47 页。
② 舒化等：《问刑条例》，"户律一"，见怀效锋点校《大明律》附录，第 369 页。
③ 余继登：《典故纪闻》卷 13，第 231—232 页。
④ 《明成祖实录》卷 14，洪武三十五年十一月壬午。
⑤ 《明成祖实录》卷 16，永乐元年春正月癸巳。
⑥ 申时行等：《明会典》，卷 104，"礼部六十二"，第 568 页。
⑦ 《明成祖实录》卷 21，永乐元年秋七月乙巳。

何况后来？此不可宥。"① 永乐五年九月，苏州嘉定县僧会司奏称，该县"旧有僧六百余人，今仅存其半，请以民之愿为僧者，令披剃给度牒"。成祖不听，谕礼部臣曰："国家之民，服田力穑，养父母，出租赋，以供国用，僧坐食于民，何补国家？度民为僧，旧有禁令，违者必罪。"② 这样严厉的政策似乎并没有能够完全克制民间私自剃度的现象。永乐六年六月，成祖又命令礼部向全国下发指令，"凡军民子弟僮奴，自削发冒为僧者，并其父兄送京师，发五台山输作。毕日，就北京为民种田，及卢龙牧马。寺主僧擅容留者，亦发北京为民种田"。③ 这样的政策精神在整个永乐时期贯彻始终。永乐十五年，曾重申禁止僧尼私创庵院。④ 不过，破坏规定的事情还是多有发生，其中之一就是贵族私度僧道。如，谷王朱橞曾"大建佛寺，造天成阁，私度僧千人"。⑤

到永乐十六年，重申已有的禁令，并进一步增加细节措施："上以天下僧道多不通经典，而私簪剃，败辱教门。命礼部定通制，今后，愿为僧道者，府不过四十人，州不过三十人，县不过二十人。限年十四以上，二十以下，父母皆允，方许陈告有司，行邻里保勘无碍，然后得投寺观，从师受业。俟五年后，诸经习熟，然后赴僧录司、道录司考试。果谙经典，始立法名，给与度牒，不通者，罢还为民。若童子与父母不愿，及有祖父母、父母无他子孙侍养者，皆不许出家。有年三十、四十以上，先曾出家而后还俗及亡命黥剌者，亦不许出家。若寺观住持不检察而容留者，罪之。仍命礼部榜谕天下。"⑥ 这里增加的细节包括对出家年龄范围更严格的限制，以及要出家者必须得到邻里的担保、父母的允许和对长辈的赡养做出安顿。关于年龄在 14 岁到 20 岁的人才可以出家的规定应该单指男子而不包括妇女。因为洪武六年十一月下达的诏令曾规定 40 岁以上的女子出家不加限制。这种年龄规定所限制的主要是使壮年男女在俗，以提供社会劳动力和人口生育者。不

---

① 《明成祖实录》卷 63，永乐五年春正月辛未。
② 《明成祖实录》卷 71，永乐五年九月庚午。
③ 《明成祖实录》卷 80，永乐六年六月辛巳。
④ 申时行等：《明会典》卷 104，"礼部六十二"，第 569 页。
⑤ 《明成祖实录》卷 178，永乐十四年秋七月辛亥。
⑥ 《明成祖实录》卷 205，永乐十六年冬十月癸卯。

过,《大明律》已经规定 16 岁的男子不许出家,这里放宽到了 20 岁。对 14 岁以下儿童出家的限制主要应该是针对拐带或者强迫儿童出家的现象的。根据这项规定,愿出家者并没有随意割断对家庭的赡养责任,这使出家不再合法地属于个人的选择,体现着明代国家注重家庭的倾向。此外,从剃度到获得度牒的学习时间由 3 年延长到 5 年,表明对僧道宗教知识和修养更为注重的意向。

宣宗务行宽和之政,虽然还奉行洪武永乐时期的基本政策,但施行起来倾向于宽松。宣德元年三月,"正一嗣教真人张宇清欲求龙虎山道士八十一人度牒而难于自奏,行在礼部侍郎胡濙代为之请。上曰:'僧道给度牒,祖宗有定制,无托人请求之理。'朕不惜宇清,惜其教也。尔以朕意谕之"。① 七月,宣宗对行在礼部尚书胡濙说:"今僧道行童请给度牒甚多,中间岂无有罪之人,潜隐其中者? 宜令僧道官取勘。如果无之,尔礼部同翰林院官、礼科给事中及僧道官同考试,能通大经则给与度牒。在七月十九日以后及不通经者皆不给。"② 同年,"以僧道行童请给度牒甚多。谕礼部先令僧道官取勘,礼部同翰林院官、礼科给事中及僧道官考试,能通经典,方准给与"。③ 宣德二年七月,"罢僧童四百五十一人为民。时僧童陈达高等请度牒考试,皆不通梵典。行在礼部请惩以法,上曰:'此愚民欲苟逃差役耳,宥之,发归为民。'"④ 同年十二月,"行在礼部奏,永乐十六年太宗皇帝定制,凡愿出家为僧道者,府不过四十人,州不过三十人,县不过二十人,额外不许滥收。俟五年后考试,如果精通经典,给与度牒"。当时的实际情况是:"今天下僧道行童赴京请给度牒者,各系额外滥收,且不通经典者多。请如例悉遣归,若系额内之数,亦待五年,考试给与。从之。"⑤ 宣德三年六月,"行在礼部奏:'比者,天下僧道行童至京请给度牒,动以千计,而神乐观、太和山、五台山为多。'上曰:'祖宗之制,僧道有定额,今神乐观、太和山、五

---

① 《明宣宗实录》卷15,宣德元年三月丁酉。

② 《明宣宗实录》卷19,宣德元年七月辛酉。

③ 申时行等:《明会典》卷104,"礼部六十二",第568页。

④ 《明宣宗实录》卷29,宣德二年秋七月戊子。

⑤ 《明宣宗实录》卷34,宣德二年十二月庚午。《典故纪闻》卷九记述此事称"若系额内之数,亦待三年,考试给予","三年"应系"五年"之误。见中华书局1981年排印本,第160页。

台山或不及数额，宜审其不违例者给之，余皆分给。'"① 同年七月，云南曲靖军民府土僧善清等二百人请发度牒。礼部引学习五年后考试合格后发给的旧例决定拒绝。但宣宗说："彼来自万里外，可不拘常例与之。"②

宣德四年六月，"申明女妇出家之禁。时顺天府大兴县真元观女冠成志贤等诣行在礼部，请给度牒。礼部言：太宗皇帝时命尼姑皆还俗。今成志贤等亦宜遣还父母家。上命遵先朝令，仍严女妇出家之禁"。③ 宣德五年，行在礼部尚书胡濙言："总兵官都督谭广于宣府建弥陀寺，朝玄观，请度官军之家幼童为僧道。初见洪武中不许军、匠、灶、站违碍之人出家。今广所言非旧制。"宣宗曰："宣府边地，官军家属，正当勤耕稼，精武艺，固封守，以攘外夷。为僧道何益？昔南唐时，曹俭攻城急，城中尽召诸僧，令与军民皆诵佛救护，竟不免败亡。此事是为明戒。况祖宗旧制，其可违乎？若寺观已完，欲僧守之，则于他郡邑分与之。"④ 宣德七年五月，庐山天池寺僧智顺奏："天池寺周颠仙赤脚僧灵迹犹在，太祖高皇帝建寺及有御制碑文，岁久，碑亭屋宇皆坏，今僧止二人，乞加修葺，且度僧以居之。"令如其请。⑤

这时民间私自剃度出家的现象已经很普遍。宣德八年三月，湖广荆州府荆门州判官陈襄就向朝廷报告说："各处近有惰民，不顾父母之养，妄从异端，私自落发，贿求僧司文凭，以游方化缘为名，遍历市井乡村，诱惑愚夫愚妇，靡所不为。所至，官司以其为僧，不之盘诘，奸人得以恣肆。乞敕天下有司关津，但遇削发之人，捕送原籍，治罪如律。果是僧，止居本处，不许出境，庶革奸弊。"从之。⑥ 宣德九年，"僧道行童请给度牒者甚多，命僧道官取勘，礼部同翰林院官、礼科给事中及僧道官考试，能通大经，给与度牒"。⑦

明朝初年的比较严格的僧道人口控制本来是针对元代宗教信仰和宗教活动极其发达的局面而实施的，民间的实际僧道人口要比国家所掌握的多得

① 《明宣宗实录》卷44，宣德三年六月丁酉。
② 《明宣宗实录》卷45，宣德三年秋七月丁丑。
③ 《明宣宗实录》卷55，宣德四年六月丁亥。
④ 俞汝楫：《礼部志稿》卷3，"禁出家之训"，第61页。
⑤ 《明宣宗实录》卷90，宣德七年五月甲申。
⑥ 《明宣宗实录》卷100，宣德八年三月戊寅。
⑦ 黄佐：《翰林记》卷14，"考校僧道"，第1018页。

多。到了宣宗实际放松控制的时候，民间宗教人口的增加大大加速。大约在宣德七年，以工部右侍郎领江南巡抚的周忱向北京的户部负责官员写了一封信，即著名的《与行在户部诸公书》，述说了苏松地区大量民众抛弃土地，成为僧道或者成为寺院依附人口的情况。他指出"僧道招诱"是苏松地区农业人口流失的7个主要原因之一："其所谓僧道招诱者，天下之寺观莫甚于苏松，故苏松之僧道弥满于四海。有名器者，因保举而为住持。初出家者，因游方而称挂衲。名山巨刹，在处有之。故其乡里游惰之民率皆相依而为之执役。眉目清秀者，称为行童。年纪强壮者，称为善友。假服缁黄，伪持锡钵。或合伴而修建斋醮，或沿街而化缘财物。南北二京，及各处镇市，如此等辈，莫非苏松之人。以一人主持而为之服役者，常有数十人。以一人出家而与之帮闲者，常有三五辈。由是僧道之徒侣日广，而南亩之农夫日以狭矣。"① 周忱以均平赋税等措施一度很有成效地改善了江南地区的社会不稳定状况，但是他对于寺院对人口的吸附问题并没有解决，而且他的继任者很快败坏了他所建立的基础。宣德十年，僧道泛滥继续发展，朝廷遂又下达了"禁僧道私自簪剃，及妄言惑众者"的命令。② 但是就在当年十二月，由于礼部的奏请，"给僧道行童倪华观等一百一十五人度牒"。③ 正统元年十月，礼部尚书胡濙等奏："洪武间，天下僧道给过度牒者，令僧录司、道录司造册颁行天下寺观。凡遇僧道即与对册。其父兄贯籍、告度年月日，如有不同，即为伪冒。迨今年久，前令寝废。有亡殁遗留度牒，未经销缴，为他人有者，有逃匿军民及囚犯伪造者，有盗卖影射及私自簪剃者。奸弊百端，真伪莫辨。乞自今以后，给度牒者，仍造册颁行天下寺观，以防奸诈。从之。"④ 显然，洪武时期所行《周知册》经永乐、洪熙、宣德时期，已经失效，是以有重新编制的需要。

正统初年，皇室颇事寺院兴建，当时的礼部尚书胡濙曾经多次主张发给僧道度牒。正统二年三月，"行在僧录司奏两京敕建寺多僧少，欲将大功德等寺自宣德年间以后收养行童，不拘原额，请给度牒。上命行在礼部试之。

---

① 周忱："与行在户部诸公书"，见陈子龙等编《明经世文编》卷22，第173—176页。
② 申时行等：《明会典》卷104，"礼部六十二"，第569页。
③ 《明英宗实录》卷12，宣德十年十二月庚申。
④ 《明英宗实录》卷23，正统元年十月甲戌。

既而尚书胡濙等官试中僧童丁源等四千三百六十六人，颇通梵语，俱准给之"。① 同年冬十月，"给僧道五千六百六十六人度牒，从行在礼部尚书胡濙等奏请也"。② 正统五年六月，"行在礼部言：'今岁剃度僧道，天下僧童至者三万七千有奇，有旨止度一万，余令俟后再度。道童先至者二千三百，俱度矣，今至又二千五百，宜令俟后再度。'上曰：'僧道旧有定额，今所度已滥甚，未度者姑已之。'"③ 这三次发放度牒数量都不很大，还不能说是政策上发生了大的变化，但是从记载来看，其中有两次是胡濙主持的礼部主动要求的，英宗本人对发放度牒还不如胡濙更积极。类似的事情后来继续发生。正统十一年二月，"礼部尚书胡濙等奏请出给僧道度牒，上命在外府州县悉遵永乐间定额，惟南京度僧五百人，北京度僧一千人"。④ 同年五月，"给行童九十一人、道童二百六十人度牒，从礼部尚书胡濙奏请也"。⑤ 正统十一年五月，还曾因为龙虎山张真人张元吉的奏请，请"给龙虎山上清紫微宫道院童徐孟卿等二百五十九人度牒"。⑥

《明英宗实录》明确把这些事情和胡濙的关系表记出来，显然存了《春秋》"外无褒贬，内有臧否"之义。另据《明史》本传，胡濙"在礼部久，表贺祥瑞，以官当首署名，人因谓其性善承迎。南城人龚谦多妖术，濙荐为天文生，又荐道士仰弥高晓阴阳兵法，使守边，时颇讥之。"⑦ 胡濙作为长期掌握礼部的宗教管理首席官员的态度，对明朝国家宗教政策的变化，还是产生了一定的影响。

《典故纪闻》云："正统中，御史彭勖疏言僧道三害，请凡僧尼未度者，皆令还俗，丛林不许创立，官民之家不许修斋设醮。事下礼部、都察院。尚书胡濙等查洪武间禁约条例入奏。英宗命都察院遵例禁约，违者依律罪之。寺观有赐额者，听其居住，今后再不许私自创建。"⑧ 此事当在正统六年。

---

① 《明英宗实录》卷 28，正统二年三月丁未。
② 《明英宗实录》卷 35，正统二年冬十月甲申。
③ 《明英宗实录》卷 68，正统五年六月乙酉。
④ 《明英宗实录》卷 138，正统十一年二月辛酉。
⑤ 《明英宗实录》卷 141，正统十一年五月丁丑。
⑥ 《明英宗实录》卷 141，正统十一年五月庚寅。
⑦ 张廷玉：《明史》卷 169，"胡濙传"，第 4537 页。
⑧ 余继登：《典故纪闻》卷 11，第 197 页。

据《明会典》，正统六年，英宗下令："新创寺观，曾有赐额者，听其居住，今后再不许私自创建。"①

在宗教政策开始发生微妙变化的同时，士大夫中主张推行严厉控制甚至排斥的宗教政策的主张也开始出现。正统六年，巡按直隶监察御史彭最上疏攻击"异端"，他说："我太祖高皇帝肇位四海，申明五常，制为条章律令以示人，虑释老之或盛，乃归并寺观为丛林，不许私创庵院，私自剃度；虑人心之或流，乃禁亵渎神明，不许修斋设醮，男女混杂。其正人道之心，勤且周矣。夫何近年以来，民无担石之储，抑或修斋设醮，富者尤争事焉。以致释道日兴，民贫愈甚。"② 正统十四年，礼部听选知县单宇言："佛本夷教，前代事之，俱致祸乱。近年以来，修盖寺观遍满京师，男女出家累千百万，不事耕织，蠹食于民。所以世风坏而人心惑也。况所费木石铜铁不可胜计。以有用之财为无用之费，请拆其木石，改造军卫，销其铜铁，以备兵仗，遣其僧尼，还俗生理。庶几皇风清穆，异教不行矣。"事下所司。③ 这类言论，对于英宗对宗教管理的态度可能也发生了影响。根据《明会典》，正统十四年，"令僧道应给度牒者，各僧道衙门先行勘试，申送有司。审系额内，并贯籍明白，仍试精通经典，方许申送礼部覆试。中式，然后具奏请给"。④ 此事载于"实录"更为详细："上御奉天门谓礼部尚书胡濙等曰：旧制僧道之数，府四十，州三十，县二十。其行童度牒之请，悉由里老并所司勘实，方得申送。近闻多不通本教及来历不明之人，妄报贯籍，一概冒请。尔礼部即行文诸司，待三年后，凡有应给牒者，先令僧道衙门勘试，申送该管有司，审系额内并贯籍明白，仍试其精通本教经典，如行童令背《法华》等经并诸品经咒，道童令背《玉皇本行集》等经并诸品科范，番僧审通场坛十个，方许申送礼部，覆试中式，然后具奏请给。敢有似前滥保，事发，其经由诸司官吏、里老俱重罪不宥。"⑤

景泰即位，其时"三年一度僧数万。是岁，如期来集。李公贤言于上

---

① 申时行等：《明会典》卷104，"礼部六十二"，第569页。
② 《明英宗实录》卷78，正统六年夏四月己巳。
③ 俞汝楫：《礼部志稿》卷89，第608页。
④ 申时行等：《明会典》卷104，"礼部六十二"，第568页。
⑤ 《明英宗实录》卷177，正统十四年夏四月甲戌。亦见《典故纪闻》卷11，第212—213页。

曰：'此辈有损无益，宜后十年一度。'著为令"。^① 据"实录"记载，景泰元年四月，"停止僧道三年一给度牒"。^② 是景泰初期度牒发放频率由 3 年一次改为 10 年一次。僧道人口增加当因此有所放缓。但这一时期，后宫崇尚佛教，大量剃度僧人，与农业争夺人口、土地。士大夫限制僧道的主张与宫廷倾向存在直接冲突。结果，僧道增多趋势仍在继续。

兵部尚书于谦就曾借雷震塔庙之机奏言："佛者以清净为本，慈悲为用，其教之行与否，不系于世道之轻重与其徒之多寡也。今四方多流徙之民，而三边缺战守之士，度僧太多，恐乖本末。一人为僧，则一夫不耕，衣食之费，虽不仰给于官府，亦必出自于民间。其度僧之举，亦乞少缓。"^③《明通鉴》将此事系于景泰二年："初，僧道三年一度，上即位，特诏停之。至是，太监兴安以皇后旨度僧道五万余人。尚书于谦上言：'今四方多流徙之民，三边缺战守之士，度僧道太多，恐乖本末。'不报。"^④ 又据《明英宗实录》，景泰二年正月，"礼部奏：'比者，奉皇后懿旨，度僧三万，恐军、囚朦胧袭补，请令僧录司将各处请给行童逐一研审，年三十以上，曾有过犯者，不给，其戒行端谨，通晓经法者，具教申部覆考，奏请给牒有诈者，坐罪还俗。'从之。"^⑤ 四个月以后，又"度天下道士二千人"。^⑥

同年七月，明朝开纳米授度牒之例："刑部左侍郎罗绮奏，臣等奉命于四川督运粮储二十万，往贵州饷军。切见四川之民劳瘁已极。请先令挽运十万，其他宜别区划。欲令各司典吏有能运米七十石赴播州，或运三十石赴贵州者，送吏部授以冠带，照资格选用。军民能如例运米者，授以冠带，俾荣终身。文臣无赃犯者，运米二十石赴贵州，给与诰敕。僧道赴彼纳米五石者，给与度牒……从之。"^⑦ 此事实行一段时间后停止。景泰四年六月，户部郎中徐敬再度奏请，因剿捕播州"贼人"，粮饷不足，四川民财殚乏，乞恢复前例，复出榜召人上纳。事下户部。遂"移文四川布政司，令吏典军民

---

① 张萱：《西园闻见录》卷 10，"佛"，第 1948 页。

② 《明英宗实录》卷 191，《景泰附录》卷 9，景泰元年夏四月庚寅。

③ 余继登：《典故纪闻》卷 12，第 216 页。

④ 夏燮：《明通鉴》卷 25，景帝景泰二年，中华书局 1959 年排印本，第 1028 页。

⑤ 《明英宗实录》卷 200，《景泰附录》卷 18，景泰二年春正月甲子。

⑥ 《明英宗实录》卷 203，《景泰附录》卷 21，景泰二年夏四月丙子。

⑦ 《明英宗实录》卷 206，《景泰附录》卷 24，景泰二年秋七月辛亥。

人等能备粮米七十石到播州、三十石到贵州者，冠带；文官退非赃罪，欲请给诰敕者二十石；僧道欲给度牒者五石……"① 这样，僧道度牒发放又增加了一个理由和渠道。

迅速增多的僧道人口引起社会控制方面的一些问题。景泰四年四月，十三道监察御史左鼎等言："今天下僧数十万计，此辈类非良善，或因躲避粮差，或系脱逃军囚，奸盗诈伪，无所不为，岂非世之大蠹者乎？向有禁令，寺院上许曾给度牒僧住持，违者，发边卫充军。里老四邻不首罪，同。而俗吏视为具文，数年间未尝见问发一人。乞再通行天下，凡无度牒者，即令还俗，有度牒者，止于本寺居住，如有仍前私自披剃，潜住庵寺者，在京令五城兵马鞫问发遣，纵容者究问。庶妖妄不兴而蠹耗可除……"帝命所司详议以闻。② 并未导致实际措施。

景泰四年六月，播州发生叛乱，户部以四川民殚，请出榜召人上纳，定"阴阳医士僧道起送赴部冠带授职者一百石"。从之。③ 景泰五年三月"山东兖州府僧觉兴奏：'本府僧纲司都纲贤明病故缺员，臣愿备米七百石于本处官仓上纳，令臣补填原缺。'事下户部议，以山东连年灾伤，又兼沙湾修河，用银浩大，乞不为常例，准令出米给授原职。从之。"④ 景泰五年三月，六科给事中林聪等奏："一汰僧道以求游食。先儒有曰：'国无游民，则生者众矣。'甚矣！游食者为国之蠹也。今京城内外，僧行道童，皆以请给度牒为名，或居寺观，或寓人家者，动以万计。或有已给度牒而不回，假托游方而来此者。此皆不耕而食，不蚕而衣，虽朝廷未尝给以粮饷，散以衣布，然其所服食者皆军民之衣粮也，蚕食京师，莫此为甚。况此辈既无家室，又无差役，服夷狄之服，心禽兽之心，是以昔者倡妖言之赵才兴，固僧人也。近者造妖书之净庆，亦僧人也。复有佯狂而直入禁庭，有谋财而杀伤人命。其他奸盗诈伪，不可胜计。且景泰二年已度僧三万有奇，若今岁复度，恐天下之民将半为僧道矣！乞令锦衣卫五城兵马司查究各守观及人家，但有游方挂搭寄住僧道，悉皆驱遣出京，各回乡里。有敢隐藏者，治以重罪。庶民有正业

---

① 《明英宗实录》卷230，《景泰附录》卷48，景泰四年六月己丑。
② 《明英宗实录》卷228，《景泰附录》卷46，景泰四年夏四月庚子。
③ 《明英宗实录》卷230，《景泰附录》卷48，景泰四年六月己丑。
④ 《明英宗实录》卷239，《景泰附录》卷57，景泰五年三月辛未。

之趋，国无冗食之费。"① 景泰五年四月，"命礼部凡僧道请给度牒者，于通州运米二十石，赴口外万全等处官仓交收以备军用。从户部尚书张凤等奏请也"。② 这类政策无疑为僧道人口的增长和寺观的发展提供了有利的条件。《典故纪闻》也记载：景泰时，御史叶峦言："窃见天下僧徒冗滥，败俗伤化。其间有因户内丁多求避差役者，有因为盗事发，更名换姓者，有系灶丁灶户负盐课而偷身苟免者，有系逃军逃匠惧捕而私自削发者。乞敕该部议，取各僧度牒审验，若年貌相同，名籍俱实者，仍与执照为僧，若买借他人度牒，及无度牒者究问，递发前项卫分充军。"③

景泰五年，礼部奏当度僧之时，定议须审勘明白及通晓佛书者，从僧录司册送礼部给度牒。僧录司上言：奉旨审勘度僧以来，今已半年，天下僧流畏避查考，无一人赴司。至六月，礼部言："各处行童多有来历不明及不通经典之人，希求给度，则云集京师；闻知考勘，则星散逃躲。请移文各府州县循永乐中所定名额，内有缺省，依数起送给度，其来历不明，及不通释典者，宜勿度。"诏"总计天下府州县原额之数，悉度之，不须审勘，以致稽留"。④ 七月，"时天下僧童数万赴京请度，有诏两京各度一千名，府四十名，州三十名，县二十名，不必查勘稽留"。主管僧官等令各僧童拈阄定数，逼取白银万余两。事觉，命法司擒治。僧录司右善世南浦等分受其银，欲为掩护，奏乞将天下僧童普度，以息争讼。于是六科给事中、十三道御史奏南浦等奸欺四罪。其一，礼部奏准云南土僧不给度，僧录司却奏欲给度，取利肥己，致蒙允许；其二，户部奏准令僧童运米实边，各僧情愿报效，僧录司却奏称其艰难，致蒙免运；其三，给事中陈嘉猷奏准依旧例查考各僧投文应试，僧录司不肯遵依，回申并无一僧投文，计嘱礼部奏蒙免考；其四，恐审出奸弊，奏请普度僧童，暗要人心。奏章中有云："夫前次令其免运米，则云行童艰难，今收度乃得银钜万，前次要行考查，则云无僧，今给度，则称一县有一百余名、八九十名，臣等看得南浦等间阎小辈，无赖奸人。襄祝发以为僧，实逃名而避役，不耕不蚕而衣食，实四体之不勤，不忠不孝而生

① 《明英宗实录》卷 239，《景泰附录》卷 57，景泰五年三月乙丑。
② 《明英宗实录》卷 240，《景泰附录》卷 58，景泰五年夏四月癸巳。
③ 余继登：《典故纪闻》卷 12，第 227 页。
④ 《明英宗实录》卷 242，《景泰附录》卷 60，景泰五年六月丙申。

存，实三纲之莫究，饮酒茹荤，全无忌惮；贪财纵欲，略不惭惶。俱宜擒送法司，明正其罪。"礼部尚书胡濙等亦奏称各僧官累次进本烦渎，设计规利，"虽名清净，秽浊无伦；虽号慈悲，贪饕无厌。况所收之人，但取银物，或假张作李，或称老为少，或纵容军囚灶站，或滥及游手白丁，或人不到而借债代替，或捏虚名而货卖与人，欺君玩法，律所难容"。景帝命法司擒治南浦等。礼部随即举僧大海为左善世，掌僧录司事。然而不久，南浦等悉获释，并仍得负责收度僧人之事。① 其中僧官与宫廷勾结情状，可想而知。

景泰五年十一月，"正一嗣教真人张元吉请给上清宫道童李德芳等四百二十一人度牒。从之"。② 十二月，云南虚仁驿驿丞尚褆言："近年以来，释教盛行，满于京师，络于道路，横于郡县，遍于乡村。聋瞽士民，诱煽男女，廉耻道弃，风俗堮地。鸣呼！元气乌得不伤，沴气乌得不作？此前之掌邦礼者，屈于王振之势，今年曰度僧，明年曰度僧，百千万亿，日炽月盛。今虽云止度裁抑，不过示虚文，应故事而已。臣以为，宜尽令长发，勒使归农，庶邪术不行，沴气自息。"③

景泰六年二月，巡按湖广监察御史叶峦言："窃见天下僧徒冗滥，败俗伤化。其间有因户内丁多，求避差役者，有因为盗事发，更名换姓者，有灶丁、灶户，负盐课而偷身苟免者，有系逃军逃匠，惧捕而私自削发者。乞敕该部议取各僧度牒审验，若年貌相同，名籍俱实者，仍与执照为僧。若买借他人度牒及无度牒者，究问，递发前项卫分充军。如此则边卫得人，苗蛮不敢侵犯矣。"景泰皇帝答复曰："朝廷抚安四夷，来者不拒，去者不追，但边将时加防范，勿使遂其谲诈而已。彼僧道寺观，不必屑屑追究。如有犯者，依律治之。"④ 景泰六年六月，"命礼部移文天下，今后僧道务要本户丁多，本人修洁，不系军匠盐灶等籍，里老保结呈县覆实，具申府司数，呈该部，方许收度。如有扶捏诈冒不实者，巡按御史按察司将本人并保送金书官吏，一体治罪，仍勘各寺观原定额数，如有不及，给与度牒，如有数多，不与出

　　① 《明英宗实录》卷243，《景泰附录》卷61，景泰五年秋七月辛亥。《礼部志稿》卷89，"罪纳贿度僧"条，第608，系此事于景泰三年。

　　② 《明英宗实录》卷247，《景泰附录》卷65，景泰五年十一月戊申。

　　③ 《明英宗实录》卷248，《景泰附录》卷66，景泰五年十二月辛卯。

　　④ 《明英宗实录》卷250，《景泰附录》卷68，景泰六年二月戊戌。

给。从巡按河南监察御史程亨言也"。① 景泰七年十月，"升道士孙道玉为右至灵，喻道纯为左玄义，度道童五百人"。② 同月，"命给四川重庆府等府僧胡德心等三百四十人度牒，以各僧遵例输米播州边仓，以足军饷也"。③ 景泰七年十二月，户部讨论救荒事宜，其措施之一是"各处僧道请给度牒，在京数多，未免耗蠹粮米，俱令各回原籍寺观，俟丰年来京请给"。④

天顺初，京师僧道大为泛滥。天顺元年三月，留守左卫通济门千户所小旗陈福奏："惟太祖高皇帝创业之初，建创寺观，设立僧道，已有定额，其后往往私创庵院，滥将无籍之徒收充，亦有逃军囚匠改名易姓，削发顶冠，人莫之识，偷享安闲，不耕而食，不蚕而衣，不货殖而财用有余，故人皆乐为之。近年旱潦相仍，百姓艰食，其游惰之民，或托为僧道，游人四方而愈盛矣。以在京观之，寺观动至千百，僧道不可数计。求财索食，沿街塞路，张挂天神佛像，擅言祸福，以盖造寺观为名，务图肥己，饮食酒肉，宿歇娼妓，无所不为。又有燃指焚香，刺肤割股，惊骇人目，扇惑人心，不惟饕餮于民，抑且有伤风化。乞在内令巡城御史、五城兵马司，在外令巡按御史及有司等官拿问发落。仍敕礼部将各府州县盖定寺观额设僧道名数，除已给度牒者，暂令各守观寺附籍，其余查无度牒，悉发宁家，随住当差。遇有额内缺数，方许簪剃。设有仍前私自簪剃及指称行者、道童名色，躲避差徭，将本犯并寺观住持悉发充军，其余滥设寺观，尽行拆毁……"⑤ 这样一件重要的事情竟然是由一个千户所小旗出面向皇帝出奏，而且皇帝大体拟从，似乎有些蹊跷，其原因尚待找到线索来说明。仅就他的奏疏内容来看，天顺初年的北京已经是寺观林立、僧道成群，僧人道士也普遍不遵本教规矩，引起社会治安问题。这个情况表明此前国家对于寺观数量和僧道数量的控制政策实际都没有得到严格执行。英宗在天顺时期似乎对僧道的发展是持了比在正统时期稍为倾向于控制的政策。天顺五年，因北边多事，边军将领有建议出卖

① 《明英宗实录》卷254，《景泰附录》卷72，景泰六年六月乙未，亦见《礼部志稿》卷89，第609页。
② 《明英宗实录》卷271，《景泰附录》卷89，景泰七年冬十月己亥。
③ 《明英宗实录》卷271，《景泰附录》卷89，景泰七年冬十月壬子。
④ 《明英宗实录》卷273，《景泰附录》卷91，景泰七年十二月戊午。
⑤ 《明英宗实录》卷276，天顺元年三月辛卯。

度牒以助军需者。巡抚宁夏右副都御史陈翌就曾经上奏："官军缺马征操，请榜谕天下，僧道未度者，许人入一马助边，给与度牒。"下兵部议，"以僧道十年一度，已有成命，翌不达事体，妄启弊端，难允所请。上从之，降敕责翌。"① 天顺七年正月，正一嗣教大真人张元吉请度龙虎山上清宫道童三百五十七人。礼部言按例尚未应度，英宗折中，命度一百五十人。②

据《宪宗成化实录》，天顺元年至成化二年的 10 年间，所度僧道共132200 余人："缘僧道例必十年一度，自天顺元年至成化二年，已度 132200 余人。"③ 如果平均计算，每年当度 13220 人。这个平均数字比较洪、永、宣时期文献所记载的要扩大了许多。

宪宗即位以后，曾将清理无度牒僧道作为新政之一，诏云："各处僧人年二十以上，无度牒者，诏书到日，即便还俗，若有隐漏年岁，不肯还俗者，事发，并其本师一体问罪不饶。"④ 成化元年二月，巡抚湖广左金都御史王俭上言八事，起一为"挨查僧道"："我朝裁损二教，明示禁戒。今游手之徒，冒名僧道，动计万千。乞敕所司，如律禁革。僧道私自簪剃者，勒令还俗，解发原籍当差。仍严官民人等布施之禁，及云游行脚，亦必给所司批文。其寺观潜匿者，有司里老一体重罪。如此则人少游惰，户口可增矣。"⑤

虽有这些说法，但成化时期却是有明一代度牒发放最滥的时期。其中一个因素是，当时自然灾害严重，流民大量充斥各地。成化二年二月，监察御史焦显等言救灾四事，中一云："各处僧道例该成化二年关领度牒，前此亦有奏请，令其纳米者，今乞申饬所司，查其见在曾经报勘起送者，填写度牒，遣官赍赴巡视淮扬都御史林聪处，定与地方，每度一人，令其纳米十石，其未有勘结者，许赴都御史处告投，纳完俱与牒。""上皆允之。"⑥ 洪武初年废除前代以度牒为财政收入渠道的政策由此而废坏，度牒开始成为明朝政府获得财政收入的一个来源。同年三月，宪宗即"命礼部给度牒鬻僧以

① 《明英宗实录》卷 335，天顺五年十二月辛巳。
② 《明英宗实录》卷 348，天顺七年春正月戊午。
③ 《明宪宗实录》卷 120，成化九年九月癸巳。
④ 《明宪宗实录》卷 3，天顺八年三月乙卯。
⑤ 《明宪宗实录》卷 14，成化元年二月己卯
⑥ 《明宪宗实录》卷 26，成化二年二月辛丑。

赈济饥民。巡抚淮扬都御史林聪处一万，每名纳米一十石；南京礼部五千，每名纳米十五石，其各处僧见在京师者，每名纳银五两，从监察御史焦显，给事中侯祥，南京守备官议请也。"① 淮扬巡抚处一万度牒，得米当十万石；南京礼部处五千度牒，得米当七万五千石；京师给出度牒及所获得银两数量不详。闰三月，又"令额外给度僧道十五岁以上者五万名，以僧录司右阐教道坚等奏请也"。② 此数与前两数字相加已经六万五千，不计京师给出度牒数量在内。夏四月，六科给事中金绅等言："即今沿河道路阻涩，京师米价腾踊。欲绝二者之患，当除盗贼、去游食。乞自通州至临清，敕镇守都指挥同御史一员，自临清至仪真敕锦衣堂上官同御史一员，专一督捕贼盗。仍敕礼部速填度牒，命给事中御史各二员分给该度僧道，限以月日出城，不许延住。上是其言，命该部区处停当以行。"③ 当时情景，急于将涌入京师的僧道人等遣散，其数额之多，可以想见。五月，"复度道童三千有奇，从左玄义许祖铭请也。"④ 此中官员作弊，也难以避免。成化四年九月，御史胡深就弹劾礼部尚书姚夔"度僧受银钜万"。⑤

成化八年五月，"总督漕运兼巡抚淮扬左佥都御史张鹏奏请给僧道空名度牒一万道鬻米济荒。礼部尚书邹干言：'成化二年已度僧道一十三万有奇，今未及十年，不宜更启其端。'上曰：'僧道给度，不宜太滥，且鬻米之数，所得几何？而所损于国者多矣。其在官吏监生尚不可以为常，况此辈乎？其勿许。'"⑥ 成化二年度牒发放材料混乱，由此疏观之，成化二年所度僧道总数当为十三万有余。前引文中有确切数字者合计六万八千，所有含混不清者不在其内，总数合而达十三万余，当是可能的。

成化九年五月，"给太岳太和山各宫观道童一百四十名度牒"。⑦ 八月，巡抚山东左佥都御史牟俸以山东灾害频仍奏请："……惟僧道正当十年一度之期，请令礼部出给空名度牒数万，令赴山东告给，每牒纳米二十石或银二

① 《明宪宗实录》卷27，成化二年三月癸亥。
② 《明宪宗实录》卷28，成化二年闰三月癸巳。
③ 《明宪宗实录》卷29，成化二年夏四月壬寅。
④ 《明宪宗实录》卷30，成化二年五月丙子。
⑤ 《明宪宗实录》卷58，成化四年九月庚午。
⑥ 《明宪宗实录》卷104，成化八年五月戊戌。
⑦ 《明宪宗实录》卷116，成化九年五月戊申。

十五两。"结果得到批准。^① 但到九月，礼部奏："巡抚山东右佥都御史牟俸以山东旱灾，奏乞给空名牒十万度僧道，取银以助赈济。户部奏行本部出给。缘僧道例必十年一度，自天顺元年至成化二年已度一十三万二千二百余人，今若先期特度于山东，则僧行道童必群聚其地，反为骚扰。"诏不必行。^②

成化十年六月，南京监察御史任英言："近闻欲循故事给度僧道。窃谓比年旱涝相仍，灾异迭见，内地荐饥，边塞多警。京城内外，米价腾踊，民食孔艰。若复行给度，则天下僧道纷集京师，米价益贵。况此辈为盗犯奸者多，如四川贼首僧徒悟升之类是已。乞罢其令，以纾民困。或俟丰年，于旧额寺观量度一二可也。"不从。^③

成化十二年二月，锦衣卫奏，京城内外盗贼生发，前后已捕获 700 余人，其中强盗多系僧人。该年例该开度，锦衣卫建议将僧行道童无司文凭而先期来京者，一律捉拿，发边徼居住，并罪其所主之家。^④ 礼部也主张来京请度天下僧道皆需持有有司文册，以杜冒滥。此议得到宪宗批准。^⑤ 八月，"僧录司右善世道坚纵其徒戒澄盗卖度牒，有发其事者，下刑部主事邓存德鞫其情，请尚书董方逮治坚等。戒澄匿不出，方欲缓其事，存德自奏之。方遂信存德率意妄为，有乖体统，请调之外任。有旨，存德、道坚俱下狱。存德于是讦奏方党比道坚等之罪，下都察院。左都御史李宾言与方有嫌，请以存德付锦衣卫鞫治。上以存德属官，违例具奏，又被参提，又不服罪，而撼拾妄言，似此欺诈，难任京职，不必鞫治，送吏部降调外任。道坚亦自陈辩。遂释之。既而刑科都给事中雷泽等上言，当罪道坚而宥存德。不从。存德竟降山东宁海州同知"。^⑥ 成化十二年十月，礼部奏："是岁度僧道一万三千三百四十名。"^⑦

成化十三年四月，巡抚河南右副都御史张瑄以河南水灾，提出救荒十项

---

① 《明宪宗实录》卷 119，成化九年八月丁丑。

② 《明宪宗实录》卷 120，成化九年九月癸巳。

③ 《明宪宗实录》卷 129，成化十年六月甲戌。

④ 《明宪宗实录》卷 150，成化十二年二月戊子。

⑤ 《明宪宗实录》卷 152，成化十二年夏四月壬辰。

⑥ 《明宪宗实录》卷 156，成化十二年八月癸酉。

⑦ 《明宪宗实录》卷 158，成化十二年十月庚寅。

建议，其中包括僧道免考试捐纳给度牒。从之。① 成化十三年五月，发现
"有伪造僧人度牒往浙江潜卖者"。遣官追捕。② 成化十五年十月，"命禁约
游僧。监察御史陈鼎奏：'成化二年起至十二年共度僧道一十四万五千余人，
而私造度牒者，尚未知其数，此辈游食天下，奸盗伪诈，靡所不为，使不早
为处置，大则啸聚山林，谋为不轨，小则兴造妖言，煽惑人心，为患非细。
今苏州等处累获强盗，多系僧人。乞敕所司禁约。'礼部为覆奏，命通行天
下禁之"。③

　　成化二十年十月，发空名度牒 1 万张，分送山西巡抚都御史叶淇、陕西
巡抚都御史郑时，招募愿为僧道者，令输粟 10 石到受灾处助振者，给之。④
十一月，"通玄翊教广善国师继晓乞归养母，许之，诏母终仍供职如故。又
乞空名度牒五百道，亦许之"。但此人得空名度牒后，再不复来。⑤ 同年十
二月，"预度天下僧道六万人。时山西、陕西饥，许浙江等处愿为僧道者，
输粟赈济给以度牒，已万人矣。户部言陕西饥尤甚，乞再度六万人，各输银
十二两。下户部，覆奏：'僧道十年一度，宜以前后所度七万，准后二十二
年该度之数，仍令天下有司照数类送。'从之"。⑥

　　成化二十一年正月，浙江代监察御史汪奎等上疏言事，内中有太监与僧
人合伙建寺、乞请度牒事："近时内官建寺邀福，信剋于民，而靡费于此。
妖僧继晓结太监梁方建寺，又给与度牒二百。江南富僧，一牒可售数十百
两，当此凶荒之年，留赈饥民，不犹愈于继晓一人用乎？乞罢建寺而治梁方
之罪，取回继晓，追夺度牒，斩首都市，以谢天下……"⑦

　　成化二十一年七月，礼部提起以前预度之事："成化十二年度过天下僧
道一万三千三百四人，近陕西、山西饥荒，已预度七万人，人银一十二两，
准作二十二年该度之数，视前加至数倍，恐各处僧道行童仍前行来京，夤缘
嘱托。乞行沿途关津，严加盘诘。而在京巡街御史严督五城兵马察捕。诏如

①　《明宪宗实录》卷 165，成化十三年夏四月乙丑。
②　《明宪宗实录》卷 166，成化十三年五月丙戌。
③　《明宪宗实录》卷 195，成化十五年冬十月庚子。
④　《明宪宗实录》卷 257，成化二十年冬十月丙辰。
⑤　《明宪宗实录》卷 258，成化二十年十一月庚寅。
⑥　《明宪宗实录》卷 259，成化二十年十二月乙卯。
⑦　《明宪宗实录》卷 260，成化二十一年春正月己丑。

所奏，但不许一概混逐。"① 八月，"礼部奏：'成化二十二年例该度僧道，两京神乐观该度道童计五百五十六人，近因山西陕西救荒，预度七万人，准作该度之数，两神乐观止度一百六十人，数实不足，临期恐难再请，而僧道录司亦称在京寺观，俱无田粮，无所措宜，移山陕所遗空牒六千均之，两京及天下名山两神乐观共增以六百五十人，俱免纳银，余皆分与僧道录司及凤阳大龙兴寺，五台、太和、龙虎、三茅四大山，银以纳解部未纳，减作五两。'制可。银未纳者俱免之"。② 同月，"礼部请行给度僧道七万人，如道数不足，即补以僧，僧道录司官无得分扰。两京神乐观并僧道录司及名山天下共七千八百人，十三布政司共五万二千人，浙江、湖广、四川、山东、河南、山西、陕西各五千，贵州一千，云南二千，广东、广西、福建各三千，南直隶六千九百，苏州七百，应天、常州、松江、凤阳、扬州、淮安各五百，镇江、徽州、宁国、庐州、安庆各四百，太平、池州各三百，广德州二百，滁州、徐州各百五十，和州一百，北直隶共三千三百，顺天、真定各五百，河间、保定、永平各四百，大名、顺德、广平各三百五十，隆庆州五十。诏可"。③ 十二月，"礼部请度僧道行童二万九千九百六十名"。④ "喇嘛国师劄实巴宗奈奏乞度僧番，礼部欲遵成化二年例，以三千四百名数度之。"⑤

成化二十二年二月，凤阳知府奏称，前因地方灾害，"先给本府僧道度牒五百名，转解陕西，今止得银三百四十余两，乞留赈济，仍给度牒三千，以资召募……事下该部详议多从其言"。⑥ 成化二十二年四月，"礼部奏给度天下僧道已至十一万人矣，乞停止。从之"。⑦ 但到十二月，又"给正一副教真人张玄庆度牒三百。从其请也"。⑧

成化二十三年十月，时孝宗已经即位，士大夫借机清理成化时期形成的

---

① 《明宪宗实录》卷 268，成化二十一年秋七月辛亥。
② 《明宪宗实录》卷 269，成化二十一年八月辛卯。
③ 《明宪宗实录》卷 269，成化二十一年八月戊戌。
④ 《明宪宗实录》卷 273，成化二十一年十二月乙酉。
⑤ 《明宪宗实录》卷 273，成化二十一年十二月癸卯。
⑥ 《明宪宗实录》卷 275，成化二十二年二月庚子。
⑦ 《明宪宗实录》卷 277，成化二十二年四月辛巳。
⑧ 《明宪宗实录》卷 285，成化二十二年十二月戊戌。

僧道事务管理混乱。礼部上疏："南京各衙门俱因事简官不全设，其僧道录司教坊司事务尤简。欲准近日裁革事例，僧录司留右善世、右讲经、左右觉义各一员，道录司留右至灵二员，左右玄义各一员，管事俱用升职，在前保举相应者，余留带衔闲住……其两京寺观住持择年深戒行老成给剳在前者，敕建寺观留二名，敕赐寺观留一名，余皆革罢。僧道系纳银赈济等项，度牒明白及本地寺观出身者，许令本处寺观住坐，不许仍前四外云游。"孝宗从之。①

弘治元年闰正月，左都御史马文升上疏"陈言振肃风纪裨益治道事"，其中一事为"清僧道以杜游食"。疏云："切惟天下之事有当缓而所系急者，僧道是也。盖当缓者僧道也，所系急者民食也。若视僧道为缓，而不严加清查，则游食者日众，而民食恒不足矣。我朝定制，每府僧道各不过四十名，每州各不过三十名，每县各不过二十名。今天下一百四十七府、二百七十七州、一千一百四十五县，共额设僧三万七千九十余名。成化十二年度僧一十万，成化二十二年度僧二十万，以前各年所度僧道不下二十余万，共该五十余万。以一僧一道一年食米六石论之，共该米二百六十余万石。可足京师一年岁用之数，况又不耕、不蚕，赋役不加，则食之者众而为之者少矣。其军民壮丁私自披剃而隐于寺观者，又不知其几何。创修寺观，徧于天下，妄造经典，多于儒书，败化灭伦，蠹财惑众，自京师达之四方，公私之财用于僧道者过半，民食不足，未必不由于此，其势又不能尽去，若不通查严禁，则将来游食者何有纪极？如蒙乞勅礼部，通查天下并在京寺观共若干处，僧道共各若干名，除额度之数外多若干名。如果数多，既已关有度牒，难以追夺，明白具奏，不许额外再度僧道，直至额数不足之时，方许各该有司具结，照数起送，关给度牒。敢有故违再言度僧者，许科道官纠劾拿问。仍通行各该抚按等官，督责官司，严加查勘。但系新修私创寺观，即便拆毁，并于古刹大寺观其中，但有原无度牒行道童，即令还俗当差。敢有私创庵观及容隐未度行道童，收为徒弟者，各问发口外为民，寺观住持还俗为民，僧道官罢黜，不举者罪同，所司官员容隐者亦治以罪。仍通行天下抚按，出榜严加禁约。仍令各寺观按月开报，不致故违。重甘结状，付所在官司查考。如

① 《明孝宗实录》卷5，成化二十三年十月甲申。

此则僧道无滥度之弊，而民食不致坐费矣。"①

据马文升此疏，仅成化十二年与二十二年两次给度，达到 30 万人。截至弘治元年，天下僧道总数约 50 万。《孝宗弘治实录》并未记载马文升此疏全文，只有礼部覆奏提要，其中关于度牒数字的内容基本未录："礼部覆奏左都御史马文升所奏四事：其曰逐术士者，宜令各该巡城监察御史及五城兵马司并锦衣卫巡捕官逐一搜访，但有扶鸾、祷圣、驱雷、唤雨、捉鬼、耳报一切邪术人等，及无名之人，俱限一月内尽逐出京。仍有潜住者，有司治之，治以重罪，主家及四邻知而不举者连坐；其曰清僧道者，宜令两京僧道录司并天下诸司通查敕建、敕赐并古刹共若干，所给度僧道若干人，备造文册送部存照，仍将十年一度之例停止，待额数不足之日，所在官司照额起送给度，内外衙门不得指以救荒纳粟为由奏请给度，违者科道官纠之，其有擅自修盖者，即便拆毁，如无度牒僧道行童，发回当差，敢有私创寺观及容隐僧行道童者，僧道官并住持俱发附近卫分充军，所司官员不举以枉法论。"②此疏上后，虽得批准实行，但实际并未落实。孝宗命所司议定以闻。③稍后，礼部覆奏马文升所奏事："其曰清僧道者，宜令两京僧道录司并天下诸司通查敕建、敕赐并古刹共若干，所度僧道共若干人，备造文册，送部存照，仍将十年一度之例停止，待额数不足之日，所在官司照额起送给度，内外衙门不得指以救荒纳粟为由，奏请给度，违者，科道官纠之。其有擅自修盖者，即便拆毁，如无度牒僧行道童，发回当差，敢有私创寺观及容隐僧行道童者，僧道官并住持俱发附近卫分充军，所司官员不举以枉法论。"孝宗称"所言皆是"。④弘治元年五月，工科给事中夏昂疏称："近从都御史马文升奏，命内外寺观新修私创者拆毁，年十五以上无度牒行童、道童还俗。今既数月，未见施行。乞敕礼部定限，将内外应拆毁寺观即令拆毁，应还俗行童道童即令还俗。"疏上，命所司详议以闻。⑤弘治四年二月，刑科给事中

① 马文升：《马端肃奏议》卷3，"陈言振肃风纪裨益治道事"，影印文渊阁四库全书本，第427册，第734—735页。
② 《明孝宗实录》卷10，弘治元年闰正月丙戌。
③ 《明孝宗实录》卷10，弘治元年闰正月己巳。
④ 《明孝宗实录》卷10，弘治元年闰正月丙戌。
⑤ 《明孝宗实录》卷14，弘治元年五月丁亥。

韩祐以灾异陈十事……"一各府州县僧道，审其戒行清谨者照额存留，其余不分有无度牒，悉令照例还俗。"疏上，命所司知之。[1] 由上看来，弘治元年，经马文升所提令僧道还俗建议，虽得孝宗朦胧认可，但未着力落实，有司并未推行。但是僧道十年一度的惯例却从此取消了。[2]

　　七年以后，弘武七年六月，礼部尚书倪岳等题称："本部查得，永乐十六年十一月二十七日，节该钦奉太宗皇帝圣谕，今后为僧道的，府不过四十名，州不过三十名，县不过二十名，额外不许滥收。钦此，钦遵。续于天顺二年五月十五日，节该钦奉英宗皇帝圣谕：今后有愿为僧者，务从有司取勘户内三丁以上，年十五以下，方许出家。如额外有缺，许照正统十四年榜例保送，赴部考，通经典，然后给与度牒。仍定与则例，每十年一次开度，许照缺依期来关。敢有故违，悉发边卫充军。钦此，钦遵。又查得，成化二年，给度过僧道一十三万二千二百余名，成化十二年一万三千三百余名，成化二十二年二十二万四千五百余名。为因十年一度，兼且各处纳银赈济等项，多有不查额数，不由有司保送，一概请给，以此额外增添，数将十倍。是以军民之籍日削，异端之徒日盛，侵夺民食，耗费民财，其为治道之蠹，莫比为甚，诚有如都御史马文升所言者。合无准其所奏，行移两京僧道录司并各布政司直隶府州县各边卫有寺观去处，通查给度过僧道共若干，备造文册，送部存照。以后各年有为事病故等项追缴度牒者，照名开除。仍将十年一度之例，暂乞停止，待后各处额数不足之日，方许所在官司照依额外名缺起送，赴部考中给与度牒。再不许内外衙门指以救荒为由，奏请给度。庶不亏损国体，僧道官亦不敢贪图侥幸。敢有故违，许科道官纠劾拿问等因具题。节该奉圣谕：准议，钦此。已经钦遵通行去后，到今数年之间，各处文册，少见缴到，诚恐无知小人，止以十年一度为期，不知已有前项禁例，以致各处僧道行童，互相诱扇，辄便预先来京，潜住各寺宫观，投礼僧道官住持，以图至期可以夤缘请给，一时不免蚕食京师，将来米价日渐涌贵，未必

---

① 《明孝宗实录》卷48，弘治四年二月壬申。
② 按《玉堂丛语》卷2，"政事"载："祠部给度，十年一举。时僧道集京师以万计，权贵多为之请。傅瀚力言此辈蠹耗天下，宜痛加禁革。纵未能如祖宗朝之制，亦当稍赐裁抑。遂改十年一给之例。"傅瀚于弘治间为礼部尚书，所说当指弘治间事。但以上所载文献，明示提出废除十年一度的是马文升，事在弘治元年，并非出于傅瀚。焦氏所说，不足为据。

不由于此。查得十二年节有奏准，预期出榜禁约僧道，不许来京搔扰事例，理合早为照例查处，案呈到部。看得天下各处地方，灾伤数多，民不聊生，盗贼窃发，劫财杀人，在在有之。中间获到贼徒，多有僧人在内，皆因先年给度泛滥所致。及查先该锦衣卫指挥朱骥等奏称，奉敕巡捕盗贼，今为盗之人，多系各处无籍僧徒。昼则沿街乞食，夜则相聚劫掠，得赃即分，各行远遁。虽有巡捕人员，无从追捕等因，奏行都察院出榜禁约。此为明验。况天下僧道额数不过三万有余，而成化年间所度已该三十五万有余，此非天地别生一种之人，不过出于军民匠籍之家，即今天下有司工役衙门，军多缺伍，匠多缺役，里甲籍册，日见凋耗，皆因此等之徒，躲重投轻，舍此入彼。若不早为限量，将恐天下之人，皆流而为僧道之归。其为贻患，不可胜言。合无本部查照先次奏准事理，及累朝奉有钦依事例，通行天下司府州县掌印官，督属查勘原先给度过僧道数目，见在若干，事故等项若干，比与钦定额数有无多少，务照先次奏准事理造册缴保。除额尚多去处外，果有额数不足去处，许待丰年有收之日，径自具奏。本部查照成化十二年奏准给度事例，另行奏请定夺施行。仍要通行禁约各处寺观，僧道行童不许指以请给为由，预先来京搅扰。各该关津把截，严加盘诘阻当。仍行锦衣卫、五城巡视监察御史，严督各兵马司、僧道录司，逐一挨查。各处寺观，不许容留在外僧道行童在内潜住，取具住持人员，不敢扶同容隐，结状缴报。违者坐赃问罪。无度牒之人，送回原籍当差。京城内外官员军民之家，亦不许容留，僧俗混杂，有坏风俗。事发一体究治。其有内外衙门及僧道人员，或假救荒等项为由，妄行奏扰者，仍听科道指实参劾问罪。缘系照例查处给度事理，未敢擅便。弘治七年六月初二日题，次日奉圣谕，是，钦此。"①

据此疏，成化年间所度僧道总数，达到了 35 万人。余人总数与马文升所说基本一致。但倪岳称成化十二年所度僧道数仅 13300，成化二年则曾度 132200 余人。②

---

　　①　黄训：《名臣经济录》卷 30，影印钦定文渊阁四库全书本，第 443 册，按倪岳此疏上于弘治七年六月庚申，事见《明孝宗实录》卷 89。

　　②　倪岳：《青溪漫稿》收该本为《止给度疏》，见《青溪漫稿》卷 13。按何孝荣认为倪岳此疏所说成化年间僧道给度数字过大，参看《明代南京寺院研究》，中国社会科学出版社 2000 年版，第 40 页。

前文所引数字涉及许多问题。按照洪武时期规定的定额，全国僧人该37090人。此处未提及道士，原因当不是道士未计算在内，而是以僧为僧道统称。此数字可用来衡量后来僧道增长情况与明初制度的关系。成化十二年度僧 10 万，当是因为成化九年八月巡抚山东左佥都御史牟俸以山东灾害奏请礼部出给空名度牒数万赴山东，每牒纳米 20 石或银 25 两所实际发出的数量计入成化十二年该度额数，和成化十二年所度约 10 万。成化二十二年所度僧道总数 20 万人，其中包括该年以前预度的 7 万人，该年所度应为 13 万人，仅当年所度，已经超过成化十二年数字。截止于成化二十二年，天下有度牒僧道总数大约 50 万，为洪武时期定额数字的 13.5倍，为洪武六年所统计的僧道总数 96328 人的 5.2 倍。此间共隔 113 年。增长速度很快，而成化中期以后增长速度的加快尤为惊人的。另外，除有度牒僧道外，无牒为僧道的男女数量当为极大，这在马文升疏和前引周忱书中皆可见一斑。

弘治八年十一月，礼部尚书倪岳等要求"禁约请给。僧道冗滥，宜停止给度，其有潜住京师寺观，请悉逐还原籍当差，违者发边卫充军。"孝宗令"姑已之"。① 可见前几年所议论的各种处置办法，实际大多未能落实。弘治九年，又值十年一度之年。停止度僧道与要求度僧道的意见又都提了出来。该年四月，南京礼科给事中彭诚等奏："旧制，僧道各有定额，府不过四十人，州不过三十人，县不过二十人，概天下计之，其请给者亦不过三万六千余名。陛下即位之初，凡左道乱正、败俗伤化之人，一切屏斥，天下臣民以为太平盛德之事，复见于今日。兹者，当十年开度之期，各处僧道将三万二千二百余名。成化二年给度过僧道十三万二千二百余名，成化十二年一万三千三百余名，成化二十二年二万四千五百余名。前此给度，又不知其几何。比之旧额，已为十倍。况今四方灾异流行，饥馑荐至，若不预为禁约，诚恐远近效尤，为患非细。乞敕该部，查照旧额，将十年一度事例特赐停止，通行各处巡按等官清查寺观见在僧道行童，除已度者不必追夺，未度者额外不许存留，悉令还俗，俟正额有缺，方许起送，赴部考选给度。违者仍照先年

_____

① 《明孝宗实录》卷 106，弘治八年十一月甲申。

充军事例发遣。南京、福建道监察御史洪远等亦以为言。"俱下所司知之。①

弘治九年五月，"南京大龙兴寺左觉义发直等奏请起送行童给度。礼部劾其启衅开端，故违成命，请置之法。旨曰：僧道虽额数过多，但自弘治年来未尝给度，尔等其议处停当以闻，不许仍前过滥。礼科给事中屈伸上疏言：窃惟给度一事，前后言者已非一人，大意谓天下僧道额数不过三万有余。自成化二年以来，三次开度已逾三十五万，正数之外增至十倍，方政害治莫甚于此。今陛下以发直等请给度，而令礼部议处不许过滥。是以洞见其弊矣。而臣又不能已于言者，盖不可行有三而非前者言者之意也。弘治初因左都御史马文升奏停止十年给度事例，至七年又因礼部禁约各处僧道不许来京请给，诏令甚明，人所共知。今日又复开度，则前日之诏令几于不信矣。朝出而暮改，即行而复阻，孰能为之遵守乎？方平安无事之时而轻易分更如此，缓急有事，又孰能尽信乎？此不可者一也。自古度僧未尝不以资冥福为言，以臣愚言之则何冥福之有？自佛法入中国，若梁之达摩、晋之佛图证、唐之慧能，皆被所谓表者，考当时何益于国。况今所度之中，求其仿佛斯人者，又不可得，而望其实福之资，不亦难乎？此不可者二也。近僧人圆照等伪造私牒事发鞫问。臣以为此特偶一败露者耳。怀奸负恶而未败不知几。圆照也，未度之先弊已，如此开度之日弊将何如？将严刑以治之，而其罪必有出于法律禁例之外者，是则开度不徒无益而反为患奸之渊薮。此不可者三也。伏愿陛下深惟诏令之当一无惑冥福之邪言，惩今日已发之奸房，将未过滥之弊，收回成命，不胜幸甚。"疏入，命所司知之。② 工科都给事中柴升也力言："臣以今岁二月以来，切见四方僧道妄议今年例该给度，俱会聚京师。时有一二言官，奏行驱遣，未得明诣施行。且祖宗朝僧道各有额数，迩年增至三十七万有余。今之僧道几与军民相半，此类非天地别生一种人，不过出于军民匠籍之家。即今天下军多缺，匠多缺役，里甲日耗，田土日荒，皆由此辈避重投闲。近年各处获妖言谋逆之党中间多此辈为倡。今日之势，正当以计消除，俾渐复祖宗之额，岂可滋之转蔓而为将来不救之患哉？臣又

---

① 《明孝宗实录》卷112，弘治九年四月丙申。按"各处僧道将三万二千二百余名"句不可解，查《礼部志稿》卷89作"兹者当十年开度之期，各处僧道将复请给。臣等查得，成化二年给度过僧道十三万二千二百余名，成化十二年一万三千三百余名……"其文近是。

② 《明孝宗实录》卷113，弘治九年五月己酉。

切睹诏诣谓自弘治以来未尝给度，若以不度僧为今日之阙典也。惟陛下临御九年，于兹统察百官，综理庶政，咸正罔阙。然未文王望道未见之心，将谓陛下于祖宗列圣良法美意未尽绍述为今日之阙可也，于二帝三王大道至治未尽昭合为今日之阙可也。群工百司有一不得其职，四海万姓有一不获其所，为今日之阙亦可也。若不度僧，愈见陛下圣知尤出千古，乃所以为明主之高致而不足以为圣朝之阙典也。伏愿查照礼部，先次拟事理，仍将十年一度事例停止。待后僧道原额不足，另行具奏定夺，通行禁约各处寺观僧道，不许来京，夤缘搅扰。仍将觉义发直等逮问，以正其妄请滥度之罪。则陛下中正文明之治，足以增光列圣，垂休万代矣。命下其奏于所司。"①

六月，孝宗采取中和两种对立意见的办法，减数度僧道。当月，"礼部议处给度僧道事宜，谓我朝给度旧制甚严，额数不足则照缺度补，无则止。诚以此辈蚕食生民，奸伪无所不至，若不痛加裁抑，其弊将无纪极。洪武年间，人民方免兵革，僧道尚少，故太祖皇帝有三年一给度之制。以后日渐增多，故太宗皇帝改为五年一度。天顺二年，因冒滥益甚，英宗皇帝复改为十年一度。皆斟酌多寡，因时制宜。初无一定之制，况三年所度止三五百人，则三十年不过三五千人；五年所度止一万人，则五十年不过十万。而使此制常行，则额数不必过滥。皇上曩因左都御史马文升之言，停止十年一度之例，后因本部之请，复有预止来京之禁。乃者谓自初元以来未经开度，方兴允给之念，即其过滥之戒，仁义并行，虽古之圣帝明王曷能远过？伏望仍鉴累朝禁约敕旨，今次所度名数，特赐裁抑。或俯从臣等之请，定为经久之计。自后或二十年、二十五年一次开度。当度之年照例施行。庶僧道可渐复额内之制，而百姓不胥为缁黄之归矣。上从之。在京准度八千名，南京五十名，直隶及各布政司府州县原额有缺照数保送来京。仍令礼部会官审验考试，非赍有明文及实能皆诵本教经典，不准收度。有扶同作弊致冒滥者必罪不宥"。②

武宗即位后，于弘治十八年八月，以上两宫尊号礼成，颁诏于天下，其中一则曰："各处僧道有父母见存无人侍养者，不问有无度牒，俱令还俗养

① 《明孝宗实录》卷113，弘治九年五月辛亥。
② 《明孝宗实录》卷114，弘治九年六月辛卯。

亲。"① 此不过一时之姿态，其后不久，就开始重新度僧道了。正德二年五月，"准度在京在外僧三万名，道一万名。僧录司左善世定暟等奏谓已及十年一度给度之期，宜如例举行。事下礼部。侍郎张潊等覆议：'前此度僧道视额数已逾十倍，今止照旧缺度补，不可滥度以蠹耗民财，阴损户口。'不从"。②

正德三年三月，户部左侍郎兼左副都御史韩福整理粮储于湖广，上奏"请度僧六万人，预给度牒，分派两广福建及江北诸郡其银俱类解湖广及留湖广岁解"。"下所司议，从之。惟度僧以正德二年已度三万人，令减其数之半。"③

正德五年十月，"准给番僧度牒三万，汉僧道士各五千。时上习番教，欲广度习其教者。命印度牒若干，所司度不可诤，因如数摹印，然竟贮于文华殿而实未尝用心"。④

正德八年十一月，"赐大庆法王领占班丹番行童度牒三千，听自收度。先是，有旨，番汉僧行道童四万人，其番行童多中国人冒名者，为礼部所持，故领占班丹奏欲自便"。⑤ 正德九年正月，"赐真人张彦頨度牒二百道。时度僧道，彦頨陈乞故也"。⑥

《明会典》载："正德十六年奏准，今后再有私创庵院寺观、私度僧道、尼姑、女冠者，拏问治罪。寺观拆毁入官。"⑦ 武宗于正德十六年三月死去，此事当发生于武宗去世以后。世宗对于佛教采取严厉控制态度，对于道教则大事信从。这是明朝对佛、道二教实行差别对待的惟一时期。

嘉靖六年十二月，礼部尚书方献夫等上疏主张，"尼僧、道姑有伤风化，欲将见在者发回改嫁，以广生聚，年老者量给养赡，依亲居住。其庵寺拆毁变卖。敕赐尊经护敕等项追夺。戒谕勋戚之家，不得私度"。⑧ 世宗令如其

---

① 《明武宗实录》卷4，弘治十八年八月丙辰。
② 《明武宗实录》卷26，正德二年五月戊午。
③ 《明武宗实录》卷36，正德三年三月甲子。
④ 《明武宗实录》卷68，正德五年冬十月庚寅。
⑤ 《明武宗实录》卷106，正德八年十一月辛未。
⑥ 《明武宗实录》卷108，正德九年春正月庚寅。
⑦ 申时行等：《明会典》卷104，"礼部六十二"，第569页。
⑧ 《明世宗实录》卷83，嘉靖六年十二月壬子。

言而行。方献夫复言："内有年老无归者，不可不为之处。内外皇姑寺为敕建之所，宜令安置其中，以为终老之计。其所居庵寺俱私创，乞令户、工二部变卖，以为公需，仍量给尼姑之贫者，以为养赡费。"① 世宗令"变卖庵寺如议行。年老而贫者量给银养赡，各听其父兄、亲党收之，不必处之皇姑寺"。世宗并谕方献夫曰："昨霍韬言：僧道盛者，王政之衰也。所言良是。今天下僧道无度牒者，其令有司尽为查革，自今永不许开度及私创寺观庵院。犯者罪无赦。"② 会江西提学副使徐一鸣以拆毁寺观被逮至京，献夫乃与詹事霍韬、少詹事黄绾、右金都御史熊浃上疏论救，世宗曰："徐一鸣未奉明旨，尽毁古建寺观，并逐僧道，为地方扰，故逮问之。诸臣何乃为之论救？俟问完有处。且皇姑寺尼僧坏乱风俗，已令拆毁，此即礼部所建言也。献夫顾又欲存留？况尼姑与僧道不同，京师与在外不同，何一时之言前后相背若此耶？"③

嘉靖十年闰六月，世宗命"申明僧道私度之禁，诸不在正额者皆汰之"。④ 该月，礼部据监生万民所奏天下军民为逃避差役而簪剃投入寺院为僧道事，议拟"通行缉事衙门、巡视御史，转行该各府州县，严加禁约。寺观不许仍收行童、私自簪剃、寄名出家，逃避差役。如有私创寺观庵院，即与拆毁入官。亦不许与人修斋设醮，并奏青词、燃点天灯等……除正额府不过四十名，州不过三十名，县不过二十名外，其余有度牒者化正还俗，无度牒查革为民当差……"奉圣旨："这僧尼已有敕谕，着行各府州县化正还俗，别着行抚按官查考具奏。余依拟通行禁约。"⑤

自嘉靖十八年以后，出卖度牒开始成为连续性的政策。这是僧道政策的一次重要变局。"嘉靖十八年奏准，僧道照国初额设定数，每僧道一名，纳银十两，在内于两京工部，在外于各布政司，直隶于各府上纳类解，免其赴京。其两京给度，在京准二千名，南京一千名。"⑥ 嘉靖三十三年"题准，

① 《明世宗实录》卷 83，嘉靖六年十二月壬子。
② 同上。
③ 同上。
④ 《明世宗实录》卷 127，嘉靖十年闰六月戊子。
⑤ 俞汝楫：《礼部志稿》卷 89，第 614—615 页。
⑥ 申时行等：《明会典》卷 104，"礼部六十二"，第 568 页。

各府州县纳解年终造册连库收缴送户部，给与号纸一张，咨送礼部，填给度牒。三十七年议准，每名量减银四两。隆庆六年题准，礼部印发空头度牒，通行各处召纳。如有来京请给者，赴户部纳银五两，发号纸送礼部给牒。"①嘉靖三十七年三月，吏部尚书吴鹏等议准，僧道十六岁以上私自簪剃者，各追银六两。关给度牒者勒为民。② 隆庆初，帑藏空虚，经费不足。户部多方筹措，其间曾奏准令地方有司将"僧道度牒、吏承班银"如期起运至京，交户部。③ 隆庆二年六月，巡抚陕西都御史张祉奏，本省藩禄、边饷匮缺，请将事例、度牒、税契、路引、罚赎等银六万七千一百余两存用，再发帑银补之。户部覆，补给如议。④ 隆庆五年四月，"以广西古田用兵，诏留嘉靖四十五年以后布政司库贮钱粮并隆庆四年赃罚、事例、度牒等银万一千余两"。⑤ 嘉靖末到隆庆时期的出卖度牒政策根本改变了嘉靖中期以前遑遑于度牒出给与控制争论的局面。从此以后，度牒成为朝廷财政的一个稳定来源，而僧道人口也就根本失去了控制。

万历三年三月，"先是，上允部臣之请，催解各省直银两济边。贵州抚臣罗瑶、按臣杨允中上言：贵州幅员不广，财赋有限，本省岁支，仰资协济。乞留一切，以备缓急。上许留事例税契余税等银七千九百余，其正税及度牒银共九百余仍旧解部"。⑥

万历七年，"户部奏酌停僧道纳银事例，并申明旧制以弭后患，一停在京请给，一禁私自披剃，一立僧道名籍，一议查给文引，一禁私建院观。得旨，依拟行"。⑦

万历十二年十二月，户部尚书王遴奏理财事，内云："一议异端。洪武二十七年禁僧道募化，私创庵堂者，戍。永乐元年，禁军民私自披剃者，戍。乃今邪教盛行，琳宫梵宇，日恢月盛，宁负公家之赋而私会香钱则不敢少，宁爽官府之比而私约会期必不敢违。借贷以偿，典卖以应。民俗若此，

① 俞汝楫：《礼部志稿》卷 34，第 637 页；亦参看《明会典》（万历）卷 104。
② 《明世宗实录》卷 457，嘉靖三十七年三月癸酉。
③ 《明穆宗实录》卷 9，隆庆元年六月庚子。
④ 《明穆宗实录》卷 21，隆庆二年六月乙未。
⑤ 《明穆宗实录》卷 56，隆庆五年四月壬子。
⑥ 《明神宗实录》卷 36，万历三年三月己未。
⑦ 《明神宗实录》卷 87，万历七年五月辛未。

奈何不穷且盗也？今后凡披剃，年四十以下，并无度牒者，放归农，流寓递还本籍，土著收入里户。私会者悉坐以左道惑众之律。疏入，上嘉纳之，报曰：'事关朕躬者，已知之，钱粮拖欠，令立限督催。其余并与各部院相关者，俱各上紧议行。'"①

礼部尚书沈鲤随后上《题禁白莲教拆毁私创庵观疏》，内云："窃照异端之术，足以惑世诬民。苟非礼教素敷，民未有不尽于福田利益之说者，在昔已然，其风犹未甚也。迩来游手游食之辈，布满中外，此倡彼和，莫可收拾。以致梵宇琳宫，星列棋布，而无知之民，约会进香，建帜号佛者，日充斥于道途。岂直民财靡费，上亏惟正之供，抑且风俗渐偷，酿成地方之祸。臣等目击兹敝，方欲申饬，今尚书王遴条奏及此，深得移风易俗，足国裕民至计。相应酌议题请，恭候命下，移咨两京都察院转行五城内外及天下司府州县地方，大小寺观庵院，除系古刹及奉有钦依建置照旧存留听其更修外，若系近日私创庵院，招集僧尼，渎祀不经者，悉行拆毁入官，以后再不许新立增置，违者依律问遣。僧道曾经给有度牒年四十以上者，照旧存留。其年四十以下未经给度牒者，查果戒行无碍，姑准查照见行事例，申送纳给度牒。如未给度牒削剃，不守清规与流寓游食之徒，一并驱逐原籍务农当差。一切白莲、罗道募缘僧道及约会烧香，头戴甲马口称佛号等项愚民，在内听缉事衙门，在外着巡逻员役，严加禁捕，务得会首倡率之人，依律枷号治罪。知情故纵者，罪亦如之，勿视虚文，务臻实效。然臣等犹有过计焉。夫礼者禁于未然之前，法者治于已然之后。未然者易为力，而已然者难为功。查得僧道之禁，节经言官建白，本部议覆，不啻三令五申矣，而斋醮施舍，愈昌愈炽，俾异端者流，安坐而享富厚，岂尽左道之愚人，抑亦崇尚者之自愚耳。崇之于彼而欲禁之于此，其将能乎？今宜于禁令之外，仍以礼教堤防之。乞敕各抚按严督各该守令，毋专以簿书期会为急，而亦以移风易俗为要，申明圣谕，劝化愚民，教以君臣父子之常道，示以农桑衣食之恒业，晓以惠迪从逆之实理。丧葬必依家礼，有擅作佛事者必罚，祈年必于方社，有揭榜消禳者必罪。大经既正，邪慝渐消，行之既久，果于风化有裨，不为俗吏，吏部开著上考。脱有奉行未至，亦宜罚治，以示创惩。庶几教化与法制

---

① 《明神宗实录》卷156，万历十二年十二月辛酉。

并行，民风与世道咸赖矣。"① 神宗下旨："各处寺观庵院，除古刹及勅建有名的照旧存留，其余私创无名，黩祀不经的，两京着五城御史在外抚按官严行稽查，应改应毁的酌量区处具奏。余依拟。"②

泰昌元年八月，光宗即位诏书内有："迩来淫祠日盛，细衣黄冠，所在如蚁。今后敢有私创禅林道院，即行折毁，仍惩首事之人。僧道无度牒者，悉发原籍还俗。"③

天启五年三月，"户科给事中周汝谟疏言：故祖宗以来，每有军兴，辄拜散官名色。今宜颁行郡县，凡富民输粟若干，给以官号，量免差徭。计州县之大者，可得数十人，小亦可得数人外。如儒士之衣巾，武弁之加衔，僧道之授秩，推而行之各有所入，此不亦予以虚名而收其实利乎？"④

沈迅曾于崇祯间请"以天下僧人配尼姑，编入里甲，三丁抽一，可得兵数十万。他条奏甚多。章下兵部，嗣昌盛称迅言可用，乃命为兵科给事中"。⑤

随着度牒制度本身的废滥，无度牒的僧道人口更为膨胀。王士性就说，河南地方的僧人从不领度牒："中州僧从来不纳度牒，今日削发则为僧，明日长发则为民，任自为之。故白莲教一兴，往往千百为众，随入其中。官府无所查覈，为盗者亦每削发变形入比丘中，事息则回。无论僧行，即不饮酒食肉者，百无一人。"⑥

僧道人口及其成分在明代已经成为士大夫普遍关注的一个问题，既涉及宗教政策，也涉及社会政策。袁宏道就曾提出："古之为僧者，试经乃得度，如今之科目然，故其徒不繁而业精。迨于宋季，始有纳赀求度者。当时士大夫相与咨嗟，以为开游惰之端。国初私度之禁尤严，至于今漫无稽考，非穷巷比舍资生不给者之子若弟，则疥癫脓血之老不能力者也。朝而佣奴，暮而髡发，朝而市侩，暮而三衣，精蓝之中，遂为游食之薮，于是托钵擎锡，号

---

① 俞汝楫：《礼部志稿》卷 50，第 937—938 页。

② 同上书，第 938 页。

③ 《明光宗实录》卷 3，泰昌元年八月丙午。

④ 《明熹宗实录》卷 57，天启五年三月壬申，第 26 页。

⑤ 张廷玉：《明史》卷 267，列传第 155，"宋玫传"，第 6881 页。

⑥ 王士性：《广志绎》卷 3，"江北四省"，第 44 页。

衢呼舍者，几遍天下。有王者起，将尽驱而农之乎？驱之不胜驱也，必有变。然则每郡邑限以额，禁之使无他往，可乎？曰：比丘行脚，谓之参询。行则僧，不行则非僧。固其师之遗教也。恶乎禁？曰：凡游者必给牒，至他邑则验之，若何？曰：使其人贤，仆仆衙署，彼将不屑。不贤则诈伪百出，郡邑安能尽案，其势必假于胥隶，而相缘为奸。昔之人盖行之矣，行也而不能竟行，故其法遂废。然则御僧遂无策乎？曰：有，亦顺而道之耳。道之若何？一曰置邮，邮即古之丛林也。郡邑大者三四，小者一，凡客僧至而他投者，以奸论。二曰署师，师即丛林主人也。取其贤而能不苛者，庸而能自洁者，暂寄而不长子孙者。方僧小过，则以规绳从事，大则付之邑长贰，其谁敢不肃？"[1] 明人好议论，其中不乏可取之处，但如上文所述明代僧道人口之演变，袁宏道毕竟未加详细考察，他提出的解决办法，全在建丛林，而且依赖地方政府管束，其实不会奏效。

下附明代僧道度牒发给情况简表，以略见趋势大概。

明代僧道度牒发给情况简表

年　份	发度牒数	记　载	出　处
洪武五年	？	三月，给僧道度牒	《释鉴稽古略续集》（二）
洪武五年	57200	给僧道度牒。时天下僧尼道士女冠凡五万七千二百余人，皆给度牒，以防伪滥	《明太祖实录》卷77，洪武五年十二月己亥
洪武六年	？	普给天下僧度牒	《释鉴稽古略续集》（二）
洪武六年八月	39128	礼部上奏，天下僧尼道士达96328人	《明太祖实录》卷84，洪武六年八月
洪武十三年六月	1000	蒋山寺迁于东冈，改赐寺额灵谷寺，命度僧一千名，悉给与度牒，赠僧田若干顷	《释鉴稽古略续集》（二）
洪武十七年	20954（？）	礼部尚书赵瑁言："自设置僧道二司，未及三年，天下僧道已二万九百五十四人"	《明太祖实录》卷167，洪武十七年闰十月癸亥
洪武二十一年	？	迁僧录司于天禧寺，试经度僧，给与度牒	《释鉴稽古略续集》（二）

---

[1]　袁宏道："新建众香林碑记"，见《袁宏道集笺校》，第1556页。

续表

年　份	发度牒数	记　载	出　处
洪武二十五年	？	试经给僧度牒	《释鉴稽古略续集》（二）
永乐元年二月	？	给云南僧度牒	《明成祖实录》卷 17，永乐元年二月丁丑
永乐元年六月	352	给僧度牒三百五十二	《明成祖实录》卷 21，永乐元年六月乙巳
永乐十三年十二月	？	给西宁等处僧著失监藏等度牒	《明成祖实录》卷 171，永乐十三年十二月甲申
永乐十六年三月	93	给赐西宁僧领占朵儿只等九十三人度牒	《明成祖实录》卷 198，永乐十六年三月丙辰
永乐十九年七月	？	给四川永宁宣抚司等处僧道度牒	《明成祖实录》卷 239，永乐十九年秋七月戊子
宣德元年	？	以僧道行童请给度牒甚多，谕礼部先令僧道官取勘，礼部同翰林院等考试，能通经典，方准给与	《明会典》卷 104，"僧道"，第 1575
宣德三年七月	200	给云南曲靖军民府土僧善清等二百人度牒	《宣宗宣德实录》卷 45，宣德三年七月丁丑
宣德十年九月	89	依茅山华阳洞灵官汤希文奏乞，给道童八十九人度牒	《明英宗实录》卷 9，宣德十年九月甲午
宣德十年十二月	151	从行在礼部奏请，给僧道童倪、华观等一百一十五人度牒	《明英宗实录》卷 12，宣德十年十二月庚申
正统元年七月	174	度僧道一百七十四人	《明英宗实录》卷 20，正统元年秋七月壬戌
正统元年九月	24195	从都知监太监洪保请，度其家人二十四人为僧	《明英宗实录》卷 22，正统元年九月己未
正统二年春正月	195	从礼部尚书胡濙等奏，给僧道一百九十五人度牒	《明英宗实录》卷 26，正统二年春正月己酉
正统二年三月	4366	行在僧录司奏两京敕建寺多僧少，欲将各寺宣德年间以后收养行童，不拘原额，通给度牒。后尚书胡濙等官试中僧童四千三百六十六人，准给	《明英宗实录》卷 28，正统二年三月丁未
正统二年五月	653	度僧道六百五十三人	《明英宗实录》卷 30，正统二年五月庚戌
正统二年十月	5666	从行在礼部尚书胡濙等奏请，给僧道五千六百六十六人度牒	《明英宗实录》卷 35，正统二年冬十月甲申

续表

年　份	发度牒数	记　载	出　处
正统五年正月	10000	给僧童一万人度牒	《明英宗实录》卷 63，正统五年春正月辛未
正统五年六月	2300	该年剃度僧道。天下僧童至者三万七千有奇，先度道童先至者二千三百，其余俟后再度	《明英宗实录》卷 68，正统五年六月乙酉
正统五年七月	10122	给乐舞生一百四十八人并僧童九千九百七十四人度牒	《明英宗实录》卷 69，正统五年秋七月壬寅
正统六年闰十一月	1000	命礼部遵太皇太后懿旨，度僧一千名	《明英宗实录》卷 86，正统六年闰十一月丙寅
正统七年九月	?	宁王权奏于遐龄山陵所创屋五间，祀南极真人，蒙赐名曰南极长生宫，乞择人给度牒住持，从之	《明英宗实录》卷 96，正统七年九月壬午
正统八年三月	174	给道童刘圭安等一百七十四人度牒	《明英宗实录》卷 102，正统八年三月辛酉
正统十一年二月	1500	礼部奏请出给僧道度牒，上命在外府州县悉遵永乐间定额，惟南京度僧五百人，北京度僧一千人	《明英宗实录》卷 138，正统十一年二月辛酉
正统十一年五月	357	从礼部尚书胡濙请，给行童九十一人，道童二百六十八人度牒	《明英宗实录》卷 141，正统十一年五月丁丑
正统十一年五月	259	从真人张元吉奏请，给龙虎山上清紫微宫道院童徐孟卿等二百五十九人度牒	《明英宗实录》卷 141，正统十一年五月庚寅
正统十一年六月	49	给赐贵州会诵《心经》并《法华经》及能作瑜伽法事者土僧童四十九名度牒	《明英宗实录》卷 142，正统十一年六月丁酉
正统十一年七月	326	给道童刘盛阔等三百二十六名度牒	《明英宗实录》卷 143，正统十一年秋七月戊寅
景泰二年正月	30000	礼部奏：比者，奉皇后懿旨，度僧三万①	《明英宗实录》卷 200，《景泰附录》卷 18，景泰二年春正月甲子

---

① 按《明通鉴》，景帝景泰二年，"太监兴安以皇后旨度僧道五万余人"，见《明通鉴》卷 25，景帝景泰二年，第 1028 页。此当包括表中度僧 3 万人。

续表

年　份	发度牒数	记　载	出　处
景泰二年二月	475	以正一嗣教真人张元吉请，给上清宫道童周玄章等四百七十五人度牒	《明英宗实录》卷201，《景泰附录》卷19，景泰二年二月戊寅
景泰二年四月	2000	度天下道士二千人	《明英宗实录》卷203，《景泰附录》卷21，景泰二年夏四月丙子
景泰二年七月	？	依刑部左侍郎罗绮奏，令僧道赴四川纳米五石者，给与度牒	《明英宗实录》卷206，《景泰附录》卷24，景泰二年秋七月辛亥
景泰二年十一月	32800	先是，有旨不度僧道。既而，以中旨度三万二千八百余人。外间竞传明年仍度。僧道集京师者数万人	《明英宗实录》卷210，《景泰附录》卷28，景泰二年十一月壬子
景泰四年四月	？	十三道监察御史左鼎等言：今天下僧数十万计	《明英宗实录》卷228，《景泰附录》卷46，景泰四年夏四月庚子
景泰五年四月	？	命礼部凡僧道请给度牒者，于通州运米二十石，赴口外万全等处官仓交收以备军用。从户部尚书张凤等奏请也	《明英宗实录》卷240，《景泰附录》卷58，景泰五年夏四月癸巳
景泰五年秋七月	2000	时天下僧童数万赴京请度，有诏两京各一千名，府四十名，州三十名，县二十名，不必查勘稽留	《明英宗实录》卷243，《景泰附录》卷61，景泰五年秋七月辛亥
景泰五年十一月	421	正一嗣教真人张元吉请给上清宫道童李德芳等四百二十一人度牒。从之	《明英宗实录》卷247，《景泰附录》卷65，景泰五年十一月戊申
景泰七年冬十月	840	升道士孙道玉为右至灵，喻道纯为左玄义，度道童五百人	《明英宗实录》卷271，《景泰附录》卷89，景泰七年冬十月己亥
景泰七年冬十月	340	命给四川重庆府等府僧胡德心等三百四十人度牒，以各僧遵例输米播州边仓，以足军饷也	《明英宗实录》卷271，《景泰附录》卷89，景泰七年冬十月壬子
天顺元年至成化二年	132200余	缘僧道例，必十年一度，自天顺元年至成化二年，已度一十三万二千二百余人	《明宪宗实录》卷120，成化九年九月
成化二年闰三月	50000	以僧录司右阐教道监等奏请，令额外给度僧道十五岁以上者五万名	《明宪宗实录》卷28，成化二年闰三月癸巳

续表

年　份	发度牒数	记　载	出　处
成化二年五月	3000	从左玄义许祖铭请，复度道童三千有奇	《明宪宗实录》卷30，成化二年五月丙子
成化二年（1467）	130000余	成化二年已度僧道一十三万有奇	《明宪宗实录》卷104，成化八年五月戊戌
成化九年五月	140	给太岳太和山各宫观道童一百四十名度牒	《明宪宗实录》卷116，成化九年五月戊申
成化十二年十月	13340	礼部奏：是岁度僧道一万三千三百四十名	《明宪宗实录》卷158，成化十二年十月庚寅
成化十五年冬十月	145000	监察御史陈鼎奏：自成化二年起至十二年，共度僧道一十四万五千余人，而私造度牒者尚未知其数	《明宪宗实录》卷195，成化十五年冬十月庚子
成化十三年四月	？	巡抚河南右副都御史张瑄以救荒请给僧道度牒，从之	《明宪宗实录》卷165，成化十三年四月乙丑
成化二十年十月	10000	给空名度牒一万纸，分送山西、陕西巡抚，募愿为僧道者，输粟助赈给度	《明宪宗实录》卷257，成化二十年十月丙辰
成化二十年十一月	500	通玄翊教广善国师继晓乞空名度牒五百道，许之	《明宪宗实录》卷258，成化二十年十一月庚寅
成化二十年十二月	60000	预度天下僧道六万人。时山西、陕西饥，许浙江等处愿为僧道者输粟赈济，给以度牒。已万人矣，户部言陕西饥尤甚，乞再度六万人，各输银十二两	《明宪宗实录》卷259，成化二十年十二月乙卯
成化二十年十一月	60000	户部会议总督大同宣府军务户部尚书余子俊所陈事宜：请行浙江等十三布政司并直隶府州，共度僧道六万人，人纳银十二两于所在官司，类解转运，以备边用……从之	《明宪宗实录》卷258，成化二十年十一月庚寅
成化二十一年八月	6000	僧道录司请移山、陕救赈所遗空度牒六千均之两京及天下名山、两神乐观给度。银未纳者俱免之	《明宪宗实录》卷269，成化二十一年八月辛卯
成化二十一年八月	70000	礼部请行给度僧道七万，定数于天下。大率僧不过五万人，道二万人。如道数不足，即补以僧	《明宪宗实录》卷269，成化二十一年八月戊戌

续表

年　份	发度牒数	记　载	出　处
成化二十一年十二月	29960	以礼部请，度僧道行童二万九千九百六十名	《明宪宗实录》卷273，成化二十一年十二月乙酉
成化二十一年十二月	3400	喇嘛国师剳实也宗奈奈乞度番僧，礼部欲遵成化二年例，以三千四百名数度之	《明宪宗实录》卷273，成化二十一年十二月癸卯
成化二十二年十二月	300	给正一嗣教真人张玄庆度牒三百，从其请也	《明宪宗实录》卷285，成化二十二年十二月戊戌
弘治元年闰正月	?	停十年一度之例	《明孝宗实录》卷10，弘治元年闰正月丙戌
弘治九年六月	8050	在京准度八千名，南京五十名，直隶及各布政司府州县原额有缺照数保送来京	《明孝宗实录》卷114，弘治九年六月辛卯
正德二年五月	40000	准度在京在外僧三万名，道一万名	《明武宗实录》卷26，正德二年五月戊午
正德三年三月	30000	户部左侍郎韩福奏请度僧六万人，预给度牒……以正德二年已度三万人，减其数之半	《明武宗实录》卷36，正德三年三月甲子
正德三年春正月	100	诏度神乐观道士一百名	《明武宗实录》卷34，正德三年春正月庚申
正德三年四月	22000	发僧牒二万、道牒二千于在京及直隶、山东、山西、河南、陕西、辽东、宣府、大同地方，每名纳银十两或八两，无力者勒令还俗	《明武宗实录》卷37，正德三年夏四月乙亥
正德三年七月	15000	礼部先借太仓银十三万两，无可补还，乞再鬻僧行度牒一万五千张，取补负欠户部之数，从之	《明武宗实录》卷40，正德三年秋七月庚子
正德五年十月	?	准给番僧度牒三万，汉僧道士各五千。然未全行①	《明武宗实录》卷68，正德五年冬十月庚寅

① 《明武宗实录》卷68，正德五年冬十月庚寅条，该月，"准给番僧度牒三万，汉僧道士各五千。时上习番教，欲广度习其教者。命印度牒若干，所司度不可净，因如数摹印，然竟贮于文华殿而实未尝用心"。如此则此30000度牒未发。然《明宪宗实录》卷106，正德八年十一月辛未条又载，该日"赐大庆法王领占班丹番行童度牒三千，听自收度。先是，有旨度番汉僧行道四万人，其番行童多中国人冒名者，为礼部所持，故领占班丹奏欲自便"。此40000度牒当即十月庚寅条所称番僧度牒30000，汉僧5000，道士5000。据后者，则该40000之数内，"番僧"得领占班丹直接给度3000，其余之数，也当有给度，并非全因"所司""未尝用心"而全部作废。

续表

年　份	发度牒数	记　载	出　处
正德八年十一月	3000	赐大庆法王领占班丹番行童度牒三千，听自收度	《明武宗实录》卷106，正德八年十一月辛未
正德九年正月	200	赐真人张彦頨度牒二百道。时度僧道，彦頨陈乞故也	《明武宗实录》卷108，正德九年春正月庚寅
正德十二年十二月	？	复开军职生员吏典义民僧道纳银例……义民授冠带者二十两……阴阳官七十，僧道官减二十，未给度牒者度之	《明武宗实录》卷156，正德十二年十二月壬寅
嘉靖十八年	？	嘉靖十八年奏准，僧道照国初额设定数，每僧道一名，纳银十两，在内于两京工部，在外于各布政司，直隶于各府上纳类解，免其赴京。其两京给度，在京准二千名，南京一千名	《明会典》卷104，"僧道"，第1576页
隆庆六年	？	题准礼部印发空头度牒，通行各处召纳。如有来京请给者，赴户部纳银五两，发号纸，送礼部给牒	《明会典》卷104，"僧道"，第1576页
万历七年	？	户部奏酌停僧道纳银事例	《明神宗实录》卷87，万历七年五月辛未

第十一章

寺院经济及其与国家、社会的关系

　　《明史》云："洪武十四年，诏天下编赋役黄册……僧道给度牒，有田者编册如民科，无田者亦为畸零。"① 据此，僧道之有田地者，其田地与一般俗人所拥有的田地一样由政府编为册籍，课以赋税。洪武十四年十一月，"核天下废寺田没入官。十五年，令天下僧道常住田土不许典卖"。② 洪武十五年三月初六日，"曹国公钦奉圣旨：'天下僧道的田土法不许买。僧穷寺穷，常住田土，法不许卖。如有似此之人，籍没家产。钦此。'"③ 故明朝初年寺院土地不许买卖。洪武十九年。敕天下寺院有田粮者，设砧基道人。一应差役不许僧应。④ 故寺院田土有赋税而僧道无徭役。

　　自洪武时期开始，寺院已拥有政府赐给并获得国家免税特许的土地。如，洪武二十六年九月，"赐天界、天禧、灵谷、能仁、鸡鸣五寺芦柴地四十七顷有奇"。⑤ 这类特许权利，随着明朝对于佛道限制政策的日益宽松而呈扩大趋势，以致寺院田土不断扩大。建文时期，杭州知府虞谦"尝建言天下僧道每人止令畜田五亩，无田者官给之。余有常住田悉归官，以给无田之民，僧道悉免其赋役"。当时从其所言行之。永乐初尽改建文时期所更改的

---

　　① 张廷玉：《明史》卷77，"食货一"，第1878页。
　　② 嵇璜：《钦定续文献通考》卷6，"田赋考·官田"，影印文渊阁四库全书本，第626册，第163页。
　　③ 释大闻：《释鉴稽古略续集》卷2，第24页。
　　④ 同上书，第26页。
　　⑤ 《明太祖实录》卷229，洪武二十六年九月戊辰。

洪武旧制，此亦改回。①

永乐初年，京师附近一些寺院开始要求对寺院附近空闲土地的特许使用权，但为成祖拒绝："永乐初，清凉寺僧言：'近寺军民，牧放牲畜，蹂践寺外之地，请付法司治罪。'成祖曰：'京师隙地少，居人艰于刍牧，寺外有闲地，则推以便之，乃契佛利济之心，何必禁？'"②

宣德时期，寺观土地在南方几个行省已经扩大到了惊人的规模，经士大夫提议，开始采取比较严厉的限制措施。宣德八年三月，"广东按察司佥事鲁鼎奏：'僧道二家，各有其教，既已出家，自当离俗。今广东、浙江、江西等处寺观田地多在邻近州县，顷亩动以千计，谓之寄庄，止纳秋粮，别无科差。而收养军民子弟以为行童，及匿逃军、逃民代为耕种。男女混杂，无异俗居。又有荒废寺观田土，报为寄庄，收租入己。所在贫民无田可耕，且多差徭，而僧道丰富，安坐而食。乞敕礼部会议，取勘僧道寄庄之田及废寺观田，有人耕种者，开报佃人户籍，顷亩多则均分本处无田之民，以供徭役。其私置庄所，隐逃军匠逃民，男女杂居者，所在法司严捕治之。'上然其言，命行在礼部施行。"③

宣德十年八月，"广东按察司佥事赵礼言：'各处寺观多因田粮浩大，与民一体当差，是致混同世俗。如南海县光孝寺，该粮三千余石，每当春耕秋敛，群僧往来佃家，男女杂坐，嬉笑酣饮，岂无污染败坏风俗？乞依钦定额设僧人，府四十名、州三十名、县二十名，就于本寺量拨田亩，听其自种自食，余田均拨有丁无田之人耕种纳粮。'上命行在礼部如所言行之"。④

正统五年三月，监察御史丘瀿建议，"令有司取勘寺观田地，无僧道管业者，发与佃人耕种，计亩征粮。勿令别寺观僧道兼管收租，有误粮税。寺观废者，毋得重修"。事下行在户部覆奏，从之。⑤ 正统十二年二月，有弥

① 《明成祖实录》卷12下，洪武三十五年九月乙巳。按《明宣宗实录》卷26，宣德二年三月壬子条记载与《明成祖实录》所载不同，后者云：虞谦"在杭州，尝建议：僧道民之蠹，今江南等院田多或数百顷，而官府徭役未尝及之。贫民无田，往往为徭役所困，请为定制，僧道每人田无过十亩，余田以均平民。初是之，已而谓非旧制，遂寝。"

② 余继登：《典故纪闻》卷6，第104页。

③ 《明宣宗实录》卷100，宣德八年三月甲寅。

④ 《明英宗实录》卷8，宣德十年八月癸卯。

⑤ 《明英宗实录》卷65，正统五年三月乙丑。

陀寺僧奏："本寺原种宛平县土城外地十八顷有奇，近蒙户部委官踏勘，令臣输税。然臣空寂之徒，乞赐蠲免。"英宗曰："僧既不能输税，其地令没官。"① 正统十二年十月，"初宣德中，建大功德寺，占田六顷有奇，税粮未除，累民包纳。至是十八年矣，被累者数奏。核勘既实，上命除之"。② 正统十三年，"命有司勘寺观田给民耕……令诸寺观田除洪武时置者，悉令州县查勘还民。废寺观所遗之产，令拨给招还无业及丁多田少之民，户二十亩，三丁以上者三十亩，亩科正粮一斗，俱为官田。户绝，仍拨给贫民。毋许私售"。③

"至景帝景泰三年，令各寺观田量存六十亩为业，余拨小民佃种纳粮。"④

从上述资料看来，宣德到景泰时期，僧道人口增长已经大大超过洪武时期规定的额数，但国家也在采取严厉措施限制寺院土地。但到成化时期，寺院所占田地大大增加，而朝廷政策多庇护寺院。

成化十六年十二月，"巡按福建监察御史徐镛奏：'福建僧寺田有多至万亩者，而当差良民或无寸土，照丁征敛，苦不可言。乞查寺田，除五百亩以下，余取其给之贫民。'事下户部，议从之。镛又奏：'福建僧人多以田投献势豪之家，谋为住持，亦有已经问罪还俗，仍复赴京请求僧录司给劄住持者，乞为之禁。'事下礼部，覆奏：'除两京外，宜移文天下司府州县，遇有钱粮僧寺住持缺，必须僧司举保本处籍僧送有司勘结，转行给劄，不许仍前滥保，其曾经问结者，虽有劄付，亦必究问。'诏可"。⑤ 从这里可以看出，这时福建寺院田地已有超过景泰时期规定的每寺 60 亩额数的 160 倍者。这样大幅度的愈额表明 60 亩额数已经普遍地被突破。寺院僧人与地方豪强勾结，用冒民间田地为己有，"投献"他人，以获取地方豪强的支持。而且，拥有这些寺院田地的僧道人口并不负担赋役，而没有土地的世俗人民则要

---

① 《明英宗实录》卷 150，正统十二年二月庚戌。
② 《明英宗实录》卷 159，正统十二年冬十月癸酉。
③ 嵇璜：《钦定续文献通考》卷 6，"田赋考·官田"，第 163 页。
④ 同上。
⑤ 《明宪宗实录》卷 210，成化十六年十二月己未。按：《钦定续文献通考》卷 6，"田赋考·官田"所载数字与实录不同，其文为："宪宗成化十六年，令福建僧寺田除征粮及百亩以下，余给无田民承种。"

"照丁征敛"，扩大了相对于土地分配状况和国家税收的社会不平等。这个时候再次采取限制寺院土地的措施，但其限额不得不参照现实状况而提高到500亩。

成化二十二年八月，"禁敕太岳太和山樵采并复其侵占田地。时本山道士奏：武当山多被民开垦樵采，请赐护敕，并敕所在官司禁治及拨还民之侵占者。从之"。① 成化二十二年九月，"太监韦兴奏灵济宫重建已成，旧额庙户二十户老弱不堪洒扫，乞令金易，而原赐田地亦别拨佃户十户，给复其家，使专守庙。户部议行"。②

弘治时期政策，略向限制寺院田地倾斜，但并无大的举措。弘治元年正月，"命户部以近赐大慈延福宫地六百余顷召民佃种。先是，上以宫为太皇太后所建，因赐地为香火田。既而科道有言，太皇太后亦自以为不可，遂有此命"。③ 弘治二年四月，巡抚湖广都御史梁璟言："太监陈喜别带道士三十余人，俱领敕护持，往往离本宫有百余里外深山之中，或擅创庵观，或寄住民家，甚至招集无赖强占田土，不遵提督等官约束，恐岁月滋久，酿成他患。乞追回原敕额外者，返还原籍，庵观折毁田土归之旧主。"从之。④

正德二年十月，魏国公徐俌与无锡县民邹塾等及妙相院僧争田。巡按御史令地方官"至所争之乡，履亩体究。乡民皆云俌家初无田土……"遂断给僧民。后因刘瑾受魏国公赂，而以田断给魏国公府。⑤ 正德八年夏四月，"令宛平、大兴二县拨佃户二十于护国保安寺，以供洒扫。寺旧有四户，内使覃珉复请益之，户部执奏，不听"。⑥

嘉靖时期，虽然世宗崇信道教，但对寺观田地，仍多限制。"嘉靖八年，废寺观田，召人承买。九年，各寺观庄田亦立庄头，收解州县给领，不许僧道自行收租。"⑦ 嘉靖九年十月戊寅，"户部议，大学士桂萼所奏任民考，曰清图、曰清籍、曰攒造、曰军匠户、曰新增田地、曰寺观田土、曰编审徭

① 《明宪宗实录》卷281，成化二十二年八月甲戌。
② 《明宪宗实录》卷282，成化二十二年九月戊申。
③ 《明孝宗实录》卷9，弘治元年正月壬戌。
④ 《明孝宗实录》卷25，弘治二年四月壬子。
⑤ 《明武宗实录》卷31，正德二年冬十月辛卯。
⑥ 《明武宗实录》卷99，正德八年夏四月癸亥。
⑦ 嵇璜：《钦定续文献通考》卷6，"田赋考·官田"，第164页。

役。请上裁。得旨：'新增田地、寺观田土编审徭役如议，余议已之，以免纷扰。'"① 嘉靖三十九年十月，户部尚书高燿等议上大造黄册事宜，内有"已给度牒僧道有田粮者，编入黄册，同里甲供应赋役，无粮者编入带管畸零"。诏允行。② 这些政策，都很严厉，但对于道教上层，却偶有特殊待遇。嘉靖十四年十月，"正一真人张彦頨奏免寄庄徭役，户科参寝其奏。户部言彦頨私奏用印非例，且不开多寡之数，宜从覆勘。得旨：正一大真人非自今日始也，蠲免徭役，皇祖已有恩旨，有司不许违命辱欺。尔等但知卖公恃正，姑不问"。③

　　万历时期对佛教寺院优待多于嘉靖时期。万历二年七月，"给还崇福寺僧真揭地五顷四十三亩，供奉各夫人香火，以后但有夫人亡故，都就彼安葬，不必再行拨给"。④ 但这类优待政策基本局限在与皇室有直接关系的部分寺院，各地士大夫对寺院经济的态度则各有不同。右金都御史巡抚福建许孚远"所部多僧田，孚远入其六于官"。⑤ 袁宏道"南都天界寺募田疏"则对寺田大加鼓吹，其说云："僧供出自分卫，佛制也。后因乞者不胜烦，供者不胜数，而寺田之制始兴。夫天下之官者、商者、工者，皆待食于农，耕之者一而食之者十，农安得不厉？夫官为民策旱潦、正疆洫，是官未始不农也。夫商为民以谷易钱，以舟车通货器，是商未始不末也。夫工为民陶冶鼓铸织纴创作，是工未始不耨也。今夫僧居则办道，行则参礼，无铢两之事及民，其真能为应供、为利生者，百不能一，而坐而蠹庾粟者，十人而九也。夫取百不能一者而皆取给于农，则农困；监劣僧之敝，而并废福田，则僧困。此两敝之道也。自隋以来，久而不弊者，唯寺田一法。计僧而田之，计田而夫之，一亩之入，可供一僧；一亩之力，常借二夫。是一亩而供一僧与二农也。以其二自给，其一以办官税，坐而食之，不为蠹国。使天下之为僧者，皆借民力以办禅，而其贫无田者，复得借僧亩以自食，此与官、与商、与工交相耨者同。比之方维口最为净食，使瞿昙生中国，决当易分卫之制而

　　①　《明世宗实录》卷 118，嘉靖九年十月戊寅。
　　②　《明世宗实录》卷 489，嘉靖三十九年十月戊戌。
　　③　《明世宗实录》卷 180，嘉靖十四年十月癸巳。
　　④　《明神宗实录》卷 27，万历二年七月戊寅。
　　⑤　张廷玉：《明史》卷 283，"许孚远传"，第 7285 页。

为田也。天界寺旧有田，今以供院僧，而四方行脚不沾盂粒。"①

皇帝举行佛教和道教的法事活动，需要耗费大量资财，这与国家财政发生冲突。景泰五年三月，六科给事中林聪等奏请罢斋醮、汰僧道，语云："唐虞三代之时，初无释道斋醮之事，而尧舜禹汤文武诸君享寿益高。传祚愈久，未尝祈福而福自臻，未尝禳灾而灾自息。当时庶政惟和，万邦咸宁，初非斋醮以致之也。自汉以来，颇崇尚之，而享寿不高，传祚不久，治道终不古。若甚则有舍身以施佛者，有自号为道君者，信之甚切，奉之甚笃，而乱世随之。近者在京各寺观既有斋粮以饭僧，复有灯油以供佛，一月之间，修斋几度；旬日之内，设醮数坛。至于内府亦且修设，赏赐金帛动逾数千，耗费钱粮，不可胜计。虽曰给自内帑，其实出于民间。本以为民祈福，为国禳灾，而天之灾变屡见。何尝有补国家之分寸乎？伏望监前代之得失，辨二教之无补，凡各处寺观、斋粮灯油之用，内外修设斋醮之事，悉皆停罢。庶有用之财不为无益之费，而国用可纾……"②

成化三年春正月，"命湖广太岳太和山宫观油蜡每三年一给，令襄阳府于夏税内折办四万五千九百三十六斤"。③ 这是由中央指令地方财政负担寺院活动费用。

弘治三年十二月，"六部等衙门尚书等官王恕等以星变奉诏言：'经筵讲学乞不间寒暑；各寺观斋醮西天厂诵经，供应太侈，费财害民；元宵灯火筵宴及保圣等夫人岁祀，乞各裁减停止；畜养猩子等兽，饲以生羊，有伤仁心，甚为无益，续进番僧刊印番经，既费民财，又伤礼教，乞放遣停止……'上曰：经筵讲学，朕当自勉。供应品物已令裁减。元宵灯火筵宴，即令罢之。保圣夫人等祭祀，太常寺查议来说。狮子等兽止喂生肉，不用活羊，看守人役减半。番僧除原存留外，余查数闻奏"。④

弘治六年八月，"命太岳太和山岁用香烛洒扫军夫及道士所乞均州食盐俱仍旧，斋粮月支米麦共五斗，岁衣布一匹。初，用都御史梁璟奏，裁减各宫观支费三之一，军夫万一千六百余，盐课仍输有司，阖境称便。至是，以

① 袁宏道著，钱伯城笺校：《袁宏道集笺校》，第 1195 页。
② 《明英宗实录》卷 239，景泰五年三月乙丑。
③ 《明宪宗实录》卷 38，成化三年春正月丁丑。
④ 《明孝宗实录》卷 46，弘治三年十二月壬戌。

太监潘纪言，悉还其旧，惟道士月粮减一斗，岁衣减一匹云"。①

弘治十三年六月，南京吏科给事中郎滋等以灾异言六事。"一，罢斋醮。谓近来僧道所叨内帑之费，或滥玉带之赐，或光禄寺日用食桌数百，南京成造器皿十余万，取香数十万斤，皆为斋醮而设。乞移僧道之费，以给军士，减斋醮之设。以足边储。"命下其奏于所司。②

嘉靖三十一年二月，"诏修太和山玄帝宫。湖广抚按官会计工费当用银十万四千二百五十余两。上命发内帑银十一万两给之，敕原任侍郎陆杰提督工程"。③

万历十八年八月，礼部右侍郎兼翰林院侍读学士黄凤翔言："窃睹都城内外祠庙寺观金碧荧煌，堂宇壮丽，询诸道略。皆曰内帑所捐金也，而远方梵刹之供奉，岁时斋醮之祷祝，亦复频仍。臣愚谓与其捐兹厚费于冥冥，孰若宽此一分于民命？臣愚又以为岁进无名诸费，愿陛下慨然停止。"报闻。④

但是，寺院另有社会救助功能。成化八年十二月，光禄寺寺丞郭良奏："迩来近京饥民，比肩接踵，丐食街巷，昼夜啼号，冻饿而死者，在在有之。有司虽有养济院，而人多不能遍济，奉行者亦不经心。乞敕户部行顺天府及各司府州县，勘丐食人数，酌量多寡，出米作粥食之，暮则安置寺观温暖处所。傥有死者，即令火甲收瘞之。"⑤ 寺院又是宫廷安置老病内监之处，说见《明宫史》。

---

①　《明孝宗实录》卷 79，弘治六年八月庚寅。

②　《明孝宗实录》卷 163，弘治十三年六月戊申。

③　《明世宗实录》卷 38，嘉靖三十一年二月壬申。

④　《明神宗实录》卷 226，万历十八年八月乙未。

⑤　《明宪宗实录》卷 111，成化八年十二月癸酉。

第十二章

职业宗教人士社会行为与国家的关系

张萱《西园闻见录》引王叔英语云:"古之为民者四:曰士、农、工、商而已。后世益之以僧道,而为民者六,故务农寡。况二氏之教,本以清净无为为宗,而后世为其徒者,多由避徭役而托于此,又倚其教能使人尊奉,有不耕而食,不蚕而衣之利,由是为之众。往往食肉饮酒,华衣美食,肆欲营利,无异于污民。是则于其本教既忍为之,况可律之以圣人之教乎?其人可耕稼而不耕稼,乃托佛老以为生,无补于世道,而有败于风俗,愚民不知彼之身已获罪难免,犹谓人之事彼者足以获福。且辍己衣食以奉之,其惑世诬民甚矣。昔唐高祖受议除之,正以人之坐食者众,而资食者少,实由于此。此僧道有污杂之众,而可以省除以助农者也。"① 这里提出了两个方面的问题,一是论者认为职业宗教人士人数不事农织,是一个寄生性的群体;二是一些职业宗教人士出家不为修道而为谋食,其社会行为颇不检点,有损于宗教的尊严,引起对相关宗教本身的抨击。"古名贤多与僧往返,然必通禅理、有戒行、知文翰者方与之交。如今俗僧治家供役,酒色无赖,比常人尤甚,士大夫喜其应接殷勤,逐与相狎,且不论其深意莫测。但默睹其炎凉体态,桀骜形状,已极可厌恶矣。谚云:'不交僧与道,便是好人家。'此言有感而发。"②

但僧道之中,从来不乏守戒律而为一方人望者。杨士奇就与僧彭海云为

---

① 张萱:《西园闻见录》卷104,"二氏前",第1930页。
② 叶权:《贤博编》,中华书局1987年点校本,第22页。

友，并曾语云："国家崇奖道德之教于天下，郡邑皆置道官，郡有纪，邑有会，皆取老氏之徒任之。吾泰和自置道会以来，凡再更代而至海云，而皆和易清约，端重雅素，直而不肆，慎而不矫，此岂吾邑为老氏之徒则皆贤哉？盖所资以治，非其实有于己，则无以服众而举其职，是以推择而取之也。自吾少时见海云处于乡，恂恂温温，退然一无所有，而先生长者爱重之，至为道会，自邑长二以下，皆称之曰良。而邑之为老氏之徒，皆心敬诚服，趋其令不敢慢焉。此非其本诸内者厚，有以得之乎？"① 杨士奇曾为一些高僧作塔铭，内一云："粤自佛法盛行于中国，其徒之赫然有以动人者，多本其才能智辩，驰骋卓越。而学士大夫遇之，往往骇异欣喜，乐与之游，甚者重其可与用世，而惜夫在彼而不在此也。吾行四方所遇，其人器识论议，伟然出乎众人，而汲汲以修废举坠光大师门为任者，亦不少矣，则岂独昔之时为然哉？而求夫渊然其存，泊然其行，望之如无能，即之而有味者，盖在昔已不多得，亦何独于今也。太宗皇帝临御，四方之名高僧者，皆尝入觐，而圣心所重者，四明之能义、会稽之一如，盖曰此其粹乎内而不徒夸矜乎外也……"②

僧道品流分殊，个人行为高下不齐，此类问题并非到明朝才出现，前代已多有之。不过明代佛道各教与世俗社会的交融更为密切，僧道行为不检导致的问题相当引人注目。明太祖曾训斥不守戒律僧人："为集金帛、构是非，要虚名，不立实效，甚蛱蝶之寻芳，游蜂之捕蕊，若虮虱之慕腥膻于车渠马足之间，不顾网罗轮蹄之厄。"③ 洪武二十七年，明太祖发布榜示："凡僧有妻室者，许诸人捶辱之，更索取钞五十锭，如无，听从打死勿论。""僧人敢有将手券并白册称为题疏，所在强求人为之者，拿获谋首处斩，余刺充军。"④

洪武元年设善世院，以觉原禅师"为演梵善世利国从教大禅师，住持天界，统诸山释教事。颁降诰命，俾服紫衣，僧有行非法者，有言当痛治。师曰：谚有之，大林有不材之木，能尽去乎？只益释门之丑耳。事呈露，勿恕

---

① 杨士奇：《东里文集》卷25，"送彭海云诗序"，第364页。
② 杨士奇：《东里文集》卷25，"僧录司右阐教一庵如法师塔铭"，第372页。
③ 朱元璋：《明太祖文集》卷8，"谕天界寺不律僧戒渤复"，第172页。
④ 黄景昉：《国史唯疑》卷1，"洪武建文"，第18页。

可也"。① 以僧人治僧人，看来易流于过宽。洪武二十一年四月二十六日，"僧录司左善世弘道等于奉天门钦奉圣旨：灵谷、天界、能仁、鸡鸣等寺系京刹大寺，今后缺大住持务要丛林中选举有德行僧人，考试各通本教，方许著他住持。毋得滥举"。②

洪武二十四年六月初一日颁布《申明佛教榜册》："佛教之始，自东汉明帝夜有金人入梦。是后法自西来，明帝敕臣民愿崇敬者许。于是臣民从者众，所在建立佛刹。当时好事者，在法入之初，有去须发而舍俗出家者，有父母以儿童子出家者。其所修也，本苦空寂寞，去诸相欲，必欲精一己之英灵。当是时，佛教大彰，群修者虽不能尽为圆觉，实在修行次第之间，岂有与俗混淆，与常人无异者？今天下僧寺，以上古刹列圣相继而较者。佛之教，本中国之异教也。设使尧舜禹汤之时，遇斯阐演，未审兴止何如哉。今佛法自汉入中国，历历数者，一千三百三十年。非一姓为君而有者也。所以不磨灭者为何？以其务生不杀也。其本面家风，端在苦空寂寞。今天下之僧多与俗混淆，尤不如俗者甚多。是等其教而败其行。理当清其事而成其宗。令一出禅者禅，讲者讲，瑜伽者瑜伽。各承宗派，集众为寺。有妻室愿还俗者听，愿弃离者听。僧录司一如朕命，行下诸山，振扬佛法以善世，仍条于后。

一，自经兵之后，僧无统纪。若府若州，合令僧纲司、僧正司验倚郭县分，僧会司验本县僧人。杂处民间者，见其实数。于见有佛道处，会众以成丛林，清规以安禅。其禅者务遵本宗公案，观心目形，以证善果。讲者务遵释迦四十九秋妙音之演，以导愚昧。若瑜伽者，亦于见佛刹处，率众熟演显密之教应供。是方足孝子顺孙报祖父母劬劳之恩。以世俗之说，斯教可以训世；以天下之说，其佛之教阴翊王度也。

一，令下之后，敢有不入丛林，仍前私有眷属，潜住民间，被人告发到官，或官府拿住，必枭首以示众。容隐窝藏者，流三千里。

……

一，凡僧与俗斋，其合用文书，务依修斋行移体式。除一表、三申、三

① 释大闻：《释鉴稽古略续集》卷2，第19页。
② 同上。

牒、三帖、三疏、三榜，不许文繁，别立名色，妄费纸劄，以耗民财。

一，今后所在僧纲、僧正、僧会去处，其诸散寺应供民间者，听从僧民两便，愿请者，愿往任从之。僧纲、僧正、僧会毋得恃以上司，出帖非为拘钤，假此为名，巧取散寺民施。从有缘僧，有道高行深者，或经旨精通者，檀越有所慕，从其斋礼，毋以法拘。

一，瑜伽之教，显密之法，非清净持守，字无讹谬，呼召之际，幽冥鬼魅，咸使闻知，即时而至，非垢秽之躯，世俗所持者。曩者，民间世俗多有仿僧瑜伽者，呼为善友，为佛法不清，显密不灵，为污浊之所污。有若是，今后止许僧为之。敢有似前如此者，罪以游食。"①

此榜文当在该年七月初一日由礼部公布。该日礼部官于奉天门奉旨："任礼部出批，着落僧录司差僧人将榜文去，清理天下僧寺。凡僧人不许与民间杂处。"②

洪武二十五年，"试经给僧度牒。敕僧录司行移天下僧司造《僧籍册》，刊布寺院，互相周知，名为《周知板册》……十二月二十一日，钦依关领《清教录》一百四十五本，发与各处僧纲司，依本刊板印造，俵散所属寺院僧人"。③

洪武二十七年正月初八日，明太祖又颁布僧人趋避条例。该日，"钦奉圣旨：释迦佛发大悲愿心，历无量劫，至于成道说法度人。一切来历载大藏。愚者安能知义，聪者未能尽目。有佛以来，效佛之修者无量。凡所说法，人天会听。愚者虽无知，补于时君多矣。自佛去世之后，诸祖踵佛之道，所在静处，不出户牖，明佛之旨，官民趋向者历代如此。效佛宣扬者，智人也。所以佛道永昌，法轮常转。迩年以来，踵佛道者，未见智人。致使轻薄小人，毁辱骂詈，有玷佛门。特敕礼部。条例所避所趋者榜示之。

一，僧合避者，不许奔走市村，以化缘为由，致令无藉凌辱，有伤佛教。若有此等，擒获到官，治以败坏祖风之罪。

一，寺院庵舍已有砧基道人，一切烦难答应官府，并在此人。其僧不许具僧服入公听跪拜。设若己身有犯，即预先去僧服以受擒拿。

---

① 释大闻：《释鉴稽古略续集》卷2，第27—28页。
② 同上书，第28页。
③ 同上书，第29页。

一，钦赐田地税粮全免。常住田地虽有税粮，仍免杂派僧人差役。

一，凡住持并一切散僧，敢有交结官府，悦俗为朋者，治以重罪。

一，凡僧之处于市者，务要三十人以上聚成一寺。

一，可趋向者，或一二人，幽隐于崇山深谷，必欲修行者听。

一，僧有妻者，许诸人捶辱之，更索取钞钱。如无钞者，打死勿论。

一，有妻室僧人愿还俗者听，愿弃离者、修行者，亦听。

僧寺庵院，一切高明之人，本欲与僧扳话，显扬佛教，奈何僧多不才，其人方与和狎，其僧便起求施之心，为此人远不近……

呜呼！僧若依朕条例，或居山泽，或守常住，或游诸方，不干于民，不妄入市村，官民欲求僧以听经，岂不难哉。如此则善者慕之，诣所在焚香礼请，岂不高明者也。行之岁久，佛道大昌。榜示之后，官民僧俗敢有妄论乖为者，处以极刑。钦此。"①

洪武后期颁布的《大明律》包含了关于僧道行为的诸多规定，如："凡僧尼道士女冠，并令拜父母，祭祀祖先，丧服等第皆与常人同。违者，杖一百，还俗。若僧道衣服，止许用绅绢布匹，不得有绫丝绫罗。违者，笞五十，还俗，衣服入官。其袈裟道服，不在禁限。"②

"凡僧道娶妻妾者，杖八十，还俗。女家同罪，离异。寺观住持知情，与同罪；不知情，不坐。若僧道假讬亲属或僮仆为名求娶，而僧道自占者，以奸论。"③"凡居父母及夫丧，若僧、尼、道士、女冠犯奸者，各加凡奸罪二等。相奸之人，以凡奸论。"④"若僧道修斋设醮，而拜奏青词表文及祈禳火灾者，同罪。还俗。"⑤

这些规定，显示出洪武时期对僧道人士行为严格管制的意图，其中包括肯定僧道赋役优惠特权和从事宗教服务特权，也包括对于僧道行为的许多限制。其中保证僧俗身份分离的条款尤多而细。对于僧道涉及"风化"的过错，惩罚重于俗人，此亦出于僧俗不同的考虑。另外，亦有禁止僧道欺骗或

①　释大闻：《释鉴稽古略续集》卷 2，第 29—30 页。

②　怀效锋点校：《大明律》卷 12，"礼律二"，第 95 页。

③　怀效锋点校：《大明律》卷 6，"户律三"，第 64 页。

④　怀效锋点校：《大明律》卷 25，"刑律八"，第 199—200 页。

⑤　怀效锋点校：《大明律》卷 11，"礼律一"，第 89 页。

者骚扰人民的内容。洪武以后各朝，针对实际情况，不断有关于僧道行为的规定和对策。

永乐十五年五月，明成祖对礼部大臣说："佛道二教，本以清净利益群生，今天下僧道，多不守戒律，民间修斋诵经，动辄较利厚薄，又无诚心，甚至饮酒食肉，游荡荒淫，略无顾忌。近有一种无知愚民妄称道人，一概蛊惑，男女杂处无别，败坏风化。洪武中僧道不务祖风及俗人行'瑜珈'法，称'火居道士'者，俱有严禁。即揭榜申明，违者杀不赦。"①

宣德间，湖广荆门州判官陈襄言："各处近有惰民，不顾父母之养，妄从异端，私自落发，贿求僧司文凭，以游方化缘为名，遍历市井乡村，诱惑愚夫愚妇，靡所不为。所至官司以其为僧，不之盘诘。奸人得以恣肆。乞敕天下有司、关津，但遇削发之人，捕送原籍，治罪如律。果是僧，止居本处，不许出境，庶革奸弊。"从之。② 宣德七年三月，"申严僧人化缘之禁。上谓都御史顾佐曰：'佛本化人为善，今僧人多不守戒律，不务祖风，往往以创造寺院为名，群舁佛像，遍历州郡。化缘所得物财，皆以非礼为耗费。其申明洪武中禁令，违者必罪之。'"③ 看来当时僧道借化缘为名诱骗财物，已为普遍。

正统元年五月，十三道监察御史李铬等言："在京寺观，有逃军囚匠人等私自簪剃为僧道者，有因不睦六亲，弃背父母夫男，公然削发为尼者，又且不守清规，每遇节令朔望，于寺观传经说法，诱引男妇，动以千计，夜聚晓散，伤风败俗。乞敕都察院禁约。"英宗命廷臣会议，颇采用之。④ 正统中，给事中张固奏："释教以慈悲清净为本，为其徒者当寡欲持戒，岂期无赖贪饕，载佛像于街市乡村，命铙击鼓，无端诞说，惑世污民。乞敕巡视御史及五城兵马缉拿究罪。"从之。⑤ 正统五年二月，"进士张谏言：'僧道之数已有定额，近因希图请给，数千百众，奄至京师，非寄迹寺观，即潜住民间。黄冠缁服，布满街市。究其所学，无益于国，而所食悉出于农，且今饥

① 《明成祖实录》卷128，永乐十五年五月丙戌。
② 余继登：《典故纪闻》卷10，第183页。
③ 《明宣宗实录》卷88，宣德七年三月壬戌。
④ 《明英宗实录》卷17，正统元年五月丁亥。
⑤ 余继登：《典故纪闻》卷11，第209页。

谨之年，尤宜痛加裁抑。甚者其中亦有犯奸及为盗贼者。耗损民财，伤败风化，莫此为甚。乞令锦衣卫、五城兵马司挨查，除原隶在京寺观者仍旧存留，其余悉令勒归回本土。如是，虽不能遮弭天灾，亦可以少甦民困矣。'事下行在礼部。议僧道依太宗钦定额数给度，其恃顽潜隐民间者，并罪窝家。从之。"① 正统六年四月，英宗云："释老俱以清净为教，近年僧道中多有坏乱心术，不务祖风，混同世俗，伤败风化者。尔都察院即遵洪武旧例，再出榜各处禁约。违者依律罪之不恕。新创寺观，曾有旧额者听其居住，今后再不许私自创建。"② 以上议论中，李铭的说法，针对的问题似乎不是僧道违背戒律或者政府规定的行为，而是出家者增多，传播经、法规模扩大等，含有对佛教、道教本身存在的疑虑。张固所言，则针对僧人公开游行募捐。张谏之说，主要涉及僧道人数增多，并有大批涌入京师，根本上与李铭说法一样，出于对佛教、道教本身社会价值的否定性疑虑。

景泰二年七月，"庆府伴读王琰言：'僧道游方，已有定制，今有假以游方为由，或纵欲为非，或回避罪责，或肆为偷盗，或邪言乱众。宜在京令五城兵马，在外巡按、监察御史体访，止许于出家寺观内居住，如违治罪。'从之"。③ 这是继续正统时期诸人建议，限制僧道活动范围、规模的措施。这类措施引起僧道界的反弹。景泰二年十月，僧录司就上言说："京城诸寺皆奉敕建，各有住持，而御史官往来巡视点阅纷然，僧流或赴斋会，间不在者，辄被笞辱，以致惊怖不安，乞行停罢。"④ 于是，朝廷下令僧录司自行约束诸寺，使不容匿"军囚奸细之人"，而御史、给事中、锦衣卫巡视查禁僧人行动的做法，都停止了。景泰六年春正月，"提督宣府军务右佥都御史李秉奏宣府观音寺有尼五十余人，东邻真武庙，西近朝玄观，僧尼无惮，丑声彰闻。宣府前卫有兴教寺，房屋颇多，地方幽静，止有尼六人，欲令观音寺尼年老有戒行者并居兴教寺，其余年少者就令还俗适人。其观音寺改作公馆，以待往来。朝廷从之。"⑤ 观音寺等尼、僧是否真的有私通行为，不得

---

① 《明英宗实录》卷 64，正统五年二月壬午。
② 《明英宗实录》卷 78，正统六年夏四月己巳。
③ 《明英宗实录》卷 206，《景泰附录》卷 24，景泰二年秋七月丙午。
④ 《明英宗实录》卷 209，《景泰附录》卷 27，景泰二年冬十月辛未。
⑤ 《明英宗实录》卷 249，《景泰附录》卷 67，景泰六年春正月癸酉。

而知，可以明确判断的是，一旦政府认为僧道男女之间有性行为，可能在不甄别个人责任的情况下，强迫青年女性僧道还俗。这里体现出一定的身份歧视和性别歧视，也可看出政府管理僧道行为方式的粗放特色。景泰七年六月，"大隆善寺灌顶国师西天佛子沙加言：'比年法司论僧道罪无轻重，悉断还俗，乞如永乐宣德间例，情重者断还俗，情轻者输赎复业。'事下法司，议谓：'僧道犯罪，无轻重悉还俗，乃律之正条，永乐宣德间或有令赎罪复业者，特出一时事例。'议上，命仍如律断之"。① 这反映出僧界对政府粗放制约的不满，同时也证明，僧人地位，较之俗人，仍旧大有可留恋处，以致有罪僧人，宁可罚赎而不愿还俗。

天顺三年二月，"直隶苏州府吴县上方寺僧如璥奏：'臣谨集徒众，看诵《大藏经》，祝延圣寿已满，诣浙江万寿寺参礼诸佛，经过钱塘江，忽见潮中流出异竹，有老人识之曰："此万寿竹也。"臣不敢匿，谨备香茶，同竹上进。'上知其诳，令送礼部。璥狡诈无籍，因与锦衣卫指挥门达有旧，来京冒僧官职名进，本保为杭州净慈寺住持，后达事败，璥以请托受赂下锦衣卫狱，坐罪为民。"② 此僧显然捏造奇异，希图取悦皇帝，谋取大的特权、利益。

成化十年五月，给事中郭镗言弭盗安民事，中一云："僧道多游方惑众，宜稽其无度牒者悉勒还俗。"诏从之。③ 成化十年闰六月，监察御史聂友良奏："京城内外多僧道聚集，日犯奸盗等罪，不可胜计。乞为之禁。事下礼部，覆奏宜行巡城御史等官严加禁约。上曰：'僧道果游食为非者，从实发遣。其不为非者，毋一概纷扰。'"④ 成化十五年十月，"命禁约游僧。监察御史陈鼎等奏：'成化二年起至十二年共度僧道一十四万五千余人，而私造度牒者，尚未知其数，此辈游食天下，奸盗伪诈，靡所不为，使不早为处置，大则啸聚山林，谋为不轨，小则兴造妖言，煽惑人心，为患非细。今苏州等处累获强盗，多系僧人。乞敕所司禁约。'礼部为覆奏，命通行天下禁

---

① 《明英宗实录》卷 267，《景泰附录》卷 85，景泰七年六月癸亥。
② 《明英宗实录》卷 300，天顺三年二月壬戌。
③ 《明宪宗实录》卷 128，成化十年五月戊戌。
④ 《明宪宗实录》卷 130，成化十年闰六月丙戌。

之"。①《典故纪闻》云："成化时，锦衣卫奏：'京城内外，盗贼生发，前后捕获七百余人，其中强盗多系僧人。乞自后僧行道童不给有司文凭私自来京者，缉出俱发边卫，并罪其所主之家。'从之。"② 成化十八年十二月，"定僧道犯公罪不还俗之令。巡抚南直隶兵部尚书兼左都御史王恕奏言：'律法僧道犯罪，曾经决罚者，并令还俗。而江南多因被人侵占田土，负欠税粮，违误致罪者，请同常人收赎法，勿令还俗。'都察院会六部议，覆奏，从之。著为令。"③ 看来，成化时期僧道人数迅速增加，僧道违法事也大为增多。

弘治七年，"令僧、道、尼姑、女冠有犯奸淫者，就于本寺门首枷号一个月，满日发落。十三年奏准，僧道官、僧人、道士有犯挟妓饮酒者，俱发原籍为民。若奸、拜认义父母、亲属俱发边卫充军。凡僧道额外擅收徒弟者，问发口外为民还俗。僧道官知而不举者，罢职。凡汉人出家习学番教，不论曾否关给度牒，俱问发原籍。各该军卫有司当差，若汉人冒作番人，发边卫充军"。④

万历十一年三月，"南京兵部尚书潘季驯言：南京寺观庵院，实避仇凶之窟，盗所由生。宜令住持每月朔望赴本部投递结状，以凭查考。如访捕有获，具结者连坐。礼部覆如议"。⑤ 万历十九年闰三月，"礼部题异端之害，惟佛为甚。缘此辈有白莲、明宗、白云诸教，易以惑世生乱，故禁宜严。近福建有僧妄称钦差，欲重建支提寺，以觊银坑之利，又有番僧亦乞内地造寺为通番之计。汉上栈道亦复有游僧妄称差遣，即京师中近有五台僧，自号密藏禅师，潜住惑众，合严行禁逐。上命严逐重治之"。⑥ 万历十三年编订的《问刑条例》中，包括先前制定的关于僧道行为的一些严厉规定，如："凡僧道军民人等，于各寺观神庙刁奸妇女，因而引诱逃走，或诓骗财物者，俱发附近充军。若军民人等，纵令妇女于寺观神庙有犯者，问罪，枷号一个月发落。"⑦ "僧、道不分有无度牒及尼僧、女冠犯奸者，依律问罪。各于本寺观

① 《明宪宗实录》卷195，成化十五年冬十月庚子。
② 余继登：《典故纪闻》卷15，第268页。
③ 《明宪宗实录》卷235，成化十八年十二月戊寅。
④ 俞汝楫：《礼部志稿》卷34，第640页。
⑤ 《明神宗实录》卷135，万历十一年三月庚寅。
⑥ 《明神宗实录》卷234，万历十九年闰三月己丑。
⑦ 舒化等辑：《问刑条例》，"礼律一"，见怀效锋点校《大明律》附录，第388页。

庵院门首，枷号一个月发落。僧道官、僧人、道士有犯挟妓饮酒者，俱问发原籍为民。"①

俞汝楫《礼部志稿》"僧道禁例"条列举了明朝对僧道行为的限制，其中大多亦见于其他文献，但前后增设情况，颇为清晰："洪武二十年，令民年二十以上者不许为僧。二十四年，令佛经翻译已定者不许增减辞语，道士设醮亦不许拜奏青词，各遵颁降科仪。民有效瑜珈教，称为善友，假张真人名私造符箓者，各治以重罪。二十七年，令榜示天下寺观，凡归并大寺，设砧基道人一名，以主差税。每大观道士编成班次，每班一年高者率领余僧道，俱不许奔走于外及交构有司、以书册称为题疏，强求人财。其一二人于崇山深谷修禅及学全真者听。三四人不许毋得私创庵堂。若游方问道，必自备路费，毋索取于民。所至僧寺，必揭周知册验实，不同者拿送有司。僧道有妻妾者许诸人赶逐，相容隐者罪之，愿还俗者听。亦不许收留民间儿童为僧。违者，并儿童父母皆坐以罪。年二十以下愿为僧者，亦须父母具告有司具奏方许，三年后，赴京考试，通经典者始给度牒。不通者杖为民。有称白莲、灵宝、火居及僧道不务祖风，妄为议论沮令者，皆治重罪。二十八年奏准，天下僧道赴京考试不通经典者黜还俗，年六十以上者免试。永乐六年，令军民子弟、僮奴自削发为僧者，并其父母送京师发五台山做工，毕日就北京为民种田及卢龙牧马。寺主僧擅容留者，亦发北京为民种田。十年，谕礼部，天下僧道多不守戒律，民间修斋诵经，动辄较利厚薄，又无诚心，甚至饮酒食肉，游荡荒淫，略无顾忌。又有无知愚民，妄称道人，一概蛊惑，男女杂处无别，败坏风化。洪武中，僧道不务祖风及俗人行瑜珈法、称火居道士者俱有严禁，即揭榜申明，违者杀无赦。十六年，定天下僧道，府不过四十人，州不过三十人，县不过二十人，限年十四以上，二十以下，父母皆允，方许陈告有司，行邻里勘保无碍，然后得投寺观从师受业。五年后，诸经习熟，然后赴僧道录司考试，果谙经典，始立法名，给与度牒。不通者，罢还为民。若童子与父母不愿，及有祖父母，父母无他子孙侍养者，皆不许。有年三四十以上，先曾出家而还俗，及亡命黥刺，亦不许寺观住持容留。违者治之。宣德八年，令天下有司关津，但遇削发之人，捕送原籍治罪

---

① 舒化等：《问刑条例》，"刑律八"，见怀效锋点校《大明律》附录，第433页。

如律。十年，禁僧道私自簪剃及妄言惑众者。正统六年，令僧道多有坏乱心术，不务祖风，混同世俗，伤坏风化，都察院即遵洪武旧例，出榜禁约，违者罪之。天顺八年，令各处僧人年二十以上无度牒者，即便还俗。有隐瞒年岁者，并其师治罪。成化二十三年，令僧道有父兄见存，无人侍养者，不问有无度牒，令还俗养亲。嘉靖八年奏准，凡宦戚施舍寺观，不许容令妇女出入及多蓄行童。若有私自簪剃并犯奸者，各照律例问拟。"① 这些规定很明确地反映出：

1. 政府不准年二十以上者为僧，是将出家视为非劳动人手的合法选择，而不是成年劳动人手的合法选择，此条虽然并未能够坚持实行，其基本精神仍旧有重要意义；二十以下出家需经父母告知官府，当是出于防止拐骗儿童、少年，且责成父母有保证子女不私自出家的责任，违背者视为今日所说的"刑事犯罪"而非民事过失；六十岁以上者可自由出家，当由于其已超过劳动人手年龄，并可增加社会养老出路。

2. 国家规定僧道机构无权篡改宗教经典，并须遵守规定的科仪，防止宗教自行演变；禁止僧道发表惑乱民心的言论。

3. 世俗人不准冒充宗教人士，力求教俗保持明确界线。

4. 政府责成宗教机构管理内部成员，不许勉强人民捐献钱财及结交官府；僧道个人修行自由，但不许私自创立宗教组织、机构；僧道需有国家发给的度牒方为合法；宗教人士出游需有国家认可的凭证；严禁僧道有妻妾，一方面严格僧道戒律，另一方面也是为了明确僧道与俗人之界限；对僧道与异性的性关系实行严格禁止。

5. 僧道仍有一定赡养祖父母、父母、兄的义务。

6. 禁止宦戚之家妇女出入寺观，防止发生僧道与上流社会女性的性关系。

僧道人士的社会行为显然是政府社会管理的重要内容，宗教人士的社会行为并不是由宗教机构自行管理的。政府限制宗教人士的某些行为，看上去有限制宗教人士行动自由色彩，但这类限制，要有两类，一类为行为禁忌，仍以该宗教教义为基础，属于要求宗教人士行为符合教义范围；一类为禁止

---

① 　俞汝楫：《礼部志稿》卷34，第637—639页。

扰民，属于保证社会治安范围。限制出家条件，则主要出于社会稳定和社会经济方面的考虑。规定僧道在某些情况下仍有赡养祖父母、父母、兄的义务，除了分配社会保障责任之外，也标明宗教权利并非超越世俗权利的格局，"出家"既然不是彻底的，宗教组织就依然被包含在世俗社会的大体系之内。

明代上层僧道人士中较早以恶行引起社会问题者是道教首领张宇初。张宇初在洪武间袭父职，赐号"正一嗣教道合无为阐祖光范真人"。"建文中，居乡恣肆，数有言其过者，罢去之。上（成祖）即位，召复之。"该人在永乐八年三月死去。①

成化五年四月，正一嗣教大真人张元吉被逮捕至京，法司拟罪凌迟，命监候处决。张元吉"凶暴贪淫，专恣不法，僭用器物，擅易制书，以威其乡族。左右承顺其意，往往强夺良家子女，诈取平人财物，其尤甚者，有小忿辄指以为伪造符箓，箠之至死。不死，下之私狱。其狱幽暗，备诸惨酷。或缢死之，或囊沙壅面压死之，或缚而投诸深渊。前后凡杀四十余人，至有一家三人者。人畏其威，莫敢控诉。有县学生蔡让者，不胜愤怒，因巡按御史赵敔发策询及民瘼，遂以元吉过恶条陈。敔亦未敢问也。元吉益无忌惮，为恶滋甚，其族人张留焕辈自度必死其手，因赴京具奏。上特命官往勘，俱实……元吉具服"。② 于是，刑部尚书陆瑜等奏请处死张元吉："张氏远祖道陵，自以修炼为术，清虚为宗，主张玄教，其言无稽，天岂有师？谬崇其号，子孙相传，遂为故实。至授引汉张良，以为所出。自前代间有官封，然亦不常，至宋以来，加以真静先生等号，而犹未有品级。胡元入主中国，始有封爵，令视三品。我朝革去天师之号，止称真人。延至于今。子孙不肖，往往争袭，致成仇隙。今元吉所犯，律当凌迟处死，其妻子当流，其党有当斩、绞者，且其先世无功于国，无补于世，宜绝其荫封，以扶植正教。仍籍其族而徭役之，无令印行符箓，以诬惑斯世。并毁其府第，革其所设管勾都目诸人。"奏上，宪宗令监候处决，其妻吴氏革去玄君之号，与其子玄庆俱免流，但荫封张氏为"祖宗旧制，仍择其族人以授。后敢有妄称天师、印行符箓者，重罪之不宥"。③

<hr>

① 《明成祖实录》卷102，永乐八年三月辛卯。
② 《明宪宗实录》卷66，成化五年四月戊午。
③ 同上。

成化六年十月，刑部再次要求对张元吉执行凌迟处死。宪宗下诏免其死，杖一百，发充肃州卫军，家属随往。都给事中毛弘等抗议："刑法者，所以维持纪纲驾驭天下。防奸宄、息寇盗、平民情，皆系于此。不以贱而加增，不以贵而中损。在人臣则执之，在天子则行之，罚曰天罚，讨曰天讨。所以深明虽天子亦不得任意出入于其间也。今罪人张元吉夺人财货，奸人妻女僭朝廷之制，擅生杀之权，杀无罪四十一人，有一家被杀三人者，俱列十恶之条，不载八议之内。古有一妇含冤，尚足致旱，竟彼四十余命皆死无辜，冤郁不伸，控诉无路，岂不感伤和气而召灾异乎？……万一罪恶再有如元吉者，又当何以处之？将欲尽法，彼得籍口；将欲宽贷，则法禁寝废。奈何惜一异端末流而屈天下大法？何以扶纲纪，何以驭天下，又何以抑奸宄息盗寇而平人情乎？"宪宗不听。① 只是到十二月，将张元吉及其妻子诰命焚毁。② 成化十一年正月，复将张元吉释放为民。③ 当时张元吉之子已经荫袭得嗣为真人，"又传至嗣孙张永绪，荒淫不检，死无嫡子，为吏部主事郭谏臣所奏，不当复袭。江西守臣又言，张无功于世，有害于民，宜永裁革。礼部复奏，请革封号，以裔孙张国祥为上清观提点，改铸提点印。上从之。其后复袭真人，即以国祥嗣爵。其人时时入朝京师，频留主斋醮。与其子为狎邪之游。各买乐妇为姬妾。至今邀游诸贵戚间。饮博谐谑之外。他无所解。"④ 对张元吉的处理，显然表明宗教领袖享有巨大的不成文特权。该人身负数十条人命，但因其地位特殊，仍旧由皇帝从宽发落。

成化二十三年十二月，李孜省死于狱。李孜省是江西南昌人，早年为吏，待选京师。成化间，借助太监钱义、何兴，以祈祷术得传奉授太常寺丞。因为言官反对，改为上林苑监丞。不久，传升为通政司右通政，赐金冠、法剑、图书印。有所奏请，用印封进。多取符箓诸书以献，宠信日隆。八年间，官至礼部左侍郎，掌通政司事。"恃恩骄恣，有忤己者必害之……士大夫皆畏之，亦有阴附以谋进者……又采取时论所推……缙绅之进退多出

① 《明宪宗实录》卷84，成化六年冬十月丁未。
② 《明宪宗实录》卷86，成化六年十二月癸丑。
③ 《明宪宗实录》卷137，成化十一年春正月丁巳。
④ 沈德符：《万历野获编》补遗卷4，第918页。

其口,人亦无敢言者矣。"① 孝宗即位,下狱,遣成陕西边卫,复械系至京,下锦衣卫,不胜楚掠而死。该人是术士,在宗教人士的边缘。其所犯,主要还是在政权体系内部的"骄恣",可能有触犯刑律事,但并未成为指责者提出的主要罪状,其惩罚也需是在其所依赖的皇帝去世以后,即因政局变动而得追究。

弘治元年十一月,僧继晓被处死。继晓是湖广江夏人,原姓黄。成化中,以星命之术,借助太监梁芳以进,大见亲幸,赏赉甚厚。"请给护敕旌其门,曰'孝行'。复请太监蔡忠第以居。后以其隘,又移居都督马俊宅,请赐额于门曰'辅教寺'。屡进邪说,有人所不得闻者。升国师,因以创寺请,遂许购民居百余家以成之。所居前后多置妇女,又赏袈裟念珠等物,群小多依附以求进。"②《明史》称:"继晓……日诱帝为佛事,建大永昌寺于西市,逼徙民居数百家,费国帑数十万。员外郎林俊请斩芳、继晓以谢天下,几得重谴。继晓虞祸及,乞归养母,并乞空名度牒五百道,帝悉从之。"③ 孝宗即位,斩晓于市,妻子为奴,财产入官。此人为僧人中野心既大,行止又不端者,其恶劣行为多涉及政治腐败、欺压人民、浪费国家资财、诱导皇帝为佛事等。此类行为,也需借助皇帝权力方得泛滥扩大。

正德五年二月,"罚正一真人张彦頨米一千石,仍禁其家不得鬻符箓。先是,彦頨家人宁等持真人府批乘传往来广东诸处鬻符箓,因采取古物药材,为金事吴廷举举劾,勘实,乃罚彦頨而发宁等戍边"。④

嘉靖时期,道士邵元节得世宗宠信。邵元节是贵溪人,龙虎山上清宫道士。世宗嗣位,日事斋醮,嘉靖三年,征邵元节入京,大加宠信,俾居显灵宫,专司祷祀。据说祈祷雨雪有验,封为"清微妙济守静修真凝元衍范志默秉诚致一真人",统辖朝天、显灵、灵济三宫,总领道教,锡金、玉、银、象牙印各一,班二品,赐紫衣玉带,赠其父太常丞,母安人,敕建真人府于城西,以其孙邵启南为太常丞,曾孙邵时雍为太常博士。岁给邵元节禄百

---

① 《明孝宗实录》卷8,成化二十三年十二月辛卯。
② 《明孝宗实录》卷20,弘治元年十一月甲申。
③ 张廷玉:《明史》卷307,"佞幸传",第7884页。
④ 《明武宗实录》卷60,正德五年二月甲辰。

石，以校尉四十人供洒扫，赐庄田三十顷，蠲其租。又遣中使建道院于贵溪，赐名仙源宫。世宗初无子，数命元节建醮，后皇子迭生，加恩邵元节，拜礼部尚书，赐一品服。死后，用伯爵礼营丧事。到隆庆初，削夺邵元节秩谥。另外还有术士陶仲文，得邵元节推荐于世宗。据说曾以符水在宫中除妖。又曾预言火灾，果然宫中失火。授"神霄保国弘烈宣教振法通真忠孝秉一真人"。大臣争相诏媚，神仙祷祀日亟。加少傅，兼少保。"仲文起莞库，不二岁登三孤，恩宠出元节上。仍请建雷坛于乡县，祝圣寿，以其徒臧宗仁为左至灵，驰驿往，督黄州同知郭显文监之。工稍稽，谪显文典史，遣工部郎何成代，督趋甚急，公私骚然。"① 后加少师，仍兼少傅、少保。"一人兼领三孤，终明世，惟仲文而已。"② 嘉靖三十二年，陶仲文言："齐河县道士张演升建太清桥，浚河得龙骨一，重千斤。又突出石纱一脉，长数丈，类有神相。"帝即发帑银助之。③ 嘉靖三十九年，陶仲文死，年八十余。隆庆元年，追削秩谥。嘉靖时期是道教获得大特权的时期，道教人士与大批儒家士大夫矛盾深刻。邵、陶二人，主要利用道家手段获得世宗宠信，然后利用获得的政治地位谋取经济利益与家族特权及做出各类欺骗、乱政的行为。

明代小说中恶劣僧道形象引人注目。《石点头》、《醒世恒言》、《拍案惊奇》中都有许多描述。这些描述，是明代僧道的浮世绘，有所夸大，但与前文所引用的历史文献记载比较，大致也在这些人实际行为现象范围之内。有关宗教人士劣行的记载，并不说明明代宗教人士多非善类，各类人群中都有行为乖张不法者。但此类记载极多，却至少表明，明代宗教人士总体上并未形成道德超越的社会形象和声誉。宗教以超越现实的表现方式为现实困惑的人们提供精神解脱，却都要在现实中生存，实际不能不在世俗社会中讨生活，因而宗教人士的行为仍旧是社会行为现象的一部分。只因宗教本身追求的超越性，使得对宗教人士的行为期待其实往往高于世俗人等，因而凸显了宗教人士不良行为的恶劣程度。明代宗教机构处于世俗政权控制下，宗教人士就更多地向世俗世界去寻找自己利益，于是有较普遍的不教不俗行为。宗

---

① 张廷玉：《明史》卷307，"佞幸传"，第7896页。"隆庆元年，诏削真人邵元节、陶仲文官爵、诰命，毁其碑坊，藉其田宅。"见《释鉴稽古略续集》卷3。

② 张廷玉：《明史》卷307，"佞幸传"，第7897页。

③ 同上。

教追求终极解脱，多声称与神明之类超越的最高权威的关联，在中国文化的总背景下，也就多少有某种伦理高尚追求色彩，宗教人士行为中的瑕疵，实际上帮助了儒家士大夫保持自己的文化精神主流、社会中坚和道德表率地位。

第十三章

与宗教相关的社会动荡和秘密社会问题

　　中国文化传统中包含一些随时可以成为社会动荡基础的要素，其中包括天命转移和政治循环的观念，关于民贵君轻的观念，关于社会平均和平等的观念，以及数术之说与狭义的迷信观念等。在社会问题尖锐或者政权内部发生权力危机时，这些因素可能结合起来，引起社会震荡。宗教不等于迷信，但是所有宗教都包含对某种"绝对权威"盲目崇拜的因素，因此都包含迷信成分；迷信也不等于宗教，但其有神论倾向是宗教的原始基础。明代中国的各个宗教，都与以泛神崇拜为基本特征的大众化迷信性信仰纠缠不清，各宗教与民间社会生活的密切关联很大程度上建立在迷信的基础上。明代各个制度化的宗教都完全服膺于世俗的国家权力，不曾以各该宗教本身的名义发动旨在更改政权组织的活动，但具有职业宗教人士身份的人却经常成为有组织反政府运动的领导者。而且，他们在从事这类活动时，经常在其宗教背景中获取思想资源，并且总是最大限度地使其说教接近大众迷信观念的现状。

　　自明朝初年以迄明末，引起社会动荡最多的势力是白莲教，与之相近的还有弥勒教、明教等。这些宗教性组织，在明代不具有合法地位，没有制度化，属于通常所说的"民间宗教"（popular religions）。民间宗教性质的组织在帝制时代的中国是一种弹性巨大的，随时可能发生规模和目标突变的力量。它植根于基层社会，在社会平静的时代表现为有微弱和极度分散组织性的民俗纽带关系；在国家体制混乱、腐败、衰弱以及社会冲突加剧的情况下，就可能借助其社会影响力，谋求独立的权力空间甚至觊觎国家政权。

　　元朝末年反元运动大得助于白莲教，但明太祖在建立政权之后，欲以政府统一国家管理，对继续进行有组织权力争夺的白莲教进行压制。洪武三年六月颁布的《禁淫祠制》即明确将"白莲社、明尊教、白云宗、巫觋扶鸾祷圣、书符咒水诸术，并加禁止"①，有关规定，后来又载入明朝律法。然而，白莲教活动并未就此止息。

洪武六年四月，"湖广罗田县妖人王佛儿，自称弥勒佛降生，传写佛号惑人，欲聚众为乱，官军捕斩之"。②

洪武十四年八月，"四川广安州山民有称弥勒佛者，集众惑人，官军捕斩之"。③

洪武十九年五月，"妖僧彭玉琳与新淦县民杨文鲁、尚敬等谋作乱，事觉伏诛。玉琳，福建将乐县阳门庵僧，初名全无用，行脚至新淦，自号弥勒佛祖师，烧香聚众，作白莲会。县民杨文鲁、尚敬等皆被诳惑，遂同谋为乱。玉琳称晋王，伪置官属，建元天定。县官率民兵掩捕之，槛玉琳并其党七十余人送京师。皆诛之"。④

洪武二十一年四月，"袁州府萍乡县民有称弥勒佛教惑民者，捕至，诛之"。⑤

洪武二十四年九月，"宁波府有僧称白莲宗者，男女溷聚烧香，捕至京，伏诛"。⑥

洪武二十五年六月，"袁州府宜春县民李某妄称弥勒佛，发九十九等纸号，因聚众谋作乱。戍卒阳寅告于袁州卫，卫发兵捕斩之。获其伪造木印、龙凤日月袍、黄绿罗掌扇、令旗、剑戟凡百余事"。⑦

陕西人王金刚奴自洪武初聚众，"称三元帅，往来劫掠，而于沔县西黑山天池平等处潜住，常以佛法惑众。后又与沔县贼首邵福等作乱。其党田九成者，僭号汉明皇帝，改元龙凤。高福兴称弥勒佛，金刚奴为四天王。前后攻破屯寨，杀死官军。会长兴侯耿炳文引兵剿捕，余党悉散。惟金刚奴与贼

① 《明太祖实录》卷53，洪武三年六月甲子。
② 《明太祖实录》卷81，洪武六年夏四月丙子。
③ 《明太祖实录》卷138，洪武十四年八月丁卯。
④ 《明太祖实录》卷178，洪武十九年五月戊辰。
⑤ 《明太祖实录》卷190，洪武二十一年夏四月壬寅。
⑥ 《明太祖实录》卷212，洪武二十四年九月丙戌。
⑦ 《明太祖实录》卷182，洪武二十五年六月丁酉。

仇占儿等未获，仍逃聚黑山天池平，时出劫掠"。① 至永乐七年七月，为官军所擒，械送京师处死。

永乐四年九月，"湖广蕲州广济等县妖僧守座聚男女，立白莲社，毁形断指，假神煽惑。事觉，官捕诛之"。②

永乐七年九月，江西人李法良"行弥勒教，流入湘潭，聚众为乱。事闻，遣丰城侯李彬发江西、湖广兵剿之。法良行劫至安福县，江西按察司佥事何颖督民兵御之，而茶陵卫指挥同知王贵引兵追至，会合民兵，掩没几尽。彬至，收捕余党，法良遁至告水县，县民执以诣彬，械送京师，诛之"。③

永乐十六年五月，顺天府昌平县民刘化"畏避从军，逃匿保定府新城县民家，衣道人服，自称弥勒佛下世，当主天下，演说应劫五公诸经，鼓诱愚民百四十余人，皆信从之。已而真定、容城、山西洪洞等县人皆受戒约，遂相聚为乱。事闻，悉捕诛之"。④

正统十四年五月，"江西南安府妖人罗天师等妄称弥勒佛，谋聚众作乱。巡抚刑部右侍郎杨宁等执而斩之"。⑤

正德七年五月，"妖贼赵景隆以白莲教惑众，自称中原宋王复出，纠集赵淮、蒋三、杨林、杨玉千余人，皆绛色衣巾作乱。自河南归德济阳集转掠至鄢阳城。巡视侍郎丛兰令武平卫指挥石坚、亳州知州张思齐等率兵斩击之，并擒其党五百余人。余悉解散"。⑥

以上只是部分史料中明确指明为白莲、弥勒教影响的明中、前期民间重要反政府行为或武装运动现象，其未指明者还有许多。大致看来，洪武、永乐时期的白莲教活动不仅频繁，而且多有谋取政治权力意图，这与元末白莲教武装运动余波影响有一定关系。明政府对这类现象一律严厉打击，也显然是在尽力防止出现元末那种民众借助这类民间宗教揭竿而起的局面。宣德以

① 《明成祖实录》卷65，永乐七年秋七月戊戌。
② 《明成祖实录》卷45，永乐四年九月丙子。
③ 《明成祖实录》卷96，永乐七年九月辛未。
④ 《明成祖实录》卷200，永乐十六年五月辛亥。
⑤ 《明英宗实录》卷178，正统十四年五月丁酉。
⑥ 《明武宗实录》卷87，正德七年五月癸酉。

后，明确以白莲教、弥勒教名义逮治、镇压的民间反政府行动的记载减少。但是就在同一时期，各类名目的"妖人"反叛案件却层出不穷。这种变化可能反映两个趋向，一是经过明初的持续打击，白莲教、弥勒教等已经在官方语言中彻底负面化，故径以"妖"称之。另一趋势是，明中叶以后，民间各类宗教色彩的组织数量增多，名目也繁多，官方难以详细区分，统归为"妖"。此类情况容在稍后讨论。

嘉靖以后，白莲教、弥勒教等教派反叛活动再度频繁起来。嘉靖十七年十一月，"昌平州右佛寺僧田园伪造妖言惑众，入京师正千户陈斌家，伪授斌安国公，杀其庶祖母刘善秀及欲举首人曾庶广以灭口。东厂办事官校捕获，并斌俱伏诛。都给事中朱隆禧上言：'迩时妖僧倡为白莲教以惑众，谋不轨者，非止一园也。缘禁令不严，人心轻玩，宜榜谕中外，申明保甲之法，庶民不敢保奸为邪。'上是其言，命都察院出榜禁谕，嗣后有妖贼潜匿，酿成大患，缉事官校不预侦捕者，连坐之"。①

嘉靖二十七年九月，刑部尚书喻茂坚等以地震应诏陈言，其中一条为"禁妖妄"，云："白莲教余党，多散处于山东、河南、北直隶、徐、凤之间。小民无知，易为煽惑，宜设法禁止，泰山进香者，毋令聚至二十人以上。"②

嘉靖中，有内地白莲教徒萧芹、乔源等100多人，出入河套一带蒙古部落中。他们恐怕蒙古各部与明朝政府通好会危及自己利益，贿赂俺答左右，说萧芹等会法术，"咒人人死，喝城城颓"。嘉靖三十年六月，萧、乔等人诱惑一些蒙古部落入扰边卫。明侍郎史道抓获萧芹、乔源等人妻子，向俺答汗索要萧芹、乔源等人。③俺答试使二人喝城，城不倒，遂将萧芹、吕明镇及萧芹之子萧得玉献给明朝。皆被处死。④萧芹等初"皆以白莲教术幻惑远近，出入虏地为奸……未几，虏遂执送芹。诏侍郎史道取芹、攀隆等诸妖犯，悉械送京师，下法司谳其罪"。⑤嘉靖三十三年，又有曾"以左道惑众"

①《明世宗实录》卷218，嘉靖十七年十一月丙子。
②《明世宗实录》卷340，嘉靖二十七年九月乙酉。
③《明世宗实录》卷374，嘉靖三十年六月壬戌。
④《明世宗实录》卷375，嘉靖三十年七月癸巳。
⑤《明世宗实录》卷376，嘉靖三十年八月壬申。

的太原人吕鹤、丘富等，图谋引蒙古取应州城，事泄被俘。①

嘉靖四十四年六月，天津兵备副使黄中捕得"妖人"张镇、张朝用。张镇是沧州人，张朝用是商河县人，"皆宗白莲教，妄为幻术妖言以惑众，私建庙宇、行宫四十五所。四方无赖，礼拜归附，无虑万余人。昼夜传法诵经，男女杂沓"。黄中发兵掩捕，将张镇、张朝用处死，并逮捕胁从十余人，其党皆散。② 嘉靖四十四年九月，"保定白莲妖贼马相等伏诛"。③

嘉靖四十四年底，四川大足县人蔡伯贯利用白莲教吸引群众。从者日盛，遂建年号为大唐大宝元年，旬月之间，连破七州县。朝廷下诏暂停巡抚刘自强及守土官员俸禄，令速讨平。

"贼以妖诞相诳惑，虽群党响应，所在蠢起，然实乌合无纪律，遇官兵辄败衄不支，一时瓦解，诸首恶多被擒戮。伯贯惧，还走大足旧巢。官军破巢，擒之，余党悉降。伯贯举事三十六日而灭。"④ 因白莲教反政府活动活跃，嘉靖四十五年九月，下诏严禁顺天等地僧尼至戒坛说法，并令厂卫巡城御史通查京城内外僧寺，将以受戒名义寄寓者收捕下狱，并将四方游僧一概遣返原籍当差。"时白莲教盛行，西山秋坡群盗以四月初八日劫戒坛。御史鲍承荫上疏言：自来妖、盗本为一途，如近京之马相、吕恺，河南之李应乾，四川之蔡伯贯，其初并挟邪媚道鼓众，遂成大患。其鉴不远，不可不惩。兵部因请严游僧惑众之禁。从之。"⑤

万历十五年正月，"都察院左都御史辛自修因白莲教、无为教、罗教蔓引株连，流传愈广，踪迹诡秘，北直隶、山东、河南颇众，值此凶年，实为隐忧，请命下五城御史及咨各省直隶抚按官，督令军卫有司严行访拿，仍将律载左道条款及明旨内事理，刊布大字榜文晓谕，敢有仍前不悛，依律正罪，容隐不举者连坐。上报可"。⑥

万历十七年四月，广东始兴县"妖僧"李圆朗"造妖书煽动人心。言有

① 《明世宗实录》卷415，嘉靖三十三年十月甲戌。
② 《明世宗实录》卷547，嘉靖四十四年六月乙亥。
③ 《明世宗实录》卷550，嘉靖四十四年九月乙未。
④ 《明世宗实录》卷554，嘉靖四十五年正月戊午。
⑤ 《明世宗实录》卷562，嘉靖四十五年九月己酉。
⑥ 《明神宗实录》卷182，万历十五年正月庚子。

易死还生、先天演禽及剪纸为人马，夜则飞动并飞劫杀人诸秘法，诡称翁源人王子龙为黄巢之后，有巢遗金十二窖，愿从者瓜分之。又言子龙乃弥勒降生，子丑年天有大灾，鬼将啖人，捐资自投者给朱符可免。因聚众数百人分兵至东桃隘饭罗峒，刲牲祭纛，鸣金下令。东桃人惊走，因肆焚劫，又犯南雄府。有司集乡兵以御之，斩子龙，擒圆朗，余党悉平。"①

万历时人范濂记载："倭乱后，翕然尚白莲道教及无为教"，信教男女"煽惑奔赴者若狂"。② 万历年间，白莲教及其分支其实已经开始了波及广泛的大反叛。"先是，蓟州人王森得妖狐异香，倡白莲教，自称闻香教主。其徒有大小传头及会主诸号，蔓延畿辅、山东、山西、河南、陕西、四川。森居滦州石佛庄，徒党输金钱称朝贡，飞竹筹报机事，一日数百里。万历二十三年，有司捕系森，论死，用贿得释。乃入京师，结外戚中官，行教自如。后森徒李国用别立教，用符咒召鬼，两教相仇，事尽露。四十二年，森复为有司所摄。越五岁，毙于狱。其子好贤及钜野徐鸿儒、武邑于弘志辈踵其教，徒党益。至是，好贤见辽东尽失，四方奸民思逞，与鸿儒等约是年中秋并起兵。会谋泄，鸿儒遂先期反，自号中兴福烈帝，称大成兴胜元年，用红巾为识。五月戊申，陷郓城，俄陷邹、滕、峄，众至数万。"③ 徐鸿儒反叛开始于天启二年五月，六月，陷邹县、滕县。④

泰昌元年八月，光宗即位诏书内有："一邪术诬世，如无为、白莲、红封、大乘等教，广布传头，结连亡命，甚至造符印、拥兵仗，一呼百应，莫可谁何。矧有奸民，专以赛会、进香为事，舆盖雕龙，画凤旗鼓，蔽日喧天，违法殊甚。宜严缉。教师、会首，依律究罪，余党解散。迩来淫祠日盛，缁衣黄冠，所在如蚁。今后敢有私创禅林道院，即行折毁，仍惩首事之人。僧道无度牒者，悉发原籍还俗。"⑤ 天启二年十月，"南城御史温皋谟言：强盗高养吾出没近畿，白莲教首周应元潜住南海子，乞严捕缉，以靖乱

---

①《明神宗实录》卷 210，万历十七年四月乙酉。

② 范濂：《云间据目抄》卷 2，扬州：广陵古籍刻印社，1983 年《笔记小说大观》本，第 13 册，第 113 页。

③ 张廷玉：《明史》卷 257，列传第 145，第 6621—6622 页。

④ 张廷玉：《明史》卷 22，本纪第 22，第 300 页。

⑤《明光宗实录》卷 3，泰昌元年八月丙午。

萌。得旨："本内夥盗著。督捕官协同该地方道府，设法擒挐，捕盗宜密宜速，乃奉旨剖行，何以稽延旬余，经承员役，著严查究治。"①

观嘉靖以后局势，白莲教反叛活动愈演愈烈，其势超过明朝初年。明朝统治之趋于腐朽，社会问题积重难返自然是其基本背景，但是，明中叶以后朝廷内外宗教泛滥、各类迷信活动蔚然成风也是重要原因。

白莲教之外，民间武装活动多采用各种其他迷信和宗教性信仰为工具。其品类复杂，明代文献多笼统称之为"妖言"、"妖人"、"妖术"。

洪武六年正月，"蕲州盗王玉二聚众烧香，谋为乱。蕲州卫兵执而戮之"。② 洪武十二年四月，"成都嘉定州眉县贼人彭普贵诱众作乱，劫掠居民，转攻州县。眉县知县顾师胜率民兵捕之，为贼所害"。③ 洪武十七年五月，"广西北流县民李从周以妖术惑众，谋为乱，镇抚周贵捕送京师，斩之"。④ 洪武二十三年二月，"河南都指挥使司获妖寇朱黄头，送至京师。初，乌撒卫有紫气起，军士马四儿妄言为祯祥，应在己。遂纠合黄头等六人劫众从水西剽掠，逃至南阳邓州。又自称圣人。河南都司出兵剿捕，四儿等窜去，擒黄头等至京，斩之"。⑤ 洪武三十年正月，"汉中府沔阳县吏高福兴及民人田九成、僧李普治为乱。县教谕王璞告于汉中卫，卫遣兵捕普治，获之。成等率余贼入沔县后河及土门，聚众至千余人，而陕、蜀间番民因之作乱"。⑥ 是年颁布的《大明律》规定："凡造谶纬、妖书、妖言及传用惑众者，皆斩。若私有妖书隐藏不送官者，杖一百，徒三年。"⑦ 此类现象与明初白莲教的活动在性质上并无根本差别，宗教和信仰的内容并不具有根本重要性，重要的是其社会性含义：政权更迭之际，各种势力都试图谋取政府权力或者社会权力。

永乐十八年二月，山东蒲台县唐赛儿发动反叛。唐赛儿是该县民林三妻子，年少即好佛诵经，自称"佛母"，自称能知前后成败事，又说能剪纸为

① 《明熹宗实录》卷27，天启二年冬十月癸酉。
② 《明太祖实录》卷78，洪武六年春正月辛未。
③ 《明太祖实录》卷124，洪武十二年夏四月甲辰。
④ 《明太祖实录》卷162，洪武十七年五月己未。
⑤ 《明太祖实录》卷200，洪武二十三年二月癸亥。
⑥ 《明太祖实录》卷249，洪武三十年正月乙丑。
⑦ 怀效锋点校：《大明律》卷18，"刑律一"，第135页。

人马相战斗。后来她往来于益都、诸城、安丘、莒州、即墨、寿光等地，大有愚民信其说。"奸人刘信、刘俊、丁谷、刚宾鸿、徐辉、王宣、白拜儿、郝允中、高羊儿、兰复昇、张思名、董彦皋等各率众从之。拥众五百余人，据益都卸石栅塞，遂劫掠乡村，驱胁良善。"青州指挥高凤领兵剿捕，唐赛儿部乘夜击败官兵。① 不久，总兵安远侯柳升等击败唐赛儿之众，其党渐渐俘至京师，而唐赛儿未获。明成祖担心她削发为尼或者遁迹于女道士之中，下令将北京、山东境内尼姑、女冠全部逮至京师面讯。后来又命以同一方法扩大搜查范围，"凡军民妇女出家为尼及道姑者，悉送之京师，而赛儿终不获"。② "实录"载：永乐十八年五月，"上惩妖妇唐赛儿诵经扇乱，遂命在外有司，凡军民妇女出家为尼及道姑者，悉送京师"。③ 此事过去常被史家看作人民起义。但细观唐赛儿的运动，虽然可能代表一些下层民众不满明朝政府的要求，但是以愚昧荒诞的迷信煽动无知者参与反政府武装运动，根本不可能导致任何具有社会建设或者改进性质的结局。此唐赛儿毕竟还是一个妄人。

宣德初，山东文登县僧人明本、法钟等化缘至成山卫，依托百户朱胜，"涂改旧领敕谕度牒，为妖言惑众。诈称转轮王出世，作伪诏，纪涌安年号，遣法钟持诣文登，诱惑愚民"。宣德五年正月，皆被逮捕至京。宣德帝谓侍臣曰："道、佛二教，本欲离世绝欲，养生治性，其后乃说祸福，亦欲诱人为善。而亡赖之徒，往往以妄言造祸。其付锦衣卫穷治之。"④ 明本、法钟等虽然是僧人，其做法却非佛教路数，而与白莲教之类相似。原因在于，佛教对于下品僧人者流只是依托的名目而已。还有一类俗人，欲煽动群众之时，径自取用佛教名义。如宣德间真定卫军人张普祥，"以妖书惑众，潜居井陉县，自号七佛祖师，遣其党往河南、山东、山西、直隶等处人，约先取彰德城，以次攻夺诸城。其党李名显等百余人入磁州城，焚千户所，官军攻败之。普祥挈家属窜伏柏乡县。递运大使魏景原引官军至其党张林家土洞

---

① 《明成祖实录》卷 222，永乐十八年二月己酉。

② 沈德符：《万历野获编》卷 29，第 749 页。

③ 《明成祖实录》卷 225，永乐十八年五月丁丑。

④ 《明宣宗实录》卷 61，宣德五年春正月戊申。

内获之，械送京师。上命廷臣鞫实，诛之。"①

正统八年十一月，河南汝州人张端卞寄寓均州，更名清古潭，借佛法煽动民众，称"宁山卞卒张清乃紫薇星降生，推以为主，余皆青衣童子诸星象，可为将，期甲子岁于光化县九龙冈起事，欲先陷泌阳、枣阳、舞阳，次陷襄阳、汴梁诸处"。其党聚集后，有人报官。巡抚于谦将之并家属百余人逮捕，并上言："河南地连湖广，逋逃所萃，中多奸顽无赖。如曩者张普祥、李普昇等，俱以修善诵佛惑人，自速杀身亡家之祸。今此曹仍迹前非，请审实诛之，以徇于逃民聚居处，并敕湖广、河南三司官常巡视其地。但有啸聚或为不法者，即收治之。重则奏请，轻则械归本乡。其僧人无度牒而号为师父、师兄、善人、善友，广集礼佛者，俱问遣戍边。寺观庵院非古额者，即毁之没官。庶法令昭明，妖妄杜绝。"英宗嘉纳，下法司议行。② 正统十年三月，四川道士李太濛私习《六甲阵图》等书，作疏上奏英宗，称朝廷"将星失色于层霄，列曜少明于广汉；明臣失位，良将无权"。意将以其术佐皇帝更革朝政。有司将之逮捕，执送京师，坐以"妖言"罪斩之。③ 此李太濛代表另一类草野妄人，自惑于不经邪术，欲凭以幸进。此类人物如果得到皇帝任用，非弄其邪术无以自显，结果必然与士大夫主体发生冲突，引起政治混乱。

景泰四年六月，辽东戍卒李福惠、僧人王海等在旋峰塘谋为乱。李福惠自称是唐太宗后人，建号太清国，授王海为国师，授王海之徒为总兵、都指挥等官，聚数百人。提督军务左副都御史寇深等遣人捕获之，械送京师。④ 景泰间，石亨得势，有瞽人童先者出妖书曰："惟有石人不动"，劝亨举事。石亨家人以其谋反首告，逮治，石亨死狱中，其党童先等俱坐死。⑤

天顺元年，河南逃民徐朗，习学星象，自称菩提，又有名马璘者，自称西天白马佛下世，以妖言鼓众，推徐朗为军师，马璘为祖师，拟于年内举

---

① 《明英宗实录》卷12，宣德十年十二月己亥。
② 《明英宗实录》卷110，正统八年十一月辛未。
③ 《明英宗实录》卷127，正统十年三月丙申。
④ 《明英宗实录》卷230，《景泰附录》卷48，景泰四年六月癸巳。
⑤ 谷应泰：《明史纪事本末》卷36，"曹石之变"，第544页。

事。其党告发其事。徐朗自缢，马璘被擒，余党数十人发铁岭卫充军。① 天顺五年，湖广地方"妖贼"李天保潜入贵州鬼池及绞洞苗寨，煽惑诸苗，攻劫中林长官司及隆里所。总兵官都督李震率兵剿捕，擒李天保送京师，处死。② 天顺六年五月，山西汾州有"妖人"作乱，"自称天王，僭年号曰天福"。③ 同年七月，山西平阳府安邑县民李真、交城县民宋普贵等以妖言惑众谋反，被诛。④

　　自洪武时期开始，各类"妖言"、"妖人"事一直未曾止息。正统以后，朝中多事，社会流动性增强，此类现象更多。成化时期，朝廷放松了对各类宗教活动和僧道人口的控制，使得游离于士农工商之外的流动人口卷入宗教性组织、活动的空间加大，这为"妖言"、"妖书"流行提供了更便利的社会条件。同时，成化以后，皇帝多信荒诞不经说法，朝廷任用方士，鼓励了此类人物的社会活动，如万历间人朱国祯所说，"时方士业已用事，故妖书盛行"。⑤ 此外，政府为禁"妖言"，奖励缉捕者，其间诬告、株连、冤案便多。如，成化中，锦衣卫旗校逮捕宁晋县人王凤等，称其与瞽者康文秀在临清县人于源家中谋逆，拜受妖书、伪职。词连王凤同县人知县薛方、致仕通判曹鼎，称二人参与其谋。锦衣卫发隶卒围二人其家，"搜检无验，榜掠诬伏"。成化十三年三月，方、鼎先后令其子、婿击登闻鼓称冤。曹鼎为已故学士曹鼐之弟，事关缙绅，下法司重审。"时西厂行事旗校以捕妖言图官赏，无籍者多赝书诱愚民，而后以情告行事者捕之，加以法外之刑，冤死相属，无敢言者。"⑥ 稽查既严，形成普遍恐怖气氛。成化十四年二月，南京守备成国公朱仪上章请罪。原因是，曾有道士陈广平访问朱仪。朱仪以子病，曾寻访陈广平，询问方药。后来陈广平"以妖言事露"。朱仪不自安，乃自陈请罪。宪宗以其不过失于觉察，勉其用心守备，勿有疑惧。⑦ 此陈广平为山东济宁州道士，私习兵法，游历秦、汴、楚、蜀间，自称熟谙星家阵图，广

　① 《明英宗实录》卷 278，天顺元年五月庚午。
　② 《明英宗实录》卷 324，天顺五年春正月丙寅。
　③ 王锜：《寓圃杂记》，中华书局 1984 年排印本，第 26 页。
　④ 《明英宗实录》卷 342，天顺六年秋七月乙未。
　⑤ 朱国祯：《涌幢小品》卷 32，第 765—769 页。
　⑥ 《明宪宗实录》卷 164，成化十三年三月乙亥。
　⑦ 《明宪宗实录》卷 175，成化十四年二月戊午。

为结交，"潜谋不轨"。后在南京被都督府都事卜马翙诱捕，执至京师，坐斩监候。都察院认为其情犯比寻常妖言不同，当加重处罚，于成化十四年三月伏诛。牵连其案者，罪各有差。① 在这种情况下，在成化以后的官方记载中，各类"妖人"蛊惑、谋反事例大为增加。虽然其中罗致罪名事例不少，但总体而言，这类记载，仍可大致反映民间借助各类迷信煽动社会动乱的增多以及政府对策情况。

成化元年五月，宁夏中护卫军余赵春游食山东、京畿间，自称宋朝皇室之后，与景州人张仲威等"倡造妖言，众颇信之"，事觉被捕，枭首示众。② 成化二年八月，淄川人赵亮"以妖书惑众"，为缉访者告发，坐斩。③ 成化四年十月，山东德平县民张中游食临清，遇到民人孙荣善讲说佛法，得《金锁洪阳大策》等"妖书"。张中刺在自己左右肩臂各刺一龙，左臂刺"排王计"三字，左右掌各刺"山河"二字，自号"白毛祖师"，四方蛊惑，诱惑民人王聪时，自称其已经四处招集万余人，欲待秋冬之际攻取河南城池。王聪知其诈，举报，都察院问拟坐斩，遇赦，改禁锢，寻死于狱。④ 成化间，山东卖药人刘得云，从"妖人"孔景顺处得《金章紫绶经》等书及龙凤勘合符印，与人传观，称藏有此书、印，能免灾难。此人又诬告仇家孙智欲聚兵谋反。至是成化五年被法司拟罪惩处。⑤ 成化间，僧人张通以星命推断陕西民人李奉先当极贵。于是，刘葫芦、王牛家二人追随，制造妖言，召集强悍之人，同谋作乱。行至商县，事发被捕。至成化七年七月被处死。⑥ 成化八年秋七月，山东滕县民韩能因"造妖言惑人"被发充辽东三万卫充军。⑦ 成化十年四月，直隶东光县民刘通等四人"以妖言谋反"被处死，都察院书其罪状，榜禁天下。⑧

成化十年五月，宪宗谕都察院臣曰："曩因愚民捏造妖言，扇惑人心，

---

① 《明宪宗实录》卷 176，成化十四年三月戊辰。
② 《明宪宗实录》卷 17，成化元年五月丁巳。
③ 《明宪宗实录》卷 33，成化二年八月壬子。
④ 《明宪宗实录》卷 59，成化四年冬十月戊申。
⑤ 《明宪宗实录》卷 66，成化五年四月庚辰。
⑥ 《明宪宗实录》卷 93，成化七年秋七月庚辰。
⑦ 《明宪宗实录》卷 106，成化八年秋七月壬戌。
⑧ 《明宪宗实录》卷 127，成化十年夏四月己巳。

屡犯刑宪，虽已榜禁，而冥顽之徒，不改前非，犯者愈众，宜申明禁例，再揭榜示众。今后官吏军民僧道人等但有收藏妖书、勘合等项，榜文到日，限一月以里，尽行烧毁，与免本罪。敢有仍前捏造收藏传用惑众者，许诸人赴官首告。正犯处死，全家发烟瘴地方充军，首告得实之人，官量给官钱充赏，优免杂泛差役三年。"① 于是，官府大力搜缴各类"妖书"。至成化十年十二月，都察院左都御史李宾等列奏"妖书"名目，请榜示天下。其书有：

《翻天揭地搜神记经》、《金龙八宝混天机神经》、《安天定世肃绣莹关》、《九龙战江神图》、《天宫知贤变愚神图经》、《镇天降妖铁板达通天混海图》、《定天定国水晶珠经》、《金锁洪阳大策》、《金铎》、《都天玉镜》、《六甲明天了地金神飞通黑玩书》、《通天彻地照》、《仙炉经》、《三天九关夜海金船经》、《九关七返篡天经》、《八宝擎天白玉柱》、《夫子金地历》、《刘太保泄漏天机伍公经》、《夺天册》、《收门篆经》、《佛手记》、《三煞截鬼经》、《金锁栏天记》、《紧关周天烈火图》、《玉盆经》、《换天图》、《飞天历》、《神工九转玉瓮金灯记》、《天形图》、《天髓灵经》、《定世混海神珠通玄济世鸳鸯经》、《锦珊瑚》、《通天立世滚云裘》、《银城论》、《显明历》、《金璋紫绶经》、《玉贤镜》、《四门记》、《收燕破国经》、《通天无价锦包袱》、《三圣争功聚宝经》、《金历地经》、《夺天策》、《海底金经》、《九曜飞光历》、《土伞金华盖》、《水鉴书》、《照贤金灵镜经》、《朱砂符式坐坛记》、《普济定天经》、《周天烈火图》、《六甲天书》、《三灾救苦金轮经》、《智锁天关书》、《感天迷化经》、《变化经》、《镇国定世三阳历》、《玄元宝镜》、《玉伞锦华盖》、《换海图》、《转天图》、《推背书》、《九曜飞天历》、《弥勒颂》、《通天玩海珠》、《照天镜》、《玄天宝镜经》、《上天梯》、《龙女引道经》、《穿珠偈》、《天形图》、《应劫经》、《天图形》、《首妙经》、《玉贤镜》、《透天关》、《盖天历》、《玄娘圣母亲书太上玄元宝镜》、《降妖断怪伍家经》、《金光妙品》、《夺日金灯》、《红尘三略》、《照天镜》、《九关翻天揭地神图》、《金铎都天玉镜》、《玉树金蝉经》、《玄娘圣母经》、《七返无价紫金船》、《银城图样》、《龙凤勘合》。②

此类举措，并未能制止民间"妖书"、"妖言"和"谋反"行为流行的趋

---

① 《明宪宗实录》卷128，成化十年五月戊申。
② 《明宪宗实录》卷136，成化十年十二月甲午。按"实录"原无句读，个别文字断于前后两可，故此目不能排除并两书为一书或者分一书为两书的可能性。

势。陕西僧人夏澄贵还俗后，闻乡人称曾见白龙盘旋于其头顶，并见大星堕入其家，遂以得异梦蛊惑民众，信者争出牲醴祈祷。夏澄贵遂令其党具表拜佛，自称天子。事觉，镇守巡抚等官各奏其事，成化十二年二月，夏澄贵被处斩，从者治罪有差。① 成化十二年九月，又有"妖人"李子龙等伏诛。李子龙本名侯得权，保定易州人，幼时出家狼山广寿寺为僧，名明果。稍长后，游方至河南少林寺，遇术士江朝，推其命后当极贵。又遇道人田道真，传与"妖书"。当时有人传说陕西长安曲江村李家妇女怀孕十四个月后生一男，名子龙，有红光满室，白蛇盘绕之异。侯得权遂更名李子龙，蓄发，入京师，夤缘出入内府，势力日大。后来被锦衣卫官校逮捕下狱，处死。② 成化十三年正月，"直隶安肃等县民李文友等八人以妖言谋逆，坐斩"。③ 成化十四年十二月，"福建长泰县民朱如批等七人为妖言，揭榜聚众谋叛。知县刘铎率众掩获之。巡抚都御史高明请枭首警众，都察院覆奏从之"。④ 成化十七年六月，"广东新会县民叶褅广偶得妖书，并印文、地图，与其党惑众倡乱，为镇守等官所获……褅广等五人，命即所在斩于市"。⑤

　　弘治初，略有整顿惩治妖言政策举措。弘治元年闰正月，都察院左都御史马文升言十五事，其中包括"请令巡城御史等官严督地方驱逐左道邪术之人，不许潜住京师。仍敕皇城四门官，如有此辈及非内府工作，而擅出入皇城者，捕获奏问"。孝宗认为马文升所言多切时弊，命有关部门讨论制定具体政策。⑥ 弘治元年二月，兵部提出，以往擒获妖言者，给升给赏，自成化十四年以后，给赏不给升。但是成化十四年前因此而得升者，至今世袭，过于冗滥，请制定减杀承袭待遇及严格掌握奖励办法。孝宗曰："擒捕妖言，本以止乱，但人利升官，多肆媒蘖，未免滥及无辜。不可不禁。承袭者照今拟行，以后擒获妖言者，止照十四年例给赏。"⑦ 这类整顿举措，皆属局部调整，成化时期的局势继续发展。

---

① 《明宪宗实录》卷150，成化十二年二月乙卯。
② 《明宪宗实录》卷157，成化十二年九月己酉。
③ 《明宪宗实录》卷161，成化十三年春正月甲子。
④ 《明宪宗实录》卷185，成化十四年十二月辛丑。
⑤ 《明宪宗实录》卷216，成化十七年六月丁卯。
⑥ 《明孝宗实录》卷10，弘治元年闰正月己巳。
⑦ 《明孝宗实录》卷11，弘治元年二月己亥。

弘治二年十月，"妖贼王良等伏诛"。王良为山西崞县县民，学佛法于弥陀寺，所谈皆虚幻之事。忻州李钺为其弟子，从者至数百人。从者既多，遂相与言曰："吾佛法既为人信服，由是而取天下亦不难。但边兵密通虏，或相阻挠。若与鞑虏通谋，令其犯边，因与官军出御乘间而起，事可济也。"于是王良、李钺撰"妖言数十篇"，称皆是梦中佛所授予者，见者跪拜，从者益多。① 王良遂撰表请蒙古小王子犯边，允为内应，被守边者截获。王良等知事败，集五百人啸聚剽掠，后来被俘，至弘治二年十月被处死。此类试图勾结边外势力者后来有增多趋势。弘治十年九月，"曲阜县人孔布以妖术感众，从之者百余人，事觉，逃避巢县山中"。② 弘治十一年正月，"直隶定远县人杨潮等造妖书惑众，攻劫县治"。被擒后，杨潮等11人俱处决，余党并家属发边卫永远充军。③ 弘治十二年二月，因解州吏员李宁"以妖术惑人，自言得聚宝盆于桃花洞，知州程观信之"，事闻，发边远充军，都察院请出榜禁止天下妄言惑众，遂"严左道惑众之禁"。④ 从后一事例看，被列为"妖言"的范围并不限于直接涉及权力政治的荒诞蛊惑性言论，而且包括编造怪力乱神故事者。当事者为政府官吏，这可能使得朝廷更为警觉，处置亦更严厉。

弘治间，僧人张金峰游方至陕西朝邑县，以药饵符水吸引民众，地方官将之驱逐。张金峰遂在终南山聚徒数十人，自称释迦佛出世，其徒弟行安、行兴等也各有名号。"裂布帛为旗，祭以婴孩，刻日为二十四诸天大会。诱男妇烧香，啖以狂药，令自起拜舞。欲归，则咒虎当路，不能去。有雷柏川者，不肯饮药，乘夜逃归，亦不敢首官。时行道负薪炭者，多被逼胁。不从则见杀，或肢解之，悬于树。前后被杀者凡若干人，民居被毁者，凡若干家。"弘治九年四月，守臣调兵剿捕，张金峰、行兴于拒捕中死，行安等遭处决。⑤

正德四年，礼部上疏云："天下王府有无籍之徒，假以烧丹炼药为名往

① 《明孝宗实录》卷31，弘治二年十月己酉。
② 《明孝宗实录》卷129，弘治十年九月丙寅。
③ 《明孝宗实录》卷133，弘治十一年正月辛酉。
④ 《明孝宗实录》卷147，弘治十二年二月戊申。
⑤ 《明孝宗实录》卷112，弘治九年四月丁亥。

来狂惑者，镇巡预为禁约。"武宗云："各王府勿容僧、尼、女冠出入宫禁及私建寺观。违者，承奉、长史以下，俱罪不宥。"① 正德初，山西李五"以妖术倡于延安，惠庆、邵进禄等信之，遂谋乱。杀巡捕指挥陈正，陷洛川城"。后绍进禄死，惠庆攻宜川、白水等处。正德七年十二月，被官府击溃，惠庆逃遁，余党悉平。② 正德中，有名章仁者，"故石埭生徒也，少习妖书"，参与到正德间巨盗王浩八军中。③ 王浩八在正德八年被官府俘获，后处死。正德八年，广西李通宝"以妖术诱众，聚至数千人，结寨六青山"，该年七月，李通宝败死，其党胡扶香等还据山险，"副总兵金堂等分路进攻，破之，俘斩及降者凡五千余人"。④ 正德十一年六月，"山东平原县人胡文智以妖术往卫辉等处，造为《变世歌》、《兴衰赋》诸幻妄语以惑人，与其党王得厚、冯端、杨净和等转相传播。文智自称元帅，伪授韩伯川等官职，给与黄票，招集人马，聚于辉县神童庙，将图不轨，为辉县知县朱卿所收捕"。⑤

嘉靖五年，李福达狱起。李福达为崞县人，因坐"妖人"王良、李钺之党，戍山海卫，后逃还至洛川，遂"以弥勒教诱愚民邵进禄等为乱"。事不成，李福达更姓名为张寅，输粟得太原卫指挥使。其子大仁、大义、大礼皆冒京师匠籍，用黄白术贿赂武定侯郭勋。后为仇人告发，父子论死，妻女为奴，财产没官。后来因为该案辞涉武定侯郭勋，与郭勋在大礼议中结成同盟的新贵张璁、桂萼等尽反成狱，李福达父子得无恙。该案牵连士大夫多人受累。至嘉靖四十四年，"四川妖贼蔡伯贯反，陷合州等七州县，僭号大唐大宝元年"。隆庆三年，蔡伯贯被捕，供称其师为山西李同。李同被捕后自称李大仁，李大礼，皆其祖师，世习白莲教，结众倡乱。结果李同坐斩，李福达剖棺戮尸。⑥ 嘉靖三年，山海卫军余沈淮，"素习妖术"，从"妖人李真等谋反"，杀山海卫主事。李真等被诛后，沈淮潜遁滦州、玉田、三河等处，至嘉靖十三年，为官府捕获处死。⑦

---

① 《明武宗实录》卷58，正德四年十二月庚戌。
② 《明武宗实录》卷95，正德七年十二月丁卯。
③ 《明武宗实录》卷99，正德八年夏四月癸丑。
④ 《明武宗实录》卷102，正德八年秋七月癸未。
⑤ 《明武宗实录》卷138，正德十一年六月庚午。
⑥ 沈德符：《万历野获编》卷18，第466页。
⑦ 《明世宗实录》卷161，嘉靖十三年三月甲戌。

嘉靖间，浙江乌镇有"妖人"马祖师以幻术惑众，有毛茎、计中等为之羽翼，更相诳饰，诱胁愚民，约起兵取嘉兴府。经人告密，官司以兵捕之，其党溃败，惟马祖师树青、白二旗，纵火肆掠，官兵追至南浔、双林镇间，追随者皆被歼，独马祖师逸去。① 又有"妖人"曾光者，大言惑众，游湖广、贵州土司中，教以兵法，撰造《大乾启运》等"妖书"，纠合倡乱。宣慰使彭龟年以计擒获其党，而曾光竟遁去。②

嘉靖三十九年七月，都御史章焕上"经略中原疏"，该疏反映出嘉靖中期"妖民"与"盗贼"结合，渐渐形成深厚社会基础的趋势："臣惟中原之患，妖民、盗贼二者而已。妖党之兴，始自数十年前妖民假以诈术诳惑愚民，所利福田利益，妖民所逐，混杂淫污而已。人心一蛊，妖说遂行，愚者求福，智者避祸，富者倾家以结纳，贫者以身为奴婢。然未有与其邪谋者，此一变也。数年以来，民穷财尽，邑无安居之户，里无乐业之家。于是，妖言盛行，根盘枝蔓，又此一变也。往时山东之寇不入燕赵，河北之贼不逾河南，自虏变、倭变后，尽征各省之兵应援，而椎埋恶少，亡命逋逃，往往窜入其中。异党之人邂逅相亲一呼响应，此又一变也。中原数省其人故多，轻死尚气，彼见各处狂狡相聚而谈，其地方虚实攘臂喋血，遂起逆谋，此又一变也。今群妖、群盗合为一途，盗党藉妖言以惑民，而妖人倚群盗以劫众。闪倏无常，不可踪迹。此今日之大患也。故山东西、河南北、直隶、陕西、湖广，渐成一党。盗贼往来，所至有主，所在成家，逐捕之后，莫知去向。如近日林县之贼乍起乍散，他处亦有闻风而应者，则可验已。故南倭、北虏之患有形，而中原之患无形。夫无形之患不可以有形治也，要在破散奸谋，调护元气，有万全无失之策而后，可以保万年无疆之治。"③ 明朝末年的变乱蜂起，在这个时候已经在酝酿之中了。

万历二十四年闰八月，"以伪造天书，妖言惑众，谋不轨"，命陕西督抚衙门、巡按御史将罗元即时处决枭示，将张朝臣监候处决。④ 万历二十六年二月，南京科臣奏称于南京皇城端门外拿获"妖人"宋四八，搜得《指南

---

① 沈德符：《万历野获编》卷29，第750页。
② 沈德符：《万历野获编》卷18，第480—481页。
③ 《明世宗实录》卷486，嘉靖三十九年七月壬辰。
④ 《明神宗实录》卷301，万历二十四年闰八月癸未。

书》一囊，书中语多荒唐不经，狂逆不逊，于昔日所称鱼腹、白莲教类似。① 万历三十四年，"南京妖人刘天绪谋反"，事觉被捕。刘天绪本河南永城县人，流寓凤阳府临淮县朱龙桥，崇奉无为教主，鼓吹朱龙桥有七千里云程，其处有退骨塘，入浴其中，即能脱骨成佛。七月中，刘天绪造妖书一册，声言冬至日有李王出世，与乡民王宗等相约曰："若等以十一月朔旦从吾至神烈山，如吾当帝者，吾拜天，即便有蒙气上腾，如无此气，即吾无帝分。"至期，王宗等如言与刘天绪登神烈山，拜天望气。下山至朝阳门外，果见有黑气一道，状如天河，自西北亘于东南。王宗等遂信刘天绪为真命天子，购造武器。刘天绪自号为龙华帝王，称其所恋寡妇岳氏为观音出世，封为后，并封岳氏子为"钦赐护国将军国公"，封王宗等十余人为国公、侯、伯、将军、指挥等，从者"各署妖号，有十二天，有十六佛，又有十二星之名"。约定于该月二十三日长至节，乘百官谒陵举事。其党陈继学、张应登惧祸，先期告发，御史李云鹄发兵将之捕获。② 万历四十七年十二月，"陕西固原妖人李文等谋叛，擅称弥天一字王，伪改天真混元年号，纠党王廷相、祁焕章、温王、洪福儿等数百余人，妄布天书六甲、飞敛妖书等项，约期举事。其党曹世泰、陈希春出首。被获伏诛"。③

　　明代宗室反叛多有因受所谓"妖人"、"术士"煽动者。《明史》云，谷王"大创佛寺，度僧千人，为咒诅。日与都指挥张成，宦者吴智、刘信谋，呼成'师尚父'，智、信'国老令公'。伪引谶书云：'我高皇帝十八子，与谶合。'橞行次十九，以赵王杞早卒，故云。谋于元夕献灯，选壮士教之音乐，同入禁中，伺隙为变"。④ 成化十年三月，晋王朱钟铉因本府内官赵显与"妖言人"李铎交结为非被获，惧罪，乃上疏自陈钤束不严。宪宗谕其是后小心戒约下人，"不许仍蹈赵显等所为……"⑤ 正德时宁王朱宸濠谋反，也与术士有关。"术士李自然、李日芳妄言其有异表，又谓城东南有天子气。

----

① 《明神宗实录》卷319，万历二十六年二月癸酉。
② 《明神宗实录》卷428，万历三十四年十二月壬子。
③ 《明神宗实录》卷589，万历四十七年十二月己未。
④ 张廷玉：《明史》卷118，"诸王三"，第3604页。
⑤ 《明宪宗实录》卷126，成化十年三月戊子。

宸濠喜，时时询中朝事，闻谤言辄喜。或言帝明圣，朝廷治，即怒。"① 又有 "刘养正谓帝星明江汉，劝宸濠为乱"。② 嘉靖二十四年，和川奉国将军朱充灼坐罪夺禄，"会应州人罗廷玺等以白莲教惑众"，见充灼，建议约小王子入关，借其兵攻雁门，取平阳，立朱充灼为主，事定后再以计杀小王子。朱充灼允诺。遂遣人持火箭焚烧大同草场五六所，令通蒙古语者出边联络小王子，结果信使被逻卒所获，逮充灼等至京，赐死并焚尸。③ 朱寘鐇之乱也与妄言煽惑有关。"寘鐇性狂诞，相者言其当大贵，巫王九儿教鹦鹉妄言祸福，寘鐇遂觊望非分。"④

明代借助佛教、道教、民间宗教性信仰中的思想元素，组织民众，形成与政府对抗势力的现象此伏彼起，与国运相始终。此类社会现象，在秦以来历史中屡见不鲜，并非明代的特殊现象。不过，民间宗教性信仰得佛教、道教等滋补，愈至后来，愈有丰富的语汇、思想、观念资源，到明代而呈更为普遍、持续的情状。

---

① 张廷玉：《明史》卷 117，"诸王二"，第 3593 页。
② 叶权：《贤博编》，第 10 页。
③ 张廷玉：《明史》卷 117，"诸王二"，第 3582—3583 页；并参看《明世宗实录》卷 316，嘉靖二十五年十月癸巳。
④ 张廷玉：《明史》卷 117，"诸王二"，第 3590 页。

第十四章

宗教政策与女性

　　明代国家宗教政策中对女性宗教活动有些特别的限制。《大明律》规定："凡私家告天拜斗，焚烧夜香，燃点天灯七灯，亵渎神明者，杖八十。妇女有犯，罪坐家长。若僧道修斋设醮，而拜奏青词表文及祈禳火灾者，同罪，还俗。若有官及军民之家，纵令妻女于寺观神庙烧香者，笞四十，罪坐夫男。无夫男者罪坐本妇。"① 这种限制的着眼点并不在于要使妇女拥有少于男人的宗教信仰权利，而在于"风化"方面的考虑，即防止妇女因到寺观神庙烧香而发生与丈夫以外男子涉及两性关系的任何接触。所以，违犯这项规定的妇女的丈夫要首先为妻子的行为承担处罚，只有对于没有丈夫的妇女，处罚才及于本身。这可以被理解为国家关于男女社会角色与伦理标准的官方意识形态渗入到了宗教政策之中。这种渗入实际构成了对女性宗教活动的限制。很多士大夫对女性宗教活动也持反对意见，政府官员也屡屡申禁。

　　宣德四年六月，顺天府真元观女冠成志贤等九人请给度牒。礼部言："太宗皇帝时，命尼僧皆还俗。今成志贤等亦宜遣还父母家。"宣宗命"遵先朝令，仍严女妇出家之禁"。②

　　嘉靖六年十二月，礼部尚书方献夫等言："僧尼道姑，有伤风化，欲将见在者发回改嫁，以广生聚，年老者量给养赡，依亲居住。其庵寺拆毁变卖。敕赐尊经护敕等项追夺，戒谕勋戚之家不得私度。"诏悉如其言。③ 方

---

　　① 怀效锋点校：《大明律》卷11，"礼律一"，第89页。
　　② 俞汝楫：《礼部志稿》卷89，"命女冠还俗"，第613页。
　　③ 俞汝楫：《礼部志稿》卷89，"处尼僧寺"，第615页。

献夫复言:"皇姑寺系祖宗敕建,宜留之,以安缉年老无依尼僧、道姑。"世宗不许,令年老而贫尼姑、道姑,"量给银赡养,各听其父兄亲党收之,不必处之皇姑寺"①。当时两宫皇太后皆出面阻止拆毁皇姑寺,世宗坚执毁之。② 霍韬在南京时,也推行"绝妇女入寺观,罪娼户市良人女,毁淫祠,建社学,散僧尼,表忠节"等政策。③ 嘉靖十六年三月,南京守备太监潘真等题称:"尼姑俱系良家子女,败坏风俗。"礼部拟行南京五城禁革。世宗批准实行。到嘉靖二十二年六月,礼部又题称:"近访得尼僧仍复潜聚京师,或私置房屋,或投托亲知,诱引良家妇女,恣肆多端,不可枚举。若不申明先年谕旨,严加禁革,则纵欲导淫,伤风败俗愈甚而不可制除……本部看得在京尼僧委之纵肆,奸淫斁伤风化,诚为可恶……窃照前项尼僧,外假清戒,以惑愚民。内实淫奸,以坏名节。节经本部题奉钦依禁革还俗,而依然尚存,蔑视无忌,真为世道民风之累。合命下移咨都察院转行五城巡视衙门,严加晓谕禁约,责令蓄发还俗,及咨南部礼部并通行南北直隶各省抚按官,一体禁革。其私创尼姑庵院,不拘在京在外,未拆毁者,通行查出拆毁。其有私置房产,投托亲知,诱引非为者,在京听缉事衙门访获究治,在外听抚按官究查。及照旧存尼姑院,本为匮乏不给并老髦无归者居住。今访得年少尼僧,亦有潜匿其间者。合并行该城巡视衙门,督令兵马司清查名口若干,贫老者照旧按插,毋行引度,以败风俗。年少者随令还俗嫁配,及不许仍前藏匿别处,违者许地方并两邻首告。"世宗令"依拟着实举行"。④

不过,到万历时期,佛教因皇室崇信而重新获得发展空间。慈圣皇太后每岁十一月十九日诞辰,百官率于午门前称贺,京城百姓妇孺俱于佛寺前焚香祝厘。万历十四年,皇帝还在宛平西为她修建了慈寿寺。⑤ 这些都肯定推动了民间社会女性宗教活动。其后,妇女到寺院宫观烧香等,一直是十分普遍的事情。

万历时人田艺蘅记载:"今烧香名念佛婆者,人家老妇衰败无所事事,

---

① 俞汝楫:《礼部志稿》卷 89,"处尼僧寺",第 615 页。
② 同上书,第 615—617 页。
③ 张廷玉:《明史》卷 197,列传第 85,"霍韬传",第 5214 页。
④ 俞汝楫:《礼部志稿》卷 89,"钦依禁革尼僧",第 613—614 页。
⑤ 沈榜:《宛署杂记》卷 20,第 254 页。

乃怕死修善，结会念佛。如古白莲教，皆为师姑、尼姑所引，因而成群倾国，老幼美恶无不入会。淫僧、泼道，拜为干娘，而淫妇、泼妻，又拜僧道为师、为父，自称曰弟子……大家妇女虽不出家而持斋把素，袖藏念珠，口诵佛号，装供神像，俨然寺院妇人。"① 万历时沈鲤认为："今田野人家妇女相聚，三二十人，结社讲经，不分晓夜者；有跋涉数千里外，望南海，走东岱祈福者；有朔望入祠庙烧香者……俱非美俗。"② 明末张岱描写的西湖昭庆寺香市的盛况更生动地展现了包括女子在内的寺庙进香与游览香市的场面："至香市……凡胭脂簪珥、牙尺剪刀，以至经典木鱼、孩儿嬉具之类，无不集……士女闲都，不胜其村妆野妇之乔画；芳兰芗泽，不胜其合香芫荽之熏蒸；丝竹管弦，不胜其摇鼓喝笙之聒帐；鼎彝光怪，不胜其泥人竹马之行情；宋元名画，不胜其湖景佛图之纸贵。如逃如逐，如奔如追，撩扑不开，牵挽不住。数百十万男男女女、老老少少，日簇于寺之前后左右者，凡四阅月方罢。"③ 从这段关于香市盛景的描写可以看到一个庞大的女性信徒群体的活动。张岱的另一段关于游览定海梵山法华洞时所见大殿内礼佛的场景写道："男女千人鳞次坐，自佛座下，至殿庑内外，无立足地。是夜多比丘尼，燃顶燃肩燃指，俗家闺秀亦有效之者。爇灸酷烈，惟朗诵经文，以不楚、不痛、不攒眉为信心、为功德。"④ 清初张履祥记载了崇祯时杭州、湖州妇女大规模到禅院听法、虔诚礼拜，甚至皈依佛门的情景："崇祯间，有僧金台者，善惑众。即杭州皋亭立禅院，自尚书、状元，率其命妇女子皈依之。人崇其教，湖州为甚。卧室被文绣，廪藏盈金帛，僧房左尼右妇人。升堂，鼓吹数作。远近听法者尝千余人，以一帘隔男女……妇人夫死者，执弟子礼，倾家财布施，受法名，焚修院中，求世世不为寡妇。"⑤

妇女参与宗教崇拜活动的积极情状似乎常常愈于男子，这与女性的社会角色、地位特点相关。明代妇女的日常活动，至少半在家庭之内，其社会地位总体上说还是从属于男性。这是一个占总人口大约半数的"弱势群体"。

① 田艺蘅：《留青日札》卷27，"念佛婆"，上海古籍出版社1985年排印本，第884—885页。
② 张萱：《西园闻见录》卷3，"阃范"，第68页。
③ 张岱：《陶庵梦忆》卷7，"西湖香市"，上海古籍出版社1982年排印本，第61页。
④ 张岱：《琅嬛文集》卷2，"海志"，上海杂志公司民国二十四年版，第47页。
⑤ 张履祥：《杨园先生全集》卷31，《言行见闻录》（一），中华书局2002年版，第883—884页。

处于弱势地位的人群通常更倾向于向超现实力量求取庇护。明代的妇女，对于佛教、道教等各种制度化的宗教，带有地方特色的各种鬼神巫术，以及在教义上吸收了儒释道的精神并加以改造的诸多民间秘密宗教通常并不进行严格区分，亦不选择某一种宗教为信仰，而是常常兼收并奉。这与中国民间宗教信仰的多元与综合性征是一致的。

　　一些民间秘密宗教有众多女性参加，如白莲教、罗教、黄天教、大乘教、弘阳教、闻香教、八卦教以及它们的很多派生教派。其中白莲教在元代、明初就很兴盛，持续到明朝后期，其他教派则几乎都产生于明中叶以后。到万历时，已是"有一教名，便有一教主，愚夫愚妇，转相煽惑……此在天下处处盛行"。① 在这些秘密教派中，有一些女性领导者以及众多的女性信徒。从参加者身份来看，参与民间宗教活动的妇女，以普通下层女性为多。大致归纳起来，民间女性的宗教活动包括参与政府严格禁止的各种民间秘密宗教，朝山进香，进行较为分散的个人性宗教崇拜活动，以及从事职业性宗教活动等。

　　正德时期，出现一起妇女依托秘密教派势力提高自己社会地位的事例。霸州民王智之女王满堂，曾以美艳与选入宫，既而罢归。她以曾经入宫，不肯嫁与普通人。据说她曾几次感于异梦，称其将嫁给贵人。有僧人出入王智家，得知其梦，语与他人。"道士段镆挟妖术，因潜易姓名，且贿僧使谓智曰：尔家明日当有大贵人至。明日，镆至。问其姓名，与梦偕。智家欢呼罗拜之，即妻以满堂。镆乃出妖书，转相煽惑。乡民神其梦，从之者益众。镆恐事觉，携满堂逃山东。峄县儒生潘依道、孙爵策杖从之，时称臣、主。镆遂僭号，改元大顺平定，往来牛兰、神仙二山。久之，镆为新城人所获，并得其妖书。"段镆及潘依道、孙爵皆斩于市。王满堂则被武宗招取，入侍豹房。②

　　秘密宗教活动与国家政策冲突，多数女性信徒最初参加此类活动时并非以反政府为目的，而是出于各自生活经历方面的多种原因。这类秘密宗教的崇拜对象中包括相当一部分女性神祇，如许多秘密教派的"无生老母"。有

---

① 《明神宗实录》卷533，万历四十三年六月庚子。
② 《明武宗实录》卷196，正德十六年二月乙酉。

些教派还以女性为创教始祖或历代教主。这在某种程度上增强了对女性信徒群体的感染力和号召力。秘密教派的教义中也很少有排斥女性的内容，多将女性与男性放在同等重要的位置。不过，秘密宗教活动经常将女性卷入与政府相对抗的活动中。但在明前期，类似现象相对少见。中叶以后，随着秘密教派的增多，女性通过参与其中而与政府对立的现象增多。妇女朝山进香也是明朝法律禁止的，但是明中前期以来，这类活动实际已经不再受到法律的强制性约束，而是成为一个选择性的个人行为取向问题。到泰山朝拜的女性群体最为庞大，其次为浙江定海普陀山朝拜。明代国家宗教政策中并无对个人宗教信仰本身的任何直接限制，所以，女性分散的个人信仰乃至崇拜活动都与国家宗教政策没有冲突，士大夫言论中对此也没有与政策相关的批评。以宗教为职业的女性，包括尼姑、道姑、道婆、女巫等，是某些宗教的社会传播者，也是对有需求的社会成员提供宗教性服务的人。其中的尼姑和道姑是职业化的，其他人则基本是半职业化的。

宋明理学兴起以来，对女性的束缚似乎更加严重，史料中出现了大量关于贞节烈妇的记载，但是女性在民间宗教中的活跃表现反映着与这一潮流相反的趋势。与高深广远的儒家理论相比，世俗化的民间宗教对于文化程度不高的民间女性来说，更易于接受。万历年间民间崇奉最多的是观音大士、真武大帝、碧霞元君。"三者与关壮缪香火相埒，遐陬荒谷，无不尸而祝之者。凡妇人女子，语以周公、孔夫子，或未必知，而敬信四神，无敢有心非巷议者，行且与天地俱悠久矣。"[①] 这种情况反映出传统儒家思想和理念在民间女性中的衰微，同时也体现着具有现实功用的世俗化民间宗教对于追求实用功能的女性的吸引力。

在某种程度上，女性参与民间宗教活动也是她们参与现实社会体系的一种方式，只是这种方式与上流社会力图将妇女禁锢于闺门之内教养在途径上说恰好相反。美国学者布赖恩·多特（Brian R. Dott）通过对泰山朝拜的研究指出："妇女到泰山朝拜强化了社会和道德体系，因为她们是在为延续夫家的血脉而祈祷，但同时她们在朝拜中也经历了流动，建立起与其他女性姐妹般的关系，分享着在山顶与家庭中的宗教权威。晚期帝国这些教育程度较

---

① 谢肇淛：《五杂俎》卷 15，"事部三"，第 433 页。

低的女性们的活动极大地扩展了我们对超越精英规则的社会性别体系的理解……她们对于朝拜的准备也为她们在家内发挥影响及树立权威提供了一个机会。"①

从女性具有矛盾性的行为中可见，她们并不会走到完全背离传统道德的程度，但也不甘愿成为完全被儒家精英思想束缚的对象。这一方面是因为儒家思想在实践层面存在一定的弹性，另一方面也源自民间女性依据现实生活经验而形成的自我角色认同与定位。一般情况下，女性的生活中心在家庭，她们信仰宗教常常是出于求偶求子、祈福禳灾、祛病长寿等，所以在某种程度上，是其家庭角色的延伸。同时，宗教活动也为女性提供了一种接触社会、参与社会群体生活的机会。明清间士大夫们多把女性的宗教行为视作愚昧的表现，并认为这是男性与女性存在的天然差异。谢肇淛就认为"妇人女子之好鬼神，皆其天性使然，不能自克"②。这种看法，毕竟还是疏于对女性社会存在本身的关注。

---

① Brian R. Dott. *Identity Reflections：Pilgrimages to Mount Tai in Late Imperial China*. Cambridge（Massachusetts）and London：Harvard University Press，2004，pp. 148—149.

② 谢肇淛：《五杂俎》卷8，"人部四"，第207页。

结　　论

本书"导言"对明代国家宗教管理制度与政策的一般特征已先做了简要说明，其后各章又在历史文献、史事梳理的基础上，对这些要点做进一步的阐发。即使如此，明代国家宗教管理制度与政策的某些含义还是需要做通体的思考才能明了，以是，做综合结论如下。

一　明代国家宗教制度与政策的一般特征

明代所有制度化的宗教组织都以附庸于国家的方式存在，而且终明之世，并无改变。佛教和道教的领袖由国家任命，拥有官僚品级地位，寺院宫观需得国家认可，其负责人也需持有政府颁发的委任文件，男女僧人、道士需要有政府颁发的度牒方为完全合法。这使佛教和道教处于国家控制之下，成为国家体系中内在的组成部分，而不是国家体系的异己力量。即使明中叶以后的寺院宫观修建以及度牒制度已经不能严格实行，但佛教、道教与国家关系的大格局并没有发生根本性变化。藏传佛教因其根本在边疆地区，自治性强于内地佛教，但也处于中央政府附庸地位。伊斯兰教基本上以宗教自治的方式存在，但伊斯兰教教众在行政上仍服从政府管理制度。佛教、道教、伊斯兰教、天主教以外的没有形成长期稳定的宗教组织体系、独特的教义和稳定信众群体的民间宗教组织，在下层社会不断出现和消失，在明代一般受到国家的排斥，与政府处于紧张关系状态。这类组织的出现和存在，一般有现实社会问题为背景，同时以中国传统的多神崇拜观念习俗为基础，其教义皆为综合已经存在的各种宗教、迷信思想要素而成，皆包含巫术性质，并且大多表示出一定的关注与解决民间弱势群体现实问题的倾向。但并无任何一种这类组织曾经提出超过儒家社会政治理想之理性化程度的社会治理方案，其社会建设意义或者阙如，或者只是短时段意义上的。国家对于这类组织的排斥，主要着眼于社会控制的需要，不在其信仰去向。明代中国作为一个宗教多元的国家，当其社会问题尖锐时，宗教问题常常随之而起。明代中期以后，国家宗教管理制度大幅度松弛，逐渐近于放任自由。这种变化显示明朝政府对于社会的控制有所放松。明后期社会思想之活跃，与这种放松局面有一定关系。

明代国家宗教制度制定以及宗教政策执行与变通的轨迹显示出，社会控制，包括内地民间各层次社会共生关系的稳定、维系儒教在国家意识形态中的主导地位，以及对边疆地区的羁縻，是三个主要的出发点。这种国家对社会的控制当然以中央集权的政府组织为前提，因而具有强控制的性质。但是，考察明代国家宗教制度与政策，在看到"强控制"性质之外，同时也应看到这种控制本身所具有的弹性。这种弹性主要表现在：第一，所有制度化的宗教都享有生存的空间。终明一代，佛教、道教、伊斯兰教都拥有合法地位，而且其生存空间日益扩大，到晚明时代，已经没有明显的制度限制。这种制度、政策，如果与现代社会宗教信仰自由的理论原则比较，自然还是体现为一种赐予的权利，即是一种可以由更高权力握有者扩大或者缩小乃至剥夺的权利，但是明代的实际情况的确是各制度化宗教权利逐步扩大。而且，与现代社会兴起以前的基督教社会，包括天主教和东正教以及伊斯兰教社会相比，明代中国宗教自由的程度都更为发达。第二，明代中国各个宗教群体与社会主流群体融合的程度相当之高。虽然儒家士大夫中的一部分人坚持排斥其他宗教信仰，抨击其他宗教人士阑入国家行政机关中充任官职，但是这些只构成了对于其他宗教发展的微弱制约，各个时期，佛教（包括藏传佛教）和道教的上层都在国家机关有活跃的表现。从社会角度看，各宗教上层与儒家的精英阶层一样，都依托于国家政权的庇护而享有特殊的权利和财富。佛教和道教人士也与儒家士大夫有各种各样的社会交往。寺院宫观拥有大量土地，与其他大土地所有者共同构成这个时代的土地所有者阶层。在下层民间社会，各个宗教的信仰者在社会生活中水乳交融。明朝国家意识形态为儒教，但因儒教是具有一定程度宗教内涵的政治哲学和价值体系，并非典型的宗教体系，故其与其他宗教的关系本质上是占主导地位的中国传统世俗政治社会哲学与民间宗教信仰的关系。儒家学说是一种精英政治学说，主张由具备特殊文化和道德修养的知识分子从上而下地治理国家，重"人"而从来不将精英与庶民同等看待。这就使得中国社会体系在精神价值意义上被分为少数人构成的上层和大众构成的下层。上层虽然一直要对下层进行"教化"，但是在普遍文盲的条件下和精英主义的指导下，儒家精英无论如何无法使下层民众完全接受和满足于儒家思想，不能不留出巨大的精神世界空间，由民间的信仰来充实。儒家的社会治理思想，主张"因俗而治"，并不强行统一下层社会的精神世界。同时，民间社会也必须要找寻与自己的生存状态关联更直接的精神生活内容。这就在历史的演进中，形成了国家与社会在精神信仰方面的一种差异而共生的局面。明代国家从来也没有力图以行政或者法律手段取消这种差异，但一直努力保持两者在国家主导基础上的并存。在考察明代国家宗教制度与政策的时候，需要避免将国家与社会对立起来，也需要看到国家制度与民间实态的差异。如果从这个角度来观察明代的政治制度，则可以看到一种在最高权力层面的高度专制与在社会基层任由自然的情况。以往主要从政治制度角度考察明代国家体制的研究，通常强调明代专制主义的强化，此虽为事实，但是若不看到其政策实施中的弹性以及国家宗教政策方面的放任，则易于夸大国家专制主义的渗透力。明代中国社会宗教的多元性一定意义上反映着社会的开放性。从这个角度看，明代中国并不是封闭的。

明朝政府在直接涉及社会稳定的问题上执行强硬方针，这突出表现在对于有组织的民间反政府宗教性活动的禁止和打击，对白莲教的明确禁止与此出发点一致，对所谓"师巫邪术"等活动的禁止也并非出于统一信仰的考虑，而是出于防止社会动荡的考虑。在法律条文中遭到禁止的还有妇女入寺院烧香等，其着眼点在于"风化"而不在于信仰。而且，对于妇女烧香的禁令显然到明中期以后就形同具文，并不发生实际作用，而且政府并未做出积极的重申和恢复禁令的努力。由此可见，明朝国家宗教政策中对于某些宗教性风俗、习惯、活动的禁止方针并非出于宗教排斥，而是出发于社会控制。因此，明代中国社会成员在不触动国家政治控制前提下可以享有相当的宗教信仰自由。宗教生活中的这种并非彻底但的确存在的自由是明中后期社会文化繁荣的条件之一。作为一个具有宗教多元性的社会体系，明代中国社会问题也有自己的模式。这突出表现在秘密社会的活跃中。明代社会宗教生活具有相当大的自由度，但其最外缘的限制，即国家所允许的极限也是明显的。这构成了一个类似坚硬外壳与弹性内核的社会契约结构。看到这种结构可以帮助我们理解传统中国社会组织的某种运作机理。

明代国家宗教制度殊少更革，然而政策精神却恒在变化中。影响政策变化的首先是社会习俗的演变。佛教、道教在元代已经十分普遍，明朝初年经历一定程度的遏制，随后又逐渐扩展，乃至达到明朝中叶以后的自由化。国家并不能改变这个演变趋势，因而实际采取了逐步退让放宽的做法。另一个变化因素是皇帝、宫廷贵族对某些宗教的崇尚对政策以及社会风气产生的影响。明朝皇帝多空虚迷信，其好尚有不同，但大多常求助于神佛术士。这种做法常达到与国家既定政策精神不协调乃至矛盾的程度，然而皇帝从来是特殊的，对于皇帝的制约也从来是微弱的。成化时期的传奉官泛滥突出地反映了这种情况。皇帝的家族也是特殊的，明代后妃多崇拜佛教，后宫庇护的寺院在明朝中前期就已经成为突出的现象，后来更为泛滥。拥有皇帝、后妃以各种形式庇护的寺院在地方社会也拥有巩固的地位。这引领着明代的寺院向日益增多、活跃的方向发展，并使明朝初年所制定的国家宗教制度日益被遗忘。

明朝中叶以后，民间宗教活动对于皇室宗教态度的影响与后者对前者的影响互为因果，一起促成了明代宗教政策实践与国家制度政策严重背离的局面。这一过程与明代许多制度的变化历程一样，突出地反映出社会下层状况、文化习俗对上层社会以及国家政策能够形成潜移默化同时又巨大的影响。

从以上考察中可以看出，明代中国社会的宗教信仰和宗教活动以多元化为基调走向活跃。明代中国社会的宗教信仰与世俗生活融合一体，相互依赖。明代国家本身在先前就具有这种特征的文化、社会传统中形成，与社会并未发生任何重大的宗教性冲突。但是，围绕国家宗教政策以及涉及宗教问题的其他政策，国家政权内部有持续不断的论争，其核心问题是如何保障儒家思想观念在国家政策、社会治理、社会生活中的主导地位。这些争论对于理解中国文化内在精神特质关系甚大。

二　明代中国宗教生活面貌的历史沉积因素

　　明代宗教生活的诸特点反映出中国上古原始宗教厚厚的沉积。这种沉积主要表现在多神论信仰、祖先崇拜和巫术在各类宗教文化中的大量存在。多神论信仰是所有原始性宗教文化和信仰意识的普遍特征。在中国大众观念中一直保持为一种主流的倾向，儒家思想也不直接排斥多神论。多神论观念为各种后生或者传播而来的宗教观念提供一种普遍的有神论信仰基础，同时构成对任何一种宗教获得独占一统的地位的遏制，因而成为后世宗教多元化的基础。祖先崇拜是中国上古时期就已经形成的文化特征，其高度发展当与文明初曙时期农业社会对于土地的依赖以及族居传统有关，后来则作为一种宗法文化传统得到充分的发扬并不断巩固。祖先崇拜与儒家思想高度契合，明代民间信奉任何宗教的民众都没有抛弃这种观念要素。反之，各种宗教说教都需对祖先问题做出安置，方得广泛流行。从另一角度说，根深蒂固的祖先崇拜倾向很可能是出世宗教修行的一种制约因素。原始宗教与巫术关系密切，而巫术缺乏各制度化世界性宗教所包含的超越与伦理化的功能，是宗教生活中保留更多原始愚昧性的部分，与近代科学理性更难于沟通。巫术在明代纵行南北，其一般信从，是民间风俗中普遍流行的一个要素；以巫术谋生，受到明朝政府的禁止，但并无实效；从白莲教到黄天教等各种有组织的民间宗教性组织和信仰活动，都借助巫术，其中有政权意识的组织，构成与国家的严重冲突。与巫术有密切关系的社会组织的存在，多以一定社会问题为背景，同时其自身却也缺乏社会建设性。根本原因在于，它们所用为思想基础的是比当时现存国家意识形态更为原始、愚昧，更缺乏理性精神的东西，它们所提出的社会理想也只是某种浅表的平等主张，不脱离专制的轨迹，又带有强烈迷信愚昧色彩。明朝的皇帝虽然就其权力地位来说，高高居于社会的顶端，但他们并没有脱离历史沉积的民间宗教习俗影响。在很多情况下，他们对于儒家世界观的认同常不如主流士大夫纯粹，不少皇帝沉迷于藏传佛教、道教、方术之说。这种做法，与国家既定宗教政策有多方面的冲突，但国家体系对之并无有效控制机制，从而形成宗教政策在皇帝易位时往往发生大变动的现象。

三 儒家古典人本主义世俗政治对宗教生活的制约

　　明代国家奉行儒家思想为主导意识形态，虽然儒家思想中也包含一些宗教性的因素，但其主要方面仍然是一种人本的世俗政治哲学和价值体系。现世社会的人是这种政治理念和世界观关注的核心。这种关注取向从来没有转移到任何来世的对象上去。在儒家思想为主流的情况下，各个宗教都获得存在的空间，但是既不能真正借助国家权力排斥其他宗教，也不能依赖宗教信仰本身在信仰领域占据主流地位。社会精英的主流被吸引到儒家人生的道路上去，宗教精英只能具有边缘化的地位和影响。这种格局比世界历史上广义的中古时代各种政教合一的国家体系都更富有理性精神。明代士大夫关于宗教政策的批评性言论，并不出发于对任何一种宗教的排斥，而是出发于捍卫儒家思想在国家治理中的主导地位主旨。也就是说，儒家士大夫主流承认各个宗教存在的合理性，但否认它们参加国家政治的合理性。这种主张常常表现为引据传统、道统反对变化的说法，显得有保守的倾向。但是，其防止国家政治走向宗教化的精神是合理的。佛教、道教或者藏传佛教中的任何一个教派都不足以建立比儒家主导的社会更合理性的社会。而且，在文化多元和宗教多元的文化、社会背景下，任何一个宗教获得政治主导权，都会导致另外的宗教通过竞争获得政治主导地位的可能。于是就会形成非常混乱的局面。从另一个方面来看，明代佛教、道教、藏传佛教乃至各类方士者流参与国家机关的热情，是在国家完全控制了社会宗教组织的前提下发生的。国家对各个宗教的管理过于行政化、直接化，因而就不能不对宗教人士在政权体系中加以安排，宗教上流的地位行政品级化，要靠国家用行政方式来确定，这就大大刺激了宗教人士对政治权力中心的兴趣。不过，明朝国家政权体系并没有宗教人士充分发展的常规途径，其任何超过一般宗教行政管理职位的更高追求，都要通过直接接近皇帝来取得。皇帝越过常规行政官僚任命程序来任用出身宗教界的人士，意味着对士大夫权力的侵夺，通常引起士大夫的抗议。皇帝任用宗教界人士的做法与士大夫的抗议是有明一代持续不断的一条矛盾线索。士大夫没有能够制止皇帝任用宗教亲信，但还是限制了宗教人士获得政治权力的可能。在社会层面，儒家士大夫虽然也做出宣扬儒家教化和维持祭祀体系规范的努力，但是并没有进行直接排斥佛教、道教、藏传佛教的活动。这表明儒教与各个制度化的宗教在社会层面完全可以共生并荣。儒家士大夫对于巫术以及与巫联系密切的民间习俗似乎持更明确的排斥态度，但是实际的排斥巫术的举动也只是局部的和个别的行为，因而只是士大夫"左派"的态度。

四　君主政治与精英政治

明代中国政治体系是君主政治与精英政治的组合。这二者在多数情况下相辅相成，但是其价值取向并不完全相同。明代官僚无论在个人生活世界中如何对待宗教问题，在国家政策讨论中总体上持宗教限制主义。这种限制主要体现在六个方面。第一，限制宗教人士参与政府事务；第二，限制国家宗教开支；第三，限制皇室宗教活动；第四，限制职业宗教人口增加；第五，限制宗教财产扩张；第六，限制秘密宗教活动。围绕以上六个问题，明代士大夫作为一个群体与皇帝的斗争持续始终。明代从1368年到1644年共历16帝，其中明显的非儒家宗教信仰倾向者有：宪宗、孝宗、武宗、世宗，其他则虽然在行政中保持儒家轨道，却多半在个人生活世界倾向一种或者几种非儒家宗教。皇室成员持强烈的非儒家宗教信仰，尤其是佛教，更是持续的现象，并且如前所述，实际影响了国家宗教政策。在印度历史上，君主的宗教信仰曾多次导致全社会信仰体系的转变。在中国历史上，这种倾向也曾出现，但皆受到遏止。在明代，皇帝和皇室的宗教倾向影响国家政治最严重的时期是成化、嘉靖时期。成化时期的皇帝与皇室亲近宗教的做法使得明朝初年对各个宗教的限制政策基本瓦解。嘉靖皇帝迷信道教，自己实际成了一个居家的道士，他虽然没有对其他宗教进行公开的大规模迫害，但是对佛教的排斥已经明显，并且公然声称"以神、王二道裁理天下"，在炼丹的"西内"裁处国家大事，朝中大臣竞相撰写青词，国家政治统治中心几乎成了一个道观。这种情况，与皇权在嘉靖时期的高度强化结合在一起，实际已经构成了明代政治与宗教结合最紧密的局面。嘉靖以前，皇帝对佛教、道教若有亲近行为，多有士大夫援引儒家经典以及朱元璋祖训加以劝止。嘉靖中期以后，士大夫对此类事情三缄其口。万历时期，士大夫中兴起理学复兴运动，其实是针对儒家思想的危机的。保持国家政治与宗教相脱离的主要力量，毕竟还是明朝的士大夫群体。除非认为国家政治宗教化会是一种积极的变化，否则，明代士大夫作为一个群体对其他宗教的限制主张所达成的文化意义是肯定性的。这一点并不抵消精英政治的弊端，但精英政治对于君主政治能够有所限制确为一种事实。

中国上古政治就包含神权政治成分，儒家政治思想中也包含这种成分。所以，称明朝以及其先前的王朝为"世俗政权"，仅仅是在与基督教、伊斯兰教等政教合一的体系比较的意义上而言，后者政治权力与宗教权力合为一体，而中国的情况则是政治权力驾御和利用各种神的形象与权力。明朝君主充分利用了这种神权政治传统，各种祭祀典礼、礼仪皆郑重举行。士大夫在这一点上与君主的立场完全一致。这种祭祀礼仪活动强化政治权力合法意识，同时也构成对其他宗教影响的一种抵制力量。明朝君主对其他宗教的信奉只能取非正规化的、私人的方式。

五 宗教、民俗、秘密宗教与社会治理

按照现代社会价值准则，宗教信仰自由是一种基本社会理念。但是，我们很难用宗教信仰自由作为一种绝对的尺度来衡量明代中国的社会制度及国家政策。因为，讨论抽象价值主要是哲学的事情，历史学在涉及价值问题的时候，不能不特别注重从群体存在的角度考察价值体系的实践意义。从历史学的观点看，任何一种价值都难以单独地成为绝对的尺度，都只能在具体的社会情境中与其他价值综合起来发生作用。自由的价值、秩序的价值、民主的价值、法律的尊严、社会发展与竞争的价值、科学的价值、群体责任的价值等等相辅相成，各种价值尺度才获得实践的条件。这正是本书第一章对明代中国的基本状况做了比一般此类专题研究所需要的更详细的介绍的原因。

根据明朝建立时期的文化历史环境和社会状况，洪武时期制定的国家宗教管理制度与政策在以下三重意义上具有很大的合理性。第一，它承认了中国社会多宗教、信仰并存的现实；第二，它明确选择了保持国家政治世俗性的基本方向；第三，它体现了把握边疆管理与宗教政策微妙关系的明智思想。

　　明初制度、政策的其他方面则在分析的意义上更为复杂些。

　　由国家建立僧、道行政管理系统是继承前代的传统，建立这样一个系统的目的显然是实现国家对各个制度化宗教组织、群体的直接控制。但是至少从僧道人口控制的角度看，明代的这个系统是失败的——事实上，明朝前期对于各类人群严格控制的政策都是失败的，包括军户、匠户，甚至对于农民的户籍管理也是失败的。从制度建置的出发点看，明朝前期过分注重保持社会人口的职业、行业、群体类别的固定性以及对国家的直接依附关系，而这种直接依附关系只有在非常简单和缺少社会流动条件的社会才可能经过高度集权的政府来实现。明朝已经不是这样的简单社会。在这种控制被破坏的情况下，逐渐形成的替代体系是通过对以土地为主的财产的控制来实现对人的间接控制的体系。但这样，国家就等于放弃了对于无产者的控制。摆脱国家控制的无产者并非一定获得自由，他们中的相当一部分为了基本生存需求转而依附于各种有产者，包括贵族、豪强、缙绅、富民、寺观。逻辑上说，如果国家并不建立僧、道录司来管理僧道行政会有什么弊端呢？最大的可能性是僧道人口和寺院宫观势力的快速膨胀，这会挑战国家权力的社会渗透力，形成社会控制力的分割，并且削弱国家财政，这样的分权局面在政治意义上和历史更为悠久的中央集权精神相矛盾，在文化上也会成为更内在的分散倾向的基础。如果僧、道录司不用僧、道，只用世俗官僚，只管理度牒发放和寺院宫观注册，同时对所有寺院宫观征收包括土地在内的财产税、农业税，可能会实现某种意义上的调控。但这需要另一个前提，即存在对大贵族阶层将寺院当作直接攫取的特殊领域的遏止机制。明朝对大贵族阶层有非常有效的政治遏制制度，却没有经济遏制机制，后者其实是前者的代价。所以，对僧道、寺观的管理其实并不仅仅是宗教制度和政策问题，而是非常复杂的事情。明初宗教管理制度的破坏，是难以从技术上避免的。

　　明朝国家虽然逐渐失去了对寺院建设和僧道人口的有效控制，但是寺院宫观始终处于依附政治权力主体的地位。明朝初年确定了政府直接控制宗教机构的关系，明中叶以后，皇室为核心的大贵族控制了大批寺院宫观，宗教机构在这种转变中获得了较大的自由，贵族获得更大的利益，国家则失去了部分社会控制权和行政管辖权。这样的变化使贵族权力向民间社会放射，对小农土地占有关系形成了一定的冲击，但是其程度似乎也没有达到严重威胁民间社会生活的地步。所以，整个明代宗教管理制度在演变中发生的蜕变带来的主要后果是撼动了政府的权威和控制功能。在明代，僧道不仅是一个信仰群体，而且是一个职业群体，其基本成员实际以为僧道作为生存的方式。这些人必须放弃家庭生活，并无政治特权，但是可以逃避庶民对于国家的一般责任，如兵役、劳役等。明代经建立初年对僧道人口的强行限制之后，又逐步增多，成化以后增加速度更快。到晚明时代，僧道人口已达极高。这一过程，对于明朝政府，形成劳动力和纳税人口的减少，并且由于寺院宫观财产增多而使土地所有权问题更为复杂。但同时，大批闲散人口，主要是成年男性人口，在寺院宫观中获得栖身之地，对宽缓社会动乱起到一定作用。

如何看待明朝政府和地方官员对于某些民间宗教性习俗的干涉？近年的研究者受人类学、民俗学的影响，对草根社会（grassroots society）做类于生态学的考察，凡属民俗，皆作文化。如果从这种角度看明代官方对民间社会宗教性习俗的干预，都属多余，甚至是专制精神的体现。从整体的角度来看中国文化，则各种各样的地方性习俗并非具有等量的文化价值。民间文化与精英文化一样，有精华有糟粕。民间历来有陋俗、恶俗。如裹脚，毕竟摧残身体，摧残精神；如男尊女卑，毕竟是以性别差异而歧视了一半的社会成员；如"河伯娶妇"，毕竟是少数人蓄意愚弄和残害他人。与宗教难以完全分离的"迷信"，虽有存在的必然性，但却也无论如何是愚昧的心态和行为，浪费民财，并且是大量社会欺诈的基础。明朝力图禁止师巫邪术，限制过分的神佛祭祀，具有移易陋俗的意义。当然，儒家并非彻底的无神论，科学未彰，明朝的士大夫也就不可能真的扫除迷信。

中国有产生秘密宗教性组织的肥沃土壤。多元宗教、普遍迷信、贫困与灾荒、缺乏社会救助与社会保障、官场腐败、下层知识分子理想出路狭窄等等都在随时滋生这种组织。秘密宗教性组织在历史上曾经多次成为政权颠覆的重要因素，参加反元战争的明朝建立者也曾借助这种组织力量来颠覆元朝统治。因而，秘密宗教性组织是现存国家权威的天然颠覆者。对于国家来说，秘密宗教性组织是势在必禁，而下层社会则期待某些能够填充社会性救助和组织功能空白的力量来解决生存中的一些问题。问题是，从历史上看，从来没有哪个秘密宗教性组织最终建立起了稳定的社会秩序，更谈不到社会的改进。明代出现的所有这类组织也都不具备这种素质。所以，即使民间秘密宗教性组织作为一种社会现象具有出现的合理性，但是却如流民现象一样，不能直接产生社会建设或者政治改善的结果。从这个意义上说，明朝对秘密宗教性组织的压制也有合理性。这种政策，终明一代，没有改变，也属当然。

参 考 文 献

古籍文献

陈梦雷:《古今图书集成·职方典》。

陈子龙等:《明经世文编》,中华书局 1962 年影印本。

释大闻辑:《释鉴稽古略续集》,续修四库全书本。

范濂:《云间据目抄》,广陵古籍刻印社,1983 年《笔记小说大观》本。

方孝孺:《逊志斋集》,商务印书馆民国二十五年印本。

傅恒等奉敕纂:《御批历代通鉴辑览》,文渊阁四库全书本。

傅维鳞:《明书》,商务印书馆民国二十六年本。

顾炎武撰,黄汝成集释:《日知录集释》,扫叶山房本。

谷应泰:《明史纪事本末》,中华书局 1977 年排印本。

何良俊:《四友斋丛说》,中华书局 1959 年排印本。

嵇曾筠等奉敕修:《浙江通志》,文渊阁四库全书本。

李东阳、焦芳、杨廷和:《明会典》(正德),文渊阁四库全书本。

吕本等辑:《皇明宝训》,《四库全书存目丛书》本。

黄训:《名臣经济录》,文渊阁四库全书本。

黄景昉:《国史唯疑》,上海古籍出版社 2002 年版。

黄佐:《翰林记》,文渊阁四库全书本。

黄佐:《泰泉乡礼》,文渊阁四库全书本。

焦竑:《玉堂丛语》,中华书局 1981 年排印本。

郎瑛:《七修类稿》,中华书局 1959 年排印本。

李翊:《戒庵老人漫笔》,中华书局 1982 年排印本。

李逊之辑:《崇祯朝野纪》,台湾大通书局,文献史料丛刊第三辑。

凌濛初：《拍案惊奇》，上海古籍出版社 1982 年排印本。

刘若愚：《明宫史》卷 2，北京出版社 1963 年排印本。

龙文彬：《明会要》，中华书局 1956 年排印本。

陆蓉：《菽园杂记》，中华书局 1985 年排印本。

马文升：《端肃奏议》，文渊阁四库全书本。

倪岳：《青溪漫稿》，文渊阁四库全书本。

钱谦益：《列朝诗集小传》，上海古籍出版社 1983 年排印本。

丘濬：《大学衍义补》，东北师范大学历史系藏明万历刊本。

任弘烈：《泰安州志》，台湾：成文出版社，《中国方志丛书》本。

沈德符：《万历野获编》，中华书局 1959 年排印本。

沈榜：《宛署杂记》，北京古籍出版社 1982 年排印本。

申时行等：《明会典》（万历），中华书局 1989 年排印本。

孙承泽：《春明梦余录》，文渊阁四库全书本。

田艺蘅：《留青日札》，上海古籍出版社 1985 年排印本。

万斯同：《庙制图考》，文渊阁四库全书本。

王士性：《广志绎》，中华书局 1981 年排印本。

文秉：《烈皇小识》，台湾大通书局，文献史料丛刊第五辑。

王弘撰：《山志》，中华书局 1999 年排印本。

王锜：《寓圃杂记》，中华书局 1984 年排印本。

王圻：《续文献通考》，台湾文海出版社影印明万历刊本。

西周生：《醒世姻缘传》，上海古籍出版社 1981 年本版。

夏燮：《明通鉴》，中华书局 1959 年排印本。

谢肇淛：《五杂俎》，中华书局 1959 年排印本。

徐阶：《世经堂集》，《四库全书存目丛书》本。

徐学聚：《国朝典汇》，《四库全书存目丛书》本。

徐一夔等奉敕撰：《明集礼》，文渊阁四库全书本。

薛应旗：《薛方山纪述》，《丛书集成初编》本。

严从简：《殊域周咨录》，中华书局 1993 年点校本。

颜元：《存人编》，《丛书集成初编》本。

颜元：《颜习斋先生辟异录》，《丛书集成初编》本。

杨士奇：《东里文集》，中华书局 1998 年标点本。

姚福：《青溪暇笔》，《四库全书存目丛书》本。

叶权：《贤博编》，中华书局 1987 年点校本。

叶盛：《水东日记》，中华书局 1980 年点校本。

佚名：《太常续考》，文渊阁四库全书本。

英廉等奉敕纂：《钦定日下旧闻考》，文渊阁四库全书本。

余继登：《典故纪闻》，中华书局 1981 年排印本。

于慎行：《谷山笔麈》，中华书局 1984 年排印本。

俞汝楫编：《礼部志稿》，文渊阁四库全书本。

袁宏道著，钱伯城笺校：《袁宏道集笺校》，上海古籍出版社 1981 年排印本。

赵翼：《陔余丛考》，商务印书馆 1957 年排印本。

赵翼：《廿二史札记》，中华书局 1984 年排印本。

张瀚：《松窗梦语》，中华书局 1985 年排印本。

顾起元：《客座赘语》，中华书局 1987 年点校本。

张岱：《陶庵梦忆》，上海古籍出版社 1982 年排印本。

张岱：《琅嬛文集》，上海杂志公司民国二十四年版。

张履祥：《杨园先生全集》，中华书局 2002 年版排印本。

张会一等：《沾化县志》，《中国地方志丛书》本。

张居正：《张太岳集》，上海古籍出版社 1984 年版。

张思勉：《掖县志》，《中国地方志丛书》本。

张廷玉：《明史》，中华书局 1974 年排印本。

张萱：《西园闻见录》，全国图书馆文献缩微复制中心，1996 年《中国文献珍本丛书》本。

朱国祯：《涌幢小品》，中华书局 1959 年排印本。

周亮工：《书影》，上海古籍出版社 1981 年排印本。

酌园亭主人：《照世杯》，上海古籍出版社 1985 年排印本。

朱元璋著，姚士观等编校：《明太祖文集》，文渊阁四库全书本。

《大明律》，怀效锋点校，法律出版社 1999 年排印本。

《明太祖实录》，江苏国学图书馆影印明传抄本。

《明太宗实录》，江苏国学图书馆影印明传抄本。

《明仁宗实录》，江苏国学图书馆影印明传抄本。

《明宣宗实录》，江苏国学图书馆影印明传抄本。

《明英宗实录》，江苏国学图书馆影印明传抄本。

《明宪宗实录》，江苏国学图书馆影印明传抄本。

《明孝宗实录》，江苏国学图书馆影印明传抄本。

《明武宗实录》，江苏国学图书馆影印明传抄本。

《明世宗实录》，江苏国学图书馆影印明传抄本。

《明穆宗实录》，江苏国学图书馆影印明传抄本。

《明神宗实录》，江苏国学图书馆影印明传抄本。

《明光宗实录》，江苏国学图书馆影印明传抄本。

永乐《顺天府志》，北京大学出版社 1983 年影印本。

官修《大清一统志》，文渊阁四库全书本。

佚名《梼杌闲评——明珠缘》，成都古籍书店 1981 年排印本。

佚名《崇祯长编》，台湾中央研究院历史语言研究所校印《明实录·附录》本。

查继佐：《罪惟录》，浙江古籍出版社 1986 年版。

今人论著

爱弥尔·涂尔干（Emile Durkheim），《宗教生活的基本形式》，渠东、汲喆译，上海人民出版社 1999 年版。

暴鸿昌："明朝对僧道的管理"，《北方论丛》1986 年第 5 期。

滨岛敦俊："明初城隍考"，《社会科学家》1991 年第 6 期。

滨岛敦俊："明清江南城隍考：商品经济的发达与农民信仰"，《中国社会经济史研究》1991 年第 1 期。

滨岛敦俊："朱元璋政权城隍改制考"，《史学集刊》1995 年第 4 期。

滨岛敦俊：《总管信仰：近世江南农村社会と民间信仰》，（东京）研文出版社 2001 年版。

白万荣："明代钦赐乐都县瞿昙寺之印"，《文物》1984 年第 9 期。

宝成关："中西文化的第一次激烈冲突：明季'南京教案'文化背景剖析"，《史学集刊》1993 年第 4 期。

Brian R. Dott. *Identity Reflections：Pilgrimages to Mount Tai in Late Imperial China*. Cambridge（Massachusetts）and London：Harvard University Press，2004.

卜正民（Timothy Brook）：《为权力祈祷：佛教与晚明中国士绅社会的形成》，张华译，江苏人民出版社 2005 年版。

卜正民（Timothy Brook）："Rethinking Syncretism：The Unity of the Three Teachings and Their Joint Worship in Late-Imperial China"，*Journal of Chinese Religions*，1993：21.

陈宝良："嘉靖皇帝与道教"，《北方论丛》1992 年第 3 期。

陈高华："朱元璋的佛教政策"，《明史研究》第一辑，1991 年 1 月。

陈连营："试论明初洪武年间对佛道二教的整顿和管理"，《史学月刊》1991 年第 3 期。

陈楠："明代大慈法王释迦牟也失在北京活动考述"，《中央民族大学学报》2004 年第 4 期。

陈支平："明清福建的民间宗教信仰与乡族组织"，《厦门大学学报》1991 年第 1 期。

池田大作、B. 威尔逊：《社会与宗教》，梁鸿非、王健译，四川人民出版社 1991 年版。

戴康生、彭耀：《宗教社会学》，社会科学文献出版社 2000 年版。

何孝荣：《明代南京寺院研究》，中国社会科学出版社 2000 年版。

胡凡："儒教与明初宫廷祭祀礼制"，《齐鲁学刊》1999 年第 6 期。

黄云眉：《明史考证》，中华书局 1984 年版。

耿升："法国近年来对入华耶稣会上的问题研究"，《中国史研究动态》1987 年第 3 期。

郭朋：《明清佛教》，福建人民出版社 1982 年版。

郭朋：《宋元明清佛教思想》，福建人民出版社 1995 年版。

何其敏：《中国明代宗教史》，人民出版社 1994 年版。

蒋维乔：《中国佛教史》，上海古籍出版社 2004 年版。

李世瑜："民间秘密宗教史发凡"，《世界宗教研究》1989 年第 1 期。

李兴华等：《中国伊斯兰教史》，中国社会科学出版社 1998 年版。

李媛："16 至 18 世纪中国下层社会女性宗教活动探析"，《求是》学刊 2006 年第 2 期。

连立昌、秦宝琦：《〈中国秘密社会〉第二卷·元明教门》，福建人民出版社 2002 年版。

林枫："福建寺田充饷浅析"，《厦门大学学报》1998 年第 4 期。

林国平："林兆恩与三一教"，福建人民出版社 1992 年版。

林仁川、徐晓望：《明末清初中西文化冲突》，华东师范大学出版社 1999 年版。

刘晓东："'三教合一'思潮与'三一教'：晚明士人学术社团宗教化转向的社会考察"，《东北师大学报》2002 年第 1 期。

刘真武："朱元璋对佛教的改造和利用"，《湖北大学学报》1988 年第 4 期。

龙池清："明太祖的佛教政策"，载张景涛主编《中国佛教史论集：明清佛教史篇》，（台北）大乘文化出版社 1977 年版。

罗冬阳："明代淫祠之禁中的儒臣、皇权与民间社会"，《求是》学刊 2006 年第 1 期。

马书田："明成祖的政治与宗教"，《世界宗教研究》1984 年第 3 期。

马西沙：《民间宗教志》（《中华文化通志》第九典），上海人民出版社 1998 年版。

马西沙、韩秉方：《中国民间宗教史》，上海人民出版社 1992 年版。

马西沙："略论明清时代民间宗教的两种发展趋势"，《世界宗教研究》1984 年第 1 期。

牟钟鉴、张践：《中国宗教通史》下，社会科学文献出版社 2000 年版。

南炳文主编：《佛道秘密宗教与明代社会》，天津古籍出版社 2001 年版。

南炳文："明代的寺观经济"，《南开学报》1991 年第 4 期。

皮特·斯特恩斯（Peter Sterns）等著，赵轶峰等译：《全球文明史》，中华书局 2006 年版。

濮文起：《中国民间秘密宗教》，浙江人民出版社 1991 年版。

卿希泰：《中国道教史》第三卷，四川人民出版社 1993 年版。

卿希泰、唐大潮：《道教史》，中国社会科学出版社 1994 年版。

任继愈主编：《中国道教史》（增订本），中国社会科学出版社 2001 年版。

沈定平：《明清之际中西文化交流史——明代：调适与会通》，商务印书馆 2001 年版。

宋珂君：《明代宗教小说中的佛教"修行"观念》，中国社会科学出版社 2005 年版。

孙尚杨：《基督教与明末儒学》，东方出版社 1994 年版。

孙以楷、李霞：《道家与中国哲学》（明清卷），人民出版社 2004 年版。

王静："明代民间宗教反政府活动的诸种表现和特征"，《南开学报》1987 年第 2 期。

王静："明代民间宗教反判性质探讨"，《明清史论文集》第 2 辑，1991 年。

王森：《西藏佛教发展史略》，中国社会科学出版社 1997 年版。

王兆祥：《白莲教探奥》，陕西人民出版社 1993 年版。

吴强华："晚明排斥天主教思潮论析"，《学术月刊》1999 年第 4 期。

西格蒙德·弗洛伊德：《论宗教》，国际文化出版公司 2001 年版。

徐小跃：《罗教·佛教·禅学：罗教与〈五部六册〉揭秘》，江苏人民出版社 1999 年版。

许理和（Eric Zürcher）：《佛教征服中国：佛教在中国中古早期的传播与适应》，李四龙、裴勇等译，江苏人民出版社 2003 年版。

许地山：《道教史》，华东师范大学出版社 1996 年版。

杨立志："明成祖与武当道教"，《江汉论坛》1990 年第 12 期。

于本源：《清王朝的宗教政策》，中国社会科学出版社 1999 年版。

禹平、王柏中："明朝内庙祭祀制度探讨"，《吉林大学社会科学学报》2004 年第 1 期。

喻松青：《明清白莲教研究》，四川人民出版社 1987 年版。

喻松青："明清时期的民间秘密宗教"，《历史研究》1987 年第 2 期。

曾召南："明代前中期诸帝崇道浅析"，《四川大学学报》1991 年第 4 期。

赵克生、于海涌："明代淫祠之禁"，《社会科学辑刊》2003 年第 3 期。

赵克生："明代生祠现象探析"，《求是学刊》2006 年第 2 期。

赵亮："明代道教管理制度"，《世界宗教研究》1990 年第 3 期。

赵世瑜："明清时期中国民间寺庙文化初识"，《北京师大学报》1990 年第 4 期。

赵世瑜："寺庙宫观与明清中西文化冲突"，《中国史研究》1992 年第 2 期。

赵世瑜："明清时期华北庙会研究"，《历史研究》1992 年第 5 期。

赵世瑜：《狂欢与日常：明清以来的庙会与民间社会》，三联书店 2002 年版。

赵献海："明代毁'淫祠'现象浅析"，《东北师大学报》2002 年第 1 期。

赵毅、李为香："明代道教的现世伦理特征"，《东北师大学报》2002 年第 1 期。

赵毅、赵轶峰（主编）：《中国古代史》导言，高等教育出版社 2002 年版。

赵轶峰："试论明末财政危机的历史根源及其时代特征"，《中国史研究》1986 年第 4 期。

赵轶峰："17 世纪前后中国北方宗教多元现象初论"，《东北师大学报》2002 年第 1 期。

赵轶峰："明太祖的宗教思想"，《暨南史学》第二辑，暨南大学出版社 2004 年版。

赵轶峰："明初城隍祭祀：滨岛敦俊洪武'三年改制'说商榷"，《求是》学刊 2006 年第 1 期。

赵轶峰："明代国家祭祀体系的寓意"，《东北师大学报》2006 年第 2 期。

赵轶峰：《学史丛录》，中华书局 2005 年版。

赵轶峰、何宛英：《千秋功罪：君主与中国政治》，吉林教育出版社 1989 年版。

张荣明：《中国的国教：从上古到东汉》，中国社会科学出版社 2001 年版。

钟鸣旦：《杨廷筠：明末天主教儒者》，社会科学文献出版社 2002 年版。

周齐："试论明太祖的佛教政策"，《世界宗教研究》1998 年第 3 期。

周齐：《明代佛教与政治文化》，人民出版社 2005 年版。

周群：《儒释道与晚明文学思潮》，上海书店出版社 2000 年版。

周天游（主编）：《地域社会与传统中国》，西北大学出版社 1995 年版。

周绍良："明代皇帝、贵妃、公主印施的几本佛经"，《文物》1987 年第 8 期。

周绍良："明万历间为九莲菩萨编造的两部经"，《故宫博物院院刊》1985 年第 2 期。

朱天顺：《中国古代宗教初探》，上海人民出版社 1982 年版。

卓新平：《基督教、犹太教志》（《中华文化通志》本），上海人民出版社 1998 年版。

后　记

　　本书为国家社会科学基金项目"明代国家宗教管理制度、政策研究"成果之一。该项目阶段性成果包括论文 10 篇，其中由我本人撰写的 4 篇："17世纪前后中国北方宗教多元现象初论"（《东北师大学报》2002 年第 1 期）、"明太祖的宗教思想"（《暨南史学》第二辑，暨南大学出版社 2004 年版）、"明初城隍祭祀：滨岛敦俊洪武'三年改制'说商榷"（《求是》学刊 2006 年第 1 期）、"明代国家祭祀体系的寓意"（《东北师大学报》2006 年第 2 期），其他 6 篇分别为：赵毅、李为香"明代道教的现世伦理特征"（《东北师大学报》2002 年第 1 期）、刘晓东"'三教合一'思潮与'三一教'：晚明士人学术社团宗教化转向的社会考察"（《东北师大学报》2002 年第 1 期）、赵现海"明代毁'淫祠'现象浅析"（《东北师大学报》2002 年第 1 期）、罗冬阳"明代淫祠之禁中的儒臣、皇权与民间社会"（《求是》学刊 2006 年第 1 期）、赵克生"明代生祠现象探析"（《求是》学刊 2006 年第 2 期）、李媛"16 至18 世纪中国下层社会女性宗教活动探析"（《求是》学刊 2006 年第 2 期）。这些阶段性成果，对于本项目完成及本书写作都有参考意义，感谢这些朋友的参与，使得该项目能够完成。

　　本书准备写作的时候，先由当时从我攻读博士学位的赵现海帮助我搜集了大约 10 万字的资料，其后又陆续到各图书馆复印了一些必要的资料，他为此花费了许多时间和精力。从初稿写出直到定稿，我的博士研究生李媛、李佳多次替我核对本书引文，并且通读检查，改正行文中的错误，标注出表意不明确的用语、文句，这是十分枯燥、费时的工作，她们的协助对于此书的完成是必不可少的。我的博士研究生陈超、王雪萍也曾在本书写作期间协助我校对文献、复印资料等。没有这些同学的协助，这本书的完成还需要许多时日。本书初稿作为国家社会科学基金成果交付评议，各位匿名评审专家都提出了一些有助于改进的意见，不知其名，谨致谢意。

我自 17 岁下乡，后来又四处求学，长游不归。不觉家中父母，早逾古稀。兄、妹至孝，日亲严慈，独我经年一二省问而已。青灯黄卷之旁，常不知身在何处。每有一文、一书写定，方觉欣喜，转又沉吟。

我是著名明清史家李洵先生招收的第一批研究生之一，他在世的时候，对我颇有期许，我却没有让他在有生之年亲眼看到我的稍具规模的作品。这本书仍有许多缺陷，不足告慰于先生，谨致不敢懈怠之意。

书中错误难免，一切由我本人负责。

赵轶峰

2006 年 9 月 18 日

图书在版编目（CIP）数据

明代国家宗教管理制度与政策研究/赵轶峰著. －北京：
中国社会科学出版社，2008.2
（国家社科基金成果文库）
ISBN 978 － 7 － 5004 － 6606 － 2

Ⅰ. 明…　Ⅱ. 赵…　Ⅲ. 宗教事务 － 行政管理 － 研究 － 中
国 － 明代　Ⅳ. D691.73

中国版本图书馆 CIP 数据核字（2007）第 193803 号

责任编辑　王　浩
责任校对　修广平
封面设计　肖　辉
技术编辑　李　建

出版发行　中国社会科学出版社
社　　址　北京鼓楼西大街甲 158 号　　邮　编　100720
电　　话　010 － 84029450（邮购）
网　　址　http：//www.csspw.cn
经　　销　新华书店
印　　刷　北京新华印刷厂
版　　次　2008 年 2 月第 1 版　　印　次　2008 年 2 月第 1 次印刷
开　　本　710×1000　1/16
印　　张　23.75　　插　页　1
字　　数　377 千字
定　　价　48.00 元